미국을 발칵 뒤집은 판결 31

미국을 발칵 뒤집은 판결 31

초판 1쇄 발행 | 2012년 9월 3일
초판 11쇄 발행 | 2023년 11월 20일

지은이 | L.레너드 케스터 · 사이먼 정
펴낸이 | 조미현

편집주간 | 김현림
편집장 | 윤지현
편집 | 김희윤 김영주 이수호
디자인 | 씨오디

펴낸곳 | (주)현암사
등록 | 1951년 12월 24일 제10-126호
주소 | 서울시 마포구 동교로12안길 35 (04029)
전화 | 365-5051   팩스 | 313-2729
전자우편 | law@hyeonamsa.com
홈페이지 | www.hyeonamsa.com

ISBN 978-89-323-1635-2 03300

이 도서의 국립중앙도서관 출판시도서목록(CIP)은
e-CIP 홈페이지(http://www.nl.go.kr/ecip)에서 이용하실 수 있습니다.
(CIP제어번호 : CIP2012003872)

* 이 책은 저작권법에 따라 보호받는 저작물이므로 저작권자와 출판사의 허락 없이
  이 책의 내용을 복제하거나 다른 용도로 쓸 수 없습니다.
* 저작권자와 협의하여 인지를 생략합니다.
* 책값은 뒤표지에 있습니다. 잘못된 책은 바꾸어 드립니다.

미국을 발칵 뒤집은 판결 31

L. 레너드 케스터 | 사이먼 정 지음

현암사

차례

추천사 남형두 교수(연세대학교 법학전문대학원) • 8
      금태섭 변호사 • 13
머리말 • 16
들어가며   연방대법원, 대법관, 미국 헌법 이야기 • 19

PART 01 개인의 자유와 권리를 둘러 싼 결정들 35

01 국가 상징물 모독과 표현의 자유 사이 • 36
    텍사스주 당국 vs 공산주의자 존슨 (1989)
02 여성의 삶과 태아의 생명 – 누구의 권리가 먼저인가? • 50
    제인 로우 vs 댈러스 지방 검사 웨이드 (1973)
03 총기 소유는 불가침의 권리인가? • 62
    워싱턴 특별구 vs 시민 헬러 (2008)
04 예술과 외설의 기준을 정하는 것이 가능한가? • 74
    캘리포니아주 당국 vs 성인물 판매업자 밀러 (1973)
05 자살과 안락사는 개인의 권리일까? • 88
    워싱턴주 당국 vs 의사 글럭스버그 (1997)

PART 02 종교, 사상, 양심의 문제들 ········· 99

01 법정에서 만난 진화론과 창조론 • 100
루이지애나 주지사 에드워즈 vs 생물 교사 아길라드 (1987)

02 공공 건물에서 종교적 텍스트를 전시할 수 있는가? • 112
시민 반 오든 vs 텍사스 주지사 페리 (2005)

03 종교인과 비종교인의 권익 중 어느 쪽이 더 중요한가? • 126
아빙턴 학군 vs 시민 쉠프 (1963)

04 종교의 이름 아래 일부다처제가 허용될 수 있는가? • 138
모르몬교 신자 레이놀즈 vs 미합중국 정부 (1878)

05 종교적 신념이 국민으로서의 의무에 우선 할 수 있는가? • 150
시민권 신청자 기로워드 vs 미합중국 정부 (1946)

06 이념 경쟁의 소용돌이에 놓인 학문과 사상의 자유 • 164
대학 강사 케이시안 vs 뉴욕 주립대 이사회 (1967)

07 인종주의자에게도 언론의 자유는 보장되어야 하는가? • 176
KKK단 지도자 브랜든버그 vs 오하이오주 당국 (1969)

PART 03 정의롭고 공정한 사회를 위한 법정 투쟁 ········ 189

01 사형수를 두 번 처형할 수 있을까? • 190
사형수 프란시스 vs 사형 집행인 레스웨버 (1947)

02 범죄 용의자의 권익은 어디까지 보호 받아야 하는가? • 202
범죄 용의자 미란다 vs 애리조나주 당국 (1966)

03 흑인 노예는 인간인가, 아닌가? • 214
노예 드레드 스콧 vs 주인 샌포드 (1856)

04 인종 간의 격리는 정당화될 수 있는가? • 226
학부모 브라운 vs 토피카시 교육위원회 (1954)

05 전쟁 중 인권은 어디까지 제약될 수 있는가? • 236
시민 코레마츠 vs 미합중국 정부 (1944)

06 사회적 약자에 대한 배려는 정말 필요한가? • 250
로스쿨 지원자 그루터 vs 미시간 대학 총장 볼린저 (2003)

07 모든 편견에서 자유로운 직무 평가 방식은 가능한가? • 264
소방대원 프랭크 리치 vs 뉴해븐 시장 존 드스테파노 (2009)

08 보이스카우트는 동성애자 회원을 인정해야 할까? • 278
미국 보이스카우트 연맹 vs 동성애자 데일 (2000)

PART 04 대통령 vs 연방대법원 ... 291

01 건국 영웅들의 힘겨루기 • 292
판사 지명자 마버리 vs 국무장관 매디슨 (1803)

02 최저 임금제를 두고 벌인 연방대법원과 대통령의 한판 승부 • 302
웨스트 코스트 호텔 vs 룸메이드 패리시 (1937)

03 제왕적 대통령의 출현을 막아라 • 316
미합중국 정부 vs 대통령 닉슨 (1974)

04 대통령 선거의 승자와 패자를 고르다 • 326
공화당 대통령 후보 부시 vs 민주당 대통령 후보 고어 (2000)

05 연방대법원, 총사령관을 밀어주다 • 338
독일 특수부대 요원 퀴린 외 7명 vs 헌병감 콕스 준장 (1942)

PART 05 비즈니스의 규칙 349

01 자본가로부터 자본주의를 구하라 • 350
스탠더드 오일 vs 미합중국 정부 (1911)

02 초과 근무는 개인의 선택인가, 고용주의 횡포인가? • 360
제과점 주인 로크너 vs 뉴욕주 당국 (1905)

03 직장 성희롱의 재구성 • 372
벌링턴 산업 vs 전 직원 엘러스 (1998)

04 내일의 뉴스를 오늘 아는 것은 불법인가? • 384
주식 부당 거래자 오 헤이건 vs 미합중국 정부 (1997)

05 정보 기술의 발전과 저작권의 보호는 공존할 수 있을까? • 396
엠지엠 스튜디오 vs 그록스터 (2005)

긴급판결 409

국가는 시민에게 의료보험 구입을 강제할 수 있을까? • 410
전국 자영업 연합 vs 보건부 장관 시벨리어스 (2012)

찾아보기 • 427
판결번호 찾아보기 • 437

추천사

미국 연방대법원 판결은
곧 미국의 역사, 정치사, 또는 사회사

남형두 교수(연세대학교 법학전문대학원)

우리 전통사회에서 '법'은 지배자의 언어였다. 가깝게는 일제 식민 지배와 이어지는 권위주의 체제 하에서 '법'은 여전히 폭압과 수탈의 수단이었고, 법치주의라는 형식을 갖추는 장식품에 불과하기도 했다. 그러나 근대화와 세계화 과정에서 우리가 경험한 서구 민주주의는 '법에 의한 지배 rule of law'가 반드시 속박과 탄압을 의미하는 것이 아니라, 오히려 부당한 권력으로부터 인권을 보호하고, 개인 간에도 약자의 지위가 부당하게 제압되지 않는다는 것을 깨닫게 해주었다.

'법'은 더 이상 지배자의 통치수단만이 아니라 모든 사람이 자신의 권리보호와 권익신장을 위해 반드시 알아야 할 지식이 되었지만, 여전히 우리 사회에서 '법'은 '법'을 다루는 사람들만의 것으로 인식되어 왔다. 현실과 인식의 괴리 현상인 셈이다. '법'에 대한 인식이 이렇다보니 '법'에 대한 책은 수험서나 전문가들만이 읽을 수 있는 교과서 위주여서 서점의 좁은 한켠을 초라하게 차지할 뿐이다. 물론 일반 시민을 위한 법률상식 류의 책들이 있기는 하지만 이는 변호사에 대한 문턱이 높다는 것을 보여줄 뿐, '법'에 대한 폭넓은 지식과 통찰력을 제공해주는 교양서라 말하기 어렵다.

　그런 점에서 미국 연방대법원에서 치열하게 다투어진 법리 논쟁을 일반인들도 알기 쉽게 소개하고 있는 이 책은 '법'이 일반인에게도 얼마나 살갑게 다가올 수 있는 지 보여준다는 점에서 수준 높은 법률교양서라 할 수 있다. 이 책이 소개하고 있는 31개의 미국 연방대법원 판결은 곧 미국의 역사요, 미국의 정치사, 또는 미국의 사회사라고 해도 과언이 아니다. 일찍이 법치주의 전통이 자리 잡은 미국은 모든 갈등이 최종적으로 연방대법원에서 해소, 조정되어 왔기 때문에 그렇다. 미국 사회를 움직인 연방대법원 판결에 우리가 깊은 관심을 보이는 것은 왜인가? 단순한 지적 호기심 때문이 아니라 이 책이 소개하고 있는 판결은 우리의 과거, 현재 그리고 미래가 될 수 있기 때문이다. 본래 사람들이 사는 일이란 대개 비슷하여서 그 사이에서 발생하는 갈등 또한 크게 다르지 않다.

　31개의 판결 중에 물론 연방제라는 미국 국가체제의 특수성(제4부)이나 총기보유를 인정하고 있는 헌법적 특성에 기인한 판결(헬러 판결)이 있지만, 이런 것들을 제외하면 대부분 우리 사회에서도 공유할 수 있는 갈등을 다루고 있다. 책을 읽다보면 남의 나라 법정이 아닌 우리나라 법정에서라면 하는 생각이 꼬리를 무는 것은 그 때문이다. 예컨대 예술과 외설의 경계에 관한 기준을 제시한 밀러 판결은 최근 우리나라에서도 논란 중에 있는 음란성 개념과 표현의 자유 논쟁에 직결된다. 종교적 신념 때문에 미국을 위해 무기를 들겠다는 충성서약을 거부하여 시민권 부여가 거절된 사안에서 종교적 신념과 국민의 의무 간 갈등을 다룬 기로워드 판결은 '여호와의 증인' 교인의 병역법 위반 유죄판결에 대해 대체복무에 관한 입법논의를 하고 있는 우리나라에도 참고할 수 있는 사안이다. 그런가 하면 다문화, 다민족 등 다양성 사회로 접어들고 있는 우리나라에서도 조만간 인종차별 또는 소수자에게 대한 차별 등이 법정 문제화할 가능성이 높다는 점에서 인종 문제를 다룬 드레드 스콧 판결과 브라운 판결, 소수자에 대한 입학 혜택 문제를 다룬 그루터 판결, 동성애자 문제를 다룬 데일 판결은 우리의 미래가 될 수 있다.

한편 이런 종류의 책은 자칫 정치, 인권 등 다소 엄숙한 문제만을 다루어 딱딱해지기 쉬운데 저자들은 판결 선정에 있어서 다양성을 고려한 흔적이 있다. 정보기술의 발전에 따라 과거와 다른 양상의 저작권침해 문제를 다룬 그록스터 판결이나 직장 성희롱 문제를 다룬 엘러스 판결이 그것들이다.

이 책은 구성도 아주 독특하다. 판결을 소개하기에 앞서 사건의 역사적 배경과 소송에 이르기까지의 과정 및 갈등 당사자의 주장을 알기 쉽게 요약함으로써 독자들이 판결을 이해하는데 도움을 준다. 판결은 대법관 전원의 의견이 일치된 경우도 있지만 상당수는 의견이 갈린 경우도 있는데 이때에는 반대의견을 충실히 소개하여 독자들로 하여금 결론에 이르기까지의 산고産苦를 간접적으로 경험하게 하고 균형감을 갖게 한다. 나아가 에필로그에서는 해당 판결이 미국 사회에 끼친 영향과 이에 대한 전문가들의 의견을 곁들이기도 하는데 종종 판결 당시에는 예상하지 못했던 사회 변화의 원인이 결국 연방대법원 판결 때문임을 알게 되면, 미국이라는 나라가 연방대법원 판결에 얼마나 민감하게 반응하는 지를 목격할 수 있다. 저자들은 이런 엄숙함 속에서도 판결 과정에서 있었던 흥미로운 에피소드를 소개함으로써 책을 손에서 놓지 못하게 하는 재미를 선사하기도 한다.

이 책은 법률교양서로서 법원, 검찰, 변호사 등 법실무계나 법학계, 그리고 로스쿨이나 법과대학에서 법학을 전공하는 학생들에게 보다 넓은 시야를 제공할 것이다. 나아가 국가권력과 국민, 개인과 개인의 기본권이 충돌할 때, 그 갈등의 최종 해결자인 미국 연방대법원이 어떻게 문제를 해결해 왔으며 그것이 미국 사회에 어떤 영향을 미쳤는지를 살펴보는 것은 법학 전공자 외에 일반인들에게도 법을 가까이 하게 되는 계기가 될 것이다. 특히 논리적이고 균형적인 사고를 기르려는 중고등학생들의 토론 교재로도 쓰일 수 있다고 생각한다.

추천사를 쓰기 위해 이 책을 일독하면서 내내 든 생각은 왜 우리에게는 이런 책이 진작 나오지 못했을까 하는 것이었다. 그러다 생각이 미친 것이 1994년 서울 정도定都 600년 기념사업의 일환으로 서울시가 타임캡슐에 각계의 다양한 자료를 담기로 할 때, 대법원이 타임캡슐 수장용 판결문으로 선정한 판결이 떠올랐다.

당시 대법원은 관련 위원회를 만들어 시대상을 가장 잘 반영하는 판결문을 고르느라 고민한 끝에 1991년 12월 24일에 선고된《토지거래허가제에 대한 대법원 전원합의체 판결문》을 타임캡슐 수장용 판결문으로 선정하여 원본을 서울시측에 전달했다. 이 판결은 토지거래허가지역 안에서 허가없이 매매계약을 했을 때, '원칙적으로 계약은 무효이나 사후에 허가를 받으면 유효하다'는 내용으로서 매매 후에 허가를 받는 일반적 거래관행을 법적으로 인정한 것이다.

생각이 다를 수 있겠으나 매설 후 4백년 후인 서울 정도定都 1000년, 즉 2394년 이 땅에 살고 있을 후손에게 개봉될 대표 판결로 이 대법원 판결이 적정한 지는 의문이 든다. 미국의 경우 1세기 전과 지금을 비교할 때 가장 큰 변화로서 흑백 인종 문제를 극복하여 흑인 대통령이 당선된 것이라고 하면 대부분의 사람이 수긍할 것이다. 개발지역에 대한 부동산투기를 막고자 시행된 토지거래허가제도와 이를 어긴 토지매매계약의 효력에 관한 판결도 나름대로 1990년대 우리 사회의 실상을 알리는 중요한 판결임은 분명하지만, 단 한 개를 뽑으라고 할 때 그것이 선정되는 데에는 조금 고개가 갸우뚱해진다. 미국과 우리의 사법부 역할이 다르다는 것을 인정한다 하더라도 정치문제에 대해 사법판단을 회피하거나 보류하는 것이 삼권분립정신에 부합한다고 하는 사법소극주의가 타임캡슐에 묻을 판결을 선정하는 과정에까지 영향을 미친 것은 아닐까 하는 생각이 들기 때문이다.

이런 책이 나올 수 있는 것은 기본적으로 저자들의 노력과 혜안 때문이겠으나 미국 연방대법원이 있기에 가능했다고 본다. 우리나라에도 이와 유사한 책이 나올 수 있는 법실무계와 학계의 분위기가 조성되어 국민들도 수준 높은 법률교양서를 향유할 수 있기를 기대한다.

추천사

판결문은 현대 문명사회가
고민해야 할 문제에 대한 깊은 철학적 사색

금태섭(변호사)

이 책은 미국 연방대법원에서 나온 중요한 판결을 모은 것이다. 미국이 자랑하는 법이나 제도 중에는 우리 사회의 환경에 맞지 않는 것도 많지만, 국민들이 관심을 갖는 문제들이 양측의 치열한 논쟁을 거쳐 법원에서 결정되고 그 판단이 존중받는 모습은 부러워하지 않을 수 없다. 연방대법원은 현대 문명사회가 고민해야 할 문제를 거의 망라하여 다루고 있으며 다수의견과 소수의견으로 나뉘는 각각의 주장 뒤에는 깊은 철학적 사색이 자리 잡고 있다. 판결문은 누구나 쉽게 이해할 수 있는 쉬운 언어로 쓰여 있으면서도 논리적으로 구성되어 읽는 재미가 있다. 유명한 판결은 상당수의 국민들이 실생활에서 인용할 정도로 잘 알려져 있다.

연방대법원에서 실제로 재판이 이루어지는 모습을 보면 주요한 쟁점이 얼마나 치열하게 다투어지는지 알 수 있다. 소송 당사자들은 미리 자신의 주장을 정리한 서류를 제출한다. 법정에서는 구두로 설명을 해야 하는데 서류에 적은 내용을 되풀이하면 당장 대법관들의 제지를 받는다. 이미 아는 내용은 빼고 간결하면서도 정확하게 논리를 전개해야 하는 것이다. 이 때문에 연방대법원에서 변론을 하는 것은 모든 미국 변호사들의 꿈인 동시에 공포이기도 하다. 역사에 남을 명변론도 많지만, 처절하게 망신을 당한 변호사들도 넘쳐난다. 그런 과정을 거쳐서 나온 결과가 이 책에 실린 판결문들인 것이다.

제1장의 제목은 "개인의 자유와 권리를 둘러싼 결정들"이다. 성조기를 태우는 행위를 처벌하는 법률은 표현의 자유를 침해하는 것이라는 판결을 시작으로, 낙태와 여성의 결정권에 관한 기념비적인 판결인 "로우 대 웨이드" 판결, 총기 소유 제한, 음란물, 안락사에 관한 판결이 이어진다.

제2장인 "종교, 사상, 양심의 문제들"에서는 현재 우리나라에서도 뜨거운 논쟁이 벌어지고 있는 진화론과 창조론에 관한 판결, 주 의회에 십계명이 새겨진 기념비를 전시하는 것이 허용되는지를 둘러싼 판결, 공립학교에서 아침마다 성경 구절을 읽게 하는 것이 정교분리에 관한 헌법 조항에 위반되는지 여부에 관한 판결이 다루어진다. 대부분 정부가 종교 문제에 개입해서는 안 된다는 내용이지만, 아무리 종교적 자유를 인정한다고 해도 일부다처제를 허용할 수는 없다는 19세기의 판결이 소개되기도 한다. 사상의 자유와 관련해서는 충성 서약서에 서명하기를 거부하는 교사의 해임이 위헌이라는 판결이 다루어지고, 인종차별주의 단체인 KKK단에 대해서도 표현의 자유는 허용되어야 한다는 판결문이 소개된다.

제3장인 "정의롭고 공정한 사회를 위한 법정 투쟁"에서 첫 번째로 다루어지는 사건은 법의 영역에서 가장 오래된 논쟁 중에 하나인 사형제를 둘러싼 것이다. 여기서 소개되는 판결은 전기의자에 앉았다가 기계

고장으로 집행이 연기된 사형수를 다시 전기의자에 앉히는 것이 허용되느냐는, 흥미롭지만 무시무시한 사건에 관한 것이다. 그 뒤에 이어지는 미란다 판결, 브라운 대 토피카시 교육위원회 판결은 인권의 역사에 길이 빛날 판결들이지만, 함께 수록된 코레마츠 판결, 드레드 스콧 판결은 추악한 인종주의의 모습을 드러낸 판결로서 미국 연방대법원의 어두운 과거를 보여준다.

제4장인 "대통령 vs 연방대법원"은 법원의 구성이나 역할을 두고 대통령과 연방대법원 사이에 벌어진 유명한 사건들을 다루고 있다. 미국 헌법에 특유한 문제이기는 하지만, 법원의 정치적 중립성과 관련하여 우리에게도 많은 시사를 준다.

제5장인 "비즈니스의 규칙"에서 소개하는 판결들은 독과점 규제, 노동 시간의 제한, 직장 내 성희롱, 내부자 거래, 저작권 문제 등을 다룬 것이다. 시장의 자유와 적절한 규제는 어느 나라에서나 논쟁의 대상이다. 우리나라에서 유행어가 된 '경제 민주화'와 비교하면서 읽어보기에 좋다.

연방대법원의 판결은 미국 사회를 배경으로 한 것이다. 당연히 우리에게 그대로 적용될 수 없으며, 다수 의견 중에는 찬성하기 힘든 것들도 많다. 그러나 어떤 문제에 대하여든 논리에 바탕을 둔 논쟁을 벌이고 결론을 도출하는 문화는 우리에게도 반드시 필요하다. 이 책에 소개된 판결문들은 권위와 관행이 아닌 대등한 토론과 논증에서 나온 것이다. 법을 전공하는 학생들뿐만 아니라 합리적인 사고와 설득력 있는 글쓰기에 관심이 있는 모든 분들께 강력히 추천한다.

머리말

이 책은 미합중국 최고 법원The Supreme Court of the United States of America(이하 연방대법원)이 성립된 1789년부터 2012년까지 내린 수많은 판결 가운데 31가지를 골라 그 판결 내용과 비하인드스토리를 소개합니다.

아홉 명의 대법관이 주재하는 연방대법원은 하급 법원을 거쳐 올라온 각종 사건들을 심사하고 판결을 내리는 미국 사법부의 최고 기관입니다. 흔히 미국을 움직이는 주역이라고 하면 행정부의 수장인 대통령이나 의회의 입법 의원들을 떠올리기 쉽지만, 실제로 미국 역사의 향방을 좌우한 대사건들 뒤에는 연방대법원 판결이 자리 잡고 있었습니다. 연방대법원에서 심의하는 안건들은 정치, 경제, 사회, 문화에서부터 미합중국이 당면한 현실, 그리고 미국 국민들의 일상생활에 직접적인 영향을 미치는 다양한 상황들을 망라하고 있습니다. 따라서 연방대법원이 내린 판결과 그 배경에 대해 알아보는 것은 미국이라는 나라를 이해하는데 크게 도움이 된다고 하겠습니다.

또한 이 책의 각 챕터는 당대 미국 최고의 지성이라고 할 수 있는 연방 대법관들이 판결에 앞서 벌인 열띤 토론과 논쟁의 결과가 고스란히 담긴 사건 판결문 및 기타 의견서들을 법률적 지식이 없는 독자들도 쉽게 감상할 수 있도록 요약, 정리하여 소개하고 있습니다. 실제로 미국은 연방대법원의 대법정 뿐 아니라 대통령의 집무실부터 국회 의사당의 회의장, 재판정, 기업의 회의실, 대학의 강의실, 주말 저녁의 칵테일 파티에 이르기까지 토론을 통해 상대를 설득하고, 설득당하고, 서로의 공통점과 차이점을 재확인하는 과정을 계속해 나가는 사회입니다. 즉 토론은 지위 고하를 막론하고 미국인들에게는 삶의 일부나 마찬가지입니다. 이 책에 수록된 의견서들을 통해 연방대법원 법정에서 벌어졌던 불꽃 튀는 토론에 참여하다보면 독자 여러분 자신이 어떤 신념이나 생각을 글이나 말로써 논리정연하게, 그러면서도 때로는 유머를 섞어가며 여유롭게 풀어 나가는 데에도 도움이 될 것입니다.

뿐만 아니라 독자 여러분들은 연방대법원 사건의 배경이 되었던 남북 전쟁, 대공황, 2차 세계대전, 인권 운동, 워터게이트 사건, 정보 통신 혁명 등 미국 역사 속의 극적인 순간들에 대해 보다 친숙해지는 기회를 가질 수 있을 것입니다. 또한 대법관, 대통령, 정치인, 거대 기업 총수, 교사, 사회 운동가, 종교인, 해방 노예, 스파이, 홈리스에 이르기까지 각 사건마다 등장하는 흥미로운 캐릭터들에 얽힌 다양한 에피소드를 알아가는 재미까지 챙겨 가실 수 있습니다.

원래 이 책은 30개의 챕터로 기획되었으나 편집 막바지에 출판사의 양해를 얻어 31번째 챕터인 전국 자영업 연합 대 보건부 장관 시벨리어스 사건을 추가 수록하게 되었습니다. 해당 사건은 지난 수년 간 미국을 떠들썩하게 했던 의료 개혁 법안(일명 오바마케어)에 관한 것으로, 연방대법원은 2012년 6월 28일 판결을 발표했습니다. 사건은 표면상으로는 의료 개혁 법안의 특정 내용에 대한 위헌 여부를 다뤘지만, 실은 국가 권력의 한계와 개인의 자유 및 책임이라는 문제를 두고 벌어진 미국 진보파와 보수파 사이의 사상 투쟁이라는 성격도 있었습니다. 또한 연방대법원의 판결이 전문가들과 일반의 예상을 뒤집는 놀라운 내용으로 화제가 된 바 있습니다. 이런 맥락을 유념하면서 이 책의 마지막 챕터를 읽어주시기 바랍니다.

"내가 알고자 하는 것들은 책 속에 있다. 내게 아주 좋은 친구란 내가 아직 읽지 않은 책을 가져다주는 사람이다."

미국의 16대 대통령 에이브러햄 링컨 Abraham Lincoln 의 말입니다. 우리들은 이 책을 통해 독자 여러분의 아주 좋은 친구가 되고 싶습니다.

캘리포니아주에서 편저자 일동
L. Leonard Kaster & Simon Chung

들어가며

연방대법원, 대법관, 미국 헌법 이야기

"대통령들은 왔다가 가지만, 연방대법원은 언제까지고 이어진다."
윌리엄 태프트 William H. Taft (미국 27대 대통령, 10대 대법원장)

연방대법원과 대법관

대영제국에 맞서 독립 운동을 시작했을 때 미국 건국의 아버지 Founding Fathers들이 새로운 나라에 대해 가졌던 비전은 개인에 의한 통치가 아니라 법률과 제도에 의한 통치였다. 또한 그들은 견제 받지 않는 권력은 반드시 부패한다는 생각을 가지고 주요 권력 기관 사이의 감시와 균형을 최대한 발휘할 수 있는 가장 효과적인 정치 체제를 찾는데 골몰했다. 그러한 고뇌의 흔적은 미합중국 헌법 Constitution of the United States 전편을 관통하는 연방주의와 삼권분립에 잘 나타나 있다.

연방주의가 각 주의 자치를 최대한 보장하면서 동시에 국가 중대사의 경우에는 중앙 정부의 역할에 힘을 실어주는 식으로, 연방 정부에서 시작하여 주 정부, 각 지방 자치 단체에 이르는 수직적 권력 분리의 기본틀이라면, 입법부·행정부·사법부가 각각 독립적인 지위를 누리며

미국 헌법 원본. 현재까지도 효력을 발휘하는 세계에서 가장 오래된 성문 헌법이며 연방대법원 판결의 근거를 제공하는 문서다.

서로를 견제하도록 한 삼권분립의 원칙은 수평적 권력 분리를 위한 구조이다. 입법부는 법을 만들고, 행정부는 만들어진 법을 집행하며, 사법부는 법률을 해석하고 판결을 내린다. 지금은 민주 국가를 운영하기 위한 가장 기본적인 원칙으로 생각되는 삼권분립도 왕과 독재자들이 지배하는 나라가 지구상에서 절대 다수를 차지하고 있던 18세기 말 미국 독립 전쟁 당시로서는 가히 혁명적인 개념이었다.

미합중국 최고 법원The Supreme Court of the United States of America(이하 연방대법원)은 이러한 삼권분립의 한 축인 사법부의 최고 기관으로 각 주의 지방 법원, 항소 법원 등을 거쳐 올라 온 사건들을 미합중국 헌법에 비추어 판단하여 최종 판결을 내리는 역할을 담당한다. 연방대법원에 올라오는 청원은 연간 1만 건에 달하지만, 이 가운데 대법관들이 하급 법원에 사건 서류 이송 명령서를 발급하는, 즉 심의를 위해 선택되는 사건은 한 해를 통틀어 100건을 넘지 않는다. 선택된 사건에 대해서는 사건 관계자(또는 그들의 법률 대리인)들의 의견을 듣고 대법관들이 질문을 던지는 구두 변론이 이루어지며, 이어서 흔히 대법관들의 협의Justices' Conference라고 불리는 논의 과정을 거쳐 판결이 나오게 된다. 판결은 대법관들 사이의 다수결 표결로 결정되는데 사건에 따라 그 스코어는 5 대 4에서부터 만장일치까지 다양하다.

1789년 6명으로 시작된 연방 대법관의 숫자는 1869년에는 9명으로 늘어나 오늘에 이르고 있다. 대법관 자리가 공석이 되면 대통령은 후보자를 지명하며, 후보자는 의회의 승인을 받아 임명된다. 대법관은 일단 임명되면 의회의 탄핵을 받거나 본인이 스스로 퇴임하지 않는 한 지위가 계속 보전되는 사실상의 종신직이다. 의회의 의원들이 철마다 선거를 걱정하고, 대통령의 경우 중임을 하더라도 8년이 지나면 평범한 시민으로 돌아가야 하는 반면, 연방 대법관들 가운데는 수십 년씩 법정에 앉아 미국 사회에 큰 영향을 미치는 수많은 판결에 계속 관여하는 경우가 적지 않다. 이러한 상황에 대해서는 미국 내에서도 상당한 비판 여론이 있어 왔으며, 실제로 미국 32대 대통령 프랭클린 루스벨트Franklin Roosevelt는 연방 대법관의 임기를 70세 전후로 제한하려고 시도하다가 결국 실패한 바 있다.

    헌법이 대법관의 자격에 대해 구체적으로 명시하고 있지는 않지만 대통령은 상황이 허락하는 한 지적 능력, 법률적 성취, 법률가로서의 평판 등에서 당대 최고의 평가를 받는 인사를 지명하는 것이 보통이다. 그와 동시에 대통령이 새로 연방 대법관을 지명할 때 가능하면 자신과 철학이 일치하는 인사를 천거하려 드는 것 또한 인지상정이다. 일반적으로 공화당 출신 대통령은 가급적 보수적인 성향의 법조인을 지명하는 반면 민주당 출신 대통령은 진보적인 법조인을 뽑으려 노력한다. 그러나 연방대법원의 역사를 보면 대법관들 가운데에는 지명자인 대통령이나 지명을 승인한 의회의 기대와는 전혀 다른 방향으로 행동한 경우도 적지 않게 눈에 띈다. 예를 들어 공화당 출신 대통령 드와이트 아이젠하워Dwight Eisenhower가 지명한 얼 워렌 대법원장Chief Justice Earl Warren 은 임명 당시에는 보수파의 기대를 한 몸에 받았으나 재임 중 판결에서는 진보적인 성향으로 일관한 인물이다. 또 다른 공화당 출신 대통령 조지 H. W. 부시George H. W. Bush가 임명한 데이비드 수터 대법관Justice David Souter 역시 재임 초기에 보수적인 성향의 판결을 잠시 내리기도 했으나 시간이 갈수록 점점 진보적 의견 쪽으로 기울어 공화당과 보수파의 애를 태운 경우다.

연방 대법관에 대한 미국 정부와 국민들의 기대는 그 호칭 자체에서 잘 나타난다. 미국에서 **정의가 이루졌다**Justice has been served는 표현은 악당을 처치하는 헐리우드 액션 영화 속의 히어로가 아니라 실은 재판의 결과를 일컫는다. 즉 적절한 법률적 절차(재판)를 거쳐 나온 공정한 판결에 대한 찬사인 것이다. 그런 의미에서 대법관을 일컫는 호칭이 정의Justice 자체라는 것은 우연이 아니다. 알고 보니 정의를 수호하는 기사들은 영화 스타워즈에서처럼 멋진 망토를 입고 광선검을 휘날리며 우주 공간을 누비는 것이 아니라, 워싱턴 D.C. 1번가에서 검은 법복을 입고 앉아 말words을 휘두르고 있었던 것이다. 이렇게 국민이 부여한 호칭에 부응하여 연방 대법관들은 헌법 정신에 부합하는 가장 공정하고 정의로운 판결을 내리기 위해 매 사건마다 고도의 논리, 법률 뿐 아니라 다방면에 걸친 해박한 지식, 토론 능력 등을 총동원하여 열띤 논쟁을 벌인다.

대법관들이 사건 관련자들의 구두 변론을 듣고 질의를 진행하는 연방대법원 내 대법정.
Photo credit : Carol M. Highsmith

그렇다고 연방 대법관들의 판결이 항상 완전무결한 것은 아니다. 이 책에서 소개하는 연방대법원의 판결 가운데는 헌법의 권위와 연방대법원의 역할을 반석 위에 올린 판사 지명자 마버리 대 국무장관 매디슨 Marbury vs Madison, 공룡 기업 스탠더드 오일을 전격적으로 해체한 스탠더드 오일 대 미합중국 정부 Standard Oil vs United States, 공공 교육 기관에서의 인종 격리 관행을 철폐한 학부모 브라운 대 토피카시 교육위원회 Brown vs Board of Education of Topeka, 워터게이트 사건 이후 광기로 치닫던 닉슨 대통령의 행보를 막아 세운 미합중국 정부 대 대통령 닉슨 United States vs Nixon 등 당대의 명판결로 칭송되는 사건들이 있는가 하면, 미국 역사상 최대의 비극이라고 할 남북 전쟁의 원인으로 꼽히는 노예 드레드 스콧 대 주인 샌포드 Dred Scott vs Sanford 판결이나 2차 세계대전 중 소수 민족 출신 미국인들에 대한 핍박을 정당화한 시민 코레마츠 대 미합중국 정부 Korematsu vs United States 판결 등 두고두고 비판의 도마에 오르는 사례들도 적지 않다. 뿐만 아니라 여성의 낙태와 여성의 권리에 관한 제인 로우 대 댈러스 지방 검사 웨이드 Roe vs Wade, 대통령 선거에 연방대법원이 개입하는 선례를 남긴 공화당 대통령후보 부시 대 민주당 대통령후보 고어 Bush vs Gore, 개인의 총기 소지에 대한 합헌성을 따진 워싱턴 특별구 대 시민 헬러 District of Columbia vs Heller 등은 판결 이후에도 미국 내에서 그 결정에 대한 지지와 반대가 극명하게 갈려 국론의 분열을 초래한 경우에 속한다.

그러나 대법관들이 항상 순도 100%의 공명정대한 판결, 즉 모두가 이견 없이 인정하는 정의를 실현할 수는 없다는 것이 연방대법원의 기능에 대한 부정적인 평가를 내릴 충분조건일 수는 없다. 오히려 그러한 예들은 헌법을 통해 연방대법원의 설립을 구상한 미국 건국의 아버지들의 의도, 즉 삼권분립을 통한 정부 기관들의 상호견제가 왜 필요한지에 대한 반증일 뿐이다. 연방대법원 판결에 대한 국민들의 불만이 커지면 의회를 통한 새로운 법률의 제정이나 개헌을 지지하는 움직임으로까지 이어지며, 연방대법원 스스로 비슷한 성격의 사건을 심의하게 될 때 과거의 판례를 뒤집고 새로운 판결을 내리기도 한다.

미합중국 헌법

연방대법원이 사건의 심의와 판결에서 절대적 기준으로 삼는 미합중국 헌법은 1787년 필라델피아 Philadelphia에서 개최된 제헌 회의 Constitutional Convention에 의해 공인되어 1788년 의회를 통과했다. 제헌 의회에 참가한 인물 가운데는 조지 워싱턴 George Washington, 제임스 매디슨 James Madison, 벤저민 프랭클린 Benjamin Franklin, 알렉산더 해밀턴 Alexander Hamilton 등 쟁쟁한 이름들이 망라되어 있다.

약 7,000개의 어휘로 이루어진 미합중국 헌법은 세계에서 가장 짧은 헌법 가운데 하나인 동시에, 놀랍게도 현재까지 효력을 발휘하고 있는 세계에서 가장 오래된 성문 헌법이기도 하다. 헌법의 제1조부터 제5조는 연방주의와 삼권분립의 원칙에 입각하여 중앙 정부와 주 정부 사이의 관계와 역할을 상세히 구분하고, 중앙 정부는 다시 행정부, 입법부, 사법부의 3개의 독립적인 권력 기관으로 나누어지도록 하는 내용을 담고 있다. 건국 이후 지금까지 미국 헌법은 총 27차례에 걸쳐 새로운 조항이 계속 추가되었는데, 그 가운데 미국의 권리 장전 Bill of Rights 이라고도 불리는, 1791년 승인된 최초의 10가지 수정 조항 the first 10 Amendments은 미국 시민으로서 누릴 수 있는 다양한 권리를 집중적으로 다루고 있다. 연방대법원 심의에 올라오는 사건들도 많은 경우 이들 10개 조의 권리 장전 조항들 및 남북 전쟁 직후 의회를 통과한 제14조에 근거하고 있다. 수정헌법 조항의 핵심 내용을 소개하면 다음과 같다.

수정헌법 제1조First Amendment : 정부가 국교를 법으로 정하는 것을 금지하며, 시민들에게 종교 활동의 자유, 언론의 자유, 집회 및 결사의 권리 등을 보장한다.

수정헌법 제2조Second Amendment : 시민들이 무기를 보유, 휴대할 권리에 관한 조항이다.

수정헌법 제3조Third Amendment : 전시 아닌 평시에 집 주인의 허락 없이 민간 주택이 군사 진영으로 사용될 수 없음을 규정한다.

수정헌법 제4조Fourth Amendment : 정부에 의해 시민이 부당한 수사나 구금을 당하지 않을 권리를 명시한다. 정부는 타당하고 구체적인 사유가 있을 때에만 영장을 발부할 수 있다고도 밝히고 있다.

수정헌법 제5조Fifth Amendment : 같은 혐의에 대한 재판의 이중 회부를 방지하는 일사부재리 원칙의 보호를 받을 권리, 자신에게 불리한 증언을 거부할 권리, 적법한 절차 없이 생명, 자유, 재산을 박탈당하지 않을 권리, 공공의 이익을 위해 정부가 개인 재산을 점유하는 경우 적절한 보상을 받을 권리 등을 명시한다.

수정헌법 제6조Sixth Amendment : 범죄 사건의 피고인에게 편견 없는 배심원단에 의한 신속한 공개 재판이 주어질 권리 및 변호사의 조언을 받을 권리 등을 명시한다.

수정헌법 제7조Seventh Amendment : 특정 민사 소송에서 배심원이 참석하는 재판을 받을 권리에 관한 것이다.

수정헌법 제8조Eighth Amendment : 잔인하고 기이한 형벌cruel and unusual punishments 및 과도한 보석금과 벌금을 금지하는 조항이다.

수정헌법 제9조 Ninth Amendment : 이 조항은 시민의 권리가 반드시 헌법에 명기되어 있는 권리들에만 제한되는 것은 아니라고 밝히고 있다.

수정헌법 제10조 Tenth Amendment : 미합중국 헌법에 의하여 미합중국 정부에 위임되지 아니하였거나 각 주에 의하여 금지되지 아니한 권한들은 각 주나 그 주민들이 보유한다고 밝히고 있다. 각 주의 자치를 광범위하게 명시하는 조항이다.

수정헌법 제14조 The Fourteenth Amendment : 모두 5개 항으로 되어 있는데, 제1항은 미국에서 태어나거나 귀화한 개인들은 모두 미국 시민이며, 정당한 법적 절차에 의하지 않고 미합중국 시민의 생명, 자유, 재산을 박탈하는 법률을 제정하는 것을 금지하도록 명시하고 있다. 기타 항에서는 각 주에 할당하는 하원 의원 수의 원칙, 반역자에 대한 공민권 박탈 등을 규정하고 있다.

원래 미합중국 헌법을 제정한 건국의 아버지들의 의도는 법률가가 아닌 일반 시민들이 쉽게 이해할 수 있도록 헌법의 각 조문을 가능한 명쾌하고 쉬운 영어로 작성하는 것이었다. 미국 독립 전쟁을 주도했던 시민들의 대부분이 상공업자, 농민, 군인 등으로 극소수의 지도층을 제외하고는 고등교육과 거리가 멀었던 점을 생각하면 헌법의 초안자들이 염두에 둔 당시 일반 시민들의 지적, 교육적 수준이란 지극히 평범했던 셈이다. 실제로 헌법 전문을 읽어 봐도 현재의 GRE(일반 대학원 입학시험)나 LSAT(법학 대학원 입학시험) 수준의 어휘는 별로 눈에 띄지도 않는다. 그럼에도 불구하고 헌법이 승인된 당시부터 지금까지 각 조문에 대한 해석을 놓고 격렬한 논쟁이 끊이지 않고 있다. 당대 법조계의 최고 지성들이라고 해도 과언이 아닐 연방 대법관들 사이에서도 조문의 구절 하나하나를 두고 극명한 견해차가 있어 왔고, 지금까지 모두 수백만 페이지에 달하는 의견서들, 그리고 그 의견서에 대한 평가와 해석들이 써져 왔다는 사실(이 책 역시 그 위에 수백 페이지를 더 보탠 셈이 되었지만)은 아이러니가 아닐 수 없다. 헌법의 초안자들이 무덤에서 살아 돌아와 이러한 상황을 본다면 뭐라고 말할지 궁금하다.

문자주의와 참여주의

크게 보수와 진보로 나뉘는 정치적 성향과 함께 대법관들의 판단에 영향을 끼치는 또 다른 요소는 법률, 특히 헌법의 해석과 관련한 철학 내지는 방법론이다. 대법관들뿐 아니라 법률가가 헌법을 바라보는 시각은 크게 문자주의textualism와 사법적 참여주의judicial activism로 나뉜다. 문자주의는 종종 기원주의originalism라고도 불리는데, 간단히 말해 헌법을 써진 그대로 이해하고 적용하려는 것이다. 문자주의자들에 따르면 헌법은 써진 내용 이상도 이하도 아니며, 헌법의 의미가 새롭게 해석될 수 있는 유일한 길은 의회가 국민의 뜻을 반영하여 헌법의 문장을 고치는 것, 즉 개헌뿐이다. 문자주의는 의도주의intentionalism나 본래 의도 이론original intent theory이라고 불리는 시각과도 연결되는데, 의도주의는 헌법의 입안자들의 원래 의도에 가장 가깝게 문구를 해석해서 적용하는 것을 목표로 한다. 극단적인 문자주의 시각에서 본다면 입안자들의 의도보다도 더 중요한 것은 헌법의 조문에 등장하는 어휘들이 영어를 모국어로 사용하는 일반 국민에게 어떻게 이해되느냐 하는 것으로, 거기에 비하면 헌법의 특정 조항이나 구절이 제안되고 채택된 역사적 배경이나 저자의 의도조차도 기껏해야 2차적 고려 대상에 지나지 않는다. 역대 대법관들 가운데 이 문자주의 철학을 대표하는 인물로는 안토닌 스칼리아 대법관Justice Antonin Scalia, 윌리엄 렌퀴스트 대법관Justice William Rehnquist, 휴고 블랙 대법관Justice Hugo Black 등이 있다.

반면 사법적 참여주의를 지지하는 법조인에게 헌법이란 시대에 따라 변화하는 사회적 현실을 반영하기 위해 그 내용이 항상 새롭게 이해되고 해석되어야 하는 문서다. 사법적 참여주의자들은 도대체 200년도 더 전에 쓰여진 고대 문서인 미합중국 헌법이 변화무쌍한 현대의 모든 문제를 포괄할 수 있다는 것이 논리적으로 말이 되느냐고 묻는다. 이들이 종종 거론하는 예가 총기 소유의 문제다. 잘 알려져 있다시피 미

태프트 대법원장 시절의 연방 대법관 일동. 윌리엄 태프트William H. Taft(앞줄 가운데)는 대통령1909~1913과 연방 대법원장1921~1930을 둘 다 지낸 미국 역사상 유일한 인물이다. 당시 연방대법원에는 홈즈 대법관 Justice Holmes(앞줄 좌측에서 두 번째), 브렌다이스 대법관Justice Brandeis(앞줄 우측 첫 번째) 등 쟁쟁한 법률가들이 포진하고 있었다.
Photo credit : Library of Congress

국 헌법은 개인의 무기 소유를 인정하고 있다(혹은 그렇게 보인다). 그러나 헌법의 입안자들이 생존했을 당시의 대표적 무기란 고작해야 화승총 정도였으며 가공할 살상력을 갖춘 현대식 총기류는 존재하지 않았다. 참여주의자들은 총기의 시대적 변천을 고려하지 않고, 헌법에 등장하는 무기arms를 문자 그대로 해석해 반자동 소총이나 기관총, 심지어는 탱크나 전투기까지 포함한다고 해석하는 것은 법관으로서 직무유기이며, 헌법의 낡은 조문을 새로운 현실에 맞게 적극적으로 재해석하는 것이야말로 법관으로서의 임무라고 주장한다. 이러한 시각을 대표하는 인물로는 스티븐 브레이어 대법관 Justice Stephen Breyer, 루스 베이더 긴즈버그 대법관 Justice Ruth Bader Ginsburg, 해리 블랙먼 대법관 Justice Harry Blackmun 등이 있다. 사법적 참여주의에 대해서는 연방대법원이 법률의 해석이라는 전통적 역할을 넘어서 판례를 통해 사실상 새로운 법률을 만드는 격이 된다는 비판도 존재한다.

물론 정치적 보수와 진보, 문자주의와 참여주의 사이에는 다양한 견해의 스펙트럼이 존재하며, 이른바 중도파라고 해서 사건의 성격과 정치적 상황에 따라 유연하게 입장의 변화를 추구하는 대법관들도 있다. 이렇게 연방대법원의 판결은 첨예하게 대립하는 철학을 지닌 대법관들 사이의 치열한 논쟁과 사상 투쟁, 그리고 그 사이에서 균형을 추구하는 대법관들의 협력과 경쟁 등 복잡한 역학관계의 결과물인 것이다.

의견서

사건에 대한 대법관들의 논의 과정과 결정 사항은 의견서의 형태로 발표되는데, 보통 법원 판결문 Opinon of the Court과 반대의견 Dissenting Opinion으로 나누어지는 이 의견서의 성격을 한 마디로 단정 지을 수는 없다. 이 문서들은 연방대법원이라는 정부 기관이 발행한 공식 기록이며, 헌법 조문 및 기타 법규 조항을 해석하고 법률 이론을 펼친다는 측면에서는 일종의 논문으로 볼 수 있다. 또 균형 잡힌 논리와 고도의 지성, 문장력 등을 보여준다는 면에서, 그리고 때로는 재치와 유머감각, 냉소, 억지 등 대법관들의 인간적인 면모가 곳곳에 투영된다는 면에서는 논평이자 에세이에 가깝기도 하다. 영어로 써진 텍스트 가운데 이처럼 여러 가지 얼굴을 가진 콘텐츠를 찾기도 쉽지 않다.

그러나 법률 지식으로 무장하지 않은 일반인들이 이 의견서의 원문을 직접 읽기에는 적지 않은 도전이 따른다. 의견서는 편당 수만 단어에 이르는 방대한 분량일 뿐만 아니라, 대법관들이 스스로의 논리를 정당화하기 위해 동원한 여러 장치와 테크닉들로 인해 법률 전문가가 아니라면 세부 사항을 일일이 이해하면서 전체적인 흐름을 쫓아가기가 쉽지 않다. 끊임없이 등장하는 기존 판례의 인용문이나 특정 용어의 정의뿐만 아니라 그 정의를 이루는데 사용된 용어들을 다시금 정의하거나 법률의 문구 하나를 놓고서도 여러 장에 걸쳐 미세한 분석이 이어지고, 중요하다 싶은 논점을 지겨울 정도로 반복해서 거론하는 집요함 등이 일반 독자의 접근을 가로 막는 장애물이다. 퓰리쳐상 수상 작가인 윌 듀런트William James Durant는 철학자 스피노자Baruch de Spinoza의 저작에 대하여 "격언, 정의, 가설, 그리고 증거들이 마치 장기판의 왕과 주교, 기사와 병졸 마냥 조작되는 인공적인 생각의 체스 게임"이라고 평한 바 있다. 이 말을 그대로 연방대법원 의견서에 대해 빌려 쓰더라도 지나친 비약은 아닐 것이다.

판결문은 물론 사건에 대한 연방대법원의 공식 견해이지만, 대법관들이 굳이 법적 구속력이 없는 반대의견Dissenting Opinion을 쓰고 발표하는 이유는 무엇일까? 반대의견은 법원의 판결에 동참하지 않은 대법관들이 자신의 입장과 논리를 분명히 밝히는 공간이며, 동시에 당대 뿐 아니라 미래를 염두에 두고 작성되는 문서다. 즉 어떤 사건에 대해 써진 반대의견을 읽은 미래 세대가 점차 법원의 판결보다 반대의견의 논조에 더 동의하고 동조하게 된다면, 향후 비슷한 성격의 사건을 연방대법원이 검토할 때 이전과는 다른 판결이 내려질 가능성이 높아질 것이기 때문이다. 실제로 제과점 주인 로크너 대 뉴욕주 당국Lochner vs New York, 시민 코레마츠 대 미합중국 정부Koretmatsu vs United States, 아빙턴 학군 대 시민 쉠프Abington vs Schempp 사건처럼 법원의 다수 의견(=판결)보다도 반대의견의 논리와 호소력이 더욱 뛰어나다는 평가를 받은 예는 얼마든지 있으며, 뛰어난 반대의견들이 이후의 연방대법원 판결에 미친 영향 또한 상당하다. 존 마셜 할런 대법관Justice John Marshall Harlan, 올리버 웬델 홈즈 대법관Justice Oliver Wendell Holmes, 윌리엄 더글러스 대법관Justice William O. Douglas 등은 뛰어난 반대의견을 많이 발표하여 '위대한 반대자들great dissenter'로 불리며, 2012년 현재 재임 중인 안토닌 스칼리아 대법관Justice Antonin Scalia, 클래런스 토마스 대법관Justice Clarence Thomas 또한 반대자의 영예의 전당에 오를 가능성을 충분히 보여주고 있다.

독자 여러분이 이 책에서 소개하는 사건들의 판결문과 반대의견의 요약본을 읽을 때 이러한 맥락과 배경을 기억해 둔다면 읽는 즐거움은 커지고 이해 또한 빨라질 것이다.

각 챕터의 구성

각 챕터는 한 개의 사건을 다루며, 그 구성은 다음과 같다.

프롤로그 Prologue

사건의 역사적 배경 및 연방대법원까지 이르게 된 과정과 소송 당사자들이 각자의 입장을 정당화하기 위해 내세운 주장 등을 요약해서 소개한다.

판결 Opinion of the Court

판결문은 대개 첫머리에 사건의 개요와 배경을 소개하고, 사건과 직접적 관련이 있는 헌법 조항의 해석을 시도하는 동시에 과거 판례들을 인용하며, 판결에 이르게 된 논리적 사고 과정을 자세히 밝히고, 연방대법원의 결정을 알리는 순서를 따른다. 이 책에서는 수만 단어에 이르는 판결문 원본 속에서 가장 핵심적인 단락과 구절들을 선택해서 700~800 어휘 정도의 요약문 형태로 재구성한 내용을 소개한다.

반대의견 Dissenting Opinion

판결에 동의하지 않는 소수의 대법관들이 쓴 반대의견서의 내용을 요약해서 소개한다. 반대의견 가운데는 판결문보다 더욱 예리한 논리와 설득력을 보이는 명문장도 드물지 않다. 법원 판결에 반대한 대법관들이라고 해도 그 반대의 이유와 논리가 조금씩 다를 수 있기 때문에 한 사건에는 종종 복수의 반대의견이 발표된다. 이 책에서는 그런 경우 가장 대표적인 반대의견을 골라 정리하거나 혹은 복수의 의견을 합쳐서 하나의 요약본으로 재구성하기도 했다. 연방대법원 판결 가운데는 만장일치로 결정이 내려진 경우도 적지 않기 때문에 언제나 반대의견이 존재하는 것은 아니다.

에필로그 Epilogue

판결을 둘러싸고 일어난 흥미로운 에피소드, 판결에 대한 전문가들의 의견, 판결이 미국 사회에 미친 영향 등을 소개한다.

Part 1
개인의 자유와 권리를 둘러싼 결정들

01 국가 상징물 모독과 표현의 자유 사이

● 텍사스주 당국 vs 공산주의자 존슨 : Texas vs Johnson (1989)

> 우리나라가 자유의 나라라고 주장하고 싶습니까? 그렇다면 우리나라의 상징은 단지 국기만은 아닙니다. 국민 한 사람이 그 깃발을 시위 도중 불 태울 권리 또한 이 나라의 상징이어야 합니다.
> _영화 〈미국대통령American President〉 가운데 대통령의 대사

성조기 - 가장 미국적인 상징

미합중국 국기 National Flag of the United States of America라는 공식 명칭보다 성조기 The Stars and Stripes라는 별명으로 더 유명한 미국 국기는 비단 미국인들뿐 아니라 전 세계인들에게도 미국을 나타내는 가장 익숙한 상징물이다. 종종 언론에서 미국을 상징하는 캐릭터로 등장하는 엉클 샘 Uncle Sam 역시 잘 살펴보면 성조기를 의인화한 것에 지나지 않는다.[1]

미국 독립 전쟁을 전후해서 각 주에서는 소나무, 초승달, 범선의 닻뿐 아니라 비버, 방울뱀 등 동물의 형상과 함께 이런 저런 슬로건을 새긴 지역 특유의 기질을 보여주는 깃발들이 사용되었다. 미 대륙 전체를 아우르는 최초의 통합 깃발은 1776년 보스턴의 군사 행진에서 선보인,

---

[1] 성조기의 이미지를 의인화하여 상업적 성공을 거둔 케이스로는 출판사 마블 코믹스가 1940년대 소개한 캡틴 아메리카 Captain America와 원더 우먼 Wonder Woman을 꼽을 수 있다. 두 슈퍼 영웅의 의상은 간단히 말해 성조기를 짜깁기한 것이다.

미 대륙 전체를 아우르는 최초의 통합 깃발인 대연방기 Grand Union Flag

1777년 대륙 의회에서 최초로 승인된 미합중국 국기

현재의 미국 국기

13개의 가로 줄무늬가 새겨진 가운데 그 왼쪽 상단에 영국 국기가 들어간 대연방기 Grand Union Flag였으나, 1777년 대륙 의회는 적색과 백색이 번갈아 그어진 13개의 가로줄로 영국에 반기를 든 13개의 주를 상징하고, 다시 이 13개의 주를 나타내는 흰색의 별 13개가 푸른 바탕 위에서 원을 이루어 연방을 상징하는 모습의, 영국색을 완전히 털어낸 미합중국 국기를 최초로 승인했다. 별의 숫자는 독립 이후 새로운 주가 연방에 합류할 때마다 하나씩 늘어나 1960년 하와이가 더해지면서 50개가 되어 지금에 이르고 있다.

조지 워싱턴이 얼어 붙은 강을 건너 영국군을 기습하러 가는 극적인 장면을 묘사한 대형 회화〈델라웨어 강을 건너는 조지워싱턴 Washington Crossing the Delaware〉, 태평양 전쟁 중 이오지마 섬의 정상에서 선 미 해병대의 모습, 성조기가 선명하게 새겨진 우주복을 입고 달 표면을 걷는 우주인들, 그리고 2001년 9·11 사태 직후 세 명의 소방관이 세계 무역센터가 무너진 자리에 깃발을 올리는 사진 등에서 보듯이, 성조기는 비단 미국뿐 아니라 세계사적으로도 중요한 의의를 가지는 사건들이 일어난 현장에 함께 있었다. 이렇게 국가의 번영기와 혼란기를 통틀어 온갖 곡절과 풍상을 거치면서 성조기는 미국 국민들에게 단순히 행정상, 법률상의 국가 상징물을 넘어 매우 특별한 감정을 불러일으키는 하나의 아이콘으로 자리 잡은 것이 사실이다.

그런데 누군가 이토록 미국 사회에서 중요하다 못해 거의 성스러운 위치를 차지하는 성조기를 고의로 훼손하거나 모독하려 든다면 어떻게 할 것인가? 그런 행위는 마땅히 금지되어야 할 뿐 아니라 국기 모독죄로 처벌해야 하지 않을까? 이 문제에 대해 연방대법원은 1989년 내린 텍사스 대 존슨 사건의 판결을 통해 답을 내놓았다.

1984년 텍사스주 댈러스에서 당시 대통령 로널드 레이건Ronald Reagan을 대통령 후보로 재신임하는 공화당 전당 대회가 한창인 가운데 공산주의자 그레고리 존슨Gregory Johnson은 동료들과 함께 댈러스 시청까지 항의 행진을 벌였다. 이 행진의 클라이맥스에서 존슨은 '미국에 침을 뱉는다', '레이건, 먼데일[2], 누가 대통령이 되든 결과는 3차 세계대전' 등의 구호를 외치며 성조기를 불태우는 세리머니를 펼쳤다. 이

〈델라웨어 강을 건너는 조지 워싱턴 Washington Crossing the Delaware, 1851〉 화가 엠마누엘 고트립 루츠 Emanuel Gottlieb Leutze가 그린 대형 유화. 작품 속에서 성조기는 워싱턴만큼의 비중을 차지한다.
Photo credit : Library of Congress

와중에 사고나 폭력 행위 등이 발생하지는 않았지만 국기 소각을 지켜본 많은 사람들이 심한 불쾌감을 느낀 것은 사실이었다. 당시 텍사스주 법률은 국기를 포함한 국가 상징물에 대한 모독행위를 금지하고 있었기 때문에 존슨은 사건 발생 후 얼마 지나지 않아 해당 법률에 따라 재판에서 유죄 판결을 받게 되었다. 존슨은 즉각 항소했으며 항소 법원은 국기를 불태운 존슨의 행위 역시 수정헌법 제1조가 보호하는 상징적 발언symbolic speech에 해당한다며 하급 법원의 판결을 뒤집었다. 이에 반발한 텍사스주 당국이 다시 상고하면서 결국 소송은 사건 발생 5년 만인 1989년 연방대법원까지 올라갔다.

존슨 측은 국기 소각의 정치적 함의를 강조하며 그러한 행위는 수정헌법 제1조가 보호하는 표현의 자유에 해당하기 때문에 정치적 발언으로서의 국기 소각을 규제하는 텍사스주 법령은 위헌이라고 주장한 반면 텍사스주 당국은 국기 소각은 근본적으로 공공의 혐오를 자아내는 행위로 폭력 등의 불상사가 발생할 소지가 있고, 성조기는 귀중한 국가적 상징물로 법률의 보호를 받을 가치가 충분히 있다고 반론을 펼쳤다.

연방대법원의 판결은 5 대 4로 존슨을 지지했다.

---

2 지미 카터 대통령 시절 부통령을 지내고, 민주당 대통령 후보로 레이건에 도전했던 월터 먼데일Walter Mondale을 말한다.

국기 소각도 사상의 표현이다

윌리엄 J. 브레넌 대법관 Justice William J. Brennan, Jr.

　　우리는 그레고리 존슨의 행위에 대해 유죄 판결을 내리는 것은 수정헌법 제1조의 정신과 부합하지 않는다고 판결한다.

　비록 수정헌법 제1조는 표현의 자유를 박탈하는 것을 금지한다고만 명시하고 있으나 본 법정은 해당 조항의 보호 대상이 단지 말이나 글에만 국한되지는 않으며, 행위 또한 경우에 따라 수정헌법 제1조의 범위에 들어가기에 충분한 커뮤니케이션적 요소를 담을 수 있음을 예전부터 인정해 왔다. 특히 깃발의 취급과 관련된 행위의 의사표현적 성격을 다룬 판례들은 본 사건과 관련해 주목해야 한다. 본 법정은 지금까지 국기에 평화의 상징을 덧붙인 경우, 국기에 대한 경례를 거부한 경우, 시위에서 적기red flag를 등장시킨 경우 등을 모두 수정헌법 제1조가 보호하는 표현행위로 인정한 바 있다. 국가의 상징으로서의 역할이야말로 국기의 존재 이유인데, 대저 상징술symbolism이란 사상의 교류를 위한 원초적이며 효과적인 수단인 것이다. 어떤 체제, 사상, 제도, 혹은 인격체를 상징하기 위해 휘장이나 깃발을 이용하는 것은 사람들의 마음과 마음을 잇는 지름길이다.

　물론 그렇다고는 해도 우리가 여기서 국기와 관련해 취하는 행동이라면 모두 다 헌법이 보호하는 표현 수단에 해당한다고 주장하려는 것은 아니다. 수정헌법 제1조와의 관련성을 결정함에 있어서는 관련 행위가 발생한 상황의 맥락을 고려해야 한다. 본 사건에서 존슨은 공화당 전당 대회 및 로널드 레이건의 대통령 후보 재지명과 때를 맞춘 시위 도중 그 클라이맥스에서 국기를 불태웠다. 이러한 행동이 정치적 발언의 성격을 띠고 있음은 너무나 명백하다.

텍사스주 당국은 치안의 필요성을 들어 국기 모독죄에 대한 존슨의 유죄 판결은 정당했다고 주장한다. 주 정부는 시청으로의 행진 도중 시위자들이 보인 거친 행동을 거론했지만 국기 소각 도중이나 그 이후에라도 실제 치안 방해에 해당하는 행위는 없었다고 인정했다. 또 존슨이 시위에서 외친 구호와 국기 소각 행위가 보는 사람들로 하여금 감정을 자극해서 폭력사태의 빌미를 제공한 것도 아니다.[3] 이성적인 관찰자라면 연방 정부의 정책에 대한 존슨의 불만 표출에 불과한 행위를 특정인에 대한 직접적인 인신공격이나 폭력사태의 유발을 위한 시도로 간주하지는 않을 것이다. 따라서 우리는 존슨의 국기 소각 행위로 공중질서가 훼손되었다는 증거는 없다고 결론짓는다. 주 당국은 또한 국가적 정체성 및 단합의 상징으로서 국기를 보존할 의무가 있다고 주장한다. 누군가가 일부러 국기를 훼손한다면 그러한 행위는 국가에 대항하는 불온한 메시지를 전달하는 것이므로 금지되어야 한다는 것이다. 그러나 수정헌법 제1조에 의하면 단지 사회적으로 어떤 사상이 불쾌하거나 무례하다고 판단된다는 이유로 정부가 그러한 사상의 표현을 금지할 수는 없다. 본 법정은 국기와 관련된 경우라고 해도 이러한 원칙에 예외를 인정해 본 적이 없다. 나아가 정부가 오직 제한된 메시지만을 전달하기 위해 지정 상징물 designated symbols 을 허용하여 표현의 자유를 제한 할 수 있다고 결론짓는 것은 이성적인 결론이 아니며 논리적 정당화 역시 어려운 일이다. 만약 실제로 정부가 국기 소각을 금지할 수 있다

---

[3] 판결문 원문의 관련 대목에서는 fighting word라는 표현이 등장하는데 이는 상대방의 감정을 자극하여 폭력을 유도할 수 있는 발언을 뜻하는 법률 용어다. 결국 연방대법원은 존슨이 시위 도중 행한 발언이나 행위는 이 fighting word에 해당하지 않는다고 본 것이다.

면 대통령 인Presidential seal이 찍힌 서류나 헌법 사본의 경우는 어떨까? 어떤 상징물이 그러한 특별대우를 받을 만큼 높은 지위에 있는지는 어떤 기준에 의해 판단할 수 있을까? 혹시라도 특정 집단이 그들의 정치적 기호에 따라 그러한 상징물을 선택한 후 그 결정 사항을 시민들에게 강요한다면 이러한 행태야말로 수정헌법 제1조가 금지하는 행위인 것이다.

우리는 국기가 국가 공동체 내에서 차지하는 특별한 지위가 오늘의 판결로 약화되기보다는 오히려 강화되리라 믿는다. 우리의 결정은 성조기가 상징하는 자유와 포용의 원칙을, 그리고 비판 행위에 대한 관용이야말로 이 나라가 강건할 수 있는 원천임을 재확인하는 것이다. 국기와 관련해서 우리가 가장 자랑스럽게 기억하고 있는 이미지 중의 하나는 국가國歌를 통해 불멸을 얻은, 맥헨리 요새 Fort McHenry의 포화를 견뎌내고 우뚝 솟은 성조기의 모습[4]이다. 다시 말하거니와 국기가 상징하는 미국의 힘은 경직성이 아니라 융통성에 있다. 국기 모독 행위를 처벌하는 것은 바로 그 소중한 휘장이 상징하는 자유를 희석시키는 행동이다. 텍사스 항소 법원의 판결을 확정하는 바이다.

---

[4] 19세기 법률가이며 시인인 프란시스 스콧 키Francis Scott Key는 1812년 영국과의 전쟁 중 맥헨리 요새에서 휘날리는 성조기를 보고 영감을 얻어 〈성조기〉라는 제목의 시를 집필했으며 이를 가사로 하는 같은 제목의 노래가 1931년 미국 국가로 공식 채택되었다. 좀 더 자세한 사항은 에필로그 후반부를 참조할 것.

생각의 표현과 감정의 포효를 구분했어야
윌리엄 렌퀴스트 대법원장Chief Justice William Rehnquist 외 1명

텍사스주 해당 법령을 위헌으로 판결한 본 법정은 "한 페이지의 역사에도 책 한권 분량의 논리가 담겨 있다"[5]고 한 홈즈 대법관Justice Holmes의 유명한 격언을 잊은 듯하다. 미국 국기는 독립 혁명, 남북 전쟁, 두 차례의 세계 대전, 베트남 사태 및 많은 다른 사건을 거치면서 200년이 넘는 세월 동안 이 나라의 상징으로서 특수한 지위를 누려왔기 때문에 피고 존슨이 저지른 방식으로 국기를 불태우는 행위는 정부가 금지하는 것이 마땅하다.

국기는 전함, 비행기, 군사 기지, 전국 방방곡곡의 공공건물 등에서 국가를 상징한다. 국기는 전통적으로 전사한 군 장병의 관 위에 놓여졌다가 장례식 후 유가족에게 전달된다. 또한 국기는 해외에서 미국 상선merchant ship의 신원을 나타내며 그 국기가 휘날리는 곳의 상거래는 연방 법률에 의하여 보호된다. 국기처럼 보편적으로 존경 받는 미국의 상징물은 달리 없다. 각자가 지닌 사회적, 정치적, 철학적 신념에 관계없이 수많은 미국인들이 국기를 신비스럽기까지 한 숭배의 대상으로 간주한다. 나는 현재 48개 주에서 법령으로 시행 중인, 공공장소에서의 국기 소각 금지가 수정헌법 제1조에 어긋난다는 주장에 동의할 수 없다.

다수 대법관들은 텍사스주 해당 법령이 존슨의 표현의 자유를 침해한다고 주장한다. 하지만 표현의 자유란 절대적인 것이 아니다. 비록 극히 한정된 부류이기는 하지만 어떤 발언은 당연히 금지되고 처벌되

---

5 "A page of history is worth a volume of logic"은 윌리엄 웬델 홈즈 대법관이 집필한 1921년 뉴욕 트러스트 대 아이즈너 사건New York Trust vs Eisner 연방대법원 판결문에 등장한다.

성조기 모양의 타월을 몸에 두른 미국 여성의 이미지(좌)와 조잡하게 만든 성조기 모형을 불태우는 외국의 시위 현장(우). 성조기 이미지의 용도는 사용자에 따라 다양하다.
© Spotmatik.com (left), © Elultimodeseo (right).

어야 마땅하다. 음란한 말, 외설스러운 말, 욕설, 중상모략, 모욕 등이 이에 포함된다. 이러한 종류의 발언은 입 밖으로 내뱉음과 동시에 듣는 이에게 심적 고통을 유발하거나 더 나아가 즉각적인 치안의 문란을 야기한다. 그런 발언들은 아이디어의 표출과는 별 관계가 없으며, 설사 그로부터 무언가 얻을 만한 내용이 있다 하더라도 질서와 공중도덕의 유지라는 사회적 가치가 보다 우선함은 말할 나위가 없다. 본 사건에서도 존슨이 공개적으로 미국 국기를 불태운 행위는 생각의 표출과는 별 관계가 없고 치안의 문란을 야기할 위험성만 높은 경우였다.

존슨은 얼마든지 국기에 대해 말로써 공개비난할 수 있었다. 혼자 있을 때 국기를 태우는 것은 그의 자유다. 다른 종류의 정부 상징물이나 정치 지도자의 모형을 공공장소에서 불태울 수도 있었다. 그러나 공공장소에서의 국기 소각은 너무나 선동적이기 때문에 공공질서의 문란을 초래할 수 있는 행위다. 존슨은 백문이 불여일견이라는 효과를 노렸는지는 모르겠으나 국기 소각은 차라리 거친 투정이나 포효에 가까우며 특정한 생각을 표현하기보다는 보는 이로 하여금 적대감만 불러일으킬 뿐이라고 해도 과언이 아니다.

국기에 대해 국민이 느끼는 깊은 경외와 존경심은 정부가 의도적으로 국민들에게 심어 넣은 성격의 것이 아니다. 이 나라가 겪어 온 200년의 역사가 그렇게 했을 뿐이다. 텍사스주는 단지 이렇게 역사를 거치며 쌓여 온 국기에 대한 깊은 존경심을 인정하고 국기의 공개 소각을 금지하는 법률을 발효시켰을 뿐이다.

연방대법원의 역할이란 헌법의 적극적인 최종 해석자이지 헌법의 자구를 현실과 분리한 채 보호하는 무감정한 후견인은 아니다. 영국 왕정에 반기를 들고 이 나라를 세운 조상들이 부르짖었던 '대표 없이 세금 없다No taxation without representation'는 외침의 의미는 국민이 국가에 그저 복종하는 것이 아니라 당당히 의견을 표현할 자격이 있다는 것이었다. 살인, 횡령, 국기 소각 등 다수의 사회 구성원들이 사악하고 역겨운 것으로 간주하는 행위들을 금지하는 법률을 제정하는 것은 분명 민주 사회에 주어진 고귀한 역할 가운데 하나다.

국기 소각에 대해 무비판적으로 헌법의 보호막을 제공하는 것은 정부가 세워진 목적 자체를 위협하는 일이다. 이제 정부는 젊은이들을 군대에 차출하여 국기를 지키기 위해 싸우도록 명령 할 수는 있으면서 군인들이 목숨을 걸고 지켜야 하는 바로 그 성조기가 공개 장소에서 불태워지는 상황은 막을 수 없는 어처구니없는 처지가 된 것이다. 나라면 텍사스주 법령이 합헌이라고 인정하겠다.

포연 속에 휘날리는 깃발

텍사스주 대 존슨 판결은 미국 사회에 적지 않은 파장을 불러일으켰다. 판결이 나오자마자 미국 상하 양원은 판결에 대한 비난 결의를 채택했고, 레이건의 후임인 조지 부시 대통령은 헌법에 국기 모독을 금지하는 조항을 삽입하는 개헌을 공개적으로 지지하고 나섰다. 의회는 당을 초월하여 국기 보호법 Flag Protection Act of 1989을 제정했는데, 연방대법원은 나중에 이 법률마저 텍사스주 대 존슨 판결과 같은 논리로 위헌 판결을 내렸다. 이후 의회와 시민 단체를 중심으로 국기 모독 금지를 위한 개헌 움직임이 수차례 있었으나 결국 상하 양원에서 개헌에 필요한 재적 의원 3분의 2를 확보하지 못했다.

반대의견에서 거명된 홈즈 대법관은 개인의 권리를 '주먹을 마음껏 휘두르되 다른 사람의 코 앞에서 딱 멈춰야 하는 것 the right to swing my fist ends where the other man's nose begins'으로 정의했다고 한다. 국기 소각의 행위는 '다른 사람의 코 앞에서 딱 멈춘' 개인의 권리일까 아니면 그 자유의 한계를 넘어 결국 타인의 코를 세게 한 대 쳐버린 경우일까?

깃발과 같은 상징물에 대한 집착은 인간이 가진 고유의 성향 가운데 하나다. 역사적으로도 전투에서의 승리는 누가 상대의 깃발을 먼저 손에 넣느냐에 의해 결정된 사례가 많다. 이렇게 깃발에 목숨을 거는 전통은 철학자 프랜시스 후쿠야마 Francis Fukuyama가 말한 "인간이 순전히 사회적 지위를 위해 기꺼이 죽음을 무릅쓰는 태도"[6]의 공동체적 표현이라고도 할 수 있다. 그러나 국기에 대한 이러한 집단감정이 존재하

---

6 Francis Fukuyama ; 『The End of History and the Last Man』 (1992), Penguin ; p.148

기 때문에 국기를 태우거나 훼손하는 행위는 특정 이념이나 정책, 체제에 대한 반대 혹은 분노를 표현할 수 있는 가장 극적인 방식인 것도 사실이다. 이슬람권 국가를 비롯해서 세계 각국에서 벌어지는 반미 집회에서 반드시 들어가는 양념 같은 수순이 된 성조기 소각은 바로 이러한 효과를 노린 것이다.

판결문에서도 잠깐 언급한 미국 국가의 제목은 '별이 수놓아진 깃발The Star Spangled Banner' 즉 성조기를 일컫는다. 그 가사는 건국 초기의 법률가이자 시인인 프란시스 스콧 키Francis Scott Key의 작품으로 영국과의 전쟁 중 성조기를 둘러싸고 일어난 에피소드를 그리고 있다. 1812년 옛 식민지의 수복을 벼르며 다시 미 대륙 공격에 나선 영국 해군은 실제로 전쟁 초기에 수도 워싱턴을 불태우는 등 상당한 전과를 올렸다. 그 여세를 몰아 영국 해군은 패탭스코 강Patapsco River을 거슬러 올라 볼티모어Baltimore를 점령할 계획을 세웠는데, 그 첫 단계는 먼저 볼티모어 항구의 방어를 맡은 맥헨리 요새를 함락시키는 것이었다. 이 무렵 스콧 키는 포로 송환 협상단의 일원으로 영국 해군의 전함에 승선했는데 공교롭게도 바로 그날 양측 간에 대대적인 전투가 벌어지고 말았다. 전투가 끝날 때까지 함상에 억류당한 일행은 밤새도록 영국군이 대포를 앞세워 요새를 공격하는 것을 지켜봐야 했다. 그러나 다음 날 새벽, 스콧 키는 희미한 햇살 속에 요새의 꼭대기에서 성조기가 여전히 휘날리고 있는 것을 보고 밤새 있었던 영국군의 대공세가 실패로 돌아간 것을 알았다. 그는 그 감격의 순간을 놓치지 않고 가지고 있던 서류 봉투 뒤에 훗날 미국 국가의 가사가 될 시를 적어내려 갔다.

오! 보이는가, 새벽 여명에 의지해서
그 전 날 황혼의 마지막 번뜩임 속에 우리가 그토록 자랑스럽게 환호했던
치열한 전장 속에서 넓은 띠와 빛나는 별들로 이루어진 깃발이,
우리가 파수를 섰던 성벽 너머에서 그토록 당당히 휘날리는 것이
포탄의 붉은 섬광, 공중에서 폭발하는 폭탄이
밤새 우리의 깃발이 계속 거기 있었음을 증거해주었네
오! 말해다오 성조기가 아직도 휘날리는지
자유인의 나라, 용자의 조국을 굽어보며[7]

텍사스주 대 존슨 사건을 통해 연방대법원은 맥헨리 요새에서 휘날리던 성조기가 상징하는 것에는 바로 그 성조기를 태워버릴 수 있는 자유도 포함된다고 판결했다.

---

[7] 스콧 키의 시는 원래 총 4연으로 되어 있으며 미국 국가는 흔히 그 1연을 말한다. 원문은 다음과 같다. O! say can you see by the dawn's early light,/What so proudly we hailed at the twilight's last gleaming,/Whose broad stripes and bright stars through the perilous fight,/O'er the ramparts we watched, were so gallantly streaming?/And the rockets' red glare, the bombs bursting in air,/Gave proof through the night that our flag was still there,/O! say does that star-spangled banner yet wave,/O'er the land of the free and the home of the brave?

개인의 자유와 권리를 둘러 싼 결정들

02 여성의 삶과 태아의 생명 – 누구의 권리가 먼저인가?

● 제인 로우 vs 댈러스 지방 검사 웨이드 : Roe vs Wade (1973)

낙태에 관한 여성의 결정권을 지지pro-choice하는 수많은 남녀들을 만났지만 낙태를 지지pro-abortion하는 사람은 만난 적이 없다.
_힐러리 클린턴Hillary Clinton

낙태 – 권리와 범죄 사이

2008년 미국 대통령 선거전 당시 민주당 후보 버락 오바마 Barack Obama와 공화당 후보 존 매케인 John McCain은 릭 워렌 Rick Warren이라는 유명한 목사가 주최한 좌담회에 참석했다. 두 사람 모두 자신이 기독교 신자임을 강조하여 기독교 세력의 지지를 얻으려는 계산이었다. 워렌 목사는 두 후보자에게 같은 질문을 던졌다. "어느 시점에서 아기가 인간으로서의 권리를 가진다고 보십니까?" 이에 대해 오바마는 "저는 그것을 알 위치에 있지 않습니다. That's beyond my pay grade"라며 즉답을 피한 반면, 매케인의 대답은 단도직입적이었다. "바로 수정의 순간이죠. At the moment of conception"

오바마와 매케인의 대답은 낙태 시술에 대해 극명하게 갈리는 관점의 차이를 상징한다. 낙태 문제는 미국 사회에서 가장 뜨거운 쟁점 가운데 하나다. 대부분의 미국인들은 낙태 시술에 대해 찬성 pro-choice 아니면 반대 pro-life의 양진영으로 첨예하게 대립해 있다.[1] 낙태를 찬성하

낙태반대pro-life 사인을 걸치고 시위하는 여성(좌)과 낙태지지 집회에서 발언하는 여성(우). 낙태 문제만큼 미국의 여론을 분열시키는 이슈도 없다.
© Judith Bicking (left) ©kameraworld.com (right)

는 쪽은 낙태를 여성 개인으로서의 독립적 지위를 보장하는 기본 권리로 보는 반면, 반대하는 쪽은 낙태를 살인 행위라고 보기 때문에 타협의 여지가 거의 없는 형편이다. 정치와 결부시켜 보면 대부분의 민주당 출신 정치인들이 낙태에 너그러운 반면 공화당 출신 정치인들은 낙태 반대파가 다수이다. 또 미국 유권자들은 특히 대통령 후보자들의 낙태에 대한 견해에 민감한 반응을 보인다. 앞서 소개한 워렌 목사의 질문은 바로 낙태 문제에 대한 오바마와 매케인 두 후보의 입장을 듣기 위한 것이었다. 막 태어난 아기가 인간이라는 데는 이론의 여지가 없다. 하지만 아직 태어나지 않은 임부의 뱃속에서 자라고 있는 배아embryo나 태아fetus에게 인간으로서의 권리와 존엄성을 부여해야 하는 시점은 정확히 언제일까? 만약 매케인의 단언처럼 여성의 몸에서 수정이 이루어지는 순간부터 인간으로서의 생명이 시작된다고 한다면 낙태는 엄격히 말해 살인 행위에 해당한다. 하지만 낙태에 관대한 입장인 오바마는 생명 기원의 시점이 어디인지에 대해 단정하는 것은 불가능하며 그보다는 임부 본인의 인생 최대의 결정이라고 할 출산에 대한 선택권, 즉 낙태의 권리를 보장하는 데 초점을 맞춰야 한다는 것이다.

1970년대까지만 해도 미국 대부분의 주에서는 임부의 생명이 위험하게 된 경우 등 특수한 상황을 제외하고는 낙태를 사실상 금지해왔다. 이는 전통적으로 보수적인 미국 사회 분위기, 의료 기술이 낙후됐던 시절 낙태 시술에 따르던 위험성, 태아를 사회의 구성원으로 간주하여 보호하려는 주 정부의 의무감 등이 복합적으로 작용한 결과였다. 그러나 1970년 텍사스주에서 제인 로우Jane Roe[2]라는 여성이 등장하면서 상황은 급변했다. 남편과의 이혼 뒤 세 번째로 임신을 하게 된 로우는 낙태를 원했지만 당시 텍사스 법률은 강간이나 근친상간 등에 의한 임신, 임부의 건강이 위협을 받는 이례적인 경우 외에는 낙태를 금지하고 있었다. 로우는 그러한 텍사스 법률이 위헌의 소지가 있을 만큼 모호할 뿐 아니라 이로 인해 헌법이 보장하는 개인의 사생활 보호에 관한 권리가 침해당했다고 주장하고 그러한 위헌적인 법률 집행을 금지해 달라며 당시 댈러스 지방 검사 헨리 웨이드Henry Wade를 상대로 소송을 제기했다. 이에 대해 웨이드와 텍사스주 정부는 사생활 보호는 절대적인 권리가 아니며 아직 태어나지 않은 아이의 생명이 임부의 사생활 보호보다 우선한다고 주장했다. 또한 낙태 허용 여부는 각 주의 입법부가 자치적으로 결정권을 가지는 정책적인 문제로 연방 정부 차원에서 개입할 성격이 아니라는 입장을 표명했다. 텍사스 지방 법원과 항소 법원을 거치면서 원고인 로우의 주장이 일부 인정되고 일부는 다시 재검토

---

1 낙태에 대한 두 가지 주요 관점. 낙태를 여성의 선택에 관한 문제로 보는 관점이 pro-choice이고, 태아의 생명에 관한 문제로 보는 관점이 pro-life이다. 앞부분에서 인용한 힐러리 클린턴의 말처럼 낙태를 찬성하는 사람들도 노골적으로 '낙태 찬성pro-abortion'이라고 하지는 않는다.

2 Jane Roe는 청원인의 신상을 보호하기 위해 사용된 가명이다. 미국에서 여성의 경우 Jane Roe, 남성의 경우 John Doe가 가장 흔히 쓰이는 가명이다.

대상이 되는 등 우여곡절을 거친 끝에 사건은 1970년 연방대법원으로 올라갔다. 연방대법원의 심의 또한 여러 가지 이유로 수년간 지연되다가 결국 1973년에 연방대법원은 7 대 2로 제인 로우를 지지하는 판결을 내렸다.

임신한 여성에게 어느 시점까지는 낙태의 권리가 있다고 본다

해리 블랙먼 대법관 Justice Harry Blackmun

본 사건은 텍사스주의 낙태 관련 형사법의 헌법적 문제점을 제시하고 있다. 먼저 우리 대법관들은 낙태를 둘러싼 논란이 민감하고 감정적인 성격을 지녔음을 잘 알고 있으며, 그 문제를 감정과 편견에서 벗어나 오직 헌법적 척도로써 해결하는 것이 연방대법원의 과제라는 점을 명심하고 있음을 밝히고자 한다.

20세기 초에 들어 대다수의 주에서 법률로 낙태를 금지했으며 지금 논란이 되고 있는, 의학적 소견에 따라 임부의 생명을 구하기 위한 경우를 제외한 모든 낙태 행위를 범죄로 규정한 텍사스주 법률도 여기에 포함된다. 상고인 제인 로우는 텍사스의 법률이 위헌의 소지가 있을 정도로 모호할 뿐 아니라 수정헌법 제1조, 제4조, 제5조, 제9조, 제14조에 의해 보호되는 사생활의 권리 right of personal privacy를 제한하고 있다고 주장했다.

비록 헌법이 사생활의 권리를 명쾌하게 언급하고 있지는 않지만 수정헌법 제14조에 담긴 개인의 자유 및 개인의 삶에 대한 정부 간섭의 제한, 그리고 제9조에 담긴 국민에게 주어진 권리 the reservation of rights to the people 등의 개념은 여성의 임신 중절 문제를 포함할 수 있을 만큼 광범위하게 규정된 것으로 보인다. 뿐만 아니라 국가가 임신한 여성이 낙태를 선택할 권리를 전적으로 거부하였을 때 초래할 수 있는 부정적인 영향은 얼마든지 열거해 볼 수 있다. 원하지 않는 임신에 따른 심리적 충격, 분만 과정에서 발생할 수 있는 건강상의 문제, 준비되지 않은 상태에서 새 생명을 세상에 맞이하는데 따른 많은 사회적·경제적 부작용 등이 모두 이에 해당한다.

그러나 다른 한편으로 임신한 여성을 임신 그 자체로부터 분리해서 생각할 수는 없다. 임부는 자신의 자궁 속에 배아로 시작해서 후에 태아가 되는 존재를 지니고 있기 때문이다. 따라서 임신한 여성과 태아의 건강에 관한 공공의 이해관계가 어느 시점부터 시작되는가를 결정하는 문제에 국가가 개입하는 것은 타당하고 적절한 행위라고 하겠다. 임신한 여성의 사생활 보호는 특정 시점부터는 태아와 분리할 수 없는 관계를 형성하게 되기 때문에 이 두 존재는 함께 고려해야 한다. 텍사스주 당국은 생명의 존재는 수정되는 순간에 발생하여 임신 기간 내내 임부의 몸속에 있다고 보는 입장이다. 따라서 주 당국의 주장은 정부가 수정 단계 직후부터 생명체를 보호하기 위해 부득이하게 개입해야 한다는 것이다. 가톨릭 교회 또한 생명의 존재는 수정의 순간부터 인정되어야 한다고 보는데 이러한 견해는 많은 의사들을 포함한 비 가톨릭 교도들 사이에서도 광범위하게 받아들여지고 있다. 그러나 최근의 여러 과학적 연구 결과에 의해 수정이 고립된 사건이 아니라 긴 시간을 두고 진행되는 하나의 과정이라는 것이 증명되면서 이 견해의 핵심원칙은 심각하게 도전받고 있다.

  본 법정의 의견으로는 임부의 건강과 관련해 국가의 부득이한 이해관계가 발생하는 시점을 임신 초기 3개월 이후로 본다. 그렇게 보는 가장 큰 이유는 지난 수십 년간 진행된 의학 기술의 발전으로 임신 초기 3개월 내에 행해지는 낙태 시술에서 임부의 사망률이 현저하게 떨어져 상당히 안전하다고 볼 수 있기 때문이다. 최근 공개된 연구결과에 따르면 이 기간에 행해지는 낙태 시술 중 임부가 사망하는 경우는 정상 분만 중의 사망률과 거의 비슷한 수준이다. 따라서 임신 초기 3개월 이후부터는 주 정부가 임부의 건강을 유지하고 보호하는 범위 내에서 낙태를 규제할 수 있는 적절한 시기라고 하겠다. 바꿔 말하면 이 불가피한 시점 이전의 임신 기간 중 낙태의 결정은 전적으로 임부의 주치의의 의학적 판단에 따라 내려져야 한다는 것이다. 따라서 우리는 현행 텍사스주의 낙태 관련 법률은 폐기되어야 한다고 결론을 내린다.

편의라는 새로운 권리를 발명하지 말라

윌리엄 렌퀴스트 대법관Justice William Rehnquist 외 1명

  나는 다수 의견을 낸 대법관들처럼 간단히 이 사건에 개인의 사생활personal privacy로 표현되는 헌법적 권리가 관련되어 있다고 결론을 내릴 수가 없다. 문제의 법령을 통해 텍사스주는 원고 로우에 대한 낙태 시술을 금지하고 있다. 우선 어느 여성이 수술을 통해 낙태를 해야만 하는 지경에 이르렀다면 그것은 이미 '사적인private'이라는 어휘

가 함부로 평이하게 사용될 수 있는 상황을 넘어선 것이다. 뿐만 아니라 사생활의 권리라는 것이 정확히 어떤 헌법적 근거를 가지고 있는지 또한 분명하게 해소된 문제가 아니다. 가령 법정이 사용한 사생활이라는 개념이 수정헌법 제4조가 보장하는 '수색과 몰수로부터의 자유the freedom from searches and seizures'에서 파생된 것, 혹은 이와 동일한 개념이라고 인정한다고 치자. 그렇다고 하더라도 헌법에 따르면 자유라는 것은 절대적으로 보호되어 있는 것이 아니라 수정헌법 제5조와 제14조에 명기된 '적법절차due process of law'를 거치지 않은 박탈과 침해로부터 보호되고 있을 뿐이다. 상식적으로 생각해 봐도 적법절차에 따른 수색과 몰수 없이 어떻게 범죄 용의자의 범죄 행위를 밝혀낼 수 있을 것인가?

사회적·경제적 법률 영역에 전통적으로 적용되는 타당성의 측정 기준은 어떤 법률이 적절한 공공의 목적과 합리적인 연관성을 가지고 있느냐를 판단해 보는 것이다. 만약 텍사스주 법령이 임부의 생명이 위태로운 상황에서조차 낙태를 금지하려 든다면 그 법령이 공공의 목적과 합리적 연관성을 결여 한다는 것에는 의심의 여지가 없다. 그러나 본 법정이 내린, 임신 기간을 세 단계로 나눠 그 첫 3개월 사이 행해지는 낙태에 대해서는 어떤 제한도 금지하도록 한 전격적인 판결은 수정헌법의 원래 의도보다 더 깊숙이 사법부가 개입하여 스스로 법률을 만드는 입법부의 흉내를 낸 것처럼 보인다.[3]

대부분의 주에서 적어도 지난 1세기 동안 낙태에 대해 무거운 제한을

---

[3] 원문에서 쓰인 용어는 judicial legislation으로 삼권분립에 따르면 사법권과 입법권이 분리 되어야 하는데 사법 기관인 연방대법원이 낙태에 대해 상세한 절차를 고안하면서 판례를 통해 스스로 법률을 만들어 버린 격이 되었음을 비판하는 의미다.

두어 왔다는 사실은 낙태의 권리가 기본적인 권리라는 주장이 실제로는 우리 국민의 전통과 양심에 그다지 깊이 뿌리 내린 것은 아님을 보여주는 강력한 지표라고 하겠다. 낙태에 대한 사회적 인식이 점진적으로 바뀌고 있다고 하는 오늘날에도 그에 대한 강력한 반발 의견이 존재한다는 사실이야말로 낙태가 적어도 원고 측이 주장하는 것만큼 보편적인 권리로 받아들여지고 있지는 않다는 증거이다.

원고 측의 주장에 의하면 여성은 편리성, 가족 계획, 경제 사정, 아동 혐오, 혼외 관계를 통한 임신에서 겪는 치욕 등 이유 여하를 막론하고 수술을 집도할 의향이 있는 의사를 찾을 수만 있다면 낙태를 할 권리가 있다는 것이다. 하지만 나는 다수 대법관들이 원고 측의 손을 들어 준 오늘의 판결을 지지할 만한 어떤 헌법의 구절이나 헌정사의 기록, 판례도 본 적이 없다. 다시 말해 법원은 단순히 감정적으로 임부를 위한 새로운 헌법상의 권리를 선포하고 그런 행위를 취할 어떤 정당성이나 권위도 결여한 채 그 새로운 권리를 위해 텍사스주의 기존 관련 법령을 깡그리 무시해 버린 것이다.

내게는 생명을 보호하거나 건강을 지키기 위해서라기보다는 단지 편리를 추구하는 인간들이 손쉽게 낙태를 선택하는 것을 금지하는 현행 텍사스주 법령이 결코 위헌으로 보이지 않는다. 또한 헌법 입안자의 원래 의도를 생각해봐도 그들이 주 정부로부터 낙태와 같은 사안에 관한 법률을 제정할 권한까지 몰수할 목적으로 수정헌법의 제조항을 입안하지는 않았음이 분명해 보인다.

위에 열거한 모든 이유 때문에 나는 법원의 판결에 정중하게 반대한다.

로우 대 웨이드 판결 후의 미국 – 미처 예상하지 못했던 결과들

　　로우 대 웨이드 사건에서 제인 로우라는 가명을 썼던 인물의 정체는 노마 매코비 Norma McCorvey라는 여성이었다. 매코비는 소송에서 승리했지만 판결의 결과로 얻어낸 낙태의 권리를 행사할 기회는 놓치고 말았다. 그녀가 임신과 함께 소송을 제기한 때는 1969년이었고 그로부터 연방대법원 판결이 나오기까지는 4년이 걸렸기 때문이다. 자신의 소송 경험을 담은 책 『내가 로우입니다 I Am Roe』를 쓴 매코비는 비록 자신은 낙태를 해 본 적조차 없으면서도 로우 대 웨이드 판결을 통해 낙태의 전국적인 합법화에 결정적으로 공헌한 데 대한 후회와 죄책감에 시달리다 결국 낙태 반대 운동가로 변신하여 활발한 활동을 펼치기도 했다.

　　법리적으로 로우 대 웨이드 사건은 연방헌법이 허용하는 사생활 보호의 적용 기준을 변형시키고 확장하는 계기가 되었다. 그때까지 사생활 보호란 남에게 간섭 받지 않는 생활, 개인 정보의 비밀 보장 등과 같은 맥락에서만 사용되었는데 로우 대 웨이드 사건을 계기로 개인의 자율, 즉 남에게 피해를 주지 않는 선에서라면 무슨 짓을 해도 좋은 권리까지를 포함하게 된 것이다.[4]

　　로우 대 웨이드 판결은 사생활 보호라는 개념에 대한 헌법적 재해석이나 낙태 지지 세력의 법률적, 정치적 승리뿐 아니라 실증적이고 지속적으로 계측 가능한 영향을 미국 사회에 깊이 남겼다. 통계에 따르면

---

4 George Will ; 〈*The Abortion Argument We Missed*〉, 12/1/2005 Washington Post

미국 대도시의 범죄율은 1980년대까지 계속 가파른 상승세를 보이다가 1990년대 들어 급격하게 감소했다. 이 원인을 두고 사회학자, 범죄학자, 정치인들 사이에서 의견이 분분한 가운데 시카고 대학의 경제학자 스티븐 레빗Steven Levitt은 그 원인이 바로 로우 대 웨이드 판결에 따른 낙태의 전국적인 합법화라는 주장을 설득력 있게 제시했다. 레빗에 의하면 로우 대 웨이드 판결이 있던 1973년 한 해에만 미국에서는 약 160만건의 낙태가 이루어졌는데, 1990년대는 바로 이 1973년 전후에 낙태가 이루어지지 않았다면 태어났을 아이들이 청소년기에서 청년기로 들어섰을 시점이라는 것이다. 보통 낙태를 희망하는 여성들이 미성년자, 미혼여성, 저소득층 등 사회적 약자들이라는 것을 고려하면 이들이 낙태를 선택하지 않을 경우 태어나는 아이들은 일반 중산층 가정 출신의 아이들에 비해 비행과 범죄의 길로 빠질 가능성이 훨씬 높은 것이 사실이다. 다시 말해 레빗의 분석은 만약 태어났더라면 범죄자가 되었을 확률이 높은 태아들이 낙태를 통해 제거 되면서 범죄 가능성 자체가 봉쇄되었다는 좀 섬뜩한 결론인 셈이다.[5] 1970년대 초반 미국 전체의 19%를 차지하던 흑인 인구 비율이 2000년대 들어서 12%까지 떨어진 것도 낙태를 희망하는 여성들 가운데 흑인이 다수를 차지했기 때문이라는 분석도 있다.[6] 전문가들은 로우 대 웨이드 판결 이후 지금까지 미국에서 대략 4천만건의 낙태 시술이 이루어졌다고 보고 있다. 이런 가운데 일부 과격 낙태 반대론자들은 낙태 시술을 하는 의사들을 대상으로 협

---

[5] Steven D. Levitt and Stephen J. Dubner ; 『Freakonomics : A Rogue Economist Explores The Hidden Site of Everything』 William Morrow, 2005 ; p.138

[6] 예를 들어 미국 질병 통제 및 예방 센터Center for Disease Control and Prevention(CDC)의 보고서에 따르면 2000년도에 흑인 여성에 의한 낙태율은 1,000건의 분만 당 503건으로 1,000건의 분만 당 167건에 불과한 백인 여성의 3배에 달하고 있다.
http://www.cdc.gov/mmwr/preview/mmwrhtml/ss5212a1.htm

박과 테러를 벌이기도 했으며 실제로 의사들 가운데는 이들의 손에 목숨을 잃는 경우도 있었다.

로우 대 웨이드 판결 이후 1990년대까지는 낙태를 지지하는 미국인이 다수였으나 2000년대부터는 낙태 반대론자들이 근소하게나마 전세를 역전시킨 분위기가 감지되고 있다. 여기에는 연방대법원에서 판결의 근거로 언급했던 안전한 낙태를 가능하게 한 의학 기술의 진보도 영향을 미치고 있다. 실제로 임신한 여성이 초음파 검사로 임신 초기부터 뱃속의 태아를 직접 볼 수 있게 된 것과 낙태에 대해 늘어난 대중적 저항감 사이에는 일정한 상관관계가 있는 것으로 보인다. 이런 맥락에서 로우 대 웨이드 사건의 진원지인 텍사스주 의회가 2011년 낙태를 희망하는 임부는 반드시 초음파 검사를 먼저 받도록 의무화하는 법령을 통과시켜 논란을 일으킨 것은 주목할 만하다.

로우 대 웨이드 판결이 있은 다음날인 1973년 1월 23일 뉴욕 타임스는 사설을 통해 드디어 '낙태 문제의 해결resolution of the abortion issue'이 이루어졌다고 흥분한 바 있지만 그로부터 40년이 지난 오늘날까지 미국에서 낙태 반대와 낙태 찬성의 대결은 여전히 뜨겁게 진행 중이다.

03 총기 소유는 불가침의 권리인가?

● 워싱턴 특별구 vs 시민 헬러 : District of Columbia vs Heller (2008)

내 총을 가져가려거든 먼저 나를 죽여라
_전미총기협회 National Rifles Association 슬로건

수정헌법 제2조의 수수께끼

많은 미국인들이 개인의 총기 소유를 거의 종교적 신념처럼 받아들이고 있는 반면, 총기 소유에 대해 반대하는 사람들은 총기 소유와 강력 범죄 사이의 연관관계에 주목하며 규제가 불가피하다고 주장한다. 미국에서 개인의 총기 소유를 가능케 하는 법률적 근거로 거론되는 수정헌법 제2조 the Second Amendment 는 다음과 같은 단 한 문장으로 이루어져 있다.

A well regulated Militia, being necessary to the security of a free State, the right of the people to keep and bear Arms, shall not be infringed.

그런데 놀랍게도 이 길지도 복잡해 보이지도 않은 문장을 두고 지난 200여 년 동안 수많은 사람들이 온갖 해석을 붙여왔다. 실제로 연방헌법에서 수정헌법 제2조만큼 논란이 끊임없이 이어진 조항도 달리

미국 총기 엑스포에 진열된 엽총들. 미국인들의 총기사랑은 유별나다.
© DaveWebb Photos

없다. 연방헌법이 고대의 라틴어나 그리스어로 되어 있는 것도 아니고, 헌법 입안자들 역시 법률전문가나 학자가 아닌 자유농민, 상공인 등으로 이루어져 일반 시민들이 쉽게 읽고 이해할 수 있는 조문을 작성하는데 유념했던 것을 생각하면 상황은 더욱 아이러니하다. 하지만 총기 소유를 찬성하는 쪽과 반대하는 쪽은 수정헌법 제2조의 문장 구조, 핵심 어휘들의 의미, 역사적 배경 등을 놓고 사사건건 치열하게 대립해왔다. 논란의 핵심은 미국독립전쟁에서 중추적 역할을 맡았던 민병대militia를 언급하고 있는 첫 번째 절과 총기 관련 권리를 언급하고 있는 두 번째 절의 관계를 어떻게 규정하느냐에 있다. 앞으로 살펴보겠지만 그 관계를 보는 시각에 따라 같은 문장을 두고 초점이 전혀 다른 상반된 해석이 가능해지는 것이다. 과연 수정헌법 제2조를 어떻게 이해하는 것이 헌법 입안자들의 원래 의도에 가까운 것일까? 또 그 의도라는 것이 현대에 어떤 의미를 가질까?

미국의 대표적 보수주의 싱크탱크인 카토 연구소Cato Institute[1]의 이론가 로버트 레비Robert Levy는 2002년 수도 워싱턴 특별구District of Columbia의 총기 규제법에 대한 위헌 소송을 준비했다. 강력 범죄율이 높은 워싱턴은 타 지역에 비해 총기 규제가 특히 엄격한 것으로 유명했

---

[1] 카토 연구소Cato Institute는 공화정 말기 로마의 정치가로 줄리어스 시저의 등장에 맞서 최후까지 공화정의 수호를 주장하다 자결한 인물인 카토(B.C.95~B.C.46)의 이름을 내걸고 1974년 세워진 미국의 보수주의 싱크탱크이다.

는데, 예를 들어 총기 소유를 희망하는 시민은 집안에서만, 그것도 총기를 완전히 분해한 상태로만 소유할 수 있었다. 레비는 이러한 지나친 규제가 수정헌법 제2조의 정신에 어긋난다고 보고 총기 소유를 희망하는 워싱턴 거주민 6명을 모아 이들 명의로 당국에 소송을 걸었던 것이다.[2] 워싱턴 지방 법원은 소송을 기각했지만 항소 법원은 이를 번복하고 워싱턴의 총기 규제 법령이 위헌이라는 판결을 내렸다. 사건은 시 당국이 상고를 결정하면서 결국 연방대법원까지 가게 되었고 소송을 시작했을 때 6명이었던 원고 측은 법률적, 개인적 문제로 5명이 차례로 자격을 잃어 결국 딕 헬러Dick Heller 한 사람만 남게 되었다. 헬러는 워싱턴 법령에 따라 집에서 총을 완전 분해한 상태로 두어야 한다면 강도의 침입 등 유사시 정당방위의 수단으로서 총기 본래의 목적을 이루는 것이 불가능해지기 때문에 실질적으로는 총기를 소유하지 못하는 것과 마찬가지이며, 따라서 관련 규제 법령은 위헌이라고 주장했다. 이에 맞서 시 당국은 헌법의 총기 소유 조항은 역사적으로 볼 때 오직 민병대의 조직이라는 조건에서만 적용될 수 있기 때문에 공공의 안전을 위한 총기 규제는 헌법 조문의 구속을 받지 않는다는 입장이다.

    양측의 변론을 들은 대법관들은 수정헌법 제2조와 관련된 역사적 배경, 구문론, 어휘론, 헌법 조문의 현대사회에서의 적용 등 생각할 수 있는 모든 기준을 놓고 한 치의 양보도 없는 불꽃튀는 토론을 벌였다. 판결은 5 대 4로 헬러를 지지했다.

---

[2] 특정한 사건이나 계기가 없이 어떤 원칙이나 이론의 위법 여부를 가리기 위해 자발적으로 소송을 거는 것을 시험 소송test trial이라고 한다.

개인의 총기 소유는 헌법이 보장하는 권리다

안토닌 스칼리아 대법관 Justice Antonin Scalia

수정헌법 제2조는 "A well regulated Militia, being necessary to the security of a free State, the right of the people to keep and bear Arms, shall not be infringed."라고 되어 있다. 조문 속의 'right of the people'은 문맥상 국민 개개인의 권리이지, 집단적 권리가 아니다. 이 대목은 앞 절에 등장하는 민병대militia라는 용어와 극명한 대조를 이루는데, 독립전쟁 당시 민병대는 전체 국민 속의 부분집합, 즉 건장하고 특정 연령대에 속한 남성들로 구성된 집단이기 때문이다. 따라서 수정헌법 제2조를 민병대 조직에서만 무기를 보유하고 다룰 수 있는 권리로 읽는 것은 그러한 권리의 향유자를 모든 국민 개개인으로 묘사한 부분과 맥락이 맞지 않는다. 오늘날과 같이 18세기에도 keep arms는 무기를 소유하는 것을 일컫는 일반적인 표현이었다. 그리고 당시 각종 문헌들의 용례를 검토하면 bear arms는 무기를 물리적으로 가지고 다니는 행위를 지칭한다는 것이 명백해 진다. bear arms가 '군복무를 하다' 또는 '전쟁을 치르다' 등의 관용적 의미를 가진 것 역시 사실이지만 수정헌법 제2조의 맥락에서 그러한 관용구적 의미를 적용하는 것은 어색할 뿐 아니라 문법에도 맞지 않는다. 왜냐하면 arms가 keep의 목적어로서는 무기를, 한편 bear의 목적어로서는 군복무를 뜻하여 한 문장 속에서 복수의 의미를 띠게 되기 때문이다. 이는 마치 "그는 생을 마감했다He filled and kicked the bucket."라는 관용적 문장을 세분해서 "그는 양동이를 채운 뒤 죽었다He filled the bucket and died."라고 이해하는 것과 마찬가지이기 때문이다. 기괴한 발상이 아닐 수 없다. 'security of a free state'라는

전미 총기 협회National Rifle Association, NRA의 로고. 미국 내에서 영향력 있는 단체 중 하나로 다양한 활동을 펼치고 있다.

구절은 '자유로운 합중국의 안보'라는 의미이지 '연방 내 각 주들의 안보'라는 뜻이 아니다. 연방헌법 제1조와 제3조에 등장하는 'foreign state(외국)'는 'state'가 헌법에서 복수의 의미로 쓰였음을 입증한다.

수정헌법 제2조의 절의 연관 관계가 총기를 소유할 개인의 권리를 지칭하고 있는가? 건국 세대의 역사를 제대로 이해한다면 이는 명백한 사실이다. 사실 수정헌법 제2조는 새로운 권리를 창안한 것이 아니라 이미 존재하던 권리를 명문화한 것에 불과하다. 영국의 제임스 2세는 신교도 민병대에게 무장해제를 명령했으나, 명예혁명Glorious Revolution 뒤 신교도들은 윌리엄 왕과 메리 여왕으로부터 자체 방위를 위한 무기 소유를 보장 받았으며 이후 이 권리는 공권력 및 개인의 폭력으로부터 스스로를 지키기 위한 개인적 권리로서 연방헌법에 명문화되었다. 새로 조직된 연방 정부가 개인의 무기를 회수하고 시민 민병대를 해산시키리라는 염려가 성문 헌법에 무기 소유의 권리를 명시한 직접적 이유이지만 민병대의 유지가 그 유서 깊은 권리의 유일한 목적은 아니다. 당시의 사람들은 무기 소유의 권리를 정당방위와 사냥을 위해 더 중요하게 여겼다. 다른 권리들과 마찬가지로 수정헌법 제2조가 보장하는 권리 역시 공공의 안전과 안보의 관점에서 일정 부분의 제약은 반드시 필요하다. 또한 오늘날 민병대가 18세기처럼 효과적이기 위해서는 보다 세련된 무기가 필요한 것도 사실이다. 권총이나 장총이 아무리 많아 봐야 현대의 폭격기나 탱크에 맞서기에 역부

족인 것은 물론이다. 그러나 기술의 발전이 수정헌법 제2조의 문구를 낡은 것으로 만들었다고 해서 해당 권리에 대한 해석이 바뀌는 것은 아니다.

모든 상황을 고려할 때 작동될 수 없는 상태로 총기를 보관하도록 강제하는 워싱턴 법령은 시민들이 유사시 자기방어의 목적을 위해 총기를 사용하는 것을 불가능하게 만들기 때문에 위헌이다. 헌법이 보장하는 권리를 존중하려면 어떤 정책들은 포기해야만 한다. 총기를 자기방어를 위해 즉각 사용할 수 있는 상태로 집에 보관하는 것을 완전히 금지하는 정책이 여기에 해당한다. 총기를 이용한 폭력이 심각한 문제가 되어 버린 오늘날의 사회에서 수정헌법 제2조의 의미는 상당 부분 퇴색한 것이 아니냐고 생각하는 사람들도 있을 것이다. 이 문제는 논의해 볼 만한 사항이기는 하지만 그렇다고 수정헌법 제2조의 효력이 다했다고 선언하는 것은 본 법정의 역할이 아니다. 항소 법원의 결정을 지지한다.

개인의 총기 소유는 헌법 입안자들의 의도가 아니었다

존 폴 스티븐스 대법관Justice John Paul Stevens

수정헌법 제2조는 연방의 여러 주의 주민들이 규율 잡힌 민병대를 유지할 수 있는 권리를 보호하기 위해 채택되었다. 또 헌법의 비준 과정에서 야기된 연방 의회가 주 민병대를 무장 해제시켜 여러 주의 자주권을 위협할지 모른다는 우려에 대한 대응이었던 것이다. 이렇게 수정헌법 제2조를 읽는 것이 가장 자연스러운 방식이며 조문 채택의 역사적 배경에 대한 충실한 해석이다. 헌법 입안자들이 자기방어라는 관습법적 권리common law right를 수정헌법 제2조 속에 보존하려는 의도였다는 힌트는 전혀 없다. 수정헌법 제2조의 문장 속에서 우리는 다음 세 가지 요소에 주목해야 한다. 조문의 목적을 규정하는 도입부, 조문 속의 권리가 포괄하려는 개인의 범위, 그리고 조문이 보장하는 권리의 일원화된 본질이 그것이다. 조문 속에 사냥이나 개인의 정당방위를 위해 총기를 사용할 권리를 보호하기 위해서라는 언급이 빠졌다는 사실은 당시 펜실베이니아주와 버몬트주의 권리 선언서the Declaration of Rights에 그러한 목적으로 민간인이 총기를 사용하는 권리를 명백히 밝힌 것과 대조된다. 입안자들이 무기를 다룰 권리를 헌법에 명문화하면서 초점을 맞춘 것은 총기의 군사적 사용이었으며 이는 시민들이 주 민병대에서 복무할 상황을 염두에 두었기 때문이다.

다수 의견의 조문 분석에 따르면 수정헌법 제2조에 사용된 the people은 수정헌법 제1조와 제14조에서 뜻하는 것과 같다고 한다. 그러나 제1조와 제14조에 의해 보호받는 개인들에는 특정한 제한사항이 없다. 심지어 흉악범들마저도 제1조와 제14조의 보호대상이다. 반면 수정헌법 제2조가 보호하는 것은 민병대에서 복무할 의무가 있는 개인들의 집단적 이해관계로, 제2조의 궁극적인 목적은 헌법이 표방한 연방의 각 주들이 나눠서 누리는 자주권의 보호였던 것이다. to keep and bear Arms는 군사적 목적을 위해 필요한 경우 무기를 소유하고 군사 행동과 연계되어 무기를 사용하는 통합된 권리를 표현한다. 조문에서 보장하는 권리는 둘이 아니라 하나일 뿐이다. 조문은 무기를 보유하는 권리와 무기를 다루는 별도의 권리를 묘사하는 것이 아니다. 조문이 묘사하는 권리란 주 정부가 조직한 민병대에 복무할 경우 무기를 사용할 의무이자 동시에 권리인 것이다. 수정헌법 제2조의 채택과 관련된 역사적 배경에는 당시 연방 정부의 상비군이 주의 자주권에 대해 잠재적인 위협이 되리라는 우려와 그러한 위협을 견제하는 수단으로써 주의 민병대 제도를 보존하려는 의도가 있었다. 의회가 주 민병대의 무장을 해제할 권한을 보유하는 한 주가 연방 상비군을 견제할 방도가 없기 때문에 이러한 무장 해제를 금지할 조문이 필요했던 것이다. 수정헌법 제2조의 채택 이후의 역사 또한 이 시각과 일치한다. 19세기 동안 민간인의 총기 사용에 대한 입법 논의에서 수정헌법 제2조의 역할은 매우 미미했으며 연방대법원까지 올라온 소송도 거의 없었다. 수정헌법 제2조에 의거하여 총기 규제를 반대하는 발상이 부적절하다는 것은 이미 이론의 여지가 없었던 것이다.

오늘 다수 대법관들은 헌법에 담긴 권리의 의미를 바꾸는 것은 본 법정이 할 일이 아니라고 선언했다. 그러나 본 법정이 선포한 그 권리는 헌법의 입안자들이 의도한 바가 결코 아니다. 본 법정은 총기를 소유하고 사용할 새로운 헌법적 권리를 선언했지만 결국 그렇다면 총기 규제의 범위를 어떻게 정할 것인가라는 숙제를 두고두고 남기게 됐다.

이러한 이유로 나는 오늘의 판결에 반대하는 바이다.

헬러 씨가 기다리다 지쳐…

수정헌법 제2조의 문장에 대해 판결과 반대의견은 각기 극명하게 대비되는 해석을 제시한다. 다시 한 번 수정헌법 제2조의 원문을 읽어 보자.

A well regulated Militia, being necessary to the security of a free State, the right of the people to keep and bear Arms, shall not be infringed.

판결에 가담한 5명의 대법관들은 수정헌법 제2조를 다음과 같이 읽은 것으로 보인다.

"자유 조국의 안보를 지키기 위해 규율이 잘 잡힌 민병대의 유지를 위해서라도 무기를 보유하고 지참할 수 있는 개인의 권리는 침해될 수 없다."

즉, 개인의 무기 소유가 주된 권리이며 민병대의 유지는 그에 대한 종속 변수로 이해한 것이다. 한편 반대 진영에 선 대법관 4명은 똑같은 문장을 다음과 같은 전혀 별개의 취지로 이해한 것으로 보인다.

"규율이 잘 잡힌 민병대는 자유로운 주의 안보를 위해 필요하기 때문에 민병대 소집 대상 시민들의 유사시 무기를 취급할 권리가 침해되어서는 안된다."

이 해석에 따르면 수정헌법 제2조에서 무기를 보유하는 권리가 보호되어야 하는 이유는 바로 민병대의 유지 때문이라는 것이다.[3]

판결은 진보진영의 격렬한 비판과 보수진영의 열렬한 지지를 함께 불러왔다. 판결에 대해 비판하는 쪽의 법학자들과 역사가들은 수정헌법 제2조가 말하는 무기는 18세기 당시에 사용되었던 구식 화승총일 뿐 현대의 총기와는 관련이 없다는 것과 워싱턴D.C는 어느 주에도 속하지 않는 별도의 특별구이기 때문에 수정헌법 제2조의 권위가 미치지 않는다는 주장 등을 펴기도 한다. 반면 판결 지지 세력은 총기 소유는 헌법이 부여하는 권리일 뿐 아니라 범죄 예방에도 도움이 된다고 주장한다. 실제로 총기 소유가 자유로운 지역일수록 강력 범죄율이 낮은 반면 총기 소유 규제가 강력한 지역은 반대로 강력 범죄율이 높다는 것이다. 미국의 수도인 워싱턴의 경우 미국에서 가장 강력한 총기 규제법을 가졌으면서도 해마다 살인 범죄율이 가장 높은 도시로 뽑혀 행정 수도가 아니라 '살인 수도'라는 불명예스러운 별명이 붙기도 했는데, 총기 소유 찬성파는 이를 일반 시민들의 총기 소유를 억제한데 따른 결과로 해석한다. 즉 범법자들은 규제에 상관없이 마음대로 총기를 소유하기 때문에 법을 지키는 대다수의 시민들은 이들 앞에 무장 해제된 상태로 놓이게 된다는 것이다. 강도와 마주친 상황에서 911은 멀고 스미스 웨슨은 가까운 법이다.[4]

　그러나 가령 당신이 총기를 소유하기에 적합한 자격과 절제력, 지적 수준을 가졌다고 하더라도 같은 집에 사는 자녀 혹은 당신의 형제가 그 총기를 훔쳐 살인이나 그 밖의 범죄에 이용하는 것을 어떻게 통제할 수 있을 것인가? 실제로 미국 전체 인구에서 총기를 소유한 미국인의 비율은 30%미만이다. 하지만 총기라고는 일생 동안 만져 본 적 조차 없

---

3 다시 말하거니와 영어로 쓰인 한 문장을 놓고 역시 영어를 모국어로 쓰는 대법관들 사이에서 전혀 상반된 이해를 드러냈다는 것은 매우 놀라운 일이다. 개인의 철학이나 신념이 언어 인지력까지 영향을 미칠 수 있다는 증거라고나 할까?
4 911은 미국에서 범죄 신고 등을 위해 거는 전화 번호. Smith & Wesson 은 대표적 권총 모델이다. 원문은 "It's quicker to pull your Smith & Wesson than to dial 911 if you're being robbed"으로 1990년대 워싱턴 D.C. 경찰감 특별 보좌역special assistant to Washington DC's Chief of Police으로 시민들의 총기 소유에 적극 찬성하던 로웰 덕켓 경장Lt. Lowell Duckett이 한 말로 알려져 있다.

는 대다수의 미국인들에게는 추상적인 개념에 불과한 총기 소유의 권리가 극소수의 부적격자들에 의해 오용되었을 때 벌어지는 결과는 참혹하기까지 하다. 총기 소유로 발생하는 범죄, 특히 전문적인 범죄자뿐 아니라 정신질환자, 정서불안자들에 의해 발생하는 살인 사건들은 총기 소유라는 신성한 권리를 수호하기 위해 선량한 시민들이 치러야 하는 대가치고는 비싸 보인다.

사건에서 원고 측 대표로 나섰던 딕 헬러는 판결 이후 그토록 원하던 총기를 손에 넣을 수 있었을까? 결론부터 말하면 헬러는 뜻을 이루지 못했다. 연방대법원 판결에 따라 워싱턴주 당국은 내부 단속 규정을 개정했지만, 판결 속에 구체적인 지침이 결여된 것을 이용하여 정작 헬러가 보유하고 싶어하던 반자동 피스톨 semi-automatic pistol 은 헌법이 허용하는 개인 총기의 범위를 넘어선 기관총 machine gun 으로 간주하여 금지시켰다. 당국의 결정은 헌법상 개인의 소유가 허용된 총기는 권총이나 엽총 정도라는 전통적 인식과도 일치하는 것이었다. 헬러는 이에 반발하여 당국의 규제 조치를 해제해 달라는 취지의 소송을 새로 시작했지만 2010년 3월, 워싱턴 지방 법원은 헬러의 청원을 기각했다. 설사 그가 다시 연방대법원에 청원을 넣는다고 해도 대법관들이 가까운 미래에 총기 소유와 관련된 사건을 다시 검토할 가능성은 희박하다. 헬러는 아무래도 워싱턴 특별구에 거주하는 한 총기에 대한 취향을 바꿔 권총이나 엽총을 소지하는데 만족해야 할 것으로 보인다.

04 예술과 외설의 기준을
정하는 것이 가능한가?

● 캘리포니아주 당국 vs 성인물 판매업자 밀러 : California vs Miller (1973)

검열의 논리적 귀결은 아무도 읽고 싶어 하지 않는 책을 읽는 것만이 허용되는 상태이다.
_조지 버나드 쇼 Goerge Bernard Shaw

예술과 외설의 역사 – 보면 안다?!

성경의 창세기를 주제로 한 시스티나 성당 Sistine Chapel의 천장화를 그리면서 미켈란젤로 Michelangelo는 등장인물들이 나체로 그려진 것을 외설로 몰아붙이는 교황청 고위 관리들과 투쟁해야 했다.[1] 여성의 나체는 근대 회화에서 가장 인기 있었던 오브제 objet였으나 그 표현을 둘러싸고 외설 논쟁은 끊이지 않았다. 프랑스의 소설가 귀스타프 플로베르 Gustave Flaubert가 1856년 『보바리 부인 Madame Bovary』을 발표했을 때 비평가들은 완벽한 사실주의 소설의 작품성에 주목하기보다는 주인공이 벌이는 정사 장면의 외설 여부에 더 관심을 쏟았다. 아일랜드의 작가 제임스 조이스 James Joyce가 『율리시즈 Ulysses』를 발표했을 때도 비평가들은 모두 20세기 가장 위대한 소설일지 모를 걸작의 탄생을 축하하기에 앞서 책 속의 일부 성애 장면을 거론하며 음란성 여

---

[1] 미켈란젤로의 관점에서 보면, 선악과를 먹고 부끄러움을 알기 전의 아담과 이브가 아무 의복도 걸치지 않았다는 성서의 내용만 보아도 그림 속 나체의 묘사가 외설 아님은 의문의 여지가 없는 논리적 귀결이었다.

프랑스 고전주의 화가 앵그르Jean Auguste Dominique Ingres, 1780-1867의 작품 〈샘〉. 근대 유럽에서는 나체화를 둘러싸고 외설 논쟁이 끊이지 않았다.
Photo credit : www.ibiblio.org

부를 따지기에 바빴다. D.H. 로렌스 D.H. Lawrence의 소설 『채털리 부인의 연인Lady Chatterley's Lover』은 외설 시비 때문에 저자의 모국이 아닌 해외에서 먼저 출판이 되는가 하면 법정에 외설물로 고발되는 수모를 겪기도 했다. 뿐만 아니라 성애 장면이 담긴 영화가 외설 논쟁에 휩싸이는 것은 오늘날까지도 아주 흔한 일이다. 한마디로 예술의 역사는 외설 논쟁과 그 궤적을 함께 한다.

역사적으로 나라마다 다양한 기준과 형식으로 외설을 규제했다. 유럽 국가들은 전통적으로 체제 안정의 차원에서 정부 소속의 검열 기관을 두고 외설, 불온사상 등의 혐의가 있는 콘텐츠를 솎아냈다. 영국에서는 1857년 음란 출판물 취급 법령Obscene Publications Act of 1857이 제정된 이후 수많은 문학 작품이 고소·고발 당하는 수난을 겪었다. 미국의 경우는 비록 국가가 운영하는 검열 기관을 별도로 두지는 않지만 1960년대까지 영국의 사례를 일종의 관습법으로 채택해서 각 주에서 발생하는 관련 소송의 판결에 참고했으며, 전통적으로 외설은 연방헌법이 보장하는 언론의 자유에 속하는 표현행위가 아닌 것으로 간주하였다.

20세기 전반 내내 연방대법원에는 예술 작품의 외설성을 문제 삼는 소송이 줄기차게 올라왔고 외설 판정이라는 문제를 두고 연방 대법관들 사이에는 극심한 견해차가 있었다. 무엇이 외설인가, 다시 말해 어떤 콘텐츠가 외설에 해당하는가 하는 질문에 대한 가장 유명하고 동시에 가장 상징적인 대답은 포터 스튜어트 대법관 Justice Potter Stewart의 다음 발언일 것이다. "보면 안다 I know it when I see it" [2] 무어라고 딱 집어서 표현할 수는 없지만 보면 알 수 있는 것—명확한 정의를 내려야 하는 법조인으로서 이렇게 말할 수밖에 없었다는 것 자체가 외설 문제를 두고 겪은 연방대법원의 고충을 드러낸다고 하겠다. 시간이 지나면서 연방대법원은 콘텐츠의 음란성 여부를 판단하는 권위있는 총괄적인 기준이 필요하다는데 의견을 함께 했고 1973년에 올라온 캘리포니아 대 밀러 소송에서 끝장 토론을 통해 외설 기준의 최종판을 도출하고자 했다. [3]

마빈 밀러 Marvin Miller는 캘리포니아주에서 성인물을 주로 취급하는 통신판매회사를 운영하는 인물이었다. 밀러의 회사에서 성인용 사진집을 광고하기 위해 대량의 우편물을 배포하는 판촉 활동을 벌였는데, 우편물 중 일부가 원래 판촉 리스트에 있던 희망자가 아닌 다른 사람들에게도 전달되면서 문제가 발생하고 말았다. 뉴포트 비치 Newport Beach

---

[2] 1964년 오하이오주에서 프랑스 영화 《연인들 The Lovers》을 외설로 간주하여 상영 금지시킨 사건과 관련된 재코벨리스 대 오하이오 Jacobellis vs Ohio 판결에서 스튜어트 대법관이 쓴 보충의견에 등장하는 문장으로 관련 전문은 다음과 같다. "오늘 나는 어떤 종류의 출판물이 노골적인 포르노그래피로 취급되어야 하는지에 대한 정의를 내릴 생각이 없으며 그것이 지적知的으로 가능하다고 보지도 않는다. 하지만 외설인지 아닌지는 직접 보면 알 수 있는데 본 사건에서 문제가 된 영화의 경우는 외설이 아니다(I shall not today attempt further to define the kinds of material I understand to be embraced within that shorthand description hard-core pornography ; and perhaps I could never succeed in intelligibly doing so. But I know it when I see it, and the motion picture involved in this case is not that)."

[3] 그때까지 부분적, 산발적 판단 기준을 제공한 계기가 된 소송들에는 로스 대 미국 정부 Roth vs US 1957, 재코벨리스 대 오하이오 Jacobellis vs Ohio 1964, 긴즈버그 대 미국 정부 Ginzburg vs US 1965 등이 있다. 이들 소송을 통해 도출된 기준들은 캘리포니아 대 밀러에서 포괄적인 기준을 수립하는 기반이 되었다.

의 한 주민이 하필이면 도착한 우편물을 자신의 모친과 함께 열어봤다가 심한 혐오감과 당혹감을 느꼈던 것이다. 우편으로 전달된 브로슈어는 자극적인 제목의 성인물 도서 4편을 노골적인 샘플 사진 및 그림들과 함께 홍보하고 있었다. 원하지 않은 우편물을 받은 그 주민은 경찰에 항의했고 결국 성인용 도서 홍보물을 희망하지 않은 개인들에게까지 배포한 공격적 마케팅 방법으로 인하여 밀러는 캘리포니아주 음란물 관련 법규 위반으로 유죄판결을 받게 되었다. 밀러는 캘리포니아 최고 법원에 항소했으나 법원이 하급 법원의 판결을 재확인하자 사건을 연방대법원까지 끌고 갔다. 밀러의 주장은 음란물을 포함한 표현의 자유와 관련된 문제는 곧 헌법적 문제이기 때문에 어떤 콘텐츠가 외설이냐를 규정하는 것은 주의 법령이나 규정이 아니라 오직 통일된 국가적 기준이 적용될 때만 타당하다는 것이었다. 밀러의 주장은 그동안 연방대법원이 외설 문제와 관련해 느끼고 있던 민감한 부분을 건드리는 것이었으며 대법관들은 그러한 호소에 대답하기로 결정했다.

연방대법원의 판결은 5 대 4로 캘리포니아 당국의 손을 들어주었다.

외설을 판단하는 기준을 정할 때다.

워렌 E. 버거 대법원장Chief Justice Warren E. Burger

본 법정은 음란물의 유포나 전시 활동이 그러한 콘텐츠를 원치 않는 성인이나 청소년들에게 노출되어 혐오감을 일으킬 위험이 높은 경우 이를 금지하도록 하는 정부의 노력은 정당하다고 인정해왔다.

이러한 맥락에서 우리는 수정헌법 제1조가 허용하는 표현의 자유를 위반하지 않는 범위에서 적법한 절차에 따라 음란물을 식별하는데 사용할 수 있는 기준을 정의하고자 한다. 본 법정은 일관되게 수정헌법 제1조와 제14조를 절대적인 권리로 취급해서는 안되며 음란물은 헌법의 보호를 받지 못한다는 의견을 밝혀 왔으나 그와 동시에 어떤 방식으로든 표현 활동을 규제하려는 시도 속에 도사린 위험 역시 충분히 인식하고 있다. 따라서 음란물 규제를 위해 고안된 법률의 적용은 신중해야 하며 규제 행위는 해당 법률에 명시된 방식으로, 또는 전문가의 권위있는 해석에 따라 구체적으로 정의되어야 한다.

특정 창작물을 외설물로 판단하는 기본 지침은 첫째, 보통 사람이 동시대의 공동체가 공유하는 도덕 기준contemporary community standards을 적용할 때 해당 창작물이 전반적으로 음탕한 흥미를 불러일으킨다고 판단되는지 여부. 둘째, 관련 법규가 성행위라고 구체적으로 규정한 것을 명백히 혐오스러운 방식으로 묘사하는지 여부. 셋째, 해당 작품이 전체적으로 볼 때 심도 있는 문학적, 예술적, 정치적, 혹은 과학적 가치가 있는지 여부가 되어야 한다.

헌법 아래 보장된 표현의 자유가 지역마다 그 정도를 달리하는 것은 아니지만 그렇다고 해서 정확히 어떤 콘텐츠가 음탕한 흥미를 유발하거나 명백히 혐오스러운 것인지에 대한 통일된 국가적 기준을 정하는 것 역시 가능하지 않다. 간단히 말해서 본 법정이 50개 주 모두에 동일하게 적용되는 그러한 기준을 고안하기에 미합중국은 너무나 크고 다양하다. 라스베이거스나 뉴욕시에서 용납되는 가치 기준을 메인주나 미시시피주에서도 똑같이 받아들이도록 강제해야 한다는 식으로 수정헌법 제1조를 이해하는 것은 현실적이지도 않고 헌법적 관점에서 타당하지도

도색 잡지와 표현의 자유를 다룬 영화 〈래리플린트 The People vs. Larry Flynt〉의 포스터

않다. 각 주에 사는 주민들은 저마다 취향과 태도가 다르며, 이러한 다양성은 획일화를 강제하는 절대주의에 의해 억압되어서는 안된다.

일부 대법관들은 이렇게 음란물 판단 지침을 정하는 문제를 두고 언론과 사상의 억압에 대한 우려를 표명한다. 그러나 우리 다수의 견해로는 자유롭고 활발한 사상의 교류와 정치적 토의를 음란물의 상업적 착취와 같은 반열에 놓는 것은 수정헌법 제1조의 원대한 취지와 이 나라가 자유를 위해 투쟁하며 추구해 왔던 고결한 이상을 모욕하는 일이라고 본다. 이는 표현과 언론의 자유를 보장하기로 한 위대한 결정의 남용이기도 하다. 실증적으로나 역사적으로나 성$_{sex}$과 관련된 창작물의 공공 배포나 전시를 비교적 엄격히 금지했던 19세기 미국 사회의 분위기[4]가 어떤 형식으로든 문학적, 예술적, 정치적, 과학적 사상의 표현을 제한하거나 부정적 영향을 끼쳤다는 증거는 없다. 오히려 토마스 제퍼슨에서 시어도어 루스벨트까지 이어진 시대가 정치·경제뿐 아니라 예술적으로나 사회적으로, 그리고 과학 및 철학의 전문 분야에 이르기까지 이례적으로 활기찬 시기[5]였음은 의문의 여지가 없다. 우리는 성에 대한 인간의 관

---

[4] 성sex 관련 창작물의 배포나 전시를 비교적 엄격히 금지했다고 해서 검열 기관을 따로 둔 것은 아니다. 유럽 국가들과는 달리 미국은 중앙정부의 공식 검열 기관을 둔 역사가 없다. 여기서 말하는 엄격히 제한했다는 것은 주 정부 차원의 고발이나 지역 특유의 문화와 전통에서 오는 유형·무형의 압력 등을 가리키는 것으로 보인다.

심을 상업적으로 이용하는 행위를 규제하는 각 주의 규정 속에 사상을 검열하거나 정치적 자유를 억압하려는 불순한 저의가 숨어있다고는 보지 않는다. 최근 불어 닥친 성의 혁명sexual revolution[6]이 오랫동안 계속되었던 성에 대한 비이성적 억압과 위선을 걷어 내고 숨 쉴 공간을 만들어 준 부수효과가 있었다고 보는 시각도 있을 것이다. 그러나 이러한 추세 때문에 명백히 혐오스러운 음란물에 제재를 가하는 법률이 더 이상 필요하지 않다고 주장하는 것은 언어도단이다. 이것은 헤로인이 단지 의약용 몰핀의 파생품이라는 이유로 헤로인의 사용을 제재할 수 없다고 하는 것과 같은 논리다.

요약하면 우리는 음란물이 수정헌법 제1조의 보호를 받지 않음을 재확인하고, 음란물은 정부에 의해 규제 받을 수 있으며, 외설 여부는 동시대 공동체의 기준을 적용하여 결정되어야 한다고 판결한다. 이러한 방식이 쉬운 것은 아니다. 그러나 안이한 관습적 사고방식, 즉 헌법이 보장하는 표현의 자유는 무엇이든 가능하다는 절대주의적 논리를 무비판적으로 채택할 수는 없다. 캘리포니아 항소 법원은 본 법원의 판결에 의거해서 사건을 다시 심의하기 바란다.

---

5 판결문 원주original footnote에 따르면 이 표현은 V. 패링턴V. Parrington의 1930년 저서 『미국 사상의 주류Main Currents in American Thought』에 등장한 것을 재인용한 경우다. 이 책에서 패링턴은 19세기 말의 시기에 대해 다음과 같이 말하고 있다.(번역 생략) "A new age had come and other dreams - the age and the dreams of a middle-class sovereignty......From the crude and vast romanticisms of that vigorous sovereignty emerged eventually a spirit of realistic criticism, seeking to evaluate the worth of this new America, and discover if possible other philosophies to take the place of those which had gone down in the fierce battles of the Civil War."

6 1960~1970년대는 미국에서도 전통적인 사회 가치가 흔들린 시기로 여겨지며 특히 여성의 인권 신장과 더불어 혼인 여부에 관계없이 남녀 간 자유로운 성관계를 즐기는 생활 방식이 젊은 세대에 정착했다. 판결문에서 언급한 성의 혁명이란 이러한 추세를 지칭하는 것으로 보인다.

외설을 논할 헌법적 근거를 보여줘…
윌리엄 O. 더글러스 대법관 Justice William O. Douglas

오늘 본 법정은 외설을 정의하는 새로운 기준까지 도입해가며 캘리포니아주 당국이 단지 책과 영화를 광고하는 브로슈어를 배포했다는 이유로 한 시민을 감옥에 보낼 수 있는 길을 열어 놓았다.[7]

오랜 기간에 걸쳐 본 법정은 외설이 무엇인가 정의해 보려고 열심히 노력했지만 결국 실패한 전력이 있다. 대법관들은 끊임없이 음란성의 기준을 새롭게 작성해 왔을 뿐 아니라 정작 작성된 그 기준을 어떤 방식으로 적용할지에 대해서 역시 의견의 일치를 보지 못했다. 어떤 대법관들은 특정 출판물의 주된 의도가 독자의 마음을 타락시키거나 부패시키는 것으로 보이면 외설이라고 말한다. 어떤 대법관들은 책의 내용과 관계없이 그 책이 소비자의 성적 관심에 호소하도록 광고했느냐의 여부에 주목한다. 또 다른 대법관들은 오직 노골적 포르노 hardcore pornography만을 외설로 단정하는데 그 와중에도 노골적 포르노에 대한 정의는 결여되어 있다. 이와 관련한 어느 대법관의 말은 우리가 처한 난처한 상황을 잘 드러낸다. "무엇이 외설이냐를 지적知的으로 정의내릴 수는 없다. 그러나 보면 안다 I know it when I see it"

오늘 우리가 한 일이라고는 그간의 노력 위에 외설을 판단하는 새로운 기준을 하나 더 추가한 것 뿐이다. 종전의 시도들처럼 이번 역시 진솔한 선의에서 나온 발상이기는 하다. 문제는 우리가 헌법 용어

---

[7] 연방대법원 청원에서 밀러가 원한 것은 외설을 규정하는 전국적인 단일 기준이었으나 다수 대법관들은 하급 법원의 판결을 파기 환송시키면서도 동시에 공동체 기준이라는 컨셉으로 연방이 아닌 일개 주(캘리포니아) 혹은 도시나 카운티가 외설 여부를 판단할 근거를 제공했기 때문에 밀러가 유죄 판결을 받을 가능성은 계속 열려진 셈이 되었다. 더글러스 대법관의 우려는 그 점을 지적한 것이다.

constitutional term를 다루고 있지 않다는 것인데 왜냐하면 외설이라는 어휘는 연방헌법 어디에도 언급되고 있지 않기 때문이다. 그리고 수정 헌법 제1조가 보호하려는 언론의 자유의 대상은 어떤 예외도 인정하지 않으며, 수정헌법이 채택될 당시 음란 출판물을 기타의 신문, 잡지, 시적과는 다르게 예외적으로 취급했다는 기록 또한 찾을 수 없다. 따라서 무엇이 외설이냐 아니냐를 결정할 헌법적 지침이란 애당초 존재하지 않는 셈이다.

본 법정이 이 문제에 관해 계속 헤매는 또 다른 이유는 우리가 기본적으로 예술적 취향과 기준을 다루고 있기 때문이다. 어떤 이들에게는 〈솔로몬의 아가 Song of Solomon〉[8] 도 음란하게 들릴 수 있다. 그런가 하면 내가 보기에는 자못 충격적인 콘텐츠가 내 이웃에게는 단순한 호기심을 유발하는 정도일 수도 있다. 누군가가 어떤 팸플릿이나 영화의 내용에 대해 발끈한다고 해도 그것이 실은 스스로의 노이로제 때문일 뿐 남들에게는 아무 것도 아닐 수도 있다. 우리가 여기서 취급하는 것은 검열 국가 regime of censorship에서나 다룰 법한 문제이고 이런 문제를 본 법원이 다루려면 개헌이 이루어져야만 가능하다. 만약 개헌이 이루어져 합법적으로 검열을 담당하는 행정 기관이 구성된다면 출판업자가 검열 기관의 명령을 거역하고 작품을 판매할 경우 형사 고발이 따르게 될 것이다. 그러한 체제라면 출판업자는 자신이 언제 위험한 경계선에 있는지 알아차릴 수 있다. 그러나 지금처럼 국립 검열 기관이 존재하지 않는 상황에서는 현행 형사법은 일종의 덫으로 작용한다. 왜냐하면 일

---

[8] 노래 중의 노래라고도 불리는 〈솔로몬의 아가 Song of Solomon〉는 히브리 성경의 일부다. 육감적 표현과 정서로 남녀 간의 연정을 솔직히 표현한 고대 문학 작품으로 유명하다. 저자가 솔로몬 왕이라는 설, 솔로몬 당대의 궁정 시인이라는 설, 후대의 가작이라는 설이 있다.

단 어떤 콘텐츠가 출판이 된 다음이라도 언제라도 사법부의 인가를 거친 새로운 법률에 따른 외설 검열 기준으로 출판업자를 감옥에 보낼 길이 열려 있기 때문이다. 이것은 소급입법이 가진 모든 폐해를 실현시키는 것이나 다름없다.

수정헌법 제1조가 국민들이 불쾌한 내용이 담긴 콘텐츠를 출판하지 못하게 하는 권력을 정부에게 허락했다고 보는 견해는 그 자체로 언론의 자유 위에 불길한 기운을 드리운다. 담당 재판관이나 배심원이 자신을 불쾌하게 만든 생각을 처벌하는 것을 헌법이 용인한다고 보는 시각은 자못 충격적이기까지 하다. 오늘 우리가 판결을 통해 그랬듯이 정부에게 검열권을 주는 것은 자유로운 사회의 전통에서 과격하게 벗어나는 것이다. 수정헌법 제1조는 사람들에게 진정제를 제공하는 수단으로 고안된 것이 아니다. 오히려 그 주된 기능은 사람들이 익숙한 주제들뿐 아니라 불쾌한 주제에 대한 논의에도 노출될 수 있도록 모든 가능성을 열어 놓는 데 있다. 따라서 '불쾌한'이라는 기준을 정부의 손에 들려주는 것은 수정헌법 제1조의 핵심을 도려낼 기회를 주는 것이나 마찬가지다.

나는 우리 재판관들에게 외설의 정의를 내릴 헌법적 권리가 주어졌다고 보지 않는다. 그래야 한다면 국민들이 토론을 거쳐 개헌을 통해 무엇을 외설로 규정하여 금지하고 입법부와 사법부가 어떠한 기준을 적용해야 하는지를 결정하도록 해야 한다. 아마도 국민들은 성숙하고 통합된 사회로 이르는 길은 검열 없이 모든 사상이 인정받기 위해 자유롭게 경쟁하는 조건이 허락되어야만 가능하다고 결론지을 것이다. 물론 국민들이 다른 결론을 내릴 수도 있다. 그 결정이 무엇이건 간에 그제서야 본 법정은 비로소 헌법적 지침을 가질 수 있게 될 것이다. 지금은 우리가 가진 것이라곤 대법관들의 개인적 취향이 전부라고 하겠다.

연방대법원의 '영화 보는 날', 그리고 밀러 판결 이후

워터게이트 Watergate 사건 특종 보도로 명성을 얻은 밥 우드워드 Bob Woodward의 1979년 저서 『형제들 The Brethren』을 위시하여 연방 대법관들의 잘 알려지지 않은 모습과 에피소드를 소개하는 각종 자료들에 따르면, 캘리포니아 대 밀러 판결 이전에 대법관들이 외설을 판단하기 위해 벌인 투쟁은 자못 안쓰럽기까지 하다. 외설 논쟁의 중심에 선 콘텐츠는 영화였는데, 정부 당국에 의해 외설 판정을 받은 영화가 연방대법원에 다시 시비를 가려 달라며 올라오는 상황이 끊이지 않았다. 결국 1960년대 말부터 연방 대법관들은 일주일에 한번씩 영화 보는 날 movie day 을 정해 놓고 연방대법원 지하에 마련된 상영실에서 문제의 영화들을 몰아서 보면서 그 음란성 여부를 판단하는 웃지 못할 상황까지 벌어졌다.

그런데 이 시사회에서 보인 대법관들의 행태가 흥미롭다. 서굿 마셜 대법관 Justice Thurgood Marshall의 경우 항상 맨 앞자리에 앉아 보기를 좋아했으며, 간혹 필름의 사본을 요청하기까지 했다. 할런 대법관 Justice Harlan의 경우 노령으로 거의 실명 단계에 있었음에도 반드시 참석하여 옆에 앉은 동료 대법관들에게 영화 속에서 벌어지는 장면들을 상세하게 묘사해 줄 것을 고집했으며, 종종 "아, 굉장하군! Oh, extraordinary!"하는 감탄사를 연발했다고 한다.[9] 이 시기 재임한 연방 대법관 가운데 블랙 대법관 Justice Black과 더글러스 대법관 Justice

---

[9] Michael G. Trachtman, 『The Supremes Greatest Hits ; The 37 Supreme Cort Cases That Most Directly Affect Your Life』 Sterling, 2009 ; p.155~156

Douglas만은 시사회에 한 번도 참석하지 않았는데 그 이유는 이들이 헌법이 보장하는 표현의 자유에는 어떤 제약도 없어야 한다고 믿는 골수분자들이었기 때문이다.

시사회에 꾸준히 참석한 대법관들은 각자 나름의 음란성 판단 기준을 설정했는데 영화에 등장하는 남녀의 특정 신체 부위의 노출 정도, 특정 부위가 노출된 상황에서 전개되는 장면, 영화 속에서 실제 성행위가 이루어지는 경우 드러나는 세부 묘사와 체위 등이 골고루 고려되었다.[10] 그러나 이들 세부 기준이 정확히 일치하는 경우는 없었기 때문에 대법관들은 영화 한 편마다 그 음란성 여부를 놓고 열띤 논쟁을 벌이곤 했던 것이다. 결국 대법관들이 주 당국, 검찰, 하급 법원에서도 사용할 수 있는 외설 여부를 판단하는 포괄적 기준을 설정하려고 한 시도 뒤에는 이러한 배경이 있었다.

그렇다면 캘리포니아 대 밀러 판결을 통해 제시된 기준이 대법관들의 기대처럼 이후 미국 사회에서 외설을 규정하는 황금률로 기능했을까? 연방대법원은 캘리포니아 대 밀러 판결을 통해 연방 차원의 임무는 끝났다고 본 것인지, 이후 연방대법원에 올라 온 거의 모든 외설 관련 소송의 검토를 거부하며 하급 법원으로 돌려보냈다. 한편 판결 이후 수년 동안 미국 전역에서는 검찰에 의한 수 백 건의 음란물 고발이 이루어졌으며, 이를 통해 미국 각 지역 공동체마다 외설과 관련된 구체적인 법적 기준이 마련되면서 외설 관련 사건의 숫자도 감소했다. 흥미로운 점은 8년간의 클린턴 행정부 시절 외설 고발의 숫자는 매우 낮은 빈도에 머물다가 2001년 부시 행정부의 등장과 더불어 고발의 빈도가 갑

---

10 Judith A. Silver "*Movie Day at the Supreme Court or "I Know It When I See It": A History of the Definition of Obscenity*"; http://www.findlaw.com, 2003

자기 증가하기 시작했다는 사실이다.[11]

판결 당시인 1970년대 연방 대법관들이 미처 예상치 못했던 것은 가까운 장래에 있을 인터넷의 폭발적인 성장이었다. 인터넷은 밀러 판결의 3단계 외설 판단 기준 속에서도 가장 핵심이라고 할 동시대 지역 공동체의 음란성 판단 기준이라는 개념을 단숨에 구시대의 유물로 만들고 말았다. 이제 라스베이거스와 뉴욕 시민들이 메인주와 미시시피주의 시민들과 동시에 동일한 성인용 콘텐츠를 인터넷을 통해 공유하는 것이 가능해졌으며, 지역 공동체적 가치가 영향을 발휘할 공간은 급격하게 위축되었다. 뿐만 아니라 밀러 판결 당시에는 비록 소수 의견으로 밀려났지만, 수정헌법이 보장하는 표현의 자유가 음란물에 대한 제재와 양립할 수 있느냐는 근본적인 질문은 언제라도 고개를 들 수 있는 존재다.

역사적으로 외설 논쟁에서 비교적 자유로웠던 예술 장르는 음악, 특히 노래의 가사가 존재하지 않는 절대 음악 작품들이다. 그러나 절대 음악이라고 해도 듣는 이에 따라 음란하다고 느껴질 수 있는 경우가 분명 존재한다. 가령 드뷔시 Debussy의 교향시 〈목신의 오후에의 전곡 Prelude to the Afternoon of a Faun〉이나 모리스 라벨 Maurice Ravel의 〈볼레로 Bolero〉는 그 선율의 전개와 리듬이 관능적 에너지로 충만해 있다. 만약 소수 의견에서 암시한 것처럼 미국에 정부가 주관하는 검열 기관이 들어선다면 비단 문학이나 시각 예술뿐 아니라 음악에도 검열의 칼날이 닿을 날이 오지 않으리라고 누가 장담할 것인가? 물론 그러한 시나리오야말로 외설 여부를 놓고 갑론을박을 벌이는 미국인들 모두 지나치다고 느끼는 공통의 한계점일 것이다.

---

11 Michael G. Trachtman, 「The Supremes Greatest Hits ; The 37 Supreme Court Cases That Most Directly Affect your Life」, Sterling, 2009 ; p.157

05 자살과 안락사는 개인의 권리일까?

- 워싱턴주 당국 vs 의사 글럭스버그 : Washington vs Glucksberg (1997)

나는 설사 부탁을 받더라도 누구에게도 독약을 처방하지 않을 것이며
환자에게 독약을 들라는 조언도 하지 않을 것입니다.
_히포크라테스 선서 The Hippocratic Oath 중

자살 도우미 – 저승사자인가, 인권의 투사인가?

죽음의 의사Dr. Death라는 별명으로 잘 알려진 미국의 병리학자 잭 케보키언 박사Dr. Jack Kevorkian, 1928~2011는 개인의 안락사euthanasia[1] 및 그러한 행위를 적극적으로 돕는 자살 방조assisted suicide에 대한 옹호로 악명 높은 인물이다. 그는 자살은 범죄가 아닐 뿐더러 인간은 스스로 목숨을 포기할 권리가 있다는 신념 속에 미시간주에서 불치병 환자들을 대상으로 자살에 관한 상담을 하기 시작했으며,

---

[1] 일반적으로 이 챕터에서 언급되는 존엄사death with dignity, 안락사euthanasia, 자살 방조assisted suicide를 간혹 서로 동일한 개념으로 생각하는 경우가 있으나, 그 문자적·의학적 정의는 실제로는 약간씩 차이가 있다. 원래 존엄사는 환자가 회복 불가능한 단계에 이르렀을 때 병세의 호전을 위해서가 아니라 현 상태로 조금이나마 더 목숨을 연명하기 위한 치료를 하는 것을 거부하고 자연적 죽음을 맞도록 한다는 의미가 있다. 한편 안락사는 불치병에 걸린 환자를 약물 투여 등으로 고통 없는 편안한 죽음으로 이르게 한다는 의미가 강하다. 의사가 불치병 등에 걸린 환자가 빠른 죽음을 희망할 경우 이를 물심양면으로 지원하는 자살 방조는 그런 관점에서 존엄사 보다는 안락사의 맥락과 더 관련성을 가진다고 할 수 있다. 그러나 에필로그에서도 소개한 미국 오리건주의 이른바 존엄사 법령Death with Dignity Act이 실은 불치병에 걸린 환자가 희망하는 경우 의사가 독극물을 처방하는 것을 허용하는 내용이라는 것에서도 알 수 있듯이, 존엄사와 안락사라는 용어는 간혹 비슷한 개념으로 여겨져 교차적으로 사용되기도 한다.

100명이 넘는 안락사 희망자들의 자살을 도와 죽음의 의사라는 별칭을 얻은 잭 케보키언Jack Kevorkian 박사

1990년대 들어서는 그리스 신화 속 죽음의 정령 타나토스의 이름을 딴 타나트론Thanathron이라는 안락사 보조 기구를 개발하여 100명이 넘는 희망자들의 안락사를 도왔다.[2] 케보키언의 다음과 같은 발언은 자살 방조에 대한 의사로서 그의 철학적 신념을 잘 보여준다. "인간들이 (아기로) 이 세상에 올 때는 도울 수 있으면서 왜 그들이 이 세상을 하직할 때는 도울 수 없다는 건가? If we can aid people into coming into the world, why can't we aid them in exiting the world?"

실제로 케보키언이 자살 도우미로서 왕성한 활동을 펼칠 수 있었던 것은 안락사에 대해 그와 생각을 함께 하는 수많은 지지자들의 열렬한 후원 덕분이기도 했다. 이들 가운데는 물론 불치의 병에 걸려 하루하루를 고통스럽게 보내는 환자들과 그 가족들도 많았지만, 개인적 신념으로 안락사를 지지하는 일반 시민들도 상당수 있었다. 케보키언 박사 역시 언론과의 인터뷰 등을 통해 자신이 투쟁하는 이유는 다른 사람들을 위해서이기도 하지만 언제라도 자신이 불치의 병에 걸렸을 경우 안락사의 권리를 행사할 수 있는 여건을 미리 만들기 위해서라고 밝힌 바 있다. 미시간 당국은 케보키언을 여러 차례에 걸쳐 살인죄나 자살 방조

---

[2] 타나트론은 원래 자살을 희망하는 환자가 자신에게 스스로 독극물이나 독가스를 주입할 수 있도록 고안된 기기였다. 실제로 1997년까지 환자들은 케보키언에게 배운 대로 타나트론을 작동하여 직접 자신들의 신체에 독극물을 주입했다. 미시간주 당국이 케보키언을 오랫동안 성공적으로 기소하지 못한 것은 그가 자살 행위에 직접 참여하지 않았기 때문이었다.

죄로 기소했지만 그때마다 그는 기소유예로 풀려 났다. 이유는 1990년대 당시 미시간주에는 자살 방조를 범죄로 규정하는 법령이 존재하지 않았기 때문이었다.

케보키언 박사의 자살 기계 타나트론이 미시간주에서 한창 바쁘게 돌아가고 있던 1994년, 약1,800마일 떨어진 서부의 워싱턴주에서는 해롤드 글럭스버그 박사Dr. Harold Glucksberg를 대표로 하여 4명의 의사와 3명의 불치병 환자들이 워싱턴주 정부를 상대로 소송을 제기했다. 미시간주와는 달리 워싱턴주는 이미 1979년 이른바 자연사법Natural Death Act of 1979이라는 법률을 발효시켜 다른 사람의 자살을 유도하거나 보조하는 행위, 즉 자살 방조를 불법으로 규정했는데, 글럭스버그 측은 이것이 미국 수정헌법 제14조의 적법한 절차에 의해 포괄적으로 보호받는 개인의 자유를 침해한다고 주장했다. 다시 말해 인간은 스스로 죽을 권리, 혹은 인생의 종말을 스스로 통제할 수 있는 권리를 가지고 있는데, 워싱턴주의 해당 법령은 이러한 자유를 침해하므로 위헌이라는 것이었다. 또한 역사적으로 존엄한 죽음을 스스로 택하는 결정은 일부 철학자들과 윤리학자들 사이에서도 자살을 위한 이성적인 이유로 받아 들여졌다고 주장했다. 이에 대해 워싱턴주 당국은 인간의 생명을 보존하는 것은 국가적 이익이 걸린 문제이며, 자살 방조를 금지하는 것은 이 문제에 대한 의료계의 정직성을 보호하기 위해서도 필요하다고 주장했다. 또한 주 당국은 원고들의 주장은 생명의 가치를 존중하는 미국 역사와 전통과도 맞지 않는 이질적인 개념이라고 역설했다.

연방 지방 법원이 글럭스버그측의 주장을 받아 들여 자살 방조를 금지하는 것은 위헌이라는 판결을 내리고 항소 법정 역시 이에 동의한 가운데 사건은 1997년 연방대법원을 향했다. 판결은 만장일치로 나왔다.

자살 방조의 위험성은 과소평가될 수 없다
윌리엄 렌퀴스트 대법원장Chief Justice William Rehnquist

　본 사건을 통해 제기된 문제는 자살을 유발하거나 보조하는 행위를 금지하는 워싱턴주의 법령이 수정헌법 제14조를 위반하느냐 하는 것이다. 우리는 그렇지 않다고 판결한다.

　거의 모든 서방 민주 국가에서 자살을 돕는 것은 범죄 행위로 간주된다. 이들 국가에서 행해지는 자살 방조 방지 정책은 인간 생명의 보호에 대한 국가적 결의의 표현이기도 하다. 자살과 자살 방조를 반대하고 규탄하는 것은 우리나라의 철학적, 법률적, 문화적 유산 속을 관통하는 테마이기도 하다. 과거 700여 년 동안 영미 관습법의 전통에서 자살과 자살 방조는 용납되지 않았다. 이미 13세기 영국에서는 이유를 막론하고 정신이 온전한 사람이 자살할 경우 그의 재산은 국왕 앞으로 몰수되었고 후에 이 관례는 영국 관습법의 일부가 되었다. 그로부터 수 세기 후 윌리엄 블랙스톤 경Sir William Blackstone[3]은 "자살은 자기 살해self murder이며, 스토아 철학자들이 스스로 견뎌낼 자신이 없는 고난을 회피하고자 영웅주의로 위장시킨 진정한 비겁함의 표출"이라고 정의한 바 있다. 미 대륙의 각 식민지들 역시 대체로 영국 관습법의 접근 방식을 채택해서 자기 살해를 저지르는 개인들의 재산을 몰수하는 정책을 시행했다. 이후 그러한 관습법적 처벌이 중단되기는 했으나 식민 시대뿐 아니라 독립 초기 주 입법부와 사법부에서도 자살 방조 금지를 해제할 움직임은 전혀 없었으며, 이 금지 규정은 불치병에 걸린 환자나 사

---

[3] 윌리엄 블랙스톤 경Sir William Blackstone, 1723~1780은 영국의 법률가, 정치가로 영미 근대법 형성에 많은 영향을 끼친 인물이다.

형 선고를 받은 죄수 등 죽음이 임박한 사람들의 경우에도 예외를 허용하지 않았다.

의학 기술의 발전과 함께 임종 결정end of life decision making[4]이 갈수록 중요해짐에도 불구하고, 본 법정은 지금까지 자살 방조를 금지하는 입장에서 물러서 본 적이 없다. 과거 여러 소송을 거치면서 본 법정은 수정헌법의 적법한 절차 조항이 특별히 보호하는 자유가 포괄하는 권리에는 결혼을 할 권리, 아이를 가질 권리, 피임을 할 권리, 그리고 낙태를 할 권리 등이 포함된다고 판결해 왔다. 또한 환자가 생명 연장 치료를 거부할 권리 역시 이에 포함된다는 판결도 내린 바 있다. 그러나 이 나라 역사를 통틀어 법조계는 자살 방조를 허용하려는 거의 모든 시도를 계속해서 거부해 왔으며, 우리는 누군가의 도움을 받아 자살하는 행위 역시 권리라는 주장은 헌법이 보호하려는 개인의 근본적 자유와 관련이 없다고 결론짓는다.

헌법에 의거해서 워싱턴주의 자살 방조 금지 법령이 공공의 이익과 관련이 있는지의 여부를 합리적으로 살펴보는 것 또한 본 법정에 주어진 임무이다. 우리는 해당 법령이 여러 모로 공공의 이익과 연루되어 있다고 결론짓는다. 먼저 인간의 생명을 보존하는 일은 의문의 여지없이 정부가 개입해야 할 문제다. 워싱턴주 당국의 자살 방조 금지 법령은 기타 모든 살인 관련 법률과 마찬가지로 이러한 공공의 이익을 반영하고 주 정부의 책무를 상기시키는 역할을 한다. 이러한 맥락에서 자살은 특히 취약 계층에 속한 사람들 사이에서는 심각한 건강상의 문제이기도 하기 때문에 주 정부는 자살을 방지하고 자살의 원인을 밝혀내어

---

4 임종 결정end of life decision making은 질병 등으로 죽음을 눈앞에 둔 개인이 치료 방식, 병원 입원 여부, 사망 뒤 뒷수습 등 자신의 죽음과 관련된 여러 문제들을 정리하는 것을 가리킨다.

치료해야 할 의무가 있다. 주 정부는 또한 의료직 종사자들의 정직성과 윤리성을 보호해야 한다. 의사에 의한 자살 방조가 허용된다면 전통적인 치유 행위와 위해 행위 사이의 경계를 흐리게 하여 의사와 환자 사이의 신뢰 관계를 떨어뜨릴 위험이 크다. 주 정부는 학대, 방치 및 실책으로부터 빈민층, 노인층, 장애인 등 취약 계층을 보호해야 할 의무가 있다. 만약 의사에 의한 자살 방조가 허용된다면 이들 취약 계층 가운데 많은 수가 막대한 의료비 부담으로부터 가족을 구하려는 일념에 자살을 택할 가능성이 있기 때문이다.

끝으로 자살 방조는 안락사의 만연을 조장할 우려가 있다. 의사에 의한 자살 방조가 극히 제한된 환경에서만 실행될 개인적 권리라고 생각할지 모르지만, 실제로는 훨씬 광범위한 관행이 되어 통제 불능이 될 가능성이 높은 것이다. 자살 방조 자체를 금하는 것만이 그러한 사태를 방지할 해결책이다. 따라서 우리는 문제가 된 워싱턴주의 관련 법령이 수정헌법 제14조를 위반했다고 보지 않는다. 항소 법원의 결정은 번복되어야 하며, 사건은 본 법정의 견해와 일치하는 방향으로 재검토 되어야 한다고 명한다.

 ## 자살의 역사적 고찰, 그리고 상황의 반전

판결문에서는 서구의 역사가 일관되게 자살에 대해 부정적인 자세를 취했다고 주장하고 있는데, 사실 이러한 전통은 인간을 기독교적 신과 국왕의 종복으로 보던 중세 유럽에 뿌리를 두고 있다고 볼 수 있다. 그 이전인 그리스·로마 시대의 역사를 보면 개인에게 있어 자살은 상황에 따라서는 오히려 지극히 당연한 선택이었다. 고대 그리스에서 많은 정치가, 군인들이 곤경에 처했을 때 자살을 택한 것은 물론이거니와 심지어 소크라테스Socrates의 죽음 역시 남의 손을 빌린 자살이라고 봐도 무방할 정도다. 젊은이들을 현혹했다는 죄로 법정에 섰을 때 그 자신이 오히려 사형을 적극적으로 요구한 점, 망명의 기회가 있었음에도 감옥에 남아 독약을 마신 점 등은 소크라테스가 처음부터 진리의 순교자가 되기로 결심했음을 보여주는 단서들이다.[5]

판결문에서도 잠시 언급된, 로마 시대 지배 계층의 강력한 지지를 받았던 스토아 철학Stoicism에서도 개인이 가치 있는 삶을 사는 것이 더 이상 불가능하게 된 경우, 깊은 사색과 고뇌로부터 도출된 결론으로서의 자살은 가치 있는 지적 선택으로 존중 받았다. 네로Nero의 스승이었으며 대표적인 스토아 철학자였던 세네카Seneca는 네로의 신임을 잃자 곧 자살을 행동에 옮겼으며, 로마의 16대 황제이면서 동시에 뛰어난 스토아 사상가이기도 했던 마르쿠스 아우렐리우스Marcus Aurelius 역시 자살 옹호자였다.[6]

연방대법원에서의 패소로 글럭스버그 박사와 지지자들은 워싱턴주

---

[5] 실제로 소송을 시작한 글럭스버그측 주장에는 역사 속의 많은 사상가들이 개인의 자살을 옹호했다는 대목이 나온다. 또 케보키언 역시 존엄사 및 안락사의 권리를 주장할 때 아리스토텔레스Aristotle, 대 플리니우스Pliny the Elder 등의 사상을 종종 언급했다.

[6] 흥미로운 점은 아우렐리우스가 그리스도 교도들의 순교 역시 일종의 자살로 보았다는 사실이다. 그러나 아우렐리우스는 그리스도 교도의 자살(=순교)는 개인의 고뇌와 사색에서 나온 불가피한 선택이라기보다는 종교적 광기에 휩싸인 집단행동이기 때문에 자살 가운데서도 매우 수준이 낮은 천박하고 위선적인 것이라는 결론을 내리고 있다. 아우렐리우스의 사색 메모를 모은 책 『명상록Meditations』에는 그리스도 교도들의 순교와 관련한 다음과 같은 대목이 등장한다. "…이 죽음을 맞이하는 준비는 그리스도 교도들 같은 아집이 아닌, 심사숙고하고 성숙한 자세로 타인을 납득시킬 수 있는 방식, 비극적인 쇼맨십을 동반하지 않은 인간 스스로의 판단으로부터 와야 한다.(...this readiness comes from a man's own judgement, not from mere obstinacy, as with the Christians, but considerately and with dignity and in a way to persuade another, without tragic show)" 실제로 아우렐리우스는 로마 황제들 가운데서도 그리스도교 박해에 가장 앞장 선 인물 중 한 명이기도 했다.

오스트레일리아 출신 의사 필립 니츠케Philip Nitschke박사가 잭 케보키언 박사의 타나트론에서 아이디어를 얻어 개발한 안락사 보조기기인 구제 기계 Deliverance machine. 네명의 불치병 환자가 자신의 목숨을 끊는데 이 기계의 도움을 받았다. 이 기계는 사용자가 랩탑 스크린에 표시되는 질문에 "그렇다"라고 답변하면 사용자의 신체에 한 번 사용할 만큼의 독극물을 주입한다.

에서 자살 도우미로서의 포부를 마음껏 펼쳐보려던 꿈(?)을 잠시 접어야 했고, 비슷한 시기 미시간주에서 케보키언 박사 역시 곤경에 처하게 된다. 케보키언은 워싱턴주 대 글럭스버그 판결이 있은 뒤인 1998년 CBS의 시사 프로그램 〈식스티미닛츠60 Minutes〉와 인터뷰를 했는데, 이때 그가 루게릭병으로 고생하는 환자의 동의를 받고 환자의 신체에 독극물을 투입하여 안락사 시키는 장면이 여과 없이 방송되었다. 미시간 검찰은 이 방송 내용을 증거로 삼아 케보키언을 2급 살인죄로 체포했으며 그는 결국 유죄 판결을 받고 복역하게 되었다.[7] 이렇게 미 대륙의 서부에서는 법원의 판결로, 동부에서는 영향력 있는 자살 방조 운동가가 체포되는 사건 등으로 자살 도우미 및 안락사 지지 세력은 일대 위기를 맞은 듯이 보였다.

그런데 아이러니하게도 자살 도우미 지지자들에게 남은 희망의 씨앗은 다른 곳도 아닌 바로 워싱턴주 대 글럭스버그 판결문 속에 있었다. 왜냐하면 판결은 엄밀히 말해 워싱턴주의 자살 방조 금지 법률이 위헌이 아니라는 것이었지, 자살과 자살 방조가 국민 정서와 어울리지 않는

---

[7] 케보키언 박사는 복역 중 건강 악화로 2007년 가석방된 후 2011년 사망했다.

다는 점을 누차 지적하기는 했으나 그러한 행위가 위헌이라고 공식적으로 낙인찍는 것도 아니었기 때문이다. 따라서 판결은 만약 어떤 주가 자살 도우미를 허락하는 법률을 제정한다면, 자살 방조를 금지하는 법률과 마찬가지로 그 역시 위헌이 아니라는 해석이 가능할 여지를 남겨 놓은 셈이었다. 2006년 연방대법원에 올라온 곤잘레스 대 오리건Gonzales vs Oregon[8] 판결은 바로 그 방향으로 향했다. 오리건주는 당시 미국에서는 유일하게 불치병 환자가 희망하는 경우에 한해 주치의가 독약을 처방할 수 있도록 하는 이른바 존엄사 법령Death with Dignity Act을 발효시켰는데, 부시 행정부가 해당 법령의 위헌 여부를 묻는 소송을 제기한 것이다. 연방대법원은 비록 그 법률을 지지하지는 않았지만 그렇다고 무효화시키는 것 역시 거부한다는 판결을 6 대 3으로 내렸다. 연방대법원의 의견은 존엄사 법령의 제정 여부는 연방 정부의 개입 없이 각 주의 자치에 맡겨야 할 문제라는 것이다. 곤잘레스 대 오리건 판결 이후 2008년 미국 연방 역사상 두 번째로 존엄사 법령을 통과시킨 주는 다름 아닌 워싱턴주였다. 2011년 현재 미국에서는 오리건, 워싱턴, 몬태나주가 의사의 협력에 의한 환자의 존엄사를 허용하고 있다. 케보키언 박사의 활동 무대였던 미시간주는 아직도 존엄사를 허용하지 않고 있다.

---

[8] 이 소송은 원래 부시 정권의 초대 검찰총장 애쉬크로프트의 이름을 딴 애쉬크로프트 대 오리건Ashcroft vs Oregon이었으나 애쉬크로프트 총장 임기 중에 판결이 나오지 않아 그의 후임 이름을 딴 곤잘레스 대 오리건Gonzalez vs Oregon으로 연방대법원에 올라갔다.

Part 2

종교, 사상, 양심의 문제들

01 법정에서 만난 진화론과 창조론

● 루이지애나 주지사 에드워즈 vs 생물 교사 아길라드 :
Edwards vs Aguillard (1987)

그 어떤 창조 신화 속의 기적도 인간의 진화만큼 경이롭지는 못하다
_로버트 브리포트 Robert Briffault (영국 문화 인류학자, 저술가)

프롤로그

진화론과 창조론의 법정 대결

유기체가 주어진 환경에 적응해서 보다 복잡한 형태로 발전해 간다는 진화론theory of evolution과 조물주가 세상의 모든 생물을 지금 그대로의 모습으로 창조해냈다고 하는 창조론creationism은 얼핏 과학 이론과 종교 교리라는 별개의 가치 체계인 것처럼 생각된다. 하지만 창조론을 진화론의 대칭점에 서서 생명의 기원을 설명하는 대안적 과학 이론이라고 보는, 이른바 창조과학creation science에 관심을 갖는 미국인들도 상당수에 이른다. 이 창조과학 이론가들은 창조론을 증명할 과학적 증거를 열심히 탐구하는 동시에 진화론이 생명의 기원을 설명하는 이론으로서 적지 않은 문제점을 노출한다고 적극적으로 공박하기까지 한다. 가령 화석 자료만 보더라도 진화 계열 상의 과도기라고 할 중간 종에 속하는 생명체의 존재를 증명해 주는 화석은 매우 찾기 힘들거나 설령 존재한다 하더라도 논란의 여지가 많다는 것이다. 돌연변이, 자연 선택 등 진화론의 핵심이 되는 개념들도 직접적인 증거가 부족하기

미켈란젤로의 작품 〈아담의 창조The Creation of Adam〉. 인간은 신에 의해 지금의 모습으로 창조되었을까 아니면 긴 지구의 역사 속에서 점차 고등생물로 진화한 것일까?
Photo credit : Simon Cornwell

는 마찬가지다. 결론적으로 창조과학 이론가들에 의하면 진화론 또한 과학적 사실이라기보다는 가설에 불과하며 따라서 진화론을 무조건 신봉하는 것은 종교적 신앙과 다를 바가 없다는 것이다. 이러한 주장을 진화론자들이 터무니없다고 평가절하는 것은 물론이거니와, 미국에서 진화론과 창조론 진영 간에 상호이해적인 교류보다는 갈등과 불신의 골이 더 깊으리라는 것 또한 어렵지 않게 짐작할 수 있다.

이 양 진영의 갈등이 가장 첨예하게 드러나는 분야는 다름아닌 교육이다. 기본적으로 진화론을 정규 커리큘럼에 포함시킬 것이냐의 여부, 학생들에게 진화론을 과학적 사실로 가르치느냐 아니면 하나의 가설로 제시하느냐의 문제, 창조과학 이론도 진화론과 같은 수준의 대접을 받으며 과학 교과서에 기재되어야 하는지의 여부 등을 놓고 논쟁이 끊이지 않았으며, 그 중에는 법정까지 올라간 경우도 적지 않았다.

진화론과 창조론은 지금까지 법정에서 3 번 세게 붙었다. 그 중 첫 번째 대결은 1925년의 이른바 원숭이 재판 The Monkey Trial[1]이라고 불리는 사건으로, 테네시주가 공립학교에서 진화론 교육을 금지시키는 법령을 제정한데 기인했다. 당시 테네시주 생물 교사였던 존 스코프스

---

1 원숭이 재판The Monkey Trial은 재판이 한창 진행 중이던 1925년 당시 신문기자이자 풍자 작가인 멘킨H.L. Mencken이 처음 사용한 표현으로 진화론이라고 하면 무조건 원숭이가 인간이 됐다는 이론이라고 믿던 당시 일반 대중의 무지를 꼬집기 위해 고안한 표현이라고 한다.

John Scopes가 학생들에게 진화론을 가르친 혐의로 검찰에 고발됨으로써 시작된 재판은 곧 언론과 대중의 폭발적인 관심을 불러일으키며 재판 과정이 라디오로 미국 전역에 생중계되기에 이르렀다. 비록 스코프스가 유죄 판결을 받고 벌금형에 처해지기는 했지만 재판은 스코프스의 반대편에 섰던 기독교 근본주의자들의 과학 상식에 대한 무지, 성경 내용을 융통성 없이 문자 그대로 믿는 고집 등 부정적인 면이 알려지는 계기가 되었다. 1928년 아칸소주에서도 공립학교에서 진화론의 내용이 담긴 교과서의 사용을 금지하는 주 법률에 교육자들이 반발하여 해당 법률의 위헌성을 문제 삼은 소송이 일어났다. 에퍼슨 대 아칸소주 Epperson vs Arkansas로 명명된 이 사건은 결국 연방대법원까지 올라갔으나 대법관들은 진화론 교육을 금지하는 아칸소주의 법률은 특정한 종교관을 보호하려는 목적을 가지고 있으므로 위헌이라고 만장일치로 판결했다.

에퍼슨 판결로부터 반세기도 더 지난 1987년, 진화론과 창조론의 법정 대결은 루이지애나주로 무대를 옮겨 다시 벌어졌다. 루이지애나주 의회는 1981년 공립학교에서 진화론을 교육할 때 창조과학 이론도 함께 가르칠 것을 의무화하는 창조과학과 진화과학의 균형된 취급을 위한 법령 the Balanced Treatment for Creation-Science and Evolution-Science Act(이하 균형 법령)을 제정했다. 여기에 반발해 72명의 노벨상 수상 과학자와 20여 개의 학술 단체들이 고등학

클래런스 다로우 Clarence Seward Darrow. 20세기 초 미국의 유명한 인권 변호사로 이른바 원숭이 재판에서 존 스코프스의 변호를 맡아 기독교 근본주의자들과 논쟁을 벌였다.
Photo credit : Library of Congress

교 생물 교사인 돈 아길라드Don Aguillard를 대표로 세워 당시 루이지애나 주지사 에드윈 에드워즈Edwin Edwards를 상대로 해당 법령의 위헌성을 고발하면서 소송이 시작되었다. 고소인 측은 균형 법령이 특정 종교의 교리를 과학의 이름으로 포장해서 학생들에게 주입시키려는 의도가 있으므로 헌법의 국교 금지 조항에 대한 위반이라고 주장한 반면, 주 정부 측은 법령은 단순히 학생들의 학문의 자유를 보호하고 생명의 기원에 대해 다양한 의견을 제공함으로써 보다 균형 잡힌 시각을 세우려는 목적이라고 강조했다. 주 정부가 법령이 위헌소지가 있다는 하급 법원의 판결에 불복하고 항소하면서 1987년 사건은 연방대법원으로 향했다. 판결은 7 대 2로 하급 법원의 판결을 지지했다.

창조과학이란 과학의 가면을 쓴 종교일 뿐[2]
윌리엄 J. 브레넌 대법관Justice William J. Brennan, Jr.

균형 법령은 창조과학을 병행해서 가르치지 않으면 공립학교에서 진화론을 아예 가르치지 못하도록 한다. 진화론이나 창조과학 어느 한쪽을 가르칠 것을 강요하지는 않지만, 하나를 가르치려면 다른 하나도 함께 가르쳐야 한다는 것이다. 주 정부 측은 해당 법령의 목적이

---

[2] 실제 판결문에서는 레몬 대 커츠먼 사건Lemon vs Kurtzman 1971에서 유래한 종교와 관련된 법률의 타당성 여부를 판정하는 이른바 레몬 테스트Lemon Test에 많은 분량을 할애하고 있다. 레몬 테스트에 따르면 종교와 관련된 법률이 정당성을 지니려면 첫째 비종교적 목적이 있어야 하고, 둘째 특정 종교를 장려하지도 억압하지도 말아야 하며, 셋째 종교에 과도하게 관여하지 말아야 한다는 것이다. 판결문 원문에서는 왜 루이지애나주의 해당 법령이 레몬 테스트를 통과하지 못했는지를 장황하게 분석하고 있지만 여기서는 생략한다.

이른바 학문의 자유라는 정당한 비종교적 이해관계를 보장한다고 주장하는 반면, 진정인 측은 해당 법령이 수정헌법 제1조의 국교 금지 조항을 위반했기 때문에 부적절하다고 반박한다.

비록 해당 법령이 그 목적에 학문의 자유를 표방하고 있기는 하지만, 그렇게 믿기에는 분명 문제점이 있어 보인다. 설사 그 학문의 자유라는 것이 인류의 기원과 관련한 모든 증거를 가르치는 행위를 의미한다는 주 정부의 주장을 액면가로 받아들인다 해도 법령은 그러한 목적을 이루지 못할 것이다. 보다 보편적인 과학 커리큘럼을 제공한다는 목표가 진화론 교육을 불법화하거나 창조론 교육을 의무화하는 것으로 이루어질 수는 없기 때문이다. 또한 교사들은 생명의 기원을 가르칠 때 진화론이 미처 메우지 못하는 영역을 모두 아우르는 커리큘럼을 짤 수 있는데, 문제의 법령이 거기에 대해 더욱 발전된 대안을 제시하는 것도 아니다. 뿐만 아니라 법령은 창조과학용 커리큘럼 지침서 작성은 의무화시키면서 진화론 관련 지침에 대해서는 아무 말도 없다. 따라서 우리는 문제의 법령이 학문의 자유를 보호하려는 것이 아니라 진화론을 가르치는 교실마다 창조론을 가르치는 맞불을 놓음으로써 진화론의 신뢰성을 떨어뜨리려는 불순한 목적이 있다고 결론짓는다.

또한 이 법령의 제정을 통해 주 의회가 노리는 바는 초자연적 존재가 인류를 창조했다는 종교적 관점을 홍보하려는 것이 분명해 보인다. 창조과학계의 석학 에드워드 보드레Edward Boudreaux는 주 의회가 주관한 공청회에서 "창조과학은 초자연적 창조주의 존재에 대한 믿음을 포함하며, 창조과학자들은 생명이 지적인 의식에 의해 창조되었을 가능성이 높다고 생각한다"고 언급한 바 있다. 게다가 주 의회의 기록에 따르면 균형 법령은 진화론의 사실적 기반을 전적으로 거부하는 특정 종교의

시조새archaeopteryx의 화석. 시조새는 학계에서 오랫동안 공룡과 조류의 특징을 동시에 보여주는 점진적 진화의 대표적인 증거로 여겨졌으나 그저 별개의 종이었다는 이론도 만만치 않다.
Photo credit : Martin Zak

교리에 신빙성을 부여하고자 공립학교의 과학 커리큘럼을 바꾸는 것이 주 목적이라고 한다. 주 의회는 현행 과학 커리큘럼을 진화론에 적대적인 종교적 관점을 공개적으로 지지하는 방향으로 바꾸려 시도한 것이다. 공립학교에서 가르치는 많은 과학 이론 가운데 주 의회는 하필이면 특정 종교의 종파들이 줄기차게 문제 삼아 온 진화론 만을 골라 영향력을 행사하기로 결정한 듯 보인다. 결과적으로 주 의회는 신성한 조물주에 의해 인류가 창조되었다는 교리를 신봉하는 종교단체들을 사상적으로 측면지원하는 법령을 통과시킨 셈이다. 결론적으로 균형 법령은 특정한 종교적 믿음의 고양을 주 목적으로 하기 때문에 수정헌법 제1조의 위반에 해당한다.

학생들에게 인류의 기원에 대한 다양한 과학적 이론을 가르치는 행위는 과학 교육의 효과를 강화하려는 분명한 비종교적 의도에 따라 진행되어야 한다. 루이지애나주의 균형 법령은 공립학교의 교실에서 진화론을 전면 부정하는 종교적 관점을 가르칠 것을 강제하는 방식으로 특정 종교의 교리를 옹호하고 있다. 문제의 법령은 종교적 목적을 위해 정부의 상징적, 재정적 지원을 획득하고자 시도하고 있기 때문에 수정헌법 제1조의 국교 수립 금지 조항을 위반하고 있는 것이다. 따라서 연방대법원은 항소 법원의 판결을 승인하는 바이다.

생명의 창조자와 종교의 신이 반드시 같은 개념은 아니다

안토닌 스칼리아 대법관 Justice Antonin Scalia

민주적으로 뽑힌 국민의 대표들이 승인한 법률을 무효로 하는 것은 가볍게 다룰 일이 아니다. 나는 헌법의 국교 금지 조항이 입법가들이 종교적 확신에 기대어 행동하는 것까지 금지했다고는 믿지 않는다. 본 법정은 빈곤층에게 음식 살 돈을 지급하거나 홈리스에게 거처를 제공하는 법률이 있다고 하면 설령 국회의원들이 그 법률을 입안할 때 종교적 믿음에 따라 행동했다고 해도 이를 빌미로 해당 법률을 무효화시키지는 않을 것이다. 종교적 동기에 기초한 정치 활동은 이 나라의 오랜 역사적 전통이기도 하다. 어떤 법률이 종교 단체나 특정 종교 신자들에 의해 지지를 받는다는 이유만으로 해당 법률의 유일한 목적이 종교를 부흥시키는 것이라고 단정할 수는 없다. 그런 식으로 종교를 가진 사람들의 정치에 참여할 권리를 박탈하면 사회의 발전과 진보를 저지하는 결과를 낳을 수 있다. 종교계의 입김이 오늘 문제가 되는 진화론 및 창조론의 균형을 위한 법령을 낳았는지는 몰라도 과거에는 바로 그 입김이 노예 제도 폐지에 공헌했고 어쩌면 가까운 장래에는 기아로 고통 받고 있는 사람들을 도울 수 있을지 모르는 일이다.

비슷한 맥락에서 단지 어떤 법률이 특정 종교를 이롭게 할 수 있다는 이유만으로 종교를 부흥시키는 것이 해당 법률의 유일한 목적이라고 간주해서는 안된다. 따라서 창조과학의 내용이 특정 종교의 믿음과 일치한다는 사실 자체는 해당 법령의 적절성 여부를 판단하는 기준이 될 수 없다. 게다가 헌법의 종교 활동의 자유 조항에 따르면 종교를 믿는 국민들의 권익을 보장하기 위해 정부가 일부러 나서서 종교의 부흥과 보호를 도모해야 하는 경우도 있을 수 있다. 만약 루이지애나주 의원들이 문제의 균형 법령이 종교 활동의 자유 조항에 근거한다고 믿었다면 설령 종교적 목적에 의해 동기 부여를 받았다고 해도 그들의 결정이 위헌에 해당하지는 않는다.

무엇보다 문제의 법령이 단순히 종교적 근본주의자들의 열기에 힘입어 루이지애나주 입법부를 통과하지 않았음을 주목하기 바란다. 법안은 주 상하원의 동의에 앞서 장시간의 공청회와 여러 차례의 개정을 거쳤으며 주지사의 서명을 얻어 발효되었다. 의원들은 또한 법령의 목적을 학문의 자유라고 구체적으로 명시했다. 다수 의견은 학문의 자유가 과학 교육의 보편성과 실효성을 극대화하는 것을 의미할 수 있다고 했는데 이것은 학문의 자유라는 문구에 대한 상당히 기이한 해석이라고 하지 않을 수 없다. 주 의회가 의도한 학문의 자유란 학생들이 생명이 어떻게 시작되었는지에 대해 수업 시간에 공정하고 균형 잡힌 과학적 증거의 제시를 토대로 스스로 자유롭게 판단할 수 있는 선택권의 보장이라는 의미였다.

법령은 생명의 기원과 관련된 주제가 수업 시간에 다뤄질 때에는 생물의 진화를 증명된 과학적 사실이 아닌 하나의 이론으로 가르치며, 진화론의 주장과 일치하지 않는 과학적 근거 또한 교육시킬 것을 요구한다. 법령이 창조론을 특별취급하는 것도 아니다. 법령은 창조과학 교육을 강제하지 않으며, 교사들이 창조과학을 증명된 과학적 사실로 제시하지 못하게 하며, 진화론과 함께 가르치지 않는 한 창조과학만 따로 교육하는 것을 금한다. 도대체 본 법정이 어떻게 이러한 정책을 특정한 종교적 관점과 일치하도록 과학 커리큘럼을 재구성하려는 시도라고 판단했는지 이해하기 힘들다. 창조과학을 생명체가 지구상에 갑작스럽게 출현했다고 보는 이론을 뒷받침하는 과학적 자료의 체계 이외의 다른 무엇으로 규정하려는 시도는 의회의 공청회 및 기타 기록을 봐도 근거가 빈약하다. 창조과학의 지지자들은 창조과학이 어디서 어떻게 생명이 시작되었는지를 설명해야 한다면 진화론 역시 어떻게 태초에 생명이 없는 물질로부터 생명체가 진화했는지 밝혀야 할 것이라고 말한다. 백번을 양보해도 과거에 생명을 창조한 창조주가 있었음을 상정하는 것이 현재 종교적 숭배의 대상인 영생하는 인격신을 상정하는 것과 같은 개념은 아니다. 사실 그것은 아리스토텔레스Aristotle를 비롯한 저명한 철학자들이 가정했던 제1운동자the unmoved mover[3]를 상정하는 것과도 다르다.

　결론적으로 주 입법 의원들이 어느 정도 기독교적 신앙을 촉진하려는 의도를 가지고 해당 법안에 찬성표를 던졌다고 해도 법령이 진실된 비종교적 목적을 함께 가지고 있는 한, 종교적 의도만을 별도로 문제 삼아 법령을 폐기할 근거는 충분치 않다. 진화론과 창조론의 균형 있는 취급을 위한 법령이 비종교적 목적도 가졌다고 믿기 때문에 나에게 결정권이 있었다면 항소 법원의 판결을 뒤집었을 것이다.

---

3 제1운동자the unmoved mover는 아리스토텔레스가 그의 저서 『형이상학』에서 상정한 개념으로 우주의 움직임을 최초로 일으킨 존재를 가리킨다. 종교적 개념의 신 혹은 조물주와 깊은 유사성이 있다. 후대의 철학자들이 상정한 제1원인the first cause의 개념과도 비슷하다.

지적 설계 이론 – 창조론의 미래?

진화론 및 진화론 교육 정책에 대해 법정 투쟁을 포함한 모든 수단을 동원하여 한 세기 넘게 전쟁을 벌여 온 창조론 세력의 배후에는 상당수의 미국인이 아직도 진화론을 믿지 않는다는 단순한 사실이 있다. 2006년 행해진 미시간 주립대 팀의 조사에 따르면 진화론을 움직일 수 없는 과학적 사실로 받아들이는 미국인은 전체 인구의 20%도 되지 않았으며 진화론을 인정조차 하지 않는 미국인들도 30%가 넘었다.[4] 2007년 한 방송국이 주최한 공화당 대통령 후보 경선 토론회에서는 10명의 참가자들 가운데 3명이 진화론을 믿지 않는다고 당당히 밝혔다. 진화론에 회의적인 국민 정서가 존재하지 않고서는 공개적으로 일반적인 과학 상식에 벗어나는 신념을 공개하는 강심장 정치인이 쉽게 나올 수는 없을 것이다. 흥미롭게도 이 조사에서 영국을 포함한 유럽 국가들은 평균 80%에 가까운 인구가 진화론을 인정하는 것으로 나타났다. 비단 일반인들뿐만 아니라 영국 성공회의 수장 로완 윌리엄스Rowan Williams 캔터베리 대주교가 진화론을 인정하고, 로마 교황청조차도 진화론과 가톨릭 교리는 서로 상충하지 않는다는 입장을 발표한 사실을 보더라도 대서양 반대편 미국인들의 진화론에 대한 불신과 적대감의 정도는 놀라울 정도다.

다른 한편에선 1980년대부터 진화론과 창조론을 연결하는 새로운 접근법으로 지적 설계Intelligent Design라 불리는 이론이 서서히 힘을 얻기 시작했다. 지적 설계 이론은 진화론의 기본 개념을 인정하면서도 진화

---

[4] James Owen ; *Evolution Less Accepted in US. than Other Western Countries, Study Finds*, James Owen, National Geographics Aug 2006

의 원동력을 단순한 우연의 결과 대신 초자연적 설계자의 의도가 반영된 것으로 본다. 즉 지적 설계론자들의 주장에 따르면 돌연변이에 따른 자연 선택의 결과로 어떤 종 species 이 더욱 복잡한 유기체로 발전한다는 진화론의 기본전제는 그러한 발전을 이루는 일련의 과정이 무사히 이루어질 수 있는 확률이 극히 희박하다는 현실을 고려할 때 보완이 필요하며 따라서 진화 과정에서 우연이 아닌 필연, 즉 '의도적 조작'이 존재했다고 가정하는 편이 훨씬 더 논리적이라는 것이다. 일부 지적 설계론자들은 진화가 지적 설계의 산물이라는 관점이 반드시 신의 섭리를 의미하는 것은 아니라고 주장하지만, 종교계에서는 성경의 창세기를 문자 그대로 믿는 고전적 창조론에 대한 일종의 대안으로서 지적 설계 이론을 주목하는 것도 사실이다.

비록 연방대법원까지 올라오지는 못했지만 진화론과 관련된 최근 주목할 만한 법정 논쟁으로는 조지아주의 진화론 경고 스티커 evolution disclaimer stickers 사건을 들 수 있다. 조지아주 콥 카운티 Cobb County 교육위원회가 생물학 교과서에 진화론은 절대적 과학적 진리가 아니라는 내용의 경고 스티커를 부착하게 했는데, 2005년 조지아주 연방 법원은 이 경고문 부착 행위에 위헌적 요소가 있는 것으로 보고 모든 교과서에서 스티커를 제거하라고 명령한 바 있다.

지금까지의 전개 상황을 봤을 때 분명한 것은 미국 사회에서 진화론과 창조론의 대결이 앞으로도 계속 되리라는 것, 그리고 그 대결이 계속 되는 한 언제라도 연방대법원이 내키지는 않는 심판자의 역할을 계속해야 하리라는 것이다.

02 공공 건물에서 종교적 텍스트를 전시할 수 있는가?

● 시민 반 오든 vs 텍사스 주지사 페리 : Van Orden vs Perry (2005)

시나이 산에서 신이 모세의 손에 십계명을 건넨 이래 인류는 3천2백만 개의 법률을 만들었지만, 결국 십계명에서 한 발짝도 더 나아가지 못했다.
_ 세실 B. 데밀Cecil B. DeMille (미국 영화감독)

시나이 산에서 텍사스로 온 십계명

구약 성경의 출애굽기Exodus에 따르면 고대 이집트에서 노예 생활을 하던 이스라엘 사람들은 신의 계시를 받은 지도자 모세Moses를 따라 홍해를 건너 약속의 땅으로 향하게 된다. 이 민족 대이동 중 모세는 시나이 산Mount Sinai에서 이스라엘 사람들이 지켜야 할 율법을 신으로부터 직접 전해 받았는데, 이것이 바로 십계명Ten Commandments 이다. 기독교 신자가 아닌 사람이라도 "나(여호와) 이외의 다른 신을 섬기지 마라", "우상을 만들지 마라", "헛되이 주의 이름을 부르지 마라" 등으로 이어지는 십계명 가운데 몇 가지 대목은 기억할 수도 있겠다.[1]

모세가 시나이 산에서 내려 온 때로부터 수천 년의 시간이 지난 2002년, 미국 텍사스 주도 오스틴Austin의 주 의사당 경내에는 오늘의 텍사

---

[1] 성경의 출애굽기에 등장하는 십계명은 다음의 10가지 계율을 일컫는다. 1) 나(여호와) 이외의 다른 신을 섬기지 마라 2) 우상을 만들지 마라 3) 헛되이 주의 이름을 부르지 마라 4) 안식일을 준수하고 성스럽게 하여라 5) 부모를 공경하여라 6) 살인하지 마라 7) 간음하지 마라 8) 훔치지 마라 9) 이웃에게 불리한 거짓 증언을 하지 마라 10) 이웃의 집이나 아내, 하인, 재산 등 이웃에게 속한 것은 어떤 것이든 탐하지 마라

종교영화의 최고걸작으로 꼽히는 세실 B. 데밀 감독의 영화 〈십계The Ten Commandments, 1956〉.

스를 있게 한 인물, 이상, 사건들이라는 테마 아래 각종 기념물과 동상이 세워져 있었다. 그 가운데는 독수리 형제단THE FRATERNAL ORDER OF EAGLES ; FOE 이라는 사설 단체[2]가 텍사스주에 기증한 것으로 되어 있는 십계명의 내용을 새긴 대형 비석도 한 점 있는데, 이 비석의 탄생과 관련된 비화는 반세기 이전으로 거슬러 올라간다. 1950년대 중반 미네소타주의 법조인이자 독수리 형제단의 고위 간부인 E. J. 뤼지머E. J. Ruegemer는 십계명이 인쇄된 포스터를 미국 각지에 대규모로 배포하자는 제안을 했다. 당시 미네소타주 법원에서 청소년 범죄 담당 판사로 재직하던 뤼지머는 어느 날 한 비행 청소년이 십계명에 대해서 한 번도 들어 본 적이 없다고 말하는 것에 충격을 받아 그런 아이디어를 떠올렸다고 한다.

그런데 이 계획은 우연한 기회에 유명한 영화감독 세실 B. 데밀Cecil B. DeMille 1881~1959에게 알려지면서 새로운 국면을 맞이하게 된다. 세실 B. 데밀은 헐리우드에서 장대한 규모의 종교 사극 영화 제작으로 유명한 인물[3]로 1956년 스펙터클 성서 사극의 종결자라고 할 작품 〈십계

---

[2] THE FRATERNAL ORDER OF EAGLES는 원래 19세기 말 시애틀 지역에서 발족한 이후 다양한 자선 사업과 사회 활동을 통해 미국 내에서 상당한 영향을 발휘하게 된 단체로 루스벨트, 케네디, 레이건 등 미국 역대 대통령들도 한때는 이 단체에 관여한 것으로 알려졌다.

[3] 웅장하면서 어딘가 공허한 느낌이 드는 영화나 무대 등을 일컫는 '세실 B. 데밀 식Cecil B. DeMille style'이라는 관용구를 낳은 인물이기도 하며, 〈십자가의 표시Sign of the Cross, 1932〉, 〈삼손과 데릴라Samson and Delilah, 1949〉, 〈십계The Ten Commandments, 1956〉 등 성서 사극 영화의 제작, 감독으로 유명하다.

미국을 발칵 뒤집은 판결 31

를 연출하여 세계적 명성을 얻은 바 있다. 성서 출애굽기의 내용을 충실하게 재현한 이 영화 속에서 찰턴 헤스턴 Charlton Heston 이 분한 모세가 홍해를 갈라 이스라엘 사람들을 위해 길을 만드는 대목은 영화사에 길이 남을 명장면으로 꼽힌다. 데밀은 십계명 포스터 제작 계획을 듣고 자신의 전매특허인 스펙터클한 요소를 가미한 새로운 제안을 했다. 그것은 독수리 형제단과 자신이 공동으로 기금을 모아 종이 포스터정도가 아니라 아예 십계명이 새겨진 거대한 비석을 다량으로 제작하여 미국 내의 정부 기관, 시청, 공원 등에 세운다는 계획이었다. 이렇게 유수의 민간 자선 단체와 명성 있는 영화감독이 젊은이들을 위한 바람직한 행동 규범을 제공하려는 취지로 제작한 십계명 비석 가운데 하나가 1961년 텍사스주에 기증되었고, 주 정부는 비석을 의사당 경내에 전시하기로 결정했던 것이다.

이후 약 40년 간 텍사스 의회 건물 앞에 서 있던 이 십계명 비석은 2002년 토마스 반 오든 Thomas Van Orden 이라는 인물이 위헌 소송을 제기하면서 전국적인 관심을 받기에 이른다. 반 오든은 유대교와 기독교에서 신성하게 여기는 종교적 텍스트(십계명)가 담긴 비석을 공공 건물의 부지 내에 전시하기로 한 텍사스 당국의 결정은 정부가 특정 종교를 국교로 삼는 것을 금지하는 수정헌법 제1조의 이른바 국교 금지 조항 Establishment Clause 의 정신을 위반하는 것이므로 마땅히 시정되어야 한다고 주장하며 주지사 릭 페리 Rick Perry 를 상대로 지방 법원에 소송을 낸 것이다. 텍사스주 당국은 반

반 오든 대 페리 소송에 이름을 올린 텍사스 주지사 릭 페리.
Photo credit : Governor's Office, State of Texas

오든의 주장에 대해 십계명이 종교적 텍스트인 것은 사실이지만 서구 역사 속에서 법률 및 생활 규범에 지대한 영향을 미쳤기 때문에 공공장소에 전시될 가치가 충분히 있으며, 청소년들에게 바른 규범을 제시하여 선도하기 위한 비석 건립 취지 역시 고려되어야 한다고 반박했다. 지방 법원과 항소 법원이 연이어 텍사스주 정부의 손을 들어 주었지만 반 오든은 여기에 굴하지 않고 듀크 대학Duke University의 교수이자 유명한 헌법 학자인 어윈 체메린스키Erwin Chemerinsky의 도움을 받아 결국 연방대법원의 심의를 끌어 내는데 성공했다. 그러나 오든의 이 같은 노력에도 불구하고 연방대법원은 2005년 6월 5 대 4로 텍사스주 정부의 손을 들어주었다.

미합중국 역사 속 종교적 전통의 연장으로 본다

윌리엄 렌퀴스트 대법원장Chief Justice William Rehnquist [4]

　　오늘의 문제는 수정헌법 제1조의 국교 금지 조항이 텍사스주 의회 경내에 십계명이 새겨진 기념비를 전시하는 것을 허용하느냐는 것이다. 우리는 그렇다고 판결한다.

　　역사적으로 본 법정의 국교 금지 조항 관련 사건 판례들은 야누스처럼 상반된 두 가지 관점에 주목하고 있다. 우리나라의 역사 속에서 종

---

[4] 반 오든 대 페리 판결문은 렌퀴스트 대법원장의 이름으로 발표된 마지막 판결문이다. 그는 사건 판결 몇 개월 뒤 사망했다.

교와 종교적 전통의 역할은 존중받아야 마땅하지만 동시에 종교 문제에 정부가 관여하는 것은 그 자체로 종교의 자유를 위협할 수 있기 때문에 본 법정은 그러한 두 가지 관점을 최대한 균형있게 반영하려고 애써왔다. 본 사건 역시 여타의 국교 금지 조항 관련 사건들처럼 얼핏 상반된 것으로 보이는 두 가지 관점을 조화시켜야 하는 난제를 제시하고 있다. 미합중국은 그 제도 저변에 분명 전능한 존재를 상정하고 있지만, 그렇다고 정부 기관이 시민들에게 특정 종교 의식을 준수하도록 강요할 수는 없다. 연방대법원은 교회와 국가 사이의 분리를 유지하는 책무를 게을리해서는 안되지만 동시에 정부가 역사 속의 종교적 유산을 존중하는 것조차 금지함으로써 뜻하지 않게 종교에 대한 적대감을 피력하는 우를 범해서도 안 될 것이다.

의회의 요청을 받은 조지 워싱턴George Washington 대통령이 신생 국가의 탄생과 성공을 전능한 신의 덕으로 돌리는 추수 감사절 칙령을 발표했다는 기록에서도 알 수 있듯이, 1789년경에 이미 입법부와 행정부가 미국 고유의 생활 방식 속에서 차지하는 종교의 역할에 대해 공식적으로 인정했다는 것은 부인할 수 없는 사실이다. 연방대법원 역시 판결을 통해 이 나라의 역사 속에서 종교의 역할을 인정한 바 있는데, 주 의회의 개원 시 사제가 축복의 기도를 올리는 것과 정부가 그 비용을 지불하는 것을 합헌으로 판결한 예도 있다.[5] 당시 본 법정은 그러한 관행은 이 나라의 역사와 전통에 이미 깊숙이 뿌리 내린 것이라고 판단했던 것이다. 뿐만 아니라 본 법정은 일요일에 상품 판매를 금지하는 주 법률을 합헌으로 판결하기도 했는데, 해당 법률은 다름 아닌 십계명의 한

---

5 1981년의 마쉬 대 챔버스Marsh vs Chambers 판결을 가리킨다.

계율, 즉 안식일을 준수하라는 네 번째 계율에 기반한 것이었다.[6]

본 사건에서 우리 대법관들은 텍사스주 의사당 옆의 정부 소유 부지에 전시된 십계명과 마주했다. 미국 역사에서 십계명의 역할은 이미 이 나라 전역에서 인정되고 있다. 멀리 갈 것도 없이 본 법정만 둘러보아도 알 수 있다. 1935년 이래 모세는 다른 역사적, 전설적 입법자들의 형상과 함께 본 법정의 남쪽 벽과 천장 바로 밑의 장식띠 속에서 히브리어로 써진 십계명으로 보이는 두 개의 명판을 들고 서 있다. 십계명을 들고 있는 모세의 형상은 연방대법원 건물 동쪽 외관에서도 찾을 수 있다. 게다가 의회 도서관의 제퍼슨 기념관 원형홀을 굽어보는 십계명을 든 모세의 상부터 법무부 건물 안의 십계명을 상징하는 두 개의 명판을 발치에 놓고 서 있는 법의 정신 The Spirit of Law이라는 이름의 조각상까지 우리는 주도 도처에서 모세와 십계명에 바치는 오마주와 마주하게 된다. 이처럼 십계명은 종교적 중요성뿐 아니라 거부할 수 없는 역사적 의미도 함께 지니고 있다. 따라서 단순히 종교적 콘텐츠라고 해서 혹은 특정 종교의 교리와 일치하는 메시지를 홍보한다고 해서 그 자체가 자동적으로 국교 금지 조항에 저촉되는 것은 아니다.

물론 종교적 메시지나 상징물을 전시하는 행위에 제한은 있어야 한다. 예를 들어, 스톤 대 그레이엄 사건 Stone vs Graham 1980[7]에서 우리는 모든 공립학교 교실마다 십계명을 게시하도록 의무화한 켄터키주 법률을 위헌으로 판결한 바 있다. 켄터키주 법률은 명백히 종교적 목적이 있기 때문에 부적절하다고 결론을 내린 것이다. 그러나 텍사스주 의사당 경내에 십계명 비석을 세우는 것은 학생들이 교실에서 십계명과 매

---

6 1961년의 맥구완 대 메릴랜드주 McGowan vs Maryland 판결을 말한다.
7 연방대법원이 십계명의 사본을 공립 학교 교실의 벽마다 걸도록 의무화한 켄터키 법령을 위헌으로 판결한 사건이다.

일 맞닥뜨려야 했던 스톤 대 그레이엄의 경우보다 훨씬 소극적으로 종교적 텍스트를 다루는 행위이다. 사실 이 소송을 시작한 반 오든 자신도 여러 해 동안 그 기념비 앞을 아무 불편 없이 걸어다녔지 않은가? 텍사스주 당국이 의사당 경내에 십계명 비석을 전시하는 행위는 종교와 정치적 의미를 아우르는 이중의 중요성을 가지는 것으로 보이며 따라서 수정헌법 제1조의 국교 금지 조항을 위반한다고 말할 수 없다. 항소 법원의 판단을 재확인한다.

국가와 종교는 서로의 자리가 있다

존 폴 스티븐스 대법관 Justice John Paul Stevens

토마스 제퍼슨Thomas Jefferson이 은유적으로 표현한 '교회와 국가 사이의 분리의 벽wall of separation between church and State'[8], 즉 국가의 건전한 종교적 중립을 유지할 의지가 이 나라에 있다면 텍사스주가 연방헌법의 국교 금지 조항을 위반했다고 결론을 내리는 것이 우리의 의무라고 여겨진다. 우리나라 역사 속의 종교적 전통을 고려하면 종교적 상징물이 간혹 공공장소의 중요한 이정표가 되거나 역사적 사건을 기리는 기념비가 되는 것은 별로 놀랄 일이 아니다. 그러나 텍사스 의사당 경내에 전시된 십계명이 새겨진 비석의 존재는 단순히 종교적 전통에 대한 존중이나 역사적 유물을 보존하려는 노력의 일환으로 치부

---

8 교회와 국가의 분리라는 표현은 연방헌법에는 보이지 않으며, 토마스 제퍼슨이 쓴 이른바 댄버리 서신Danbury Letter에서 처음 등장한다. 아빙턴 대 쉠프 사건 에필로그 참조.

할 문제가 아니라고 본다.

　십계명이 유대교와 기독교 신앙에서 신성한 텍스트라는 것은 의문의 여지가 없는 사실이다. 신자들에게 십계명은 모세를 통해 전달된 신의 말씀 그대로를 의미한다. 따라서 십계명이 전하는 메시지는 지폐에 인쇄되는 '우리는 신을 믿는다 IN GOD WE TRUST'는 문구나 본 법정이 열릴 때 낭송하는 '신이여 미합중국과 이 명예로운 법정을 구하소서 God save the Unites States and this honorable Court'와는 성격이 다르다. 국교 금지 조항의 분명한 명령은 국가가 특정 종교를 공식적으로 편애할 수 없다는 것이다. 텍사스주 비석은 불교처럼 인격신을 배제하는 종교뿐 아니라 힌두교와 같은 다신교에서도 인정하지 않는 이른바 유대-기독교 Judeo-Christian의 유일신이 요구하는 행동 규범을 소개함으로써 헌법을 위반하고 있다. 또한 그러한 결정은 국가가 신앙을 무신앙의 윗자리에 놓을 것을 강제하기도 하므로 용납되어서는 안된다.

　다수 의견은 이 나라 역사의 초기에 건국의 주역들이 행한 종교적 발언이나 칙령 등을 언급하며 우리 국가 제도가 전능한 존재를 상정한다고 단언한다. 그러나 건국의 주역들이 평소 행한 종교적 발언들은 정작 1787년 열린 제헌회의 the constitutional convention에서는 별로 주의를 끌지도 못했을 뿐 아니라 궁극적으로 헌법의 텍스트에 반영되지도 않았다. 따라서 이들의 종교적 발언을 일종의 합의된 역사적 담론인양 제시하는 것은 당대의 정치적 풍경을 왜곡시킬 뿐이다. 워싱턴이 발표했던 추수 감사절 기념 대통령 칙령 만해도 토머스 제퍼슨은 대통령 재임 시 국교 금지 조항을 위반할 수 있다는 주장에 근거해서 거부한 바 있다.

　적지 않은 숫자의 사람들이 유럽에서 벌어지는 종교적 박해를 피해 이 땅에 건너왔다. 많은 사람들이 이 땅에서 식민 시대 일부 청교도들이 저지른 종교적 불관용religious intolerance을 경험하기도 했다. 국교 금지 헌법 조항의 채택을 놓고 벌어진 토론에서 이러한 불관용의 역사가 반복되는 것에 대한 우려가 강력하게 피력됐다는 사실은 결코 무시할 수 없다.

뿐만 아니라 판결문이 시도한 역사 강의에서는 실종된 또 다른 결정적 뉘앙스가 있다. 미국 건국 시기의 기록을 분석해 보면 헌법에서 사용된 종교라는 어휘는 오직 기독교의 여러 교파만을 지칭하는 것이었으며 처음부터 불교나 힌두교는 말할 것도 없고 유대교나 이슬람교 마저도 국교 금지 조항에서 헌법의 보호를 받을 자격이 있는 종교의 반열에는 들지 못했던 것이 분명하다. 그렇다면 해당 조항을 제정한 선조들이 역사상 반유대주의나 무신론자에 대한 적대행위 등을 인권 침해로 간주했으리라고 믿을 근거조차 없다. 또한 헌법은 오직 연방 정부가 국교를 설립하는 것만을 제한한다는 주장도 가능한데 이런 근본주의적 시각으로 보자면 연방이 아닌 일개 주State는 주교State Religion를 세울 자유가 있다. 이 논리에 따르면 주 정부는 십자가 문양이나 신약 성경의 구절로 공공장소를 도배할 수 있다. 혹은 마틴 루터Martin Luther나 조셉 스미스Joseph Smith[9]의 교리를 공식적인 주 종교로 삼을 권한도 가진다. 해당 조항을 그런 식으로 이해하는 것은 건국의 주역들 가운데 몇몇이 꿈꾸었던 세상에 가까울지는 모르지만 지난 200여 년간 다른 나라들의 부러움을 살 만큼 종교적 다원성과 관용의 확장을 추구해 온 미국 사회로서는 고려할 대상이 아닌 것이다. 수정헌법 제1조의 의회는 종교의 설립과 관련된 법을 제정해서는 안된다는 규정의 본래 의도를 존중하는데 그치지 않고 역사적 맥락에 비추어 오늘날에도 유효한 해석을 도출

---

[9] 대표적인 미국 토종 종교 모르몬교Mormonism의 창시자로 알려진 인물. 레이놀즈 대 미합중국 정부 사건 참조

하는 것이야말로 본 법정의 의무라고 본다. 다수 판결에 삼가 반대하는 바이다.

모세의 뿔(?), 수정헌법 제1조, 그리고 구원

로마의 산 피에트로 인 빈콜리San Pietro in Vincoli 교회에는 거장 미켈란젤로Michelangelo의 작품인 머리에 큼직한 뿔이 돋아난 건장한 남성을 형상화한 조각이 있다. 그 조각의 주인공은 사탄이나 괴물이 아니라 바로 성서의 영웅 모세다. 실제로 중세와 르네상스 시대 회화나 조각 가운데는 이렇게 뿔이 난 모세를 묘사한 작품이 적지 않은데 그것은 중세에 히브리어 성서 원전을 라틴어로 옮기는 과정에서 번역자가 히브리어로 빛을 뜻하는 karan을 뿔을 의미하는 keren으로 착각하는 바람에 벌어진 어처구니없는 결과였다. 즉 구약 성서의 출애굽기에 모세가 시나이 산에서 십계를 받아 내려 왔을 때 '얼굴이 눈부신 빛을 뿜었다'고 되어 있는 구절을 '뿔이 돋아났다'로 해석한 것이다. 후대의 성서학자들에 의해 이 오류가 정정되었으니 망정이지 하마터면 우리

산 피에트로 빈콜리 성당에 있는 모세상. 히브리어 성경 구절을 잘못 해석한 결과로 머리에 뿔이 돋은 모습으로 묘사되었다.
Photo credit : www.MSpace.eu

는 영화 〈십계〉에서 모세로 분한 찰턴 헤스턴이 뿔 달린 요괴 인간으로 변신하는 모습을 볼 뻔 했다.

이와 같이 해석의 사소한 오류가 결론적으로 커다란 차이를 만드는 일이 그다지 드물다고는 할 수 없다. 그렇다면 수정헌법 제1조의 국교 금지 조항을 올바로 이해하는 것은 출애굽기의 히브리어 원전을 올바로 해석하는 것만큼이나 어려운 일일까? 수정헌법 제1조에서 국교 금지 조항을 말하고 있는 부분은 아래와 같다.

Congress shall make no law respecting an establishment of religion, or prohibiting the free exercise thereof ;[10]

이 짧은 구절을 두고 지금까지 학계와 법조계를 통틀어 온갖 해석이 시도되어 왔다. 국교 금지 조항을 오직 연방 정부의 연방국교Federal Religion 설립을 금지하는 것으로 볼 수 있을까? 그렇다면 스티븐스 대법관이 지적한 대로 언젠가 유타주에서 모르몬교가, 미시간주에서 이슬람교가 공식 주교State Religion가 되는 날이 오더라도 합헌이라는 얘기가 된다. 헌법의 제정자들이 염두에 둔 종교는 오직 기독교뿐이라는 미국 독립 운동 당대의 정치·사회적 현실에 기초한 해석은 어떨까? 하지만 그러한 해석은 기독교만 아니라면 배화교Zoroastrianism나 자이나교Jainism 등 어떤 종교를 국교로 삼아도 괜찮은가 라는 역발상 질문에 대한 답이 궁색하다. 국교의 설립을 금지하는 것이 꼭 국가와 종교

---

[10] 수정헌법 제1조 전문은 다음과 같으며 종교의 자유, 발언의 자유, 언론의 자유, 집회의 자유, 정부에 청원할 자유를 모두 포괄한다.
  "Congress shall make no law respecting an establishment of religion, or prohibiting the free exercise thereof ; or abridging the freedom of speech, or of the press ; or the right of the people peaceably to assemble, and to petition the Government for a redress of grievances."
  보통 국교 금지 조항Establishment Clause이라고 불리는 것은 실제로는 도입부의 Congress shall~thereof ; 부분을 일컫는다.

의 분리라는 논리적 귀결로 이어지지는 않는다는 의견은 어떨까? 그렇다면 오히려 종교 고유의 가치와 이점 때문에 국가는 종교 활동과 행사를 주도하고 장려해야 할 책임이 있다는 적극적인 친종교적 발상도 가능해진다. 이 가운데 어떤 해석이 모세의 뿔에 해당할까? 아니면 이 모든 해석이 다 모세가 가지고 온 빛의 한 자락을 나눠 가지고 있는, 다시 말해 진실의 일면을 가지고 있는 것일까?

앞에서 소개했듯이 이 사건 뒤에는 청소년 선도의 신념에 가득찬 법조인, 전설적인 영화감독, 주 당국을 대신해 피소송인으로 이름을 올린 주지사[11], 역대 회원 가운데 7명의 대통령을 배출한 저명한 민간단체 등 흥미로운 캐릭터들이 가득하지만 소송을 제기한 당사자인 반 오든 역시 독특한 인물이다. 그는 한때 변호사로서 성공 가도를 달리다가 그만 우울증에 걸려 정상적인 사회생활을 할 수 없게 된 뒤 두 번의 이혼으로 가족들로부터 버림 받고 오스틴에서 천막생활을 하던 홈리스였다. 오스틴에서 그는 일반에 출입이 허락된 주의회 도서관에서 책을 뒤적이는 것으로 소일했는데, 그가 매일 도서관으로 향하는 길목에 문제의 십계명 비석이 서 있었다. 어느 날 그 비석의 존재, 아니 더 정확히는 그 비석이 세워진 자리는 정부 기관의 경내로 헌법의 국교 금지 조항에 위배된다는데 생각이 미치자 반 오든은 누군가가 나서서 잘못된 관행을 바로 잡아야 한다는 사명감을 느껴 행동에 옮기게 되었다고 한다.[12]

---

11 텍사스주 사상 최장수 주지사로 2011년 공화당 대통령 후보전에 나서기도 했던 릭 페리Rick Perry 주지사는 THE FRATERNAL ORDER OF EAGLES의 청소년 조직인 Eagles Scouts 단원이기도 했다. 그는 독실한 기독교 신자로 근본주의 기독교 단체가 주최한 종교 행사에 주지사의 자격으로 참석해 기도를 하는 등의 행동으로 구설수에 오르기도 했다.

12 어느 인터뷰에서 왜 소송을 제기할 결심을 했냐는 질문에 반 오든의 대답은 "스케줄이 간단한 관계로 시간이 있어서 I have time ; my schedule is kind of light"라고 대답했다. Sylvia Moreno, "*Supreme Court on a Shoestring ; Homeless Man Takes On Texas, Religious Display*," Washington Post 2/21/2005

지금도 오스틴의 주 의회 의사당을 방문하는 관광객은 의사당 북쪽, 텍사스 최고 법원 건물 앞에 우뚝 선 문제의 비석을 볼 수 있다. 비석은 높이 6피트, 폭 3피트 크기로 미국과 기독교를 상징하는 갖가지 문양에 둘러싸여 '나는 너의 주며 신이니라 I AM the LORD thy GOD'라는 문장으로 시작하는 십계명이 큼직한 글씨로 쓰여 있다. 원래 취지처럼 텍사스의 청소년들이 메시지로부터 얼마나 영감을 받았는지는 알 수 없지만 그 비석으로 인해 인생의 바닥까지 떨어졌던 한 인간이 잠시나마 새로운 삶의 의미와 목표를 발견했던 것은 확실해 보인다. 연방대법원에서 사건을 검토하기로 했다는 발표 직후 가진 언론과의 인터뷰에서 반 오든은 소송을 준비하는 과정에서 자신이 다시 살아 있음을 느꼈다 I felt alive again고 털어 놓은 바 있다. 유대 경전 탈무드 Talmud는 "한 사람을 구원하는 일은 온 세상을 구하는 것"이라고 했다. 오스틴의 주 의회 의사당의 십계명 비석은 애초부터 반 오든이라는 한 사람에게 삶의 의미를 부여하기 위해 거기 서 있었던 것은 아닐까?

03 종교인과 비종교인의 권익 중 어느 쪽이 더 중요한가?

● **아빙턴 학군 vs 시민 쉠프 :**
Abington School District vs Edward Schempp (1963)

기독교도인 자녀란 없다. 기독교도 부모를 둔 자녀가 있을 뿐이지.
_리처드 도킨스Richard Dawkins (진화생물학자)

아메리카 – 제정일치 사회의 흔적

제정일치 사회 theocracy라고 하면 고대 이집트나 바빌로니아를 먼저 떠올리기 쉽지만 영국 정부의 박해를 피해 바다를 건너 온 청교도들이 아메리카 대륙에서 세운 초기 공동체 역시 제정일치적인 성격을 많이 지니고 있었다. 작가 나다니엘 호손 Nathaniel Hawthorne의 『주홍글씨 The Scarlet Letter』에서 잘 묘사된 것처럼 독립 전인 17세기에서 18세기 초엽 아메리카 식민지는 금욕과 절제를 강조하는 청교도 사제들의 입김이 사회 곳곳에 깊게 드리운 땅이었다. 심지어 매사추세츠주의 세일럼이란 마을에서는 1692년 중세 유럽에서나 있었음직한 마녀 재판이 벌어져 실제로 15명의 무고한 시민들이 처형당하는 황당한 사건까지 발생한 바 있다.

영국으로부터의 독립을 추구한 미국 건국의 아버지들이 개인적으로는 대부분 신앙심이 깊었음에도 불구하고 수정헌법 제1조를 통해 의회는 국교를 정하거나 개인의 자유로운 종교 활동을 금지하는 법률을 만들 수 없다 Congress shall make no law respecting an establishment of religion, or prohibiting the free exercise thereof 라고 못 박은 것은 이처럼 종교와 국가가 지나치게 가까워졌을 때 벌어지는 광기와 부작용을 잘 알고 있었기 때문이다. 하지만 헌법과는 별개로 유대-기독교적 가치 Judeo-Christian values를 중심으로 한 종교적 전통이 역사를 통해 미국인들의 정신과 생활 방식에 깊이 뿌리 내려 왔던 것도 사실이다. 미국에서 지금까지도 입법 의회, 관공서, 교육 기관 등에서 종교와 관련된 상징이나 표현들이 여러 공적 행사에서 사용되고 있는 것도 이러한 영향 때문이라고 할 수 있다.

종교인과 비종교인을 막론하고 대부분의 미국인들이 사회 곳곳에 배어 있는 이러한 종교적 취향이나 흔적을 일종의 문화유산, 혹은 전통의 일부로 받아들여 온 것은 사실이나, 반면에 국민의 세금으로 유지되는 정부 기관에서 특정 종교를 연상시키거나 지지하는 인상을 주는 행위는 국가의 종교적 중립과 개인의 자유로운 종교 활동을 규정하는 헌법 정신에 위배된다는 목소리가 20세기 들어 점점 힘을 얻게 되었다. 이런 가운데 특히 공립학교에서 종교적인 분위기를 풍기는 행사를 연다거나 성경 구절이나 십자가와 같은 종교적 텍스트와 상징물들이 교내에 전시되는 경우 등을 정부의 종교적 중립성이 훼손된 경우로 보고 문제를 제기하는 개인이나 시민 단체들이 늘어나면서 이들이 진행하는 법률 소송이 미국 도처에서 발생해왔다. 이 가운데 1963년 펜실베이니아 주민 에드워드 쉠프 Edward Schempp가 자신의 자녀가 등교하는 아빙턴 고등학교 Abington Senior High School 교례의 종교적 색채에 문제를 제기한 것으로 시작된 아빙턴 대 쉠프 소송은 연방대법원까지 올라가며 미 전역에서 엄청난 반향을 일으킨 사건이었다.

17세기 벌어진 세일럼의 마녀 재판 상황을 묘사한 삽화. 재판 과정에서 마녀 혐의로 15명의 주민들이 처형되었다.
Photo credit : National Archives

　당시 아빙턴 고등학교에서는 아침마다 학생들이 낭송하는 성경 구절 10가지와 주기도문Lord's Prayer을 교내 방송 시설로 중계하며 일과를 시작했는데, 이러한 행사는 공립학교에서의 성경 구절 낭독을 의무화했던 당시 펜실베이니아주 법령에 근거하고 있었다. 쉠프는 이것이 결국 국민의 세금으로 운영되는 공립학교가 특정 종교, 즉 기독교의 이념을 지지하는 것으로, 이는 국가의 종교적 중립을 명시한 수정헌법 제1조의 정신에 위배된다고 주장하며 학교가 속한 아빙턴 학군을 상대로 소송을 제기한 것이었다. 한편 같은 시기에 메릴랜드주 볼티모어에 거주하는 매들린 머레이Madelyn Murray라는 여성 또한 펜실베이니아의 쉠프와 거의 비슷한 이유를 들어 볼티모어시 교육위원회를 상대로 소송을 진행하고 있었는데, 항소 과정으로 이 두 사건은 하나로 통합되어 연방대법원까지 올라가게 되었다.

　사건에 대한 연방대법원의 판결은 1963년 6월 8 대 1로 쉠프의 손을 들어주었다. 그러나 이는 단순한 숫자의 문제일 뿐, 반대의견에 담긴 논리가 다수 의견에 비해 겨우 8 대 1만큼의 의의나 설득력만을 갖는다고 볼 수는 없을 것이다.

종교는 공립 교육 기관에서 멀리 떨어질수록 좋아

톰 C. 클라크 대법관 Justice Tom C. Clark

미합중국을 세운 건국의 아버지들이 신이 존재하며 인간으로서의 양도할 수 없는 권리가 신으로부터 유래한다고 진심으로 믿었다는 사실은 메이플라워호 합의문 the Mayflower Compact 부터 연방헌법에 이르는 그들의 전 저작물이 증명하고 있다. 이러한 배경은 오늘날 대통령부터 지방 입법의원에 이르기까지 공직자들이 그들의 취임 선서를 "신이여, 도와 주소서 So help me God"라고 마무리 짓는 것에서도 드러난다. 또한 64%의 국민들이 교회에 다니고 있으며 어떤 종교도 가지지 않은 국민은 3%에 불과하다는 최근 조사결과도 신의 존재에 대한 국민들의 생각을 보여주는 것이라고 하겠다.[1]

그러나 이것이 종교가 이 나라의 역사와 전통과 분리할 수 없을 만큼 뒤섞인 나머지 종교적 유산의 보전이 우리가 공적, 사적 생활 속에 누려야 할 종교적 자유 자체보다 더 중요하다는 의미는 아니다. 메이플라워호를 타고 아메리카로 건너 온 청교도 선조들이 유럽 대륙에서 겪은 종교적 박해의 역사는 종교의 자유에 대한 신념을 우리의 머리 속에 아주 깊이 뿌리박도록 했다.

신앙의 자유는 전 세계에서 온갖 다양한 종교적 의견을 가지고 온 사람들이 이룬 우리나라에서는 필수불가결한 것이다. 역사적으로 본 법정은 의회가 종교를 세우거나 자유로운 종교 활동을 금지하는 어떤 법

---

[1] 본 대법원 판결이 내려진 1963년을 전후한 조사 결과이다. 그러나 2000년대 들어 행해진 조사에서도 다수의 미국인들은 정치적 성향에 관계없이 종교적 신념을 가진 것으로 나오고 있다.

률도 만들 수 없다고 규정한 수정헌법 제1조를 주 정부나 연방 정부가 교회를 세운다거나 특정 종교를 지지하는 행위, 한 종교를 다른 종교보다 선호하는 행위를 허용하는 법률을 통과시키지 못하도록 규정하는 것으로 해석해왔다.

펜실베이니아주 당국은 학교의 일과를 시작하면서 성경 구절을 읽고 주기도문을 읊는 행위가 종교적 신념과는 관계없이 모든 공립학교 학생들에게 혜택을 주려는 노력의 일환이라고 주장한다. 또한 주 당국은 도덕적 가치의 재고, 이 시대에 팽배하는 물질만능주의에 대한 반박, 전통적 미풍양속의 유지, 그리고 문학적 소양의 가르침 등 비종교적 목적도 그 행사에 포함된다고 말한다. 그러나 주 정부가 그러한 의례의 종교적 성격을 인지하고 있음은 같은 규정을 학생이 희망할 경우 행사에 불참하는 것을 허락하도록 최근 개정된 점, 또한 개신교 기도문 뿐 아니라 가톨릭 교회의 두에이 버전Douay version 기도문[2]을 대신 사용할 수 있도록 허락하고 있다는 점에서도 분명해 진다. 이 경우 국민의 세금으로 운영되는 교육 기관이 종교적 색채가 강한 행사를 장려하는 것이 수정헌법 제1조에 대한 비교적 경미한 위반이라 주장한다 해도 문제가 해결되지는 않는다. 현재 아빙턴 고등학교에서 벌어지고 있는 종교적 중립성의 경미한 훼손을 실개천에 비유한다면, 이를 그대로 방치할 경우 그러한 행태가 조만간 정부가 개인의 종교적 취향을 적극적으로 통제하는 성난 급류로 변할 위험성이 언제나 도사리고 있기 때문이다. 따라서 제임스 매디슨James Madison이 말한 바와 같이 "우리가 누리는 자유에 변화를 가하려는 시도에 대해서는 시작부터 경각심을 가지

---

[2] Douay Bible(또는 Douay · Rheims Bible)은 라틴어 성서 원전의 16세기 영어 번역본 가운데 하나로 특히 영국 가톨릭 신자들이 국교회에 대항해 채택한 성경으로 유명하다.

는 것이 좋다."³

　우리는 오늘의 결정이 정부가 적극적으로 종교를 반대하거나 적대적인 입장을 취하는, 다시 말해 종교인들보다 비종교인을 더 선호하는 세속주의secularism라는 또 다른 신념체계를 장려하는 행보라고는 믿지 않는다. 우리 사회에서 종교의 자리는 가정, 교회, 그리고 누구라도 범접할 수 없는 개인의 마음과 거룩한 정신의 성채citadel of individual heart and mind 속에 있는 것이다. 인간과 종교의 관계에서 주 정부는 굳건히 중립을 지켜야 한다. 따라서, 우리는 하급 법원의 판결을 번복하며, 사건을 메릴랜드주 항소 법원에 파기환송한다.

종교 활동을 희망하는 국민의 권리는 어떻게 할 셈인가?
포터 스튜어트 대법관Justice Potter Stewart

　수정헌법 제1조는 의회가 종교를 제정하거나 자유로운 종교 활동을 금지하는 어떤 법률도 만들 수 없다고 선언한다. 그러나 이 조항을 통해 종교와 국가의 분리라는 유일한 기준이 세워진 것으로 간주하는 것은 매우 지나친 단순화로서 다음과 같은 문제점을 내포한다. 첫

---

3 원문은 "It is proper to take alarm at the first experiment on our liberties." 미국 4대 대통령을 지낸 제임스 매디슨이 1785년 버지니아 의회에서 행한 연설의 한 구절로, 직역하면 "우리의 자유에 대한 첫번째 실험이 행해질 때 경계하는 것은 적절하다." 즉 자유에 관한한 아무리 작은 위반, 간섭이라도 민감하게 반응해야 한다는 의미다. 판결문에서는 펜실베이니아주가 공립학교 내에서의 종교 행사에 대한 위헌성 여부를 무시해 버릴 수 있는 작은 위반 사항일 뿐이라고 주장한다고 해도 반드시 고치고 넘어가야 탈이 없다는 뜻으로 인용되었다.

째, 종교와 정부가 헤아릴 수 없이 많은 방식으로 상호작용해야 한다는 현실을 인정하지 않는 것은 오류다. 둘째, 국교 제정 금지 조항과 자유로운 종교 활동 조항은 상호보완적이지만 국교 제정 금지 조항의 교조적인 이해가 자유로운 종교 활동 조항과 해소될 수 없는 갈등을 겪을 만한 영역도 존재하는 것이 사실이다. 예를 들어, 군대를 위해 목회자를 고용하는데 연방 정부의 자금이 사용되는 것이 국교 제정 금지 조항을 위반한다는 시각이 있을 수 있다. 그러나 변방에 주둔한 외로운 병사의 입장에서는 자신에게 목회자의 지도를 받을 기회를 제공하지 않는 정부가 명백히 본인의 자유로운 종교 활동을 제약하고 있다고 주장할 수 있는 것이다. 이러한 사례는 쉽게 찾아 볼 수 있다.

역사적으로 볼 때 수정헌법 제1조는 신생 연방 정부의 기능을 제약하기 위한 목적으로서만 채택된 것이다. 그것은 의회가 국교를 세울 수 없을 뿐 아니라 헌법 채택 당시 이미 존재했던 각 주의 기존 종교 제도에 연방 정부가 간섭할 수 없음을 명백히 하려는 시도였다. 각 주는 자유롭게 종교와 관련된 고유의 정책을 추구하도록 허용되었다. 이에 따라 버지니아주는 공식 종교의 폐기정책을 추구한 반면 매사추세츠주는 19세기 중엽까지도 주 정부가 세운 교회를 가졌던 것이다.

또한 본 사건에서 무시된 것은 헌법의 종교 활동의 자유 조항에 비추어 자녀들이 성경 구절을 읽으면서 학교 일과를 시작하기를 강력히 희망하는 학부모들의 입장이다. 물론 학교에서 종교적 영향에 자녀들을 노출시키고 싶지 않은 측의 입장에서야 일부 학부모들이 그렇게 학교에서의 종교 활동을 희망한다면 사립학교나 종교 기관이 운영하는 교육 기관에 아이들을 보내면 되지 않느냐고 반박할 수도 있겠다. 하지만 사상의 자유, 언론의 자유, 그리고 종교의 자유란 그런 환경을 돈으로

살 수 있는 사람들뿐 아니라 그럴 만한 형편이 되지 않는 국민들에게도 제공되어야 한다. 따라서 정부가 보장하는 의무 교육 제도가 학교에서의 종교 활동을 허락하지 않는 방향으로 학생의 삶을 규정하게 된다면 종교는 결국 국가가 만들어 낸 불이익 상태에 빠지게 되는 셈이다. 이런 관점에서 볼 때 교육기관이 진정으로 종교 문제에 중립을 지키고자 한다면 희망자에 한해 교내에서의 종교 행사를 허락하는 방안이 필요하다고 하겠다. 종교 행사를 불허하는 것은 자칫 국가의 종교적 중립의 실현이라기보다는 세속주의라는, 종교와 다름없는 또다른 형태의 신념체계를 설립하는 것으로 비칠 수 있을 뿐 아니라 종교 의식은 오직 사적인 공간에서만 이루어져야 한다는 개별적 주장을 정부가 공식적으로 지지하는 것으로도 보일 수 있기 때문이다.[4] 종교 의식이 학교의 정규 일과의 전후에 이루어지거나 다른 여러 대안적인 과외 활동의 하나로서 허락된다면, 종교적 행사가 자발적인 신앙의 표현을 위한 기회를 희망자에게만 제공하는 것 이상으로 확대해석 될 여지는 별로 없다고 본다. 물론 개인이 희망에 따라 불참할 권리를 인정하지 않고 특정 종교 행사를 교육 기관에서 의무적으로 거행하도록 하는 법령의 경우라면 참석을 희망하지 않는 개인들을 억압하는 위헌적 요소가 명백하다고 하겠다. 하급 법원에서 사건을 추가 논의하도록 했으면 하는 아쉬움이 남는다.

---

[4] 유일하게 반대의견을 낸 스튜어트 대법관은 정부는 종교와 관련한 어떤 개인적 의견이나 이론에도 치우침이 없이 절대중립을 지켜야 하는데 다수 의견에 따르는 것이야말로 그 중립을 훼손할 수 있다고 주장하고 있다.

신과 기도를 퇴학시킨 그 이후

쉠프의 손을 들어 준 연방대법원 판결은 미국 종교계와 보수파 정치인들의 거센 비난을 받았다. 이들은 판결문에서도 언급했던 세속주의에 의해 종교가 사회와 제도 속에서 설 자리를 빼앗기게 될 것을 우려했다. 당시 한 신문의 사설에서 해당 판결이 "신과 기도를 학교로부터 쫓아냈다 kicked the God and prayer out of schools"고 표현한 것은 두고두고 회자되었으며, 미 의회에서는 학교가 학생들에게 기도를 하고 성경책을 읽도록 하는 권리를 갖도록 개헌을 하자는 주장까지 일어났다. 그러나 판결을 지지하는 여론도 상당했고, 종교계에서도 가톨릭계 일부와 개신교 몇몇 교파를 제외하고는 조직적인 반발은 없었다.

흥미롭게도 판결의 반대론자들은 소송에 대표로 이름을 올렸던 쉠프보다 그와 비슷한 주장을 볼티모어에서 펼치다가 나중에 쉠프의 대법원 청원에 합류한 매들린 머레이를 더 공공의 적으로 몰았다. 아마도 그렇게 된 데는 비록 교육 기관의 종교적 중립을 문제삼기는 했지만 쉠프가 유니테리언 교회 Unitarian Church 의 신도로 종교를 가지고 있었던데 비해 머레이는 철저한 무신론자였던 데도 이유가 있었다. 쉠프는 판결 이후에도 비교적 대중의 관심에서 자유로운 조용한 생활을 하다 2003년 사망했다. 반면 머레이는 판결 이후 자의반 타의반으로 미국 사회에서 반종교 운동의 대표적 아이콘이 되었으며, 미국 무신론자 연맹 the American Atheists 을 조직하는 등 활발한 활동을 펼쳤으나 1995년 부하 직원에게 납치, 살해당하는 엽기적인 운명을 겪어야 했다.[5]

아빙턴 대 쉠프 사건에서 문제가 된 수정헌법 제1조를 흔히 종교와 국가의 분리에 관한 조항이라고 말하지만, 이 표현이 정작 수정헌법 제

1조에 실제로 등장하는 것은 아니다. 종교와 국가의 분리는 3대 대통령 토머스 제퍼슨Thomas Jefferson이 개인 서신에서 사용한 교회와 국가 사이를 분리하는 벽wall of separation between Church & State이라는 표현에서 유래했을 뿐이다.⁶ 수정헌법 제1조는 단지 의회가 국교를 정하거나 개인의 자유로운 종교 활동을 금지할 수 없다고만 밝히고 있기 때문에 종교와 국가가 분리되어야 한다는 결론뿐만 아니라 다양한 해석의 가능성을 내포하고 있다. 예를 들어 국가는 비종교인들 뿐 아니라 종교를 가진 국민들로부터도 세금을 거둬들인다. 그렇다면 스튜어트 대법관이 그의 반대의견에서 암시했듯이, 신앙생활을 하는 국민들의 희망 사항과 권익 역시 비종교인과 무신론자들의 그것과 마찬가지로 정부 활동 속에 그들이 내는 세금만큼 반영되어야 하는 것은 아닐까? 또 같은 조항에서 명시한 자유로운 종교 활동이란 개인 생활에서의 종교의 자유만이 아니라 정부를 포함한 공공의 활동에서도 정치인을 포함한 개인들이 그들의 종교적 신념을 마음껏 표현할 수 있다는 의미는 아닐까?

실제로 21세기 들어 미국에서는 비단 종교인들 뿐 아니라 정치인들까지 다양한 루트를 통해 종교와 국가의 분리라는 단순 논리에 대해 의문을 제기하고 있는 것이 눈에 띈다. 예를 들어 공화당 하원의장을 지낸 뉴트 깅리치Newt Gingrich가 2011년 거의 반세기 전에 있었던 아

---

5 머레이의 살해사건은 상당한 논란을 일으킨 사건이었다. 경찰 조사 결과 범인 데이비드 롤란드 워터스David Roland Waters는 무신론자 연맹의 직원으로 공금을 횡령한 사실이 머레이에게 발각되자 범행을 결심하고 머레이와 그녀의 아들, 손녀까지 납치하여 잔인하게 살해한 것으로 드러났다.

6 종교와 국가의 분리라는 표현은 미국 3대 대통령 토머스 제퍼슨이 댄버리 침례교 협회Danbury Baptist Association에 보낸 이른바 댄버리 서신Danburry Letter의 다음 문장에서 유래했다. 여기서 제퍼슨은 교회와 국가 사이의 분리의 벽이라는 표현을 처음 사용했다.
"I contemplate with sovereign reverence that act of the whole American people which declared that their legislature should ' make no law respecting an establishment of religion, or prohibiting the free exercise thereof,' thus building a wall of separation between Church & State."(해석 생략)

빙턴 판결을 거론하면서 그러한 결정이 사법부가 "세속화를 강요하는 강력한 엔진이 되었으며 근본적으로 종교적인 성격을 가진 미국 문명 American civilization의 전진을 가로 막았다"고 주장[7]하면서 세속주의자들의 종교에 대한 박해를 저지할 것을 당면 과제로 선언한 것 역시 개인의 소신을 넘어 유권자들 사이에 존재하는 정서를 포착했기 때문이다.

모든 상황을 종합해 볼 때 수정헌법 제1조를 둘러싼 논쟁이 끝나기는커녕 사회적으로 새로운 동력을 얻고 있는 것으로 보인다. 후손들이 국가와 종교의 관계에 대한 성급한 결론을 내리기보다는 그에 대한 토론이 세대를 관통하면서 계속 이어지도록 하는 것이 수정헌법 제1조를 통한 헌법 입안자들의 의도였다면 그 바람은 성공했다고 봐도 좋을 것이다.

---

[7] Jake Gibson, "*Gingrich Assails 'Coerced Secularization' at National Catholic Prayer Breakfast*" FOXNews.com ; April 27, 2011

04 종교의 이름 아래 일부다처제가 허용될 수 있는가?

● **모르몬교 신자 레이놀즈 vs 미합중국 정부 :**
Reynolds vs United States (1878)

그리하여 저들은 시집가고 장가들며, 주께서 저들에게 맺으신 수많은 약속대로 복을 받았더라.
_모르몬경, 제4니파이서 1장 11절

모르몬교의 비밀

1830년 뉴욕주 맨체스터에서 25세의 청년 조셉 스미스Joseph Smith가 『모르몬경The Book of Mormon』이라는 책을 출판했다. 스미스는 자신이 모로나이라는 천사의 계시를 받아 어느 산기슭에서 고대어로 쓰여진 황금 서판을 발견했으며, 『모르몬경』은 바로 그 서판을 영어로 번역한 것이라고 주장했다. 책은 기원전 2600년경 이스라엘에서 건너 온 히브리 부족이 아메리카 대륙에 찬란한 문명을 세웠으며, 부활한 그리스도가 아메리카 대륙에서 복음을 전했다는 등의 대담한 내용을 담고 있었다. 『모르몬경』의 출판과 함께 스미스는 흔히 모르몬교Mormonism로 불리는 예수 그리스도 후기 성도 교회Church of Jesus Christ of Latter Day Saint라는 교파를 창시하고 추종자들을 모으기 시작했다. 그러나 스미스는 일리노이에서 모르몬 공동체를 건설하려다 이에 반대하는 지역 주민들과의 다툼 끝에 살해당했고, 이후 교회의 운명은 2대 지도자 브리검 영Brigham Young의 손에 맡겨지게 되었다. 브리검 영은 1만여 명

브리검 영Brigham Young의 초상. 그는 조셉 스미스에 이은 모르몬교의 2대 지도자로 탁월한 리더십을 발휘했다.
Photo credit : Library of Congress

의 신도들과 함께 로키 산맥을 건너 당시로서는 오지나 다름없던 미 대륙 서북쪽의 유타 지역에 공동체를 이루고 정착하는데 성공했다. 모르몬교는 미국 정부와 한때 갈등을 겪기도 했지만 정부가 모르몬교 신자들이 유타 지역을 개척하는 활동을 묵인하고 일종의 자치권을 보장하면서 한동안 순조로운 관계를 이어갔다. 그러나 이러한 평화는 곧 모르몬교 지도층에서 행해지던 비밀스런 관행을 연방 정부가 문제 삼으면서 파국 직전까지 치닫게 된다.

정확히 언제, 어떤 이유로 모르몬교가 일부다처제 관습을 시작했는지에 대해서는 논란이 있다. 단순히 신의 계시를 따랐다는 주장, 아브라함 등 고대 이스라엘의 전통을 당대에 부활시키려는 일종의 복고 운동의 결과라는 설 등과 함께 개척 교회 운동 당시 희생된 남성들의 미망인들 및 결혼 적령기를 맞았으면서도 배필을 찾지 못하는 여성들의 처지를 고려해 도입되었다는 사회·경제적 설명, 그리고 교회 지도자들이 공동체의 젊은 처녀들을 차지하기 위한 꼼수로 종교를 이용했을 뿐이라는 냉소적 시각까지 다양한 의견이 지금까지도 존재하지만 확실한 것은 창시자 조셉 스미스를 포함해서 대부분의 1세대 모르몬교 지도자들이 일부다처제를 실천했다는 것이다. 일부다처제는 비록 교단 내부에서 비밀리에 이루어지기는 했으나 모르몬 교도들이 처음 계획했던 것처럼 비교적 비옥한 오하이오주나 미주리주에 정착촌을 건설하지 못하고 유타주까지 밀려나야만 했던 것 역시 실은 현지 주민들이 이들의 일부다처 풍습을 눈치채고 박해했기 때문이라는 설이 유력하다. 유타주에서 모르몬 공동체가 자리를 잡으면서 교회 지도층에서의 일부다처 관행은 점점 노골화되었다. 모르몬 교회의 총재였을 뿐 아니라 유타주의 초대 주지사이기도 했던 브리검 영의 경우 자그마치 51명의 부인을 거느렸다고 하는 것이 좋은 예라고 하겠다.

한편 모르몬 교도들이 개척한 유타 지역에 대한 영향력 확대를 노리던 연방 정

솔트레이크 시티Salt Lake City의 템플 스퀘어 Temple Square. 솔트레이크 시티가 있는 유타주는 처음 로키 산맥을 건너 온 모르몬교도들에 의해 개척되었다.

부는 1862년 연방 영토 내에서 일부다처제를 따르는 사람들에게 징역형과 벌금을 부과하는 등 거의 노골적으로 모르몬교를 표적으로 삼는 모릴 중혼 금지법Morrill Anti-Bigamy Act을 발효시켰다.[1] 그런데 흥미롭게도 이에 대한 모르몬 교회의 대응은 과격한 투쟁이나 저항이 아닌 법률, 그 가운데서도 바로 연방헌법에 호소하는 것이었다. 일부다처제를 종교적 관습의 일부로 보고 중혼 금지법이 연방헌법이 보장한 종교 활동의 자유를 침해한다고 생각한 교회 지도부는 당시 교회의 고위 간부였던 조지 레이놀즈George Reynolds에게 일부다처제에 대한 교회측 피고인으로 나서 줄 것을 부탁했고 레이놀즈는 흔쾌히 승낙했다. 당시 레

---

[1] 모릴 중혼 금지법에는 종교 기관의 부동산 소유에 상한선을 긋는 조항도 포함되어 있었으며, 이 법은 남북 전쟁 직후 에드먼드법으로 개정되면서 일부다처제 풍습을 따르는 개인들의 참정권을 제한하는 등 이전보다 더욱 엄격한 내용을 담게 되었다.

이놀즈는 두 명의 여성과 동시에 결혼한 상태였는데, 이 사실을 유타주 당국에 신고하면서 자발적으로 지방 법원 법정에 피고인으로 서게 된 것이다. 유타 지방 법원은 레이놀즈에게 유죄 판결을 내리고 2년간의 중노동과 500달러의 벌금형을 선고했으며, 레이놀즈와 모르몬 교회측은 이에 즉각 불복하여 미합중국 정부를 상대로 위헌 소송을 제기했다. 사건 심의를 받아들인 연방대법원은 일부다처제가 범죄 행위인가, 범죄 행위라면 그 이유는 무엇인가, 또 의회가 중혼 금지법을 통과시킨 것은 타당한가, 사회가 허용할 수 있는 종교적 자유의 한계는 어디까지인가 등의 제반 문제에 대한 검토에 들어갔다. 판결은 만장일치로 나왔다.

일부다처제는 단순한 종교의 문제가 아니다

모리슨 웨이트 대법원장 Chief Justice Morrison Waite 외 7인[2]

우리는 헌법에 의해 종교적 자유가 보장된다는 것이 사회생활에서 가장 중요한 요소인 결혼과 관련된 법률의 제정을 금지하는 구실이 될 수 있다고 믿지 않는다. 결혼이란 근본적으로 당사자들 간의 신성한 의무인 동시에 대부분의 문명국가에서는 법률의 통제를 받는 민간 계약이다. 결혼이라는 제도에 기초하여 사회가 건설되며 그 결과로 사회적 관계와 사회적 의무 및 책임이 탄생하기 때문에 여기에는 정

---

[2] 판결문은 웨이트 대법원장 외에 클리포드 Justice Clifford, 스웨인 Justice Swayne, 밀러 Justice Miller, 스트롱 Justice Strong, 브래들리 Justice Bradley, 헌트 Justice Hunt, 할런 Justice Harlan 등 7명의 대법관 명의로 나왔으며, 필드 대법관 Justice Field은 별도의 보충 의견서를 발표했다.

부가 관여해야 할 부분이 생기게 마련이다. 사실, 국가가 일부일처제와 일부다처제 가운데 어느 쪽을 허용하느냐에 따라서 국민들은 정부가 지향하는 원칙을 다소나마 이해할 수 있다. 일부다처제는 기본적으로 가부장적 원리를 지향하는데, 규모가 큰 공동체가 일부다처제를 채택하게 되면 결국 그 사회는 폭정을 겪게 되기 쉽다. 반면 가부장적 억압 체제는 일부일처제에서는 오래 버틸 수가 없다. 예외적으로 뛰어난 지도자가 이끄는 훌륭한 일부다처제 공동체가 외부 사회에 영향을 끼치지 않고 일시적으로 존재할 수는 있다.[3] 그러나 한 국가 체제 내에서 정부가 일부다처제와 일부일처제 중 한쪽을 사회생활의 기본원칙으로 결정하는 것은 문명국가라면 가장 기본적이자 합법적인 권력 행사라는 점에는 의심의 여지가 없다고 하겠다.

역사적으로 북유럽과 서유럽 국가들은 일부다처제를 언제나 혐오스러운 풍습으로 여겼으며, 중혼은 미 대륙에서 모르몬 교회가 성립되기 전까지는 거의 아시아와 아프리카 문명에서만 발견되는 특징이었다. 서구의 관습법에서 중혼은 용납된 적이 없으며, 영국은 아예 역사의 초기부터 이를 반사회적 범죄로 취급하였다. 제임스 1세의 법령에 따르면 잉글랜드와 웨일즈에서 일부다처제는 사형에 해당하는 범죄였다. 미합중국에서 1788년 개헌을 통해 종교의 자유를 확립한 직후, 버지니아 입법 의회는 제임스 1세의 법령을 대부분 채택한 바 있다. 그로부터 오늘날까지 연방의 모든 주에서 일부다처제는 민사 법원에서 심리할 수 있으며 무거운 형벌을 내려야 마땅할 반사회적 범죄로 취급 받아왔다.

본 법정의 견해로는 사건의 도화선이 된 중혼 금지법은 분명 의회가

---

[3] 이 대목은 모르몬교의 2대 지도자인 브리검 영의 탁월한 리더십을 지칭하는 것으로 보인다.

브리검 영의 일곱 아내들이 말년에 모여 찍은 사진. 브리검 영은 51명의 아내를 두었던 것으로 알려져 있다.
Photo credit : Library of Congress

주어진 입법 권력을 적절하게 행사한 결과물이다. 분명히 말하거니와 연방의 영토 및 미합중국이 배타적인 통치권을 행사하는 모든 지역에 거주하는 주민들을 위해 의회가 특정한 행동 규범을 정하는 것은 합헌이며 타당하다. 이제 남은 문제는 일부다처제를 종교적 관습으로 채택하는 사람들은 국가의 법률이 미치지 못하는 예외적인 존재들인가 하는 것이다. 만약 그렇다면, 일부다처제를 종교적 신념의 일부로 삼지 않은 사람들은 유죄 판결을 받고 처벌 대상이 되는 반면 종교적 풍습으로 일부다처제를 따르는 사람들은 무죄이므로 자유롭게 된다.

 법률은 정부로 하여금 특정한 행위를 통제하도록 만들어지는 것이기 때문에, 비록 법률이 종교적 신념 및 의견 표현에 참견할 수는 없다 하더라도 그 종교적 신념이 행동에 옮겨지는 순간부터는 관여할 공간이 생긴다. 만약 종교적 숭배를 위해 인신 공양이 필요하다고 믿는 사람이 있다면 그러한 신념의 실행을 저지하기 위해 정부가 개입하는 것이 잘못이라고 주장할 수 있을까? 혹은 죽은 남편을 화장하는 장작더미 위로 몸을 던질 종교적 의무가 있다고 믿는 아내의 경우 그녀가 그러한 믿음을 실행에 옮기는 것을 막는 것은 정부의 월권행위가 될까? 미합중국의 법률은 복수혼複數婚을 허락하지 않는다. 누군가가 자신의 종교적 믿음을 빌미로 법률에 반하는 행위를 저지르려 할 때 이를 허락하는 것은 곧 종교적 교리를 이 땅의 법률 윗자리에 놓는 것이며, 이는 결과적으로 누구나 멋대로 자신에게 적용할 법률을 만들도록 허용하는 셈이다. 그러한 조건에서라면 정부는 유명무실한 존재로 전락하고 만다.

일반적으로 범죄를 저지를 의도criminal intent는 범죄를 구성하는 요소의 하나이다. 본 사건의 경우 피고는 이미 한 번 결혼했으며 첫 번째 부인이 살아 있음을 잘 알고 있었다. 피고는 또한 중혼이 법률로 금지되었다는 사실도 알았다. 따라서 그가 두 번째로 결혼했을 때 그는 법률을 위반하기로 작정한 것으로 추정된다. 법률을 위반하는 것은 범죄다. 어떤 법률의 내용을 잘 알면서도 일부러 무시하는 경우라면 더 말할 나위도 없다. 의도적으로 저질러진 범죄의 경우 범법자가 스스로 위반한 법률이 애초부터 만들어지지 말았어야 했다는 종교적 신념을 가지고 있다고 해서 그가 형벌을 피할 수도 있다고 판결을 내리는 것은 지극히 위험하다. 본 법정이 그러한 논리를 따른다는 것은 전례가 없는 일이다. 사건 전체를 신중하게 검토한 끝에 우리는 하급 법원의 결정에 아무런 하자가 없다는데 동의한다. 하급 법원의 판결을 확인한다.

모르몬 – 컬트에서 세계 종교로

연방대법원의 판결로 모르몬 교단은 커다란 도전에 직면하게 되었다. 당시 기록에 따르면 교단 지도부는 연방대법원이 종교의 자유라는 관점에서 자신들에게 호의적인 판결을 내릴 것으로 내심 기대했기 때문에 판결로 받은 충격은 상당했던 것으로 보인다. 당시 유타 지역 의원이자 모르몬 교단의 법률 자문이었던 조지 캐넌George Q. Cannon은 연방대법원의 판결을 두고 자신들에게 죄가 있다면 여자들을 유혹하는 대신 결혼했다는 것이며, 모르몬 교도들은 중혼을 통해 매춘, 사생아, 영아 살해의 풍습을 이 땅에서 몰아내고자 했을 뿐이라고 강변했다. 한때 모르몬 교회 내부에서는 대법원의 판결에 불복하고 연방 정부를 상대로 투쟁을 벌이자는 강경론이 대두되기도 했으나 지도부는 결국 정부와의 타협을 선택했다. 자칫하여 사건을 빌미로 정부군이 유타로 진군이라도 하게 되면 그나마 간신히 자리 잡힌 교회 공동체가 송두리째 붕괴될 수 있었기 때문이다.[4] 결국 교단을 대표해서 법정에 섰던 레이놀즈는 감옥에 보내졌고, 그로부터 수년 뒤 4대 모르몬교 총재 윌포드 우드러프Wilford Woodruff는 "국가의 법률이 금지하는 어떤 결혼도 종결한다"고 공식적으로 선언하기에 이르렀다.

모든 종교는 컬트cult로 시작한다. 현재의 세계 종교들 역시 그 시작은 카리스마적인 지도자와 그를 따르는 몇몇 추종자들로 이루어진 컬트에 불과했다고 해도 과언이 아니다. 한편 많은 종교학자들은 컬트와

---

[4] 당시 유타주를 연방 정부의 영향 하에 두려는 이른바 유타·모르몬교 길들이기의 노력 뒤에는 대통령 율리시스 그랜트Ulysses Grant가 있었다. 그랜트는 노골적으로 모르몬교를 타깃으로 삼은 모릴 중혼 금지법이 의회를 통과하는데도 많은 영향력을 발휘했다. 자세한 사항은 Federal Government Efforts To "Americanize" Utah Before Admission to Statehood by Gustive O. Larson(BYU Studies Vol 10, No 2 (1970)) 참조.

주류 종교를 구분하는 기점으로 보통 한 세기를 잡는다. 다시 말해 어떤 컬트가 1세기를 넘어서도 생존하면 종교로 대접 받는 것이다. 일부다처제의 존폐 문제는 모르몬교가 한낱 기괴한 컬트로 끝나느냐 아니면 주류 종교로 성장하느냐를 가른 분수령이었다고도 할 수 있다.

일부다처제를 둘러싼 갈등의 고비를 넘긴 모르몬교는 이후 꾸준히 그 영향력을 넓혀 20세기 초엽에는 유타주뿐 아니라 네바다주, 미시간주 등에 상당수의 신자를 보유하게 되었으며 이를 발판으로 다시 미 전역으로 교세를 확장해 갔다. 정통 기독교의 시각으로는 이해하기 힘든 특이한 교리뿐 아니라 술, 담배, 카페인 음료의 금지, 2년간의 해외 선교 의무, 교회에 대한 철저한 십일조 기부 등 따르기가 결코 쉽지만은 않은 엄격한 생활 규범 등을 생각하면 모르몬교가 거둔 외형적 성공은 미국 내 기독교의 여러 교파들 가운데서도 특히 인상 깊다.

현재 미국 내에서만 약 6백만 명의 신도를 보유한 것으로 알려진 모르몬교는 그 가운데 정치, 경제, 문화 등 여러 방면에 걸쳐 미국 사회에 상당한 영향력을 가진 유명 인사들과 오피니언 리더들을 많이 배출하고 있을 뿐만 아니라 어쩌면 가까운 장래에 미국은 모르몬교 출신 대통령을 보게 될 지도 모른다.[5] 다시 말하지만 모르몬 교회가 일부다처제를 포기하지 않았더라면 이러한 성취는 결코 이루어질 수 없었을 것이다.

그렇다고 미국에서 일부다처제 풍습이 사라진 것은 결코 아니다. 현재도 약 3만 명에서 5만 명에 달하는 미국 가정이 일부다처제를 유지

---

[5] 재계의 유명한 모르몬교도로는 메리어트 호텔 체인의 창업주 J.W. 메리어트J.W. Marriott, 하버드 비즈니스 교수 클레이턴 크리스텐슨Clayton Christensen, 재테크 전문가 로버트 알렌Robert Allen, 『성공하는 사람들의 7가지 습관Seven Habits of Highly Effective People』의 저자 스티븐 코비Stephen Coby 등이, 문화예술계에서는 배우 아론 에커트Aaron Eckert, 리키 슈로더Ricky Shroeder, 폴 워커Paul Walker, 시사해설가 글렌 벡Glenn Beck 등이 유명하며, 정계에서는 2012년 현재 미국 상원 민주당 원내 총무인 해리 리드Harry Reid, 공화당 6선 상원 의원 오린 해치Orin Hatch, 매사추세츠주 지사를 지낸 미트 롬니Mitt Romney 등이 유명하다.

미국에서 가장 유명한 모르몬 교도 중 한명인 미트 롬니Mitt Romney. 매사추세츠주 주지사 출신인 그는 성공적인 경제 활동 경험과 보수주의적 성향으로 2012년 대통령 예비선거에서 공화당 대통령 후보로 지명되었다.
Photo credit : Gage Skidmore

하고 있는 것으로 추정되는데, 이들은 거의 예외 없이 모르몬교 근본주의자들의 공동체에 속해 있다. 물론 모르몬 교회에서는 이들의 행동을 인정하거나 장려하고 있지 않지만 근본주의자들은 자신들의 생활방식이야말로 초기 모르몬 교회의 가르침에 가장 충실한 것이라고 믿어 의심치 않는다. 이들은 대개 법적으로는 한 명의 아내만 두고 실제로는 여러 명의 여성들과 동거하는 방식으로 정부의 법망을 교묘하게 피한다.[6] 종종 새로운 삶을 찾아 공동체를 탈출한 여성의 신고가 접수되어 경찰이 조사를 벌이기도 하지만 이 경우에도 한 남성이 복수의 여성과 사실혼 관계에 있었다는 것을 증명하는 일은 쉽지 않다. 2008년 텍사스주 검찰은 근본주의 모르몬교 지도자로 무려 78명의 여성과 결혼한 워렌 제프스Warren Jeffs라는 인물을 재판에 회부하여 종신형을 받게 하는데 성공했다. 이 경우 또한 검찰이 제프스의 중혼 자체가 아니라 제프스의 아내들 가운데 자그마치 24명이 결혼 당시 – 즉 제프스와 성관계를 가졌을 당시 미성년자였음을 증명하여 미성년자 강간죄를 적용할 수 있었기 때문이었다.[7]

제프스는 법정에서 "우리는 신앙과 신성한 원칙을 지키는 공동체이

---

[6] 일부다처제에 대한 각 주의 접근 방식은 각기 다르다. 전통적으로 모르몬교의 본거지인 유타주의 경우는 비록 공식적으로 결혼을 등록하지 않았다고 해도 결혼을 한 남성이 아내 이외의 여성을 아내라고 칭하고 그 여성의 자식을 부양하면 중범죄에 해당되어 3~5년의 징역형을 선고 받을 수 있다.

[7] 제프스가 유죄 판결을 받을 수 있었던 것은 구체적으로 12세, 15세의 소녀들과 성관계를 맺은 사실을 배심원들이 인정했기 때문이다.

다. 그 원칙들은 신에게 속하는 것으로 인간이나 인간이 만든 정부가 어떻게 할 수 있는 것이 아니다"라고 항변했다. 그러나 공식적으로 일부다처제를 포기한 뒤 모르몬 교회가 이룬 성공과 성취를 볼 때, 일부다처제가 십계명처럼 종교인으로서 반드시 지켜야 할 원칙이었다고 믿는 것은 인간이나 인간이 만든 정부로서는 분명 쉽지 않은 일이다. 더구나 미성년자들과 관계를 갖는 것이 정말 신을 기쁘게 하는 행동인지, 아니면 신의 뜻을 빌미로 그저 자신을 기쁘게 하는 일인지도 생각해 볼 일이다.

05 종교적 신념이 국민으로서의 의무에 우선 할 수 있는가?

● 시민권 신청자 기로워드 vs 미합중국 정부 :
Girouard vs United States (1946)

맹세보다는 인격을 신뢰하라
_솔론Solon (고대 그리스 정치가)

국가에 대한 충성의 방식 – 제7일 안식일 예수 재림 교도의 경우

미국 시민으로 귀화하기를 희망하는 모든 이민자들은 시민권을 부여 받기에 앞서 충성 서약Oath of Allegiance을 해야 하는데 그 내용은 다음과 같다.

나는 이전까지 신하로서 섬겼거나 시민이었던 어떤 외국의 군주, 통치자, 국가, 혹은 독립 국가에 대한 충성과 신의도 절대적으로 철저히 포기하며 ;
미합중국 헌법과 법률을 국내외 모든 적들로부터 수호하고 ;
미합중국 헌법과 법률에 대해 진정한 신뢰와 충성을 간직하며 ;
법률이 정하는 바에 따라 미합중국을 위해 무기를 들며 ;
법률이 정하는 바에 따라 미합중국 군대에서 비전투원으로서 봉사하고 ;
법률이 정하는 바에 따라 민간 정부의 지시 아래 국가적 중요성을 띤

업무를 수행하며 ;

이러한 의무를 어떤 정신적 유보 사항이나 모면의 궁리 없이 기꺼이 받아들입니다 ;

신이여, 도우소서.[1]

그런데 이민자들 가운데는 충성 서약에 선서하기를 거부하거나 서약 내용의 일부에 대해 이의를 제기해서 시민권을 받지 못한 경우도 적지 않았으며 그중에는 연방대법원이 개입하여 최종 판결을 내린 적도 여러 번 있었다. 그 한 예로 1926년 헝가리인 로지카 쉬머Rosika Schwimmer의 경우가 있다. 평화주의자였던 쉬머는 충성 서약의 내용 중 '국내외 모든 적들로부터' 및 '미합중국을 위해 무기를 들겠습니다'라는 대목을 문제 삼았다. 그녀는 자신이 지구촌 가족의 일원이 되려는 범우주적 의식의 소유자이며, 따라서 타인에 대한 어떤 형태의 폭력도 용인하지 않기 때문에 누군가를 적으로 간주하는 것은 불가능하다고 주장하다가 이민국으로부터 시민권 부여를 거부당했다. 이에 반발한 쉬머 측의 소송에 대해 연방대법원은 1927년 시민권 부여를 거부한 이민국 결정에 문제가 없다고 판결을 내렸다.

1931년 캐나다인 더글러스 매킨토시Douglas Mackintosh 역시 시민권

---

[1] 충성 서약의 영어 원문은 다음과 같다.
I hereby declare, on oath, that I absolutely and entirely renounce and abjure all allegiance and fidelity to any foreign prince, potentate, state, or sovereignty of whom or which I have heretofore been a subject or citizen ; that I will support and defend the Constitution and laws of the United States of America against all enemies, foreign and domestic ; that I will bear true faith and allegiance to the same ; that I will bear arms on behalf of the United States when required by the law ; that I will perform noncombatant service in the Armed Forces of the United States when required by the law ; that I will perform work of national importance under civilian direction when required by the law ; and that I take this obligation freely without any mental reservation or purpose of evasion ; So help me God.

신청서에 "국가를 위해 최선이라고 판단되는 일을 수행할 용의가 있으나, 그것은 장기적으로 전 인류의 최선의 이해관계와 일치한다고 판단될 경우에 한해서입니다. 나는 단지 조국이라는 이유로 시비를 막론하고 무조건 미국을 지지하지 않습니다"라는 내용의 메모를 기재한 것이 빌미가 되어 시민권을 거부당하고 말았다. 매킨토시 역시 법원에 호소하여 사건을 연방대법원까지 끌고 가기는 했으나 대법관들은 쉬머의 경우와 마찬가지로 매킨토시에 대한 시민권 거부가 정당했다고 판결했다. 뿐만 아니라 같은 해 연방대법원은 블랜드Bland라는 캐나다인 간호사가 기독교 신자로서의 양심이 허락하는 한도 내에서만 무기를 들겠다는 단서를 충성 서약에 삽입할 것을 주장하다가 국적 취득을 거부당한 경우 또한 정당하다고 판결했다.[2]

이렇게 연방대법원이 충성 서약에 단서를 달았던 외국인 3명에 대한 시민권 거부를 지지하는 판결을 수년 사이 연거푸 내림으로써 충성 서약의 문제는 더 이상 논의의 여지가 없는 것으로 보였다. 그러나 2차 대전 당시인 1943년 미국 시민권을 거부당한 캐나다인 제임스 기로워드 James Girouard를 통해 이 문제는 다시 수면 위로 떠오르게 된다. 토요일을 안식일로 지키며 아주 가까운 장래에 예수의 재림이 있을 것으로 믿는 제7일 안식일 예수 재림교Seventh Day Adventist(이하 재림교) 신도였던 기로워드는 충성 서약의 내용 중 미합중국을 지키기 위해 무기를 든다는 것은 곧 전투요원으로 군복무를 수행하라는 의미이므로 그러한 서약은 불가하다고 주장했다. 그가 속한 재림교는 전쟁이나 폭력 행위뿐 아니라 심지어 건강에 좋지 않은 음식을 섭취하는 것까지 포함하여 인

---

2 블랜드 판결문과 반대의견은 다 합쳐도 500단어가 되지 않는 연방대법원 의견서 가운데 가장 짧은 경우의 하나다.

1900년대 뉴욕에 막 도착한 이민자들이 입국 심사를 받는 모습. 이민자가 정식으로 미국 시민이 되려면 충성 서약의 과정을 거쳐야 한다.
Photo credit : Library of Congress

간의 생명을 위협하는 어떤 행위도 금하는 생활 방식으로 유명한 종파였기 때문이다. 단, 기로워드는 비전투요원으로 군복무를 수행하는 것은 가능하다는 조건을 달았는데 실제로 2차 세계 대전 당시 약 10,000명에 달하는 미국인 재림교 신도들이 비전투요원으로 의무병과에서 복무한 기록도 있다.

　이민국에 의해 시민권을 거부당한 기로워드는 소송을 제기했고 이를 심사한 메사추세츠주 지방 법원은 시민권 신청자 또한 미국 시민과 마찬가지로 연방헌법이 보장한 종교의 자유를 누릴 권리가 있으므로 시민권 획득 시 종교에 의한 차별을 받을 수 없다는 이유를 들어 기로워드의 손을 들어 준 반면, 항소 법원은 쉬머, 매킨토시, 블랜드 등 과거 3건의 연방대법원 판례에 근거하여 지방 법원의 판결을 뒤집었다. 그러나 기로워드는 결국 사건을 연방대법원까지 가지고 가는데 성공했으며 1946년 5월 연방대법원은 5 대 3으로 기로워드의 손을 들어 주었다.[3]

---

[3] 판결 과정에서 잭슨 대법관Justice Jackson은 기권했다.

무기를 드는 것만이 국방의 의무를 이행하는 유일한 방법은 아니다

윌리엄 O. 더글러스 대법관 Justice William O. Douglas

    본 사건은 국방의 의무를 다하기 위해 무기를 드는 것을 거부하는 외국인에게는 시민권을 허용하지 않아야 한다는 일반론을 다룬다. 본 법정의 기본 입장은 그러한 논리에 동의하지 않는다는 것이다.

    국가가 전쟁의 위기를 맞은 경우 무기를 드는 것은 매우 중요한 역할임에 분명하지만 꼭 그것만이 우리의 체제를 지원하고 방위할 유일한 방법은 아니다. 현대적 개념의 총력전은 승리를 위해 전후방을 막론하고 유례가 없는 대규모의 협력과 조정을 필요로 한다. 원자탄을 개발하는 핵 물리학자, 선반 앞에서 작업하는 노동자, 화물선에 올라 탄 선원, 건설 인력, 간호사, 엔지니어, 청소부, 의사, 목회자 등 모두가 전쟁의 승리에 필수적인 역할을 담당하는 것이다. 그리고 그 중 많은 이들이 큰 희생을 감수하기도 한다. 홈즈 대법관 Justice Holmes이 말했듯이 퀘이커 교도도 오늘날 이 나라가 있기까지는 나름의 몫을 했다.[4] 같은 맥락에서 최근 끝난 세계 대전의 기록은 전투 행위를 금지하는 종교를 가진 국민들 역시 스스로를 돌보지 않고 전쟁에 동참했음을 증언하고 있다. 뿐만 아니라 무기를 들지 않는 것이 반드시 국가에 대한 애정의 결핍을 보여주는 징표도 아니다. 비록 한 개인이 종교적 양심상 소총을 어깨에 메지 못한다 할지라도 충성스럽고 헌신적으로 국가에 대한 의

---

[4] 홈즈 대법관의 쉬머 United States vs Schwimmer 1926 판결에 대한 반대의견에 등장하는 문장이다. 퀘이커교는 대표적 비폭력 평화주의 기독교 종파로 미국 독립전쟁 당시에도 양심적 병역거부를 실천한 바 있으며, 1차 및 2차 세계대전에서는 병역 대신 비전투원으로서 대체복무를 수행했다.

무를 이행할 방법은 다양하다. 국가에 대한 헌신이란 비전투요원들 사이에서도 전투요원 사이에서와 마찬가지로 진실되며 지속적일 수 있는 것이다.

주목할 것은 청원인 기로워드의 종교적 양심이 그가 국회의원이 되거나 기타 공직을 맡는 것을 막지는 않는다는 사실이다. 헌법은 연방정부와 주 정부의 공직자들이 헌법을 수호한다는 충성 서약을 하도록 명시하고 있지만 동시에 미합중국의 어떤 공직이나 공익 단체의 직책을 맡는 데 있어서도 후보자의 종교적 성향이 자격 요건의 일부로서 평가 대상이 되어서는 안된다고 덧붙이고 있기 때문이다. 공직자에 대해 요구되는 서약은 귀화법 Naturalization Act 에서 외국인들에게 지정된 서약 내용과 기본적으로 크게 다르지 않다. 공직 취임 때 하는 서약은 "나는 미합중국 헌법을 지지하며 나라 안팎의 모든 적들로부터 헌법을 수호합니다 ; 나는 헌법에 대한 진심 어린 신뢰와 충성을 밝힙니다 ; 나는 이러한 의무를 어떤 망설임이나 차후 모면의 궁리 없이 기꺼이 지겠습니다."라는 조항을 포함하고 있다. 의회가 국법을 만들고 집행하는 공직자들에게 요구한 것 이상으로 엄격한 기준을 귀화를 희망하는 외국인들에 대해 요구하려 했다는 증거는 전혀 존재하지 않는다. 누군가가 시민권을 얻기 위해서는 종교적 양심을 저버려야 하는 반면, 중요한 공직에 진출하고자 할 때에는 그럴 필요가 없는 상황이란 납득이 가지 않는다.

무기를 드는 것을 반대하는 종교적 양심은 이미 그간 의회에 제출된 여러 법안 속에서 인정되어 왔다. 의회가 무기 사용에 반대하는 종교적 양심에 귀를 기울였다는 사실 자체가 전시에도 국민은 무기를 사용하지 않으면서도 국가의 체제를 성심껏 수호하는 것이 가능하다고 인정한 증거다.

홈즈 대법관이 썼듯이 헌법이 그 어떤 원칙보다 단호하게 준수할 것을 호소하는 원칙이 있다면 그것은 사상의 자유이다. 특히 우리가 동의하는 사상보다는 혐오하는 사상의 자유 말이다. 그러한 원칙은 이 나라의 국민들뿐 아니라 이 나라에 이주하려는 이들을 대할 때도 준수되어야하는 것이라고 생각한다.[5] 수 세기 동안 이 땅에서 계속된 종교적 자유를 위한 투쟁은 한 마디로 개인의 양심과 국가의 요구를 조화시키려는 노력이었다고 할 수 있다. 사상의 자유가 우리 수정헌법에 명시된 것은 개인적 양심이 심지어는 국가의 그것을 능가하는 도덕적 권위가 있다는 견해의 승리라고 할 수 있다. 역사상 많은 사람들이 국가의 권위 앞에 신에 대한 충성을 포기하기보다는 차라리 죽음을 택해왔다. 헌법이 보장한 종교의 자유는 이러한 투쟁의 산물이다. 귀화 희망자의 충성도를 시험하는 맹세란 이러한 전통에서 보면 혐오스럽기까지 한 것이다. 오랜 기간 의회는 그러한 전통을 세심하게 배려해왔으며 심지어는 전쟁 중에도 군사적 필요 요건을 개인의 종교적 양심에 따라 조정해왔다. 우리는 의회가 그러한 입장을 귀화 선서에서 번복할 의도였다고는 믿지 않는다. 의회가 우리 전통으로부터 그토록 갑작스럽고 과격하게 이탈했다고 볼 명확한 증거가 없다.

우리는 쉬머, 매킨토시, 그리고 블랜드 사건에서의 판결이 올바른 법률적 판단이 아니었다고 결론을 내린다. 하급 법원의 판결을 뒤집는다.

---

5 역시 쉬머 반대의견에 등장하는 내용이다.

충성 서약에 대한 의회의 의도를 존중하라
할런 F. 스톤 대법원장Chief Justice Harlan F. Stone

본 사건에 대한 하급 법원의 판결이 인정되어야 한다고 생각한다. 과거 쉬머, 매킨토시, 블랜드 사건에서 본 법정은 문제가 된 귀화 신청자들이 의회가 1906년 제정한 귀화법 Naturalization Act of 1906 제4항의 국적 취득을 위한 전제 조건을 충족시키는 데 실패했다고 판결하고 시민권 부여를 거부했다. 이유는 그들이 충성 서약에 이런저런 유보 사항 및 단서 조항을 달겠다고 나섰기 때문이다.

그 후로 십여 년 동안 도합 여섯 차례 열린 의회 회기에서 이 세 건의 소송에 내려진 연방대법원의 판결을 뒤집기 위한 개정 법안이 계속 이런저런 형태로 제출되어 검토되었다. 그러나 의회는 청문회 및 본회의장에서 귀화법 개정 법안에 관한 여러 의원들의 지지 연설을 경청한 뒤에도 해당 법안을 채택하기를 거부했다. 따라서 본 법정의 쉬머 판결 이래로 귀화법의 개정을 위한 제안들과 관련한 그간의 의회의 행태를 주의 깊게 관찰한 사람이라면 연방 의회가 기존 귀화법의 내용을 그대로 채택하고 유지하기로 결정했다고 결론을 내릴 수 밖에 없다. 그 이유만으로도 하급 법원의 판결이 인정되어야 한다고 생각한다.

빌 대 미합중국 사건Beale vs United States[6]에서 미네소타주 항소 법원은 귀화법령에 명시된 의무 사항이 연방대법원이 이해하는 방식대로 이미 의회의 승인 및 동의를 얻은 것으로 결론지은 바 있다. 의회가 1940년 당시 귀화법 제4항의 제3절과 제4절을 재발효 시킨 것, 그리고

---

[6] 1934년 영국 출신의 귀화 희망자 빌Beale이 충성 서약의 특정 대목에 대한 보류 의사를 표현하여 결국 시민권 취득에 실패한 것은 정당하다고 미네소타 제8항소 순회 법원the 8th Circuit Court of Appeals이 판결한 사건이다.

같은 해 쉬머, 매킨토시, 블랜드 사건의 청원인들에게 행정적으로 요구되었던 바로 그 충성 서약을 법령 속에 편입시킨 것을 볼 때 귀화법을 둘러싼 의회의 목적과 의지는 확고한 것으로 보인다.[7] 또한 의회가 귀화법 제4항의 제3절과 제4절의 조항들에 재차 손을 댔다는 사실은 의회가 해당 문제에 신중한 주의를 기울였다는 결정적인 증거다. 이처럼 해당 법령의 내용이 3건의 소송과 그 판결을 통해 사법적으로 해석된 뒤에도 그 법령을 개정하는데 의회가 실패했다는 사실 및 이후 의회의 후속 입법 활동 등을 면밀히 분석하면 결국 입법기관인 의회가 사법부의 최고 기관인 본 법정의 과거 법률 해석이 올바르다고 인정했다고 보는 시각이 설득력을 갖는다. 가장 최근의 예로 의회는 1942년 개정안을 채택할 때 역시 일부 의원들이 우려를 표명했던 바로 그 충성 서약에 대해 어떤 문제 제기도 하지 않았다.

지금껏 개정 사항은 예외 없이 양심적 전투 복무 거부자들로부터도 기타의 경우와 동일한 서약을 요구하는 것으로 이해되어 왔다. 개정 사항의 내용 및 관련 기록을 보면 의회가 군복무를 하지 않은 개인들에 대해서는 충성 서약 및 헌법에 대한 신뢰의 증거를 요구하는 규정을 느슨하게 하려 했다는 그 어떤 암시조차도 없으며, 이는 본 법정이 과거 국적법의 내용을 해석한 방식과도 동일하다. 헌법이 정한 권한을 행사하는 과정에서 의회의 의지를 무시하는 것은 본 법정의 기능이 아닌 것이다.

---

[7] 의회는 1906년 제정된 귀화법의 제4항에서 한동안 적용이 중단되어 있던 제3절과 제4절을 1940년 새삼 재발효시켰는데 제3절은 귀화 신청자에게 시민권을 부여하기에 앞서 법정에서 공개적으로 "헌법 및 미합중국의 법률을 국내외 모든 적들로부터 수호하고 진실한 신뢰와 충성을 바친다support and defend the Constitution and laws of the United States against all enemies, foreign and domestic, and bear true faith and allegiance to the same"고 선언하도록 하고 있으며, 제4절은 적어도 지난 5년간 귀화 희망자가 건전한 도덕성을 갖춘 개인으로서의 행동을 보였고 헌법의 원칙들을 존중했다고 법원이 만족할 수 있어야 한다고 규정하고 있다.

충성 서약 – 신의 용광로를 통과하는 주문

미국을 흔히 이민의 나라라고 표현하지만 지금의 이민자 유입 추세는 19세기에서 20세기 초의 그것에 비할 바가 아니다. 1891년부터 1900년까지 10년 동안 유럽에서만 7백만 명의 이민자들이 미국으로 쏟아져 들어왔으며, 아시아 출신의 이민자 숫자도 이 시기 이미 50만 명을 넘어섰다.[8] 이렇게 전 세계에서 몰려온 다양한 인종과 문화적 배경을 가진 개인들이 모여 이루어진 미국을 흔히 용광로melting pot라는 말로 표현하곤 하는데, 이 말은 원래 작가 이즈라엘 쟁윌Israel Zangwill이 1908년 같은 제목의 희곡에서 처음 사용했다. 그의 작품 『용광로』의 주인공은 이렇게 말한다. "미국은 신의 화로God's crucible, 위대한 용광로입니다. 유럽의 모든 인종들이 그 속에서 녹아 새로운 인간으로 형성되죠."

약간 극적으로 말하면 그 미국인으로의 개조가 완료되는 마지막 단계, 즉 시민권 취득에 필요한 최후의 의식이 바로 충성 서약이라고 할 수 있다. 스톤 대법원장의 반대의견에서도 설명했듯이 1929년 처음 명문화된 서약은 기로워드 판결 당시까지 한 번도 수정된 적이 없었으며, 현재까지 사용되고 있는 문구 또한 판결 당시와 동일하다. 다만 연방대법원의 기로워드 판결에 따라 이후 이민국은 예외 규정을 만들기는 했다. 이에 따르면 시민권 후보자가 자신의 종교나 신념이 서약 속의 특정 사항을 이행하는 것을 제약한다는 것을 증명할 충분한 증거를 제시한다면 서약 내용의 해당 부분을 일부 수정하여 낭독함으로써 의무 사

---

8 그러나 이렇게 물밀듯이 들이닥치는 이민자들을 처리하기 위한 미국 정부의 귀화 수속 과정 및 법집행은 오랫동안 일관성 없이 들쑥날쑥했다. 한 예로 1905년 미 전역의 약 5,000개소의 법원이 임의로 이민자의 국적 취득을 결정할 권한을 가지고 있었다.

항을 충족시킬 수 있다. 그러나 명심해야 할 점은 이러한 예외 규정이 보장된 것이 아니라 단지 그런 신청이 있을 때 이민 당국이 사안별로 검토한 뒤 최종 결정을 내린다는 사실이다. 따라서 최악의 경우에는 비단 서약 내용을 수정하려는 신청이 거부되는데 그치지 않고 그 때문에 시민권 자체가 거부당할 가능성도 존재하는 것이다.

실제로 1992년 시리아 국적의 마흐무드 카사스 Mahmoud Kassas 라는 시민권 후보자는 서약 내용 중 미국을 위해 무기를 들겠다는 대목에 대해 저항감을 표시한 것이 빌미가 되어 시민권을 거부당하고 말았다. 이슬람 교도인 카사스는 다른 이슬람 교도들과 싸워야 하는 경우를 제외하고 미국을 위해 무기를 들 용의가 있다는 단서가 서약 속에 반영되어야 한다고 주장했는데, 그 이유는 만약 그가 동료 이슬람 교도를 죽이거나 그들에 의해 죽임을 당하게 되면 지옥에 가기 때문이라고 했다. 그러나 실제 역사에서 이슬람교 국가들 사이에서도 종종 전쟁과 분쟁

20세기 초 시민권 발급 심사를 위해 줄을 선 터키 출신 이민자들.
Photo credit : Library of Congress

종교, 사상, 양심의 문제들

이 발생해 온 사실을 비추어 볼 때 이 주장은 분명 설득력이 떨어지는 것이었다. 이 사건은 결국 테네시주 지방 법원까지 올라갔지만 카사스는 법정 증언에서도 이슬람 교리에 대한 기괴한 논리를 비롯, 일관성이 결여된 발언을 일삼다가 결국 시민권 거부는 타당하다는 판결을 받고 말았다.

물론 이민자들에게 서약에 따르는 이 모든 두통거리와 번거로움을 해결하는 비장의 카드는 있다. 그것은 바로 자신의 신념과는 상관없이 그냥 충성 서약을 해 버리면 되는 것이다. 파키스탄 출신으로 미국 시민권을 획득한 파이잘 샤자드Faisal Shahzad는 2010년 5월 뉴욕의 타임스퀘어에서 차량을 이용한 폭탄 테러를 기도한 혐의로 체포되어 법정에서 무기 징역을 선고 받았다. 흥미롭게도 검찰 측은 재판에서 샤자드가 시민권을 획득할 때 충성 서약을 한 것을 집요하게 문제 삼았는데 샤자드는 태연하게 자신의 충성 서약 자체가 거짓이었다고 인정했다.[9]

"서약은 사람을 신뢰하는 게 아니라, 믿지 못하기 때문에 요구하는 것이다"라는 고대 그리스의 극작가 아이스킬로스Aeschylus의 말처럼 서약은 충분조건이 아니라 필요조건이다. 반대의견에서 스톤 대법원장이 지적한 것과 같이 미 의회가 결국 충성 서약의 수정을 명령하는 법안을 끝내 발효시키지 못했던 데는 어쩌면 충성 서약의 내용이 이국 출신 이민자들이 미국인으로 받아들여지는데 최소한의 필요조건으로서 기능한다고 보는 입법 의원들의 공감대가 영향을 끼쳤는지도 모른다.

거짓으로 충성 서약을 하고 시민권을 획득한 뒤 뻔뻔스럽게 반역적인 테러를 기도한 샤자드와 비록 횡설수설하기는 했으나 끝까지 정직

---

[9] Geraldine Baum, *Failed Time Square Bomber Faisal Shahzad Gets a Life In Prison*, Los Angeles Times 10/5/2010

하게 자신의 신념을 밝히다가 시민권을 거부당한 카사스 둘 중 누가 더 신의 용광로에 들어갈 자격이 있었던 것일까? 만약 카사스가 지금이라도 자신의 케이스를 연방대법원까지 끌고 갈 수 있다면 연방 대법관들이 어떤 결정을 내릴 지 궁금하다.

06 이념 경쟁의 소용돌이에 놓인 학문과 사상의 자유

● **대학 강사 케이시안 vs 뉴욕 주립대 이사회 :**
Keyishian vs Board of Regents of the State University of New York (1967)

의원님, 그만 좀 하시죠. 예절도 모르십니까?
_조셉 매카시Joseph McCarthy가 주관한 1954년 공산주의자 색출 상원 청문회에서 어느 증인

프롤로그

냉전시대와 사상의 자유

분명 시민 사회에서 학문과 사상의 자유는 포기할 수 없는 중요한 가치다. 그러나 세계 지배의 헤게모니를 두고 공산주의와 자본주의라는 두 이데올로기가 첨예한 대결을 벌이는 상황에서 정부의 예산으로 운영되는 공립 교육 기관의 강사와 교사에게 무조건적인 학문과 사상의 자유를 보장하는 것은 가능한 일이었을까?

1950~60년대는 미국에서 냉전의 기운이 최고조에 달한 시기였다. 매카시즘이라는 용어까지 만들어 내며 악명을 떨친 조셉 매카시Joseph McCarthy 상원의원이 주동한 공산주의자 색출 운동 및 청문회는 당시 미국의 사회 분위기를 등에 업고 벌어진 일종의 마녀 사냥이었다. 매카시는 특히 헐리우드 출신 영화인들 및 작가 등 유명인사들을 대거 청문회에 소환하며 기세를 올렸는데, 당시의 정서를 배우 험프리 보가트Humphrey Bogart는 "국가가 연주될 때 엉덩이라도 긁은 것이 밝혀지면 곧장 청문회에 소환될 판"이라고 꼬집기도 했다. 매카시즘의 광기가 다

소 잦아든 이후에도 뒤이어 쿠바 공산 혁명, 미국과 소련이 핵전쟁 일촉즉발까지 갔던 쿠바 미사일 사태 등이 발생하면서 미국 사회에서 적색 공포red scare, 즉 공산주의에 대한 경계심은 정부 및 일반 시민뿐 아니라 학문과 사상의 전당인 고등 교육 기관에까지 영향을 미치기에 이르렀다. 여기서 소개할 케이시안 대 뉴욕 주립대 이사회 사건은 당시의 극도로 경직된 미국 사회 분위기의 결정판이라고 할 교직원 충성 서약Loyalty Oath 제도를 둘러싸

1950년대의 유명한 미국인 공산주의자 유진 데니스Eugene Dennis가 배포한 팸플릿 〈공산주의는 미국적이지 않은가? Is Communism Un-American?〉의 표지.
Photo credit : National Archives

고 벌어진 교육자들과 정부 권력 사이의 한판 승부였다고 할 수 있다.

1962년 뉴욕주의 사립 학교였던 버펄로 대학교University of Buffalo가 뉴욕 주립 대학교State University of New York에 병합되었을 때, 주립 대학 이사회는 새로 주립 대학의 교원 신분이 된 구 버펄로 대학의 교수진과 직원들에게 문제의 교직원 충성 서약을 하도록 요구했다. 충성 서약의 주요 골자는 교수와 직원을 포함한 모든 주립 대학의 교직원들에게 공산당과 같은 반체제 단체에 가입하지 않았음을 밝히고 서명하도록 하는 것이었다. 이 서약은 불온한 사상을 가졌거나 그러한 사상을 행동에 옮기려는 인물을 주립 교육 기관의 직원으로 채용하지 않도록 규정하던 당시 뉴욕주의 교육법 및 공무원법 등의 몇몇 조항에 근거한 것이었다. 이 때 버펄로 대학교의 영어 과목 강사였던 해리 케이시안Harry Keyishian은 다른 4명의 동료 강사들과 연대하여 학문과 사상의

자유를 침해한다는 이유를 들어 충성 서약서에 서명하기를 거부했다. 이를 빌미로 학교 당국이 강사들의 계약 연장을 거부하자 이들은 곧장 법정 투쟁에 들어갔다.

케이시안 측은 학교 당국이 채택한 정책의 근거가 되는 뉴욕주 교육법 및 공무원법의 해당 조항들 속 문구가 매우 모호하며, 그 적용 범위역시 구체적이지 않아 헌법이 보장한 학문과 사상의 자유를 심각하게 위협하는 등 위헌의 소지가 많다고 주장했다. 지방 법원과 항소 법원에서 연이어 패소 판결을 받은 케이시안 측은 여기에 굴하지 않고 결국 연방대법원까지 사건을 끌고 가는데 성공했지만, 대다수의 전문가들은 그다지 승산이 없을 것으로 예상했다. 연방대법원이 1953년 케이시안과 비슷한 이유를 들어 뉴욕주 공립 중고등학교 교사들이 추진했던 애들러 대 교육위원회 Adler vs Board of Education 사건에서 주 당국의 손을 들어 준 적이 있었기 때문이었다.[1]

청원인과 뉴욕주 당국의 법률 대리인들이 각각 펼치는 주장을 경청한 대법관들은 판결에 앞서 고등 교육 기관의 학생들에게 지적 자양분을 제공하기 위해 반드시 필요한 학문의 자유를 지키는 것이 먼저인지 아니면 사회가 그 체제를 흔드는 위협으로부터 스스로를 방어하기 위한 자기 보존의 권리 쪽에 더 무게를 두어야 할지를 두고 열띤 토론을 벌였다. 논쟁의 치열함을 반영하듯 1967년 1월에 나온 판결의 최종 스코어는 5 대 4였다.

---

[1] 판결문과 반대의견 모두 애들러 대 교육위원회 사건과 본 사건 간의 차이점과 공통점에 관한 논의에 많은 부분을 할애하고 있지만 이 장에서는 학문과 사상의 자유를 둘러싼 논쟁에 집중하기로 한다.

불온한 생각은 불온한 행동이 아니다
윌리엄 J. 브레넌 대법관 Justice William J. Brennan, Jr.

본 법정은 현재 논란의 중심에 있는 주립 대학 당국이 청원인들에게 부과한 의무2의 근거가 된 뉴욕주 교육법 및 공무원법의 특정 조항들의 위헌 여부를 검토했다. 교육법 제3021조에 따르면 반역적이거나 선동적인 발언 및 행위는 공립학교 직원의 해고 사유에 해당하며, 공무원법 제105조는 폭력에 의한 정부 전복을 지지하는 문건을 배포하는 행위를 옹호하거나 거기에 관여한 사람이라면 공무원 및 교원 임용을 부적격 처리할 수 있다고 하고 있다.

본 법정은 특히 해당 법령의 문구에 사용된 '선동적인seditious'이라는 단어의 의미에 주목하고자 한다. 왜냐하면 법령은 이른바 선동적 발언이나 선동적 행위를 국가 수반이나 정부의 고위 관리를 암살하거나 기타 불법적 수단을 통해 정부를 전복할 목적으로 범죄적 무정부 상태를 야기하는 것과 동일하게 보고 있기 때문이다. 따라서 만약 누군가가 폭력 혹은 어떤 불법적 수단을 통하여 정부를 전복해야 한다는 주장을 포함하거나 옹호하거나 홍보하는 책을 공공장소에서 펼쳐 보인다면 범죄적 무정부 상태를 조장하는 중범죄를 범하는 것이 된다. 이런 논리를 따른다면 선동적 발언이나 행동의 적용 범위는 사실상 한계가 없어지는 셈이다. 이것은 거리에서 마르크스와 엥겔스가 지은 「공산당 선언」의 인쇄본을 들고 다니는 교사 역시 그러한 행위를 통해 범죄 무정부상태를 옹호한다는 의미일까? 도대체 선동적인 발언 및 행동과 비 선동적

---

2 프롤로그에서 언급한 충성 서약loyalty oath을 말한다.

인 것의 경계는 정확히 어디에 있는가?

법령은 또한 정부의 강제적 전복을 지지하는 문건의 배포에 관여했거나 또는 그 문건 속의 주장을 옹호하거나 권고하거나 가르치는 공무원에 대해 고용부적격 판정을 내릴 것을 의무화 하고 있다. 그렇다면 정부를 강제적으로 전복하고자 하는 주장이 담겨 있다는 이유로 프랑스 혁명, 미국 혁명, 러시아 혁명의 배경에 관한 서적들의 배포도 금지되어야 할까? 이러한 혁명의 역사에 관한 서적을 읽어 보라고 학생에게 권유하는 대학의 도서관 사서는 졸지에 그 속에 담겨 있는 주장의 타당성을 옹호하는 것이 되는 셈인가?

학문적 자유를 보장하는 수정헌법 제1조는 교단에 독단주의의 휘장을 드리우려는 시도를 하는 어떤 법률도 용인하지 않는다. 강의실은 독특한 아이디어가 오고가는 일종의 시장이라고 할 수 있다. 이 나라의 미래는 학교에서 활발한 아이디어의 교환을 통해 훈련 받은 지도자 꿈나무들에게 달려 있다고 해도 과언이 아니다.

본 법정은 개인들의 공공 기관 채용이 어떤 경직된 조건에 의해 도매금으로 거부되어야 한다는 식의 법률 이론 또한 거부한다. 그 조건이라는 것이 얼마나 비논리적인지 밝혀진 경우라면 말할 나위도 없다. 우리는 어떤 단체에 가입하더라도 그 조직의 불법적인 목적을 공유하지 않고 실제로 불법 행위에 가담하지 않는 사람들은 국가의 시민으로서나 공무원으로서나 분명 체제에 대한 아무런 위협이 되지 않는다고 생각한다. 법률이 특정 단체의 불법적 목표를 수행하려는 구체적 의도 없이 거기에 단지 적을 두고 있는 사람들에게 무언가를 강제 한다면 이는 헌법이 보호하는 자유에 대한 불필요한 제약이 되기 쉽다. 그것은 미합중국에서는 설 자리가 없는 제도인 연좌제에 해당한다. 따라서 단순히 단체의 가입 여부 또는 그 단체의 불법적 목적을 인지한 상태의 가입이라고 해도 형벌을 정당화하는 것은 아니다. 따라서 우리는 뉴욕주 법령 속 문제의 조항들이 미국 혹은 뉴욕주 공산당의 불법적 목표를 수행하려는 구체적인 의도가 없이 단순히 공산당 당적을 유지하려는 것까지 공개적으로 금지하려 드는 것은 위헌이라고 판결한다.

불온 세력으로부터 상아탑을 보호해야[3]

톰 C. 클라크 대법관 Justice Tom C. Clark

　　1951년 이래 본 법정은 오늘 위헌으로 규정한 것과 동일하거나 적어도 매우 흡사한 절차들을 반복적으로 승인해왔다. 예를 들어 1951년의 가너 대 로스앤젤레스 공공사업 위원회 Garner vs Board of Public Works 소송에서 본 법정은 정부가 운영하는 공공기업 또한 공익 업무를 위해 적합한 성품이나 자질과 관련될 수 있는 문제들에 대해 직원들에게 질의하는 절차를 마련해야 한다고 판결했다. 또 1952년의 애들러 대 교육 위원회 사건[4]에서는 오늘 위법으로 낙인찍힌 것과 동일한 법령을 "교사는 교실이라고 하는 민감한 장소에서 근무한다. 거기서 교사는 젊은이들에게 그들이 살고 있는 사회를 향한 태도를 형성시킨다.

3　실제 반대의견은 해당 사건과 직접적인 관련이 있는 파인버그 법률Feinberg Law에 대해 연방대법원이 과거에 내렸던 결정 및 배경에 대해 설명으로 시작하고 있다.

4　1952년 미 연방대법원이 불온단체에 가입한 공립 학교 교사들을 징계할 수 있도록 한 뉴욕주의 파인버그 법률에 대해 합헌 판결을 내린 사건을 말한다. 당시 뉴욕주 공립학교의 수학 교사였던 어빙 애들러Irving Adler는 교육 위원회의 불온 단체 가입 여부에 대한 질의에 반발하여 위헌 청원을 냈으나 연방대법원의 판결 뒤 해직된 바 있다. 케이시안 사건은 사실상 이 애들러 사건의 연방대법원 판결을 전면적으로 부정하는 것이었다.

또한 주는 학교의 진정성을 보존해야 한다. 교육 당국이 질서 있는 사회의 부속물로서 학교의 본질을 유지하기 위해 교육 공무원, 교사, 직원들을 걸러낼 권리와 의무가 있다는 것은 의문의 여지가 없다"는 등의 근거로 승인했다. 1958년 베일런 대 교육위원회 사건Beilan vs Board of Education에서는 고故 버튼 대법관Justice Burton이 본 법원을 대표해 쓰기를 "공립학교에서의 강의를 맡음으로써 원고 베일런이 믿음, 언론, 집회 결사

마녀 사냥에 가까운 공산주의자 색출 운동으로 매카시즘이라는 용어까지 만들어 내며 악명을 떨친 조셉 매카시Joseph McCarthy 상원의원

의 자유를 포기한 것은 아니다. 그러나 원고는 공립학교 교사로서 근무하기 위한 적합성을 검증하려 교육 위원회가 던진 질문에 솔직하고 진실되며 협력적인 자세로 대답할 의무가 있다"고 했다. 그간 본 법정이 내린 판결의 긴 목록을 볼 때 이제와서 법정이 뉴욕주 법령들을 위헌적이라 판단하면서 십여 년에 걸쳐 쌓아올린 대전제를 거부하려 드는 것이 기이하게 여겨진다.

공무원법 제105조 부속 항목 1(a), 1(b), 1(c)는 구두로나 저술을 통해 강제력이나 폭력을 동원하여 정부를 전복시키려는 불온한 의도를 옹호, 권장, 사주하는 교사들과 관련이 있다. 이는 본 법원이 위헌적일만큼 모호하지 않다고 판단했던 데니스 대 미합중국 정부 사건Dennis vs United States에서 위법으로 판결 받은 것과 사실상 동일한 행위이다. 다수 대법관들은 그러한 불온사상의 인쇄, 출판, 판매 등을 위법으로 간주하는 공무원법 제105조의 부속 항목 1(b)가 무슨 끔찍한 권력의 횡포인 양 야단법석을 떤다. 하지만 그들은 뉴욕주 법령에 따르면 교사

가 그러한 사상을 채택하는 것의 필요성이나 타당성을 개인적으로 옹호, 권고, 사주하는 경우에만 불법으로 간주한다는 사실은 빼먹고 말았다. 교사가 그러한 불온사상을 가르치거나 옹호하는 단체를 조직하거나, 조직화를 돕거나, 회원이 되는 상황에 적용되는 부속 항목 1(c)도 마찬가지다. 왜냐하면 우리 반대의견을 낸 대법관들의 견해로는 고의성 scienter[5] 또한 어떤 행위의 위법 여부를 판단하는데 필요한 요소이기 때문이다. 뿐만 아니라 불온단체에 가입했다는 사실은 공직의 결격사유에 대해 겉으로 드러나는 증거일 뿐 이후 심사 과정에서 반박될 여지도 있으며 그 입증책임은 주 정부에게 있다. 더 나아가 이러한 모든 절차는 포괄적 법리 검토와 더불어 공청회를 통해 보호 받는다.

유감스럽게도 오늘의 판결은 국가와 국민의 가장 기본적이고 소중한 권리의 하나인 자기 보존의 권리가 설자리를 없애 버리고 말았다. 우리 젊은이들의 정신은 우리 공교육 제도를 통해서 육성되며 이 나라의 미래가 거기에 달려 있다. 따지고 보면 본 사건의 이슈는 매우 단순한 것이다. 그것은 발언의 자유, 사상의 자유, 언론의 자유, 공산당의 모임이라도 갈 수 있는 집회나 결사의 자유에 대한 것이 아니다. 문제는 간단하다. 주 정부가 포괄적 법리 검토 및 공청회를 한 후에 누군가가 의도적이고 계획적으로 무력이나 폭력 또는 기타 불법적 수단으로 정부를 전복해야 한다는 주장을 옹호, 권고, 사주하거나 그러한 주장을 옹호하는 서적이나 논문을 인쇄, 출판하는 경우, 또는 그러한 주장을 옹호하는 단체의 회원이 된 것으로 판명되는 경우 주립 대학에서 강의하기에 부적합하다는 판단을 내릴 수 있는가? 판결에 반대하는 우리 소수 대

---

5 scienter : 고의성. 보통 intent or knowledge of wrong doing(부당한 행위를 하려는 의도나 인식)으로 해석되는 법률 용어이다. 어떤 행위가 고의성이 있느냐의 여부는 유무죄, 혹은 죄의 경중을 결정하는데 매우 중요한 척도다.

법관들의 대답은 오늘날까지 연방대법원이 다뤄 온 비슷한 성격의 소송에 대한 판결과 마찬가지로 '그럴 수 있다'이다. 다수 판결에 동의할 수 없다.

학문의 자유와 체제 경쟁

일종의 정치적 호러 소설이라고 할 수 있는 조지 오웰George Orwell의 『1984년』에 등장하는 여러 개념 가운데서도 가장 섬뜩한 것은 사상 경찰thought police이다. 작품의 배경이 되는 가상의 전체주의 국가 오세아니아는 이 사상 경찰을 통해 주민들의 행동뿐 아니라 생각까지 감시하고 통제한다. 조지 오웰의 전체주의에 대한 통찰력과 경고는 작품이 발표된 1948년 당시로는 먼 미래였던 1984년뿐 아니라 그로부터도 많은 시간이 지난 21세기 현재도 북한, 쿠바 등의 예에서 보듯 유효하다고 할 수 있겠다. 그러나 미합중국 역시 공산 진영과의 체제 경쟁 속에서 사상 통제의 유혹에 빠져들 뻔 했다는 사실에 대해 오웰이 만약 냉전 시대까지 생존했었다면 어떤 의견을 표명했을지 궁금하다.

미국의 200년 역사 속에서 체제 보존을 위한 집단적 생존 본능으로 인하여 사상 통제의 분위기가 잠시나마 존재했던 것은 사실이지만, 케이시안 사건은 이런 분위기에 찬물을 끼얹어 정신이 번쩍 들게 하는 역할을 담당했다. 언론·집회·결사의 자유 등을 명시하는 미국 수정헌법 제1조가 학문의 자유 또한 포괄하고 있다는 것은 이미 오래전부터 묵시적으로 동의를 받아 온 것이 사실이지만 이 케이시안 소송은 미국 시민이 설령 반체제 단체에 실제로 가입을 했다고 하더라도 체제를 위협하려는 구체적인 의도나 행위가 없다면 어떤 불이익도 당할 수 없다고 못박음으로써 학문과 사상의 자유가 극도의 예외적인 상황을 제외하고는 어떤 경우에도 보호 받아야 하는 거의 절대적인 헌법적 가치임을 선언했다는데 그 의미가 있다.

사실 케이시안 측이 승리할 수 있었던 데는 당시 연방대법원장이던 얼 워렌Chief Justice Earl Warren의 역할이 결정적이었다. 워렌 대법원장은 공화당원으로 캘리포니아 주지사를 역임하고 부통령 후보까지 올랐던 정치인 출신이었으며 캘리포니아주 검찰총장을 지내기는 했으나 판사로서의 경험은 없는 인물이었다. 워렌이 2차 세계대전의 영웅이자 같은 공화당 출신인 아이젠하워 대통령에 의해 발탁되어 1954년 대법원장에 올랐을 때만 해도 미국의 공화당과 보수파는 그를 루스벨트 대통령 시대 이래 계속 진보적 성향으로 기울고 있던 당시 연방대법원의 분위기를 바꿀 인물로 기대했다. 그러나 워렌은 거의 취임 직후부터 1969년 은퇴할 때까지 케이시안 사건을 비롯한 여러 사건에서 법원이 계속해서 진보적인 색채를 유지하는데 힘을 보탬으로써 보수 진영을 당혹스럽게 했다. 이 때문에 아이젠하워 대통령은 자기 인생 최대의 실수라면 바로 워렌을 연방대법원장에 지명한 것이라고 회고했을 정도였다.

이제와 생각해보면 학원가에 불온사상이 침투할 것을 우려한 일부 정치인과 지식인들의 시각과는 달리 전 세계적으로 공산주의와 자본주의의 이념 대결이 최고조에 달하던 1960년대에 케이시안 사건과 같은 판결이 나올 수 있었다는 것이야말로 어떻게 미국이 소련을 선두로 하는 공산권과의 체제 경쟁에서 궁극적으로 승리할 수 있었는지에 대한 단서가 될 수 있을 것이다. 공산권 및 전체주의 체제에서는 찾아보기 힘든 사상적 유연함이 미국의 경쟁력을 이끌어 낸 원동력의 하나였다고 한다면 지나친 해석일까?

　소련의 몰락 이후 이제 21세기 미국 앞에 놓인 과제는 중국의 부상이다. 비록 시장 경제를 지향한다고는 하지만 공산당 1당 독재와 사상과 정보의 통제를 바탕으로 한 정치체제로 보면 중국은 구 소련과 상당히 흡사하다고 할 수 있다. 이런 중국과 학문과 사상의 자유가 보장된 미국의 체제 경쟁은 앞으로 어떻게 펼쳐질 것인가?

　한편 청원인의 대표로 나섰던 케이시안은 연방대법원에서의 승리 후에 뉴저지주의 페어리 디킨슨 대학교 Fairleigh Dickinson University를 포함한 여러 대학의 교수로 재직했는데 그의 저서 가운데 상당수가 법률과 문학 작품의 상관관계를 파헤치는 내용이라는 것이 흥미롭다.

07 인종주의자에게도 언론의 자유는 보장되어야 하는가?

● KKK단 지도자 브랜든버그 vs 오하이오주 당국 :
  Brandenburg vs Ohio (1969)

나는 어린 시절 KKK 단원들이 밤에 몰려다니던 소리를 들은 기억, 그들이 누군가에게 린치를 가했다는 소문을 들은 기억, 우리 집이 그들에 의해 불타서 무너질까 봐 두려워했던 기억이 있다.
_로자 파크스Rosa Parks (흑인 인권 운동가)

KKK - 백인 루저들의 뒤틀린 증오

원circle을 뜻하는 그리스어 쿠클로스kuklos에서 이름을 따온 쿠 클럭스 클랜Ku Klux Klan(이하 KKK단)은 남북 전쟁 직후 남부연맹의 장군 출신인 네이선 브렛포드 포레스트Nathan Bretford Forrest를 위시한 퇴역 장교들이 최초로 결성한 인종주의 비밀 결사다. 섬뜩한 흰색 두건과 불타는 십자가 등의 아이콘으로 유명한 KKK단은 지역 사회의 백인 주민들을 보호한다는 명분을 걸고 해방된 흑인들과 백인 공화당원에 대한 테러를 자행하곤 했다.[1] KKK단은 1870년대 연방 정부의 대대적인 소탕 작전에 의해 한동안 자취를 감추었으나 20세기 초 세계 각국으로부터 몰려드는 이민자들에 대한 일부 국민들의 반감 등 어수선한 사회 분위기를 업고 다시 등장하게 된다. 이 무렵부터 KKK단은 흑인들뿐 아니라 아시아계를 포함한 모든 유색 인종, 유대인, 심지어는

---

[1] 전설적인 영화 제작자 D.W. 그리피스D.W. Griffith가 만든 무성 영화의 걸작 〈국가의 탄생Birth of a Nation〉은 실제로 내용의 많은 부분을 이들 1세대 KKK단의 활약에 할애하고 있다.

백인 인종주의 단체 KKK단의 1920년대 야간 집회 장면. KKK단은 한때 미국 전역에서 수백만에 달하는 회원을 자랑했다.
Photo credit : Library of Congress

　백인 가톨릭 신자마저도 배척하는 순수한 백인 개신교도들만의 나라를 미 대륙에 건설한다는 명분을 걸고 빠르게 영향력을 확대하여 1920년대 중반에는 전국에 약 3백만 명의 회원을 거느리는 거대 단체로 성장하기에 이르렀다. 이후 대공황과 뒤이은 세계 대전의 소용돌이 속에서 침체기를 맞았던 KKK단은 1960년대 흑인들을 중심으로 인권 운동civil rights movement의 목소리가 커지자 이에 대한 일부 백인들의 부정적 정서에 편승하며 다시 한 번 미국 도처에서 세력을 규합하기 시작했다.

　1964년 여름 오하이오주 KKK단의 지도자였던 클래런스 브랜든버그Clarence Brandenburg는 지역 방송국에 전화를 걸어 자신들의 집회를 취재하지 않겠냐고 제안했다. 제안을 받아들인 방송국의 기자와 카메라맨은 오하이오주 교외의 한 농장에서 열린 KKK단의 집회를 근접 취재하는 기회를 얻게 되었다. 집회를 주도한 브랜든버그는 연설에서 "대통령, 의회, 연방대법원이 우리 백인 코카시아 인종에 대한 탄압을 계속한다면 우리는 응징을 고려할 수 있다"고 하는가 하면, "개인적으로 검둥이들은 아프리카로, 유대인들은 이스라엘로 돌려보내야 한다고 믿는다"는 등 강도 높은 인종주의적인 발언을 계속했는데, 이 장면들은 가감 없이 방송국 카메라에 고스란히 포착되었다. 이러한 사실이 언론에 공개되자 브랜든버그는 즉각 오하이오주 당국에 의해 재판에 회부되었다. 주 당국이 브랜든버그를 기소한 근거는 1919년 오하이오주에서 발효된 범죄 조직 법규Ohio Criminal Syndicalism statute로 이 법률은 어떤 정치적, 경제적 목적을 성취하기 위해 범죄, 태업, 폭력, 테러 등 불법적 방법을 옹호하고 세력을 규합하는 행위를 범죄로 간주하고 있었다. 주 당국은 브랜든버그의 발언이 인종분규를 촉발하는 것으로 해당 법규의 요건을 충족시킨다고 본 것이었다. 브랜든버그는 지방 법원에서 유죄 판결을 받고 1,000달러의 벌금과 최고 10년의 징역형을 선고 받았다. 브랜든버그는 즉각 오하이오주 범죄 조직 법규가 헌법이 보장하는 언론의 자유를 침해한다는 주장으로 항소했으나 항소 법원은 유죄 판결을 확인했으며, 오하이오주 최고 법원 역시 위헌성에 관련된 항소를 기각했다. 그러나 브랜든버그는 끈질긴 노력 끝에 사건을 연방대법원까지 끌고 가는데 성공했으며, 1969년 연방대법원은 브랜든버그 측과 주 정부측 변호인단의 구두 변론을 들은 뒤 재판정 전원 일치 판결per curiam decision을 내렸다.[2]

여기서는 공식 판결문과 더글러스 대법관Justice Douglas이 별도로 발표한, 반대의견dissenting opinion이 아닌 보충의견서concurring opinion를 함께 소개하기로 한다.

---

[2] 재판정 전원 일치 판결per curiam decision은 법리적으로는 만장일치 판결unanimous decision과는 미묘한 차이가 있으나 일반적으로 만장일치와 같은 개념으로 종종 간주된다.

폭력 행위에 대한 옹호와 실행은 구별되어야 마땅하다

재판정 전원 일치 판결 per curiam decision

청원인 브랜든버그는 KKK단의 지도자로서 경제적 혹은 정치적 개혁을 성취하는 수단으로 범죄, 태업, 폭력, 테러 등 불법적 방법을 사용하도록 조장하고, 범죄 집단이 그들의 표방하는 바를 교사, 옹호하도록 하기 위해 집회를 조직한 혐의로 오하이오주 범죄 조직 법규에 따라 유죄 판결을 받았다. 청원인은 미합중국 수정헌법 제1조와 제14조에 의거하여 오하이오주 범죄 조직 법규의 위헌성을 문제 삼았으나 오하이오주 항소 법원은 그의 유죄 판결을 확인했으며, 오하이오주 최고 법원 역시 해당 사건에 실질적인 헌법적 문제가 존재하지 않는다는 이유로 항소를 기각했다. 그러나 본 법정은 해당 사건이 검토할 가치가 있다는 판단을 내렸으며 오늘 하급 법원의 판결을 뒤집는다.

오하이오주 범죄 조직 법규는 1919년 발효되었으며 실제로 1917년부터 1920년까지 20개의 주와 2개의 자치령이 오하이오주의 법규와 동일하거나 상당히 흡사한 법령을 채택한 바 있다. 1927년, 휘트니 대 캘리포니아주Whitney vs California 사건에서 본 법정은 오하이오주의 법률과 문구가 상당히 비슷한 캘리포니아주의 범죄 조직 법령의 합헌성을 인정했다. 본 법정이 캘리포니아주의 법령을 합헌으로 인정한 근거는 정치적 경제적 변화를 촉발하기 위해 폭력적 수단을 옹호하는 행위는 공공의 안보를 위험하게 할 수 있기 때문에 정부는 그러한 행위를 금지할 수 있다는 논리였다. 그러나 이른바 휘트니 판결은 이후 내려진 여러 후속 판결들을 통해 철저하게 부정된 바 있다. 후속 판결들은 즉각적인 무법 행위를 선동, 생산하도록 지시하는 경우나 그러한 행위를 촉발할 것 같은 경우가 아니라면 설령 무력의 사용이나 위법 행위를 옹호하는 발언이라고 할지라도 헌법에 의해 보장된 언론의 자유를 정부 당국이 금지할 수는 없다는 원칙에 입각한 결정이었다. 노토 대 미합중국 정부Noto vs United States 판결에서 우리 대법관은 "단순히 무력이나 폭력에 호소하는 행위의 도덕적 적절성 또는 도덕적 필요성을 추상적으로 교사하는 것은 특정 단체의 폭력 행위를 준비하고 그렇게 행동하도록 이끄는 것과 동일하지 않다."고 하고 있다. 이 두 가지를 구별하여 선을 긋지 않는 법률은 수정헌법 제1조와 제14조가 보장한 자유를 침해하므로 용납할 수 없는 것이다. 왜냐하면 그러한 법률은 헌법이 정부의 통제로부터 보호하는 언론의 자유를 다름 아닌 그 정부에 의해 규탄당하고 빼앗기는 결과를 초래하기 때문이다.

이러한 기준에서 보면 오하이오주의 범죄 조직 법규는 합헌으로 인정될 수가 없다. 해당 법규는 경제적, 정치적 개혁을 성취하는 수단으로서 폭력의 필요성 및 적절성을 옹호, 교사하거나 폭력 조직 구성의 정당성을 전파, 옹호하는 모임에 자발적으로 참여하는 개인들을 처벌하도록 하고 있다. 브랜든버그에 대한 기소장이나 재판을 담당한 판사의 지시 사항을 검토해 보아도 폭력 행위의 단순한 옹호 발언을 즉각적인 불법 행위의 선동과 구분하지 않고 싸잡아 범죄로 정의하는 해당 법률의 무지막지한 방식을 새롭게 조명하여 정당화한 논리는 보이지 않는다.

우리가 지금 다루고 있는 법률은 특정 이슈에 대한 옹호 발언을 하는 행위 또는 폭력 행위를 실행하기 위해서가 아닌 단순히 이를 옹호하기 위한 집회를 열거나 참여하는 행위를 금지하고 이를 어겼을 시에는 형사 처벌에 처하겠다는 위협을 가하고 있는데, 이러한 법률은 수정헌법

제1조와 제14조를 무시하고 있다고 할 만 하다. 이러한 결론에 반하는 과거 휘트니 대 캘리포니아 판결은 정당화될 수 없기 때문에 취소되어야 마땅하며, 본 사건에 대한 하급 법원의 결정을 번복한다.

언론의 자유에는 예외가 없어야 한다
윌리엄 O. 더글러스 대법관 Justice William O. Douglas

　　나는 법원의 판결에 찬성하기는 하지만 한 가지 단서를 달고자 한다. 원래 명백하고도 실재하는 위험이라는 평가 기준은 1차 세계 대전 중 징병제에 반대하는 활동의 이적성 문제를 다뤘던 쉔크 대 미합중국 정부 소송 Schenck vs United States에서 홈즈 대법관이 제시한 것이다. 그 사건에서 피고 쉔크는 군에서의 명령 불복종 및 징집 방해를 시도한 혐의로 기소되었다. 쉔크가 배포한 팸플릿은 징집 명령에 저항할 것을 촉구하고, 징병제를 비난하며, 전쟁을 지지하는 세력의 동기에 의문을 제기하는 내용을 담고 있었다. 당시 변호를 위해 수정헌법 제1조가 방어 논리로 활용되었는데 홈즈 대법관은 그러한 변론을 물리치면서 다음과 같이 말한 바 있다.

　"문제는 해당 상황에서 사용된 언어의 성격이 상당한 해악을 초래할 만큼 명백하고도 실재하는 위험을 조성하는가 하는 것이다. 이는 얼마나 긴급한 상황인지 그리고 얼마나 심각한 상황인지에 대한 판단의 문제다."

　홈즈 대법관이 비록 이 '명백하고도 실재하는 위험'이라는 기준을 공식적으로 폐기하지는 않았지만 후에 기틀로우 대 뉴욕 당국Gitlow vs New York 판결에 대한 반대의견에서 다음과 같이 말하며 수정헌법 제1조가 보장하는 언론의 절대적 자유라는 이상에 보다 근접해 갔다.

"모든 사상은 그 자체로 선동행위다. 사상이란 일단 믿게 되면 다른 신념 체계에 의해 억제되거나 움직임을 뒷받침할 에너지가 고갈되지 않은 다음에는 행동으로 옮겨지게 되어 있다. 좁은 의미에서 의견의 표현과 선동 사이의 유일한 차이점이란 결과에 대해 주체가 보이는 열의의 정도뿐이다."

'명백하고도 실재하는 위험'이라는 판단 기준이 만든 또 다른 문제가 있다. 이에 따르면 가령 무력에 의한 정부의 전복을 추상적인 원칙으로서만 옹호하는 것은 기소될 수 없다. 그러나 불온 단체의 현재 멤버가 폭력에 의한 정부의 전복을 노릴 의도를 가지고 있다고 판단된 경우는 검찰의 기소 대상이 된다. 그런데 실제로 그러한 의도를 찾으려면 심문관은 개인의 양심과 마음 속 가장 깊이 도사린 생각까지 샅샅이 뒤지며 기소 대상자의 모든 신념 체계를 파헤치게 된다. 그러나 행동은 흔히 표현의 방법이며, 수정헌법 제1조의 보호 대상에 포함된다. 누군가 본 법정의 판결에 대한 항의로 헌법 사본을 찢어버린다고 해보자. 그는 기소될 수 있을까? 또 누군가가 신앙을 포기하고 무신론자가 된 것을 기념하여 성경을 갈기갈기 찢어버린다면 그 사람은 기소될 수 있을까?

개인의 신념은 오랫동안 정부가 침범할 수 없는 성역으로 간주되었다. 베런블렛Barenblatt 사건[3]은 그러한 성역이 침범된 한 예라고 하겠다. 그 사건에서 연방대법원이 정한 기준, 즉 범죄 행위로 간주되는 적극적인 공산주의와 무고한 행위로 간주되는 명목상의 또는 비적극적인 공산주의 사이를 가른 기준이란 결국 그 사람의 공산주의에 대한 신념이 얼마나 견고한가의 차이 뿐이었다. 하지만 나는 어떤 신념이 얼마나 뿌리 깊은 지와는 상관없이 신념과 관련된 모든 사안은 공소장이나 수사관의 손길이 닿는 곳에 있지 않다고 생각한다. 그것이 바로 특정 사건을 조사하는 정부의 위원회에 의해 저질러지는 프라이버시의 침해가 위헌적일 수밖에 없는 이유다. 그것이야말로 트루먼 대통령이 1947년 승인한 이래 2천만 명의 남녀들이 겪어야 했던 악명 높은 충성 안보 공청회 loyalty security hearings에 깊게 도사린 오류이다. 주로 개인의 생각, 사상, 믿음, 확신의 문제를 다룬 그 공청회는 지금껏 알려진 가운데 가장 노골적인 수정헌법 제1조의 위반이라고 하겠다.

  무엇이 허용될 수 있으며 통제의 대상이 되지 않는지, 그리고 무엇이 허용될 수 없으며 규제 대상이 되는지를 가르는 경계는 생각과 외적 행위의 차이다. 발언을 처벌하려는 측이 흔히 제시하는 예는 붐비는 극장에서 거짓으로 "불이야"라고 외친 사람의 경우다. 그러나 이 경우는 발언이 행동과 뒤섞여 실제로 분리될 수 없는 매우 특이한 경우로 형사 고발도 가능할 것이다. 그러한 극히 드문 경우를 제외하면 발언은 형사 고발로부터 면제되는 것이라고 생각한다. 추상적인 사상을 옹호하는 것과 정치적인 행위를 옹호하는 것 사이에 헌법이 규정하는 경계선이란 존재하지 않는다. 무언가를 열심히 옹호하다보면 깊은 확신이 생기는 법인데, 정부는 그러한 믿음과 양심의 성역을 침범할 어떤 힘도 가지고 있지 않다.

---

3 베런블렛 대 미합중국 정부Barenblatt vs United States 1959 : 냉전 분위기 속에서 불순분자의 색출을 위해 조직된 의회의 비 미국적 행위 조사 위원회Un-American Activities Committee에 증인으로 불려나온 인물 베런블렛이 자신의 정치적, 종교적 신념에 대한 물음에 대답하지 않은 것은 의회에 대한 모욕이라고 판결한 사건이다.

절대적인 발언의 자유 그리고 KKK단의 말로

브랜든버그 사건에 대한 공식 판결문은 사건의 경위를 소개하는 도입부를 제외하면 판결에 대한 논의를 전개하는 본문이 500단어도 넘지 않는 연방대법원 판결문으로서는 매우 짧은 경우에 속한다. 마치 상황이 너무나 명백하여 굳이 장황한 논리가 필요하지 않다는 투다. 그에 반해 더글러스 대법관의 보충 의견은 그 원문의 경우 판결문보다 상당히 긴 분량일 뿐 아니라 조리 있고 힘찬 어조로 왜 법원의 공식 의견이 헌법적 권리를 보장하는데 충분하지 않은지를 역사적인 판례와 함께 조목조목 따지고 있다. 그의 견해는 의회는 발언의 자유를 제한하는 어떤 법률도 만들 수 없다는 수정헌법 제1조의 내용을 문자 그대로 해석하는 절대주의적 시각을 보여준다. 즉 발언의 자유는 어떤 단서도 달 수 없는 절대적인 개인의 권리에 속한다는 것이다.[4] 또한 더글러스 대법관은 전통적으로 발언의 제약을 정당화하는 예외적인 조건으로 종종 소개되었던 명백하고 실재하는 위험이라는 개념 역시 왜 현실적으로 적용되기가 어려운지를 설명하고 있다.[5]

그러나 증오와 폭력 행동을 옹호하는 발언 역시 헌법이 보장하는 권

---

[4] 그러나 이러한 고귀한 원칙을 현실에 적용하는 데는 많은 난점이 도사리고 있는 것도 사실이다. 명백한 예로 테러를 계획하다 적발된 경우를 들 수 있다. 실제로 폭탄을 들고 테러를 저지르려 문 밖을 나서는 테러범을 현장에서 체포한 경우가 아니라 용의자의 대화내용, 이메일, 전화 통화 기록, 개인 일기를 범행 기도의 증거로 사용하려 할 경우 용의자가 발언의 자유라는 묘책을 들고 나올 경우 정부가 그러한 주장을 조리 있게 해체, 반박하는 것은 쉬운 일이 아니다.

[5] 더글러스 대법관은 연방대법원이 판결을 내린 논리적 근거가 문제의 브랜든버그의 인종주의적 발언이 '명백하고 실재하는 위험'의 기준에 미치지 못하는 단순한 신념의 표현으로 보았기 때문이라는 것을 출발점으로 해서 자신의 논리를 전개해나가고 있는데 흥미롭게도 실제 판결문에서 이 '명백하고 실재하는 위험'이라는 표현은 등장하지도 않는다. 아마도 대법관들의 내부 토론 과정에서는 그 표현이 자주 언급되었으리라고 짐작된다.

리의 일부라고 결정한 브랜든버그 판결이 내려진 이후 KKK단은 오히려 빠르게 몰락하기 시작했다. 1965년 인권 운동가 비올라 루조Viola Liuzzo의 살해 혐의로 4명의 KKK 단원들이 체포되는 사건이 벌어지자 린든 존슨Lyndon Johnson 당시 대통령은 이례적으로 직접 TV에 나와 KKK단을 공개 비난했다. 이 사건이 벌어지기 1년 전 존슨 대통령은 당시 여당이었던 민주당 내부에서조차 극도의 논란이 일었던 인권법을 밀어 붙여 통과시켰는데, 그는 이 사건을 자신의 결정을 뒷받침하는 명분상의 호재로 여겨 적극 활용했다. 다시 말해 흑인을 비롯한 취약 계층을 보호하는 법률의 필요성을 역설하기 위해 KKK단의 존재가 부각되어야 했으며, 그의 의도는 그대로 맞아 떨어졌다. 비올라 루조 사건은 실제로 인권법에 이어 흑인을 비롯한 소수 인종들이 투표권을 자유롭게 행사할 수 있도록 보호 장치를 마련한 투표권법이 의회를 통과하는데 정치적 동력을 제공했다. 이렇게 존슨 대통령의 리더십 아래 1964년 인권법에 이어 1965년 투표권법을 통과시키면서 민주당은 소수 인종, 여성 등 약자를 대변하는 정당의 이미지로 확고하게 자리 잡는다.

전통적으로 KKK단은 특히 미국 남부 지역의 민주당에 지지 기반을 두었으며, 심지어 연방 대법관 가운데도 KKK단과 관련이 있는 인물이 있다. 브랜든버그 대 오하이오 사건의 심의에도 참가한 휴고 블랙Hugo Black 대법관이 바로 그 주인공으로 그는 대법관에 오르기 전 자신이 KKK 단원이었음을 적극 홍보하여 앨라배마주 인종주의자들의 지지를 끌어내어 민주당 상원 의원에 당선되는데 성공한 전력이 있다. 비록 상원의원 당선 후 KKK단과의 관계를 완전히 정리하기는 했으나 그의 행적은 미국 정가에서 종종 출세를 위해 악마에게 영혼을 판 파우스트에 비교되기도 했다. 뿐만 아니라 미국 역사상 최장수 상원 의원의 기록을 가진 민주당의 로버트 버드Robert Byrd 역시 자신이 젊은 시절 KKK 단원이었음을 공개적으로 밝힌 바 있다. 이렇게 보면 내전을 치르면서까지 흑인 노예를 해방시킨 공화당이 20세기 후반 들어 대다수 흑인들의 지지를 잃게 되고, 한때 KKK단의 정치적 후견인 역할을 했던 민주당이 흑인들의 인권을 대변하는 정당이 되어 공화당 보다 앞서 미국 최초의 흑인 대통령을 배출한 역사의 반전은 아이러니하다.[6]

　인권법과 투표권법의 통과로 흑인들의 권익이 급격하게 향상되고 민주당이 흑인 유권자들을 적극적으로 공략하기 시작하면서 정치적 후견 세력을 잃은 KKK단은 급속히 와해되기 시작했다. 1970~80년대 들어서 KKK단은 여러 지역 분파들이 독자적으로 행동하는 점조직의 형태로 겨우 존립할 수 있었으며, 오늘날에 이르러서는 활동 인원이 전 미국을 통틀어도 고작 수천 명 정도에 불과해서 신 나치Neo Nazi, 아리안 국가Aryan Nation, 백인 기사단White Knights 등 인종주의, 백인 우월주의를 표방하는 동종 군소 단체들과의 교류를 통해 겨우 명맥을 유지하고 있는 실정이다. 그러나 한 가지 분명한 사실은 연방대법원의 브랜든버그 판결에 의거하여 비록 미국에서 KKK 단원이 단 한 명만 남게 되더라도 그가 "모든 유색 인종, 유태인, 가톨릭 신자들은 미국땅을 떠나라"고 울부짖을 권리만은 철저히 보장되리라는 것이다.

6　1964년 인권법에 대한 의회 투표에서도 비록 당시 소수당이기는 했지만 찬성표를 던진 공화당 의원들의 비율이 민주당 의원들보다 훨씬 높았다.

Part 3

정의롭고 공정한 사회를 위한 법정 투쟁

01 사형수를 두 번 처형할 수 있을까?

● 사형수 프란시스 vs 사형 집행인 레스웨버 : Francis vs Resweber (1947)

삼촌의 임종 전 마지막 소원이 조카인 나를 무릎 위에 앉혀 보는 거였답니다. 삼촌은 그때 전기의자에 앉아 계셨죠.

_로드니 댄저필드Rodney Dangerfield (미국 코미디언)

전기의자 – 가장 미국적인 사형제도

프랑스 혁명기에 도입된 단두대는 어떤 의미에서 평등, 박애, 자유의 프랑스 혁명 정신이 가장 섬뜩한 방식으로 구현된 기구라고 할 수 있다. 왕, 귀족, 정치가, 성직자를 막론하고 똑같은 방식으로 처형이 이루어졌으니 평등의 실현, 사형수에게 긴 고통을 안기지 않고 순식간에 처형이 집행되었으니 박애의 실천이며, 죽음을 육체로부터의 궁극적 해방이라고 해석한다면 역설적으로나마 자유도 구현되었다고 할 수 있지 않을까?

단두대가 프랑스 혁명 정신을 반영한 궁극적 교정 도구라면 죄수를 의자에 앉힌 뒤 고압 전류를 흘려보내 감전사시키는 전기처형 electrocution 혹은 전기의자형은 대서양 건너편 미국 특유의 개척정신과 실험정신 그리고 인도주의가 만나 이루어진 가장 미국적인 사형방식이라고 할 수 있다.[1] 19세기 말부터 미국에서는 흔히 발명왕으로 불리는 토머스 에디슨 Thomas Edison과 조지 웨스팅하우스 George Westinghouse

전기 의자 모형. 미국 특유의 실험 정신과 인도주의는 전기 의자라는 기괴한 사형 방법을 낳았다.
Photo credit : Linda Bucklin

등에 의해 다양한 분야에서의 전력 응용이 연구되었는데, 그 가운데 하나가 바로 전기를 이용한 사형법이었다. 뉴욕주 의회가 가장 인도적이라고 합의된 방식으로 사형 선고를 이행할 방도로서 전기의자형을 채택한 것은 1888년이었으며, 1890년 윌리엄 케믈러William Kemmler라는 사형수에게 처음 집행된 이후 전기의자형은 교수형이나 총살형에 비해 비교적 인도적인 사형방법으로 인식되면서 20세기 중반까지는 연방 20여 개 주에서 시행되었다. 그러나 전기처형에 대한 논란은 도입 초기부터 있었는데 옹호자들이 기존의 사형 방식보다 인도적인 방법이라고 주장한 반면 일부에서는 오히려 기존의 사형집행 방식보다 더 끔찍한 형벌이라고 강변했으며, 실제로 형 집행 시 크고 작은 사고가 끊이지 않은 것도 사실이었다. 고압 전류에 노출된 사형수는 대개의 경우 즉사했지만, 때로는 수차례의 충격에도 숨이 끊어지지 않아 그 과정에서 죄수가 말 그대로 산 채로 전기구이가 되는 경우도 있었던 것이다.

이제부터 소개할 윌리 프란시스Willie Francis라는 사형수가 겪은 기구한 상황은 전기처형의 역사 속에서도 전무후무한 예인데 왜냐하면 그는 말 그대로 형장에서 살아 돌아 왔기 때문이다. 1946년 5월, 루이지

---

1 역사적으로 미국 이외에 전기처형 제도를 유지한 나라는 필리핀 뿐인데 이 또한 미국의 식민지 시기에 도입된 것이다.

애나주에서는 동네 약국 주인을 살해한 혐의로 기소되어 사형 선고를 받은 윌리 프란시스에 대한 전기의자형이 집행되었다. 그런데 수차례 전류가 흘렀음에도 불구하고 사형수 프란시스는 죽지 않았을 뿐 아니라 급기야는 전류가 흐르도록 머리에 덮은 띠와 덮개가 답답하다며 풀어달라고 요청하는 황당한 상황까지 벌어져, 결국 형 집행은 중단될 수밖에 없었다. 추후 조사 결과 장비를 설치할 때 실수가 벌어져 치사량의 고압 전류가 사형수에게 제대로 전달되지 않았다는 사실이 밝혀졌다.

교도소 측이 전기의자를 다시 설치하고 형 집행 영장을 재발행해 줄 것을 주지사에게 요청하는 동안 이 사건에 대해 알게 된 버트란드 드블랑Bertrand DeBlanc이라는 젊은 변호사가 윌리 프란시스를 대신하여 위헌 청원을 루이지애나주 법원에 제출하면서 상황은 더욱 복잡하게 되었다. 드블랑은 사고로 형 집행이 중단된 사형수를 다시 전기의자에 보내는 것은 동일한 범행으로 생명이나 신체에 대한 위협을 다시 받지 않는다는 일사부재리 원칙을 밝힌 수정헌법 제5조, 잔인하고 비정상적인 형벌을 금지하는 수정헌법 제8조를 위반한 것일 뿐 아니라 프란시스에게 사형선고를 내린 재판 자체도 그 편파성과 맹점으로 인해 헌법이 규정한 적법한 절차의 원칙 위반에 해당한다고 주장했다. 루이지애나주 최고 법원은 드블랑의 청원을 거부했으나, 그는 사건을 연방대법원의 심의까지 끌고 가는데 성공했다. 1946년 11월 변론을 들은 연방대법원은 이듬해 1월, 5 대 4로 프란시스를 다시 전기의자에 앉혀도 문제가 없다는 판결을 내렸다.

죄수의 불운까지 헌법이 책임질 순 없다
스탠리 리드 대법관 Justice Stanley Forman Reed

본 법정은 루이지애나주 형법에 따라 청원인 윌리 프란시스를 처형하는 것이 진정서에서 주장하듯 헌법 정신에 위반되는 행위인지의 여부를 판단하기로 한다.

얼핏 생각하면 피고인에게 같은 죄에 대해 반복해서 형벌을 내리는 것을 허용하는 일은 부조리해 보인다. 그러나 이미 내려진 유죄 판결에 대해 성공적으로 재심사를 끌어낸 경우라면 새로 열리는 재판에 대해 일사부재리는 적용되지 않는다. 헌법적 관점으로는 법률적 실수로 인하여 무기징역 대신 사형 판결을 받은 것으로 밝혀져 다시 재판을 받는 경우와 장비의 고장으로 집행되지 못했던 처형을 재집행하는 경우는 근본적으로 차이가 없어 보인다. 악의에 의한 것이 아닌 사고 때문에 형의 집행이 완료되지 못했을 경우 형벌의 이행을 위해 당국이 취하는 후속 조치로서의 사형 집행이 헌법의 일사부재리 원칙을 위배한다는 주장은 근거가 없다.

지금 진행되는 상황이 헌법적 의미에서 잔인하고 비정상적인 형벌에 해당한다는 주장의 근거 역시 희박하다. 우리 앞에 놓인 사건은 죽음에 이르게 하는 형벌 이외의 어떤 형벌에 대한 검토와도 관계가 없다. 현대 영미법 modern Anglo-American law 고유의 인도주의는 사형을 집행함에 있어 어떤 방식으로든 불필요한 고통을 가하는 것을 금지하고 있으며, 이러한 전통은 1688년 영국에서 제정된 권리장전 the Bill of Rights of 1688으로 부터 유래되었다. 실제로 미합중국 수정헌법 제8조의 문구와 영국 권리장전의 문구는 동일하다. 수정헌법 제14조의 적법한 절차 조항 역시 포괄적으로 정부가 잔혹한 방법으로 사형을 집행하는 것을 금지하고 있다. 청원인 측의 주장은 이미 1차 사형 집행 당시 사형수가 그 준비 절차에 따른 심리적 중압감을 겪은 터이기 때문에 그 절차를 또다시 반복하는 것은 잔인하고 비정상적인 형벌에 해당한다는 것이다. 그러나 헌법은 형벌을 집행하는 방식 고유의 잔인함으로부터 사형수를 보호할 뿐, 인도적으로 생명을 끊기 위해 고안된 방법에 부수적으로 동반되는 괴로움까지는 책임지지 않는다. 예측하지 못한 사고 때문에 사형 집행이 바로 이루어지지 않았다는 사실이 차후의 형 집행을 더욱 잔인한 것으로 만든다고는 생각되지 않는다. 이 경우 형의 재집행에 불필요한 고통이 수반되거나 그런 고통을 가할 불순한 의도가 있는 것도 아니다. 부득이한 사고의 피해자라고 할 청원인 프란시스의 상황은 예를 들면 감방에 화재가 났다던가 하는 상황에서 겪을 정신적 괴로움 및 육체적 고통과 마찬가지로 보인다. 따라서 청원인이 처한 곤경이 그 잔인성으로 말미암아 헌법적 권리가 거부되는 수준까지 올라갔다는 주장에 동의할 수 없다.

처음 사형 집행 때 당한 고통에 이어 다시 사형수의 목숨을 빼앗는 것이 수정헌법 제14조가 보장한 법에 의한 동등한 보호의 원칙에 위배되는 것이라는 청원인 측의 주장은 사형 집행이 한 번 실패한 뒤에 다시 사형을 집행하는 것이 원래의 사형보다 더욱 엄중한 형벌이 된다는 인식에 근거한다. 그러나 동등한 보호의 원칙은 사형장에서의 불미스러운 사고를 막을 방법이나, 담당 교도관의 불법적 행위로부터 죄수를 보호하는 것이 아니다. 법률은 사고를 막을 수는 없으며 사고로부터 모든 이를 동등하게 보호할 수도 없다. 일반적으로 동등한 보호의 원칙이 충족되었다고 할 수 있는 것은 법률이 모든 이들에게 공평하고 동일한 방식으로 집행되도록 최대한의 노력을 이룬 때이다. 루이지애나주 당국이 청원인 프란시스만 지목하여 평균 이상으로 불공평하게 다루었다고 가정할 근거도 없다.

결론적으로 우리는 청원인의 헌법적 권리가 침해되었다고 결론을 내릴 만한 어떤 증거도 보지 못했다. 루이지애나주 최고 법원의 판결을 확인한다.

같은 죄로 두 번 전기의자에 앉히는 것은 어느 나라의 법인가?

해롤드 버튼 대법관 Justice Harold Burton

루이지애나 주지사가 청원인 윌리 프란시스를 전기처형하기 위한 집행 영장을 재발행할 의사를 피력한 가운데 청원인은 지금과 같은 특수한 상황에서 형의 집행은 수정헌법 제14조의 적법한 절차의 원칙을 위반할 만큼 잔인하고 비정상적인 형벌이 된다고 주장하며 본 법정에 심의를 요청해 왔다.

청원인에 대한 사형 집행 재개가 위헌적인지의 여부를 판단하기 위해서는 합법적 전기처형과 현재 제안된 처형 절차를 비교해보지 않으면 안된다. 이 둘의 차이는 즉각적인 죽음과 나눠서 겪는 죽음의 차이라고 하겠다. 여기서 나눠서 겪는 죽음이란 사형수의 의식이 완전히 깨어 있는 상태에서 한 번 혹은 여러 번의 간격을 두고 연거푸 시행되는 전기충격에 의한 사망을 가리킨다. 사형수를 즉사시킬 수 있다면 전기처형은 헌법의 적법한 절차 조건을 충족시킨다고 할 수 있다. 루이지애나주 최고 법원은 법률이 정한 방식으로 집행된 전기처형은 교수형보다 인도적이라고 판결한 바 있다. 인도적 사형 집행이란, 집행 과정이 즉각적이

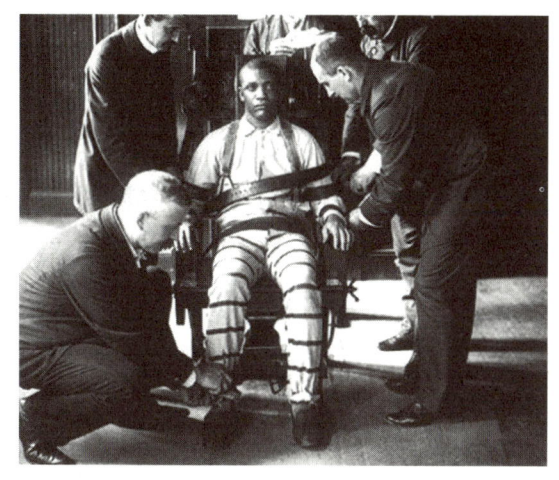

전기의자에 앉은 사형수와 집행관들.
William Van Der Wade : Library of Congress

고 고통을 동반하지 않아 처벌이 죽음 이외에는 다른 어떤 고통도 사형수에게 부여하지 않는 상태를 일컫는다. 전기처형은 사형수가 겪는 고통을 제거하는 최선의 방편으로서 승인된 방식이다.

루이지애나주 관련 법률은 전기처형이란 죽음에 이르기에 충분한 강도의 전류를 죽음이라는 결과가 나올 때까지 지속적으로 적용하는 것이라고 명확히 규정하고 있다. 사형에 대한 규정은 기록된 그대로 엄격하게 이해되어야 한다. 전류를 두 번, 세 번, 혹은 여러 차례에 걸쳐 흘려보내도 무방하다고 암시하거나 그렇게 생각할 여지를 남기는 단서는 규정 어디에도 없다. 사형 집행을 여러 차례에 나눠 실행하는 것을 법정이 허락한 선례도 존재하지 않는다. 관련 법규에는 며칠의 간격은커녕 단 몇 분 사이의 간격으로도 비연속적인 또는 반복되는 방식으로 전류를 사형수의 신체에 흐르게 하는 방식을 허락하는 내용은 없다. 지금 문제가 되는 사건의 경우 비록 1차 시기 형 집행의 실패가 의도한 것이 아니더라도 다시 형을 집행해서 전류를 흘려보내는 것은 분명 의도

적인 것이다. 도대체 몇 차례의 고의적이고 의도적인 전류의 사용이 위헌적인 처벌에 해당할 만큼 잔인하고 비정상적인 것일까? 관련 법규가 규정하는 단 한 차례의 지속적인 전류의 방출과 그 이외의 모든 방식 사이에는 분명한 선이 그어져야 하며, 한 번 이상 전류를 사용하는 방식이라면 어떤 방식이 되었건 우리는 잔인하고 비정상적인 것이라고 믿는다.

본 사건 관련 기록에 따르면 사형수 프란시스가 사형장에서 겪은 것은 분명 극심한 정신적 고통 그 이상이었다. 청원서의 내용에 따르면 사형장에 참석한 증인들 앞에서 사형 집행인이 스위치를 올려 전류가 프란시스의 몸에 흘러 들어갔다. 이 내용이 사실이라면 사형 집행인이 오직 사망에 이르기에 충분한 강도의 전류를 사형수의 몸에 전달하도록 규정하는 루이지애나주의 전기사형 법조문에 따라 사형이 집행된 것으로 봐야 한다. 지금 당국이 계획하고 있는 사형집행 재개는 결론적으로 사형수에게 사망에 이르게 할 강도의 전류를 다시 한 번 보내는 행위로서 이것은 관련 법률이 규정하는 형벌의 범위를 넘어서는 것으로 전례 없는 일이다. 이런 행위가 잔인하고 비정상적이며 불법적인 행위가 아니라면 어떤 행위가 거기에 해당 될 것인가?

1차 사형 집행 때 치사량 이하의 전류를 흘려보낸 행위에 고의성이 없었다는 주장은 별로 중요하지 않다. 사형 집행인의 의도 혹은 의도의 결여가 사형수가 당한 고통을 감소시키거나 이미 벌어진 결과를 정당화시킬 수는 없다. 형 집행에서 불미스러운 사고가 일어나지 않도록 만전을 기하는 것은 법률로 정한 교도관들의 임무다.

우리는 주 당국의 사형 집행 재개는 위헌적이며 사실 정황으로 볼 때 루이지애나주 최고 법원의 결정은 무효화되어야 한다고 믿는다.

윌리 프란시스와 전기의자의 운명

　　　　최초로 도입된 후 지금까지 미국에서 전기의자로 처형된 사형수의 숫자는 4,300여명에 달하며,[2] 이 가운데는 레온 프랭크 니먼Leon Frank Nieman, 루스 스나이더Ruth Snyder, 로젠버그 부부the Rosenbergs, 테드 번디Ted Bundy 등 유명 인사들이 다수 포함되어 있다. 무정부주의자였던 레온 프랭크 니먼은 미국 25대 대통령 윌리엄 맥킨리William McKinley Jr.를 암살한 뒤 체포되어 1901년 처형되었다. 뉴욕시의 가정주부였던 루스 스나이더는 정부와 짜고 남편을 살해한 혐의로 체포되어 1928년 처형되었는데 당시 뉴욕의 한 신문 기자가 카메라를 사형장까지 밀반입해서 전류가 스나이더의 몸을 흐르고 난 직후의 순간을 포착한 사진을 찍어 일간지의 표지에 실리도록 하면서 엄청난 센세이션을 일으킨 바 있었다.[3] 냉전 시대 소련에 핵무기 관련 정보를 넘긴 간첩 혐의로 사형 선고를 받은 유태계 미국인 로젠버그 부부는 1953년 6월 19일 뉴욕의 싱싱 교도소에서 10분 간격을 두고 사형에 처해졌는데, 남편 줄리어스 로젠버그는 1차 시기에 즉사했으나 아내 에설은 한 번에 절명하지 않아 사망 선고가 내릴 때까지 수차례에 걸쳐 충격을 가해야 했다. 수십 명의 여성을 강간 살해한 미국 역사상 최악의 연쇄살인범 중의 한 명인 테드 번디 역시 1989년 플로리다에서 전기의자로 처형

---

[2] Craig Brandon ; 『The Electric Chair : An Unnatural American History』 1999 ; McFarland & Company, Inc. ; p.2
[3] 루스 스나이더와 정부 헨리 저드 그레이Henry Judd Gray는 한때의 연인답지 않게 법정에서 살인죄를 서로에게 전가시키려고 혈안이 되었던 것으로도 유명한데 결과적으로는 둘 다 유죄 판결을 받고 처형되었다. 다수의 하드보일드 소설, 영화 등이 이 사건에서 모티브를 얻었으며, 1980년대 세계적으로 인기를 끌었던 브루스 윌리스 · 시빌 세퍼드 주연의 TV 쇼 〈블루문 특급Moonlighting〉 가운데 "The Dream Sequence Always Rings Twice"라는 유명한 에피소드 역시 이 사건에서 모티브를 얻었다.

되었다.

전기의자로 처형된 모든 사형수들 가운데 1년의 간격을 두고 두 번이나 사형 집행을 받은 경우는 윌리 프란시스가 유일하다. 연방대법원 판결이 나온 지 약 5개월 뒤인 1947년 5월 9일 윌리 프란시스에 대한 두 번째 처형이 집행되었다. 이번에는 2,500볼트의 고압 전류가 실수 없이 프란시스의 몸에 흘렀고 곧 이어 사망 선고가 내려졌다.

프란시스 사건에 대한 연방대법원 심의 과정에서 대법관들의 의견은 한동안 4 대 4로 팽팽하게 대립하다가 주의 자치권 문제를 중요하게 여긴 펠릭스 프랑크퍼터 대법관Justice Felix Frankfurter이 사형 집행 재개를 합헌으로 판단하는 캐스팅 보트[4]를 행사하면서 판결이 이루어졌다. 개인적으로는 사형반대론자였던 프랑크퍼터는 대법원 판결 직후 루이지애나 주지사에게 프란시스를 사면해 줄 것을 로비하는 등 다소 모순적인 행동을 보인 것으로 알려져 있다.[5] 처형 당시 17세의 아주 어린 나이였고 흑인이었다는 점 때문에 윌리 프란시스는 오랫동안 미국 인권 운동의 아이콘 비슷한 대접을 받았으며 이 사건을 흑인 인권의 관점에서 다룬 〈윌리 프란시스는 다시 죽어야 한다Willie Francis Must Die Again〉라는 다큐멘터리 영화가 제작되기도 했다.

한편 프란시스 사건 이후 시간이 갈수록 전기의자는 효과적이며 인도주의적인 사형 방식이라는 처음의 취지가 무색하게 점점 으시시한 사형 도구라는 이미지가 강해졌다. 각 지역 교도소에 설치된 전기의자를 부르는 옐로우 마마Yellow Mama, 올드 스파키Old Sparky, 그루섬 거

---

[4] 합의제 의회에서 표결 결과 가부동수인 경우에 의장이 가지는 결정권을 말하며 의장이 표결권 또는 결정권을 갖는 것은 각 합의체의 규칙과 관습에 따라서 다르다.

[5] Gilbert King ; 『The Execution of Willie Francis : Race, Murder and the Search for Justice in the American South』 2009 ; Basic Civitas ; p.204~205

티Gruesome Gertie 등의 별명은 전기의자에 대한 일반의 정서를 잘 대변한다고 하겠다.[6] 또한 프란시스와 같은 황당한 상황은 다시 일어나지 않았지만 이 사건 이후로도 형 집행 때의 크고 작은 사고는 끊이지 않았다. 그러자 1997년 플로리다주에서는 레오 알렉산더 존스Leo Alexander Jones라는 사형수가 형 집행 과정에서 종종 일어나는 사고를 문제 삼아 플로리다주의 전기의자형 자체가 헌법이 금지하는 잔인하고 기이한 형벌에 해당한다고 주장하며 소송을 제기하기에 이르렀다. 비록 사건은 플로리다주 최고 법원이 4 대 3으로 전기의자형에 위헌적 요소가 없다고 판결하는 것으로 마무리됐지만 전기의자형이 호러 픽션의 소도구로나 어울릴 구시대의 유물로 전락했다고 일갈한[7] 소수 의견의 주장은 시의적절한 것이었다.

1980년대 독극물 주사에 의한 처형 방식이 도입되면서 전기의자에 의한 사형 방식은 점차 쇠퇴했고, 한때 미국 50개 주 가운데 과반수가 채택할 만큼 인기(?)를 누리던 전기의자형은 2011년 현재 앨라배마주와 플로리다주를 비롯한 몇몇 주에서 겨우 명맥을 유지하고 있다.

---

6 윌리 프란시스는 바로 Gruesome Gertie(소름끼치는 소녀 거티)에 앉아 처형당했다.

7 프랑켄슈타인 남작의 실험실까지 언급한 의견서의 실제 구절은 다음과 같다. "Execution by electricity is a spectacle whose time has passed (...) Florida's electric chair, by its own track record, has proven itself to be a dinosaur more befitting the laboratory of Baron Frankenstein than the death chamber of the Florida State Prison." Craig Brandon ; 『The Electric Chair : An Unnatural American Histoty』 1999 ; McFarland & Company, p.3

02 범죄 용의자의 권익은 어디까지 보호 받아야 하는가?

- **범죄 용의자 미란다 vs 애리조나주 당국 :** Miranda vs Arizona (1966)

"자네 그 친구에게 미란다 경고를 읽어 주는 걸 잊어버렸더군. 근데 미란다 경고가 뭔지는 아나?"
_ 영화 〈21 점프 스트리트21 Jump Street〉에서 경찰서장의 대사

어느 변호사의 참신한 발상

미국 범죄 드라마나 영화에서는 경찰관이 용의자에게 총을 겨눈 채 또는 수갑을 채우면서 "당신은 묵비권을 행사할 권리가 있다"로 시작되는 일련의 경고 사항을 읊조리는 장면을 종종 볼 수 있다. 이것은 실제로 경찰이 취조에 앞서 피의자에게 알려 주는 미란다 경고Miranda Warning를 표현한 것이다. 미란다 경고의 구체적인 내용은 범죄 피의자는 묵비권을 행사할 권리가 있으며 피의자의 진술이 법정에서 그에게 불리한 증거로 사용될 수 있다는 사실과 변호인을 선임할 권리가 있다는 것 등이다. 범죄 피의자의 인권이라는 관점에서 기념비적인 의미가 있는 이 미란다라는 명칭은 훌륭한 법조인이나 인권 운동가의 이름이 아닌 '미란다'라는 이름을 가진 흉악범으로부터 유래됐다.

1963년, 미국 애리조나주의 도시 피닉스에서 멕시코계 미국인 에르네스토 미란다Ernesto Miranda가 18세 소녀를 납치·강간한 혐의로 체포되어 경찰의 조사를 받게 되었다. 경찰서에서 행해진 2시간 가량의 심문 과정에서 미란다는 범행 일체를 자백하고 스스로 구술한 내용이 적힌 진술서에 서명까지 했다. 추후 조사에서 밝혀졌듯이, 심문 도중 강압적 수사가 행해진 증거는 전혀 없었으며 미란다의 자백은 전적으로 자발적인 것이었다. 미란다는 즉각 재판에 회부되었으나 무일푼의 건달이었던 관계로 변호사를 고용할 형편조차 되지 않았다. 법원은 이런 미란다를 위해 국선 변호사를 선임했는데, 미란다 경고는 바로 이 국선 변호사 알빈 무어Alvin Moore의 참신한 문제제기가 결실을 맺은 것이었다. 재판 당시 이미 70세가 넘어 거의 현업에서 은퇴하다시피 했던 무어였지만, 대개의 국선 변호인들이 피고인 대리인으로 구색을 맞추며 상식선에서 적당히 변론을 펼치고 마는 것에 비해서 그가 당시 법정에서 보여준 모습은 전혀 다른 것이었다. 당연히 미란다의 유·무죄 여부

범죄 용의자를 연행하는 경찰. 미국에서 범죄 용의자의 구속 수사에는 많은 제약이 있다.
Photo credit : Cristal Craig

에 변론의 초점이 맞추어질 것이라는 검찰의 예상과는 달리 무어는 완전히 새로운 논리를 개발해 냈다. 그는 미란다가 스스로에게 불리한 증언을 하는 것을 금지하고 변호사의 조력을 받을 권리를 명시한 미국 수정헌법 제5조의 내용을 알 턱이 없음에도 불구하고 심문에 앞서 수사관들이 이와 같은 사실을 미리 통보하지 않았기 때문에 그러한 권리를 모르는 상태에서 이루어진 미란다의 자백은 처음부터 증거로 채택될 수 없다고 주장했다. 즉, 자신에게 불리한 자백을 하지 않을 권리가 있다는 사실을 미란다가 처음부터 인지했더라면 그렇게 쉽게 범행을 털어놓지는 않았을 것이므로 그 과정에서 미란다의 헌법적 권리가 무시되었다는 것이다.

무어의 이러한 창의적인 변론에도 불구하고 애리조나주 법정은 미란다의 자백이 강압에 의해 이루어진 증거가 없다며 검찰의 손을 들어주었고, 진술서가 유효한 증거로 채택되어 미란다는 결국 납치와 강간죄가 모두 인정되어 30년 징역형을 선고 받았다. 그러나 이 사건이 범죄 피의자의 인권 문제에 상징적인 사례가 되어 전국적인 반향을 불러일으키면서 상황은 반전되었다. 사건이 유명세를 타고 애리조나주 대법원을 거쳐 마침내 연방대법원까지 올라가게 된 것이다.

범죄 피의자에게 주어진 헌법상의 권리, 구속 심문이 피의자의 심리와 정서에 미치는 영향, 범죄 피의자의 인권과 사회의 안전 중 어느 것이 우선되어야 하는가 등의 문제에 대한 열띤 토론이 오간 끝에 연방대법원은 결국 5 대 4, 간발의 차로 무어와 미란다의 손을 들어주었다.

피의자의 헌법적 권리를 존중하라

얼 워렌 대법원장Chief Justice Earl Warren

본 법정은 구속 심문custodial interrogation을 받은 피의자로부터 획득한 진술이 법정에서 증거로서의 효력을 가지는데 필요한 조건, 그리고 스스로에게 불리한 증언을 할 수 없도록 하는 수정헌법 제5조의 권리를 수사 과정에서 피의자에게 보장하는 절차의 필요성이라는 문제를 다루고자 한다. 결론부터 말하면 우리의 판결은 다음과 같다. 검찰은 수사관이 피의자가 스스로에게 불리한 진술을 강요받지 않을 권리를 보장하는 절차를 먼저 이행한 뒤 수사에 임했음을 증명하지 못하면 구속 심문으로부터 획득한 진술을 법정에서 합법적 증거로 이용할 수 없다.

여기서 말하는 구속 심문이란 범죄 행위를 저지른 것으로 의심 받는 개인이 구속이나 기타의 방식으로 행동의 자유를 심각하게 박탈당한 채 수사관들에 의해 이루어지는 질문 행위를 말한다. 구속 심문 절차 속에서 피의자의 권익을 위한 보호 장치를 보장하기 위해서는 다음과 같은 조치가 요구된다 ; 심문을 시작하기에 앞서 피의자는 (1)묵비권을 행사할 권리가 있으며 (2)피의자의 진술이 법정에서 불리한 증거로 사용될 수 있으며 (3)심문 받을 때 피의자의 개인 변호사 혹은 국선 변호사의 출석을 요구할 권리가 있음을 고지 받아야 한다. 피의자가 자발적으로 이 모든 권리를 포기할 수는 있다. 하지만 그가 심문을 받는 도중에 언제라도 질문에 대한 대답에 앞서 변호사와 상담하고 싶다는 의사를 표현하면 심문은 변호사의 출석 없이는 더 이상 진행 될 수 없다.

고문이나 물리적 폭력 등 직접적인 물리적 위협이 없다고 하더라도 구속 심문을 통해 의도했던 결과를 얻지 못한 수사관이 용의자에게 구사할 수 있는 술수는 다양하다. 예를 들면 피의자에게 선의를 가장해서 일부러 잘못된 법률 자문을 해준다거나, 피의자의 불안한 심리상태나 험악한 주변 분위기를 악용하여 계속해서 자백이 이루어지도록 압박하는 것 등이다. 따라서 구속 심문 과정에서 필연적으로 조성되는 강압적 분위기를 최소화하기 위한 적절한 보호 장치가 사전에 준비되지 않은 상태라면 피의자로부터 획득한 어떠한 진술도 피의자 본인의 자유로운 의사표현의 결과라고 말하기는 어려운 것이다.

 본 법정은 현행 구속 심문 방식에는 범죄 혐의로 입건된 피의자들이 개인의 저항 의지를 억압하고, 평소같은 분위기라면 밝히지 않았을 사항까지 고백하도록 강요하는 강압적 요소가 분명이 존재한다고 결론짓는다. 피의자가 이런 압력에 저항하여 스스로에게 불리한 증언을 하지 않을 헌법상의 기본권을 행사할 기회를 제공하려면 피의자에게 그러한 권리가 있음을 적극적으로 알리고 권리의 행사를 전적으로 존중해야 한다.

 본 법정은 이번 판결로 범죄 수사에 있어 수사관의 전통적인 직무 기능을 방해할 의도는 전혀 없다. 우리 대법관들이 수사를 통해 얻은 진술을 다루는 데 있어 모든 자백이 다 인정될 수 없다고 판단하는 것은 아니다. 특정한 강압적 영향 없이 자유롭게 자발적으로 이루어진 진술은 물론 증거로 채택될 수 있다. 피의자가 구속 심문을 받을 때 누리는 기본권의 핵심은 헌법이 보장하는 권리에 대해 통보를 받거나 변호사의 동석 같은 혜택 없이 피의자가 경찰과 의사소통을 할 수 있는가 등이 아니라, 그가 기본적으로 심문을 당하지 않아야 한다는 것이다. 따라서 경찰서에 스스로 걸어 들어와 죄를 자백하고 싶다고 말하는 사람 또는 경찰에 전화를 걸어 자백이나 기타의 진술을 제안하는 사람을 경찰이 굳이 막아설 의무는 없다. 수정헌법 제5조가 금지하고 있지 않은 어떤 종류의 자발적인 진술과 그 증거 인정 여부도 본 법정의 오늘 판결에 영향을 받지 않는다.

어떤 자백이 진정한 자백인가?
바이런 레이먼드 화이트 대법관Justice Byron Raymond White

본 법정이 내린 결정은 오직 강요를 받아 스스로에게 불리한 진술을 하는 상황만을 금지하는 수정헌법 제5조의 문구가 강제하는 바도, 권고하는 바도 아니다. 다수 판결에 따르면 구속 심문은 본질적으로 강압적 분위기를 조성하기 때문에 피의자의 인권을 보호하는 적절한 제도가 확립되어 있지 않으면 구속 중의 피의자에게서 얻어낸 진술은 진정한 의미에서 본인의 자유로운 선택의 산물일 수 없다는 것이다. 하지만 구속 심문 도중 공격적 심문 기술이 이따금 비자발적인 자백을 유도할 가능성이 있다고는 해도 모든 자백이 그러한 심문 기법의 산물이거나 비자발적으로 강제된 결과인 것은 아니다. 백번을 양보해서 구속 심문에서 나온 자백이 모두 강압에 의한 산물이라고 결론지을 근거가 있다고 가정하더라도 다수 대법관들이 제안한 규칙은 여전히 비이성적이다. 왜냐하면 그들의 논리는 피의자가 변호사의 조언을 받을 권리에 대해 고지를 받은 다음 그 권리와 함께 스스로에게 불리한 증언을 하지 않아도 되는 권리를 포기한다면 심문 고유의 강제성이 저절로 없어진다고 주장하는 것이나 마찬가지이기 때문이다.

예를 들어 피의자가 자신의 권리에 대한 경고를 받지 않은 상태에서

"당신은 어제 밤 어디에 있었습니까?"와 같은 기본적 질문에 대답하는 것이 강압에 의한 것이라고 한다면 피의자가 변호사와 상담하기를 희망하는가의 여부를 묻는 질문에 대해 혹시라도 "아니요, 그럴 필요 없습니다"라고 대답할 경우, 그조차도 강압에 의한 것이 아닌 100퍼센트 자발적으로 이루어진 대답이라고 생각할 근거는 어디에 있는가? 그리고 만약 변호인이 동석했음에도 불구하고 피의자가 심경의 변화를 일으켜 불쑥 자백을 해버리거나 오히려 변호인이 피의자에게 사실을 말하라고 다그쳐서 피의자가 그 조언에 따라 자백을 한다면 그러한 상황은 피의자의 입장에서 볼 때 조금이나마 덜 강압적이란 말인가?

수정헌법 제5조는 피의자 본인이 강제 당하는 상황을 다룬다. 문제는 그의 자유 의지다. 자백이나 스스로에게 불리한 사실의 인정이 그 자체로 금지된 증거는 아니다. 강압에 의한 것만이 금지됐을 뿐이다. 본 법정이 이러한 차이점에 대해 연구했는지 의심스럽다. 요약하자면 수사관 심문 절차의 위협적인 분위기에 대해서는 야단법석을 떨면서 정작 법정은 스스로 도출한 결론이나 채택한 해결책에 대한 어떤 논리적 근거 제시에도 실패하고 말았다. 뿐만 아니라 자백 및 거기까지 이르는 과정이 피의자에게 정말 해로운 것인지조차 불확실하다. 오히려 자백 행위에는 피의자에게 심리적 해방감을 제공하고 재활의 전망을 밝게 하는 기능도 있지 않을까?

법원이 정하는 규칙이 사회 전체에 과연 어떤 결과를 가져올지를 미리 가늠해 보는 것도 중요한 일이다. 피의자의 인격적 존엄성만이 전부가 아니다. 사회의 모든 구성원들의 인격 또한 존중되어야 한다. 따라서 헌법에 명시된 권리에 반영된 가치만이 유아독존 할 수는 없다. 공동체의 안전에 대한 이해관계도 똑같이 중요하다.

어떤 형태의 정부가 됐건 가장 기본적 기능은 개인과 그 개인의 자산을 보호하는 것이다. 대개의 경우 범죄 방지를 목표로 삼는 형사법은 이러한 공공의 목적에 봉사한다. 오늘 발표된 규칙은 형사법의 기능을 심각하게 약화시킬 것이다. 피의자에게 당연히 이루어져야 하는 심문을 억제하고 자백을 감소시키고 쓸데없이 재판 횟수만 늘리려는 고도의 음모가 있는 것은 아닌지 의심스럽기까지 하다.

오늘 내려진 수정헌법 제5조의 새로운 해석에 따라 검찰이 피의자의 자백을 증거로 사용할 수 없게 됨으로써 기존의 관행대로라면 유죄 판결을 받아 마땅한 많은 범죄 피의자들을 증거 불충분으로 법정에 세우지도 못하거나 방면하지 않으면 안되는 불상사가 계속 일어나리라는 것이 걱정되는 부분이다. 또한 무고한 시민이 경찰의 착오로 체포된 경우 예전 같으면 자신이 범죄 사건과 무관하다는 것을 간단하게 피력하고 풀려날 수 있었는데 앞으로는 변호사를 고용해서 자문을 받으며 경찰의 공식적인 조사에 임하는 법석을 떨지 않으면 안되게 되었다.

재판에 적용되던 기존의 기준에 따라 미란다의 자백이 자발적이었다고 판결하는 것이 옳다고 생각한다.

미란다 경고-안티히어로가 만든 미국적 전통

　　연방대법원의 미란다 대 애리조나 판결은 발표 직후부터 거센 논란에 휩싸였다. 짐작할 수 있듯이 경찰계의 반발이 가장 거셌는데 피의자에게 미란다 경고를 주는 것은 구속 심문을 시작하기도 전에 수사팀의 손발을 묶는 것이나 마찬가지 조치로 여겨졌기 때문이다. 그러나 1970~1980년대 미란다 경고 관련 사례들을 관찰한 여러 실증적 연구에 따르면 미란다 경고가 피의자의 자백 여부에 미치는 영향은 5%미만으로 화이트 대법관이 반대의견에서 펼친 불길한 예언과는 달리 그리 심각하지 않은 것으로 나타났다.[1] 물론 미란다 경고에 비판적인 측에서는 5%도 너무 많다고 주장하는 것이 사실이다.

　한편 미란다 대 애리조나 판결 이후 30여 년 간 연방대법원에 올라온 각종 관련 소송에 대한 후속 판결을 보면 대법관들이 미란다 경고의 원칙을 보존하려는 의지와 경찰 공권력의 운신의 폭을 넓혀주려는 배려 사이에서 오락가락한 흔적이 보인다. 1971년 연방대법원은 미란다 경고 없이 얻어낸 자백일지라도 피의자가 재판 과정 중에 스스로 증인으로 나설 경우에는 피의자의 증언을 반박할 수 있는 근거 자료로 자백을 이용할 수 있다고 판결했으며 Harris vs New York, 1980년에는 경찰의 심문이 시작되기도 전에 피의자가 갑자기 불쑥 자백을 할 경우 역시 미란다 경고 없이 얻어진 자백도 법정에서 증거로 사용될 수 있다고 판결했다. Rode Island vs Innis 뿐만 아니라 1990년에는 피의자가 상대가 수사관

---

[1] http://law.jrank.org

이라는 것을 모르는 상태에서 자발적으로 범행에 관해 떠벌리는 경우에는 굳이 수사관이 독백을 막아 세우고 자신의 신분을 밝힌 뒤 미란다 경고를 주지해야 할 의무는 없다고 판결하기도 했다.Illinois vs Perkins

그러나 연방대법원은 2000년에 올라온 디커슨 대 미합중국 정부 Dickerson vs United States 소송에서 의회가 피의자가 자발적으로 제공한 자백의 경우에는 미란다 경고의 제시 여부에 관계없이 증거로 받아들일 수 있도록 규정한 연방 코드 3501을 제정한 것은 미란다 경고 속에 반영된 헌법 정신을 위반하는 것이라고 판결함으로써 다시 미란다 판결 당시의 원칙을 강조하는 쪽으로 급선회했다. 디커슨 사건의 판결은 7 대 2라는 결과가 보여주듯 연방 대법관들이 보수와 진보의 스펙트럼을 초월하여 미란다 원칙에 대해 공감을 나누고 있음을 보여준다. 판결 당시 대법원장이었던 윌리엄 렌퀴스트 대법관이 판결문에서 미란다 경고가 이미 미국 문화의 한 부분이 되었다고 선언한 것 역시 그러한 분위기의 반영이다. 2004년 미주리주 당국 대 사이버트Missouri vs Seibert 소송에서도 역시 연방대법원은 수사관들이 미란다 경고의 의무 사항을 지키면서도 보다 효과적으로 피의자의 자백을 끌어내기 위해 고안한 조사 기술[2]이 잘못되었다고 판결을 내림으로써 또 한 번 미란다 원칙에 대한 지지를 천명하게 된다.

한편 이렇게 수십 년간 연방대법원을 바쁘게 만든 장본인 에르네스토 미란다의 운명은 그 후 어떻게 되었을까? 연방대법원 판결 이후 그의 행적은 픽션 속에 등장하는 어떤 안티히어로antihero보다 허망하

---

[2] 문제가 된 미주리주 경찰이 고안한 방식은 1)먼저 범죄 용의자의 자백을 얻는다. 2)미란다 경고를 알려 준다. 3)피의자가 이미 자백을 했다는 사실을 강조하며 미란다 경고를 통해 고지 받은 권리들을 포기하도록 유도한다.—는 식이다. 연방대법원은 이 방식은 미란다 경고의 근본정신을 훼손하는 꼼수로 판단했다.

다. 연방대법원의 판결 뒤 애리조나 검찰 측은 이번에는 미란다의 자백에 근거하지 않고 증인들의 증언과 기타 증거물에 의거해서 미란다를 1967년에 다시 재판에 회부, 결국 유죄 판결을 받아내는데 성공했다. 미란다는 30년 형을 받고 복역하다가 1972년 가석방되었고 이후 몇 년간 피닉스에서 미란다 경고가 적힌 카드에 자신의 싸인을 넣어 팔면서 돈을 벌기도 했으나 결국 1976년 술집에서 다른 취객과 사소한 문제로 말다툼을 벌이다 칼에 찔려 살해되었다.

철저하게 밑바닥의 삶을 살다 간 미란다의 이름이 연방헌법이 보장하는 개인의 권리와 관련한 가장 유명한 규범으로 영생을 얻은 것은 실로 아이러니하다. 오늘도 미국 전역의 경찰관들은 수사에 앞서 범죄 피의자들에게 미란다 경고를 읊조린다. "당신은 묵비권을 행사할 권리가 있으며……"

03 흑인 노예는 인간인가, 아닌가?

● **노예 드레드 스콧 vs 주인 샌포드 :** Dred Scott vs Sanford (1856)

만약 노예제도가 잘못된 것이 아니라면 세상에 잘못된 것이라곤 아무 것도 없으리라.
_에이브러햄 링컨Abraham Lincoln (미국 16대 대통령)

노예제 – 분열의 씨를 품은 시한폭탄

영국의 식민지 시대까지 유래가 거슬러 올라가는 미국의 노예제도는 이미 독립운동 당시부터 뜨거운 논란에 휩싸인 문제였다. 당시 상공업과 금융이 발달한 북부의 주들은 대체로 노예제도에 대해 부정적이었던 반면, 담배와 목화 등을 재배하며 대규모 농장 중심의 경제활동과 귀족적 상류 사회를 유지하는데 노예의 역할이 컸던 남부의 주들은 노예제를 지지했다. 노예 문제를 놓고 각 주의 이해관계가 첨예하게 대립하자 연방의 분열을 막기 위해 독립운동 지도부는 이 문제를 영국과의 전쟁 기간 동안 덮어 두기로 했다. 그 당시로서는 내부의 단결을 위해 어쩔 수 없는 결정이었지만 이는 노예 문제가 두고두고 연방의 골칫거리가 되는 계기를 만들었다.[1]

독립 직후 펜실베이니아주, 코네티컷주, 뉴욕주, 뉴저지주 등이 노예제도를 공식적으로 폐지했으나 버지니아주, 메릴랜드주, 조지아주, 캐롤라이나주 등은 여전히 노예제를 유지하면서 남북의 갈등은 더욱 깊어만 갔다. 뿐만 아니라 처음 13개 주로 시작한 미합중국이 유럽 열강의 식민지였던 미 대륙 서부의 각 지역을 연방에 속속 편입시키면서 이들 지역에 노예제도를 허용할 것이냐의 여부 역시 뜨거운 정치 문제로 부각되기 시작했다. 이런 상황에서 노예제도 지지파와 반대파의 협상 결과 1820년 미 의회는 미주리주를 제외하고는 북위 36도 30분 위쪽의 모든 지역에서 노예제도를 금지하는 법령을 발표했는데 이를 미주리 타협Missouri Compromise이라고 한다. 미주리 타협으로 노예 문제는 잠시 수면 아래로 잠복하는 듯 했지만 폭발이 잠시 연기된 시한폭탄처럼 위태로운 상황이라는 사실은 누구나 감지할 수 있었다. 그리고 이 시한폭탄의 안전핀이 뽑히는 계기가 된 것이 1857년 연방대법원에서 결정된 드레드 스콧 대 샌포드Dred Scott vs Sandford 사건이었다.

드레드 스콧과 그의 아내는 군의관 존 에머슨 박사Dr. John Emerson 소유의 흑인 노예로 주인을 따라 미국 여러 지역의 군부대를 전전하는 생활을 했다. 에머슨 박사는 미네소타주의 포트 스넬링과 일리노이주의 록 아일랜드에 있는 군사 기지로 전속될 때도 스콧 부부를 데리고 갔는데 이곳은 모두 미주리 타협에서 북위 36도 30분 위쪽에 해당하는 지역으로, 노예 해방 구역이었다. 에머슨 박사는 퇴직한 뒤 미주리주에 정착했으며 그가 사망한 뒤 드레드 스콧은 에머슨 박사의 미망인 아이린 에머슨Irene Emerson을 위해 열심히 일하여 드디어 자신의 자유를 사기 위한 충분한 돈을 모았다. 그러나 에머슨 부인이 돈과 자유를 바꾸

---

1 미국 노예제도의 기원은 일반적으로 생각하는 것보다 상당히 복잡하다. 실제로 미 대륙 이민 초기 여러 루트를 통해 건너 온 흑인들이 모두 노예였던 것은 아니었고 경우에 따라서는 자발적으로 계약에 의해 주인에게 수년 간 봉사한 뒤 돈과 자유를 얻는 이른바 조건부 계약 노예인 경우도 많았다. 노예상으로부터 수입된 노예들과 그 후손, 조건부 노예였다가 계약 조건을 이행하지 못하고 평생 주인의 손에서 벗어나지 못하게 된 경우 등 점차 여러 이유로 영구히 노예가 되는 사례가 늘어나면서 노예제도는 갈수록 공고해져 갔다.

겠다는 제안을 거절하자 스콧은 미주리주 순회 법원에 소송을 제기했다. 법원은 스콧의 손을 들어 주었으나 에머슨 부인은 즉각 항소했고, 미주리주 최고 법원은 하급 법원의 판결을 뒤집었다. 그러나 스콧은 여기에 굴하지 않고 노예폐지론자들의 지지를 업고 1856년 드디어 사건을 연방대법원까지 끌고 가는데 성공했다.

자신의 주인을 상대로 자유를 찾기 위해 소송을 벌인 흑인 노예 드레드 스콧Dred Scott의 초상화

스콧 측의 주장은 에머슨 박사가 스콧의 가족을 노예제도가 금지된 미네소타주와 일리노이주로 데리고 간 시점에서 그들은 이미 노예로서의 지위에서 벗어났다는 것이었다. 반면 에머슨 부인 측의 주장은 주인이 피치 못할 사정으로 노예를 노예 제도가 금지된 지역으로 데려가는 경우까지 의회가 간섭하는 것은 주인의 재산 소유권에 대한 침해일 뿐 아니라 스콧은 노예이지 미국 시민이 아니기 때문에 연방 법원에 자신의 주인을 상대로 소송을 제기할 자격이 없다는 것이었다. 사건이 연방대법원으로 옮겨가는 사이 에머슨 부인이 동생 존 샌포드John Sanford를 죽은 남편의 재산 관리인이자 재판의 당사자로 지명하는 바람에 결국 사건은 스콧 대 샌포드라는 이름으로 연방대법원의 판결을 기다리게 되었다.

노예제도 반대파와 찬성파로 갈라져 전 미국이 주목하는 가운데 1857년 3월 연방대법원은 7 대 2로 노예제도에 힘을 실어주었다.

흑인 노예는 인간이 아니다

로저 태니 대법원장 Chief Justice Roger Taney

우리 앞에 놓인 문제는 이 나라에 수입되어 팔려온 조상을 둔 흑인 계급이 주권국가의 구성원으로서 선출된 대표를 통해 정부를 운영하는 국민의 한 축을 이룰 수 있느냐 하는 것이다. 우리는 그렇지 않다고 생각한다. 흑인들은 헌법에서 시민citizen이라는 어휘로 지칭한 계급에 포함되지 않으며 헌법이 제정될 당시 그들을 포함시킬 의도조차 없었기 때문에 그들은 미합중국 시민에게 보장하는 헌법상의 권리와 특전 가운데 어느 것도 주장할 자격이 없다.

지난 1세기 이상 유럽 각국에서 흑인은 백인과 사회적·정치적으로 교류를 갖기에는 적합하지 않은, 인류의 질서상 열등한 족속으로 간주되어 백인이 존중할 만한 어떤 권리도 가지지 못했으며 따라서 정당한 절차를 거쳐 합법적으로 노예의 신분으로 떨어지는 것이 스스로에게 도움이 되는 지경이었다. 이렇게 노예가 된 흑인은 보편적인 상품과 마찬가지로 이윤이 남는 경우라면 언제라도 사고 팔 수 있는 존재였다. 영국은 세계 어느 국가보다도 노예 매매에 광범위하게 관여하였으며 노예제와 관련한 영국의 관행은 자연스럽게 대서양 건너편에 세워진 식민지에도 영향을 미치게 되었다.

우리의 독립선언서 Declaration of Independence는 모든 인간은 동등하게 창조되었으며 창조주로부터 생명, 자유, 행복의 추구 등 양도할 수 없는 권리를 부여 받았다고 선언하고 있어서 얼핏 보기에 마치 전 인류를 아우르는 것처럼 보인다. 그러나 선언서를 기획하고 채택한 이들이 노예가 된 아프리카인을 그 인간 속에 포함하려는 의도가 없었다는 사실은 너무나 명백하여 논의할 가치조차 없다. 만에 하나 독립 선언서의 집필자들이 그 문서 속에서 규정한 인간에 흑인들을 포함할 생각이었다고 해도 당시의 상식으로 보면 흑인은 선언서 속에서 주창했던 인간의 자격으로서 거론한 자질과 너무도 어울리지 않았기 때문에 혹시라도 그런 의도가 알려졌다면 우리의 독립운동은 유럽 각국의 공감과 동정을 사기는커녕 웃음거리가 되어 면박과 배척을 받았을 것이다. 이러한 대중적 정서는 헌법이 채택될 때에도 마찬가지였기 때문에 헌법의 조항이나 언어를 통해서도 똑같이 드러나는 사실이다. 연방헌법은 그 적용 대상이 어떤 종류의 인간인지, 어떤 인간이 헌법상의 시민이자 국민의 일원으로서 자격이 있는지에 대한 정의를 내리고 있지 않은데 그 이유는 그 문제에 대한 이해와 합의가 당대에 너무도 확실하여 더 이상 무슨 설명을 하거나 정의를 내릴 필요조차 없었기 때문이다.

흑인에게 권리나 특전을 부여한다는 것은 헌법의 제정자들에게는 상상할 수도 없는 일이었음이 분명하다. 대규모로 노예를 보유한 주들이 시민이라는 말 속에 노예도 포함된다고 간주했다고는 믿어지지 않는다. 이 주들은 노예들을 시민으로 환영하도록 강요하는 헌법이었다면 그 제정에 동의조차 하지 않았을 것이다. 따라서 연방헌법을 채택한 주들이 자체의 법령이나 규정을 통해 헌법이 창조한 정치적 공동체 속에 흑인이라는 새

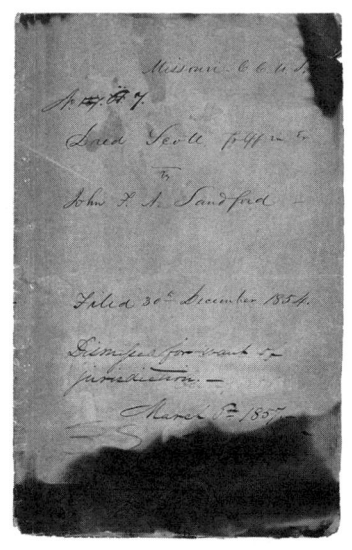

드레드 스콧 사건 판결문 원본 표지. 노예제에 관한 19세기 미국의 시각을 반영한 드레드 스콧 사건은 연방 대법원 역사상 최악의 판결로 꼽힌다.
Photo credit : National Archives

로운 구성원을 끌어들이려고 시도할 이유가 없다. 설령 특정 주 정부가 흑인을 그 주의 시민으로 만든다고 하더라도 그것이 자동적으로 연방헌법상의 시민의 지위를 부여하는 것은 아니다.

이러한 사항을 고려해 봤을 때 본 법정은 북위 36도 30분 위쪽의 합중국 영토에서 시민이 노예를 재산으로 소유하는 것을 금지시킨 의회의 법률은 실제로 연방헌법의 보장을 받지 못하기 때문에 무효이며 따라서 드레드 스콧과 그 가족이 북위 36도 30분 위쪽의 지역에 영주할 의도를 가진 주인의 뜻에 따라 옮겨졌다는 사실이 이들에게 자유를 부여할 수 있는 근거가 된다고 보지 않는다. 뿐만 아니라 단순히 그런 이유로 노예에게 자유를 부여하는 것은 정부가 적절한 보상 없이 노예 소유주의 재산을 강탈하는 것과 마찬가지이므로 역시 위헌적이라고 하겠다.

끝으로 항소서에 언급된 사실 관계를 볼 때 드레드 스콧은 연방헌법이 의도하는 의미로서의 미주리 시민이 될 수 없으며, 따라서 연방 법원에 소송을 낼 자격조차도 없다고 보아야 한다. 결론적으로 연방 순회법원 역시 본 사건에 대한 재판권이 없기 때문에 항소서에 대한 순회법원의 판결은 잘못되었다는 것이 본 법정의 의견이다.

 ## 흑인 노예 역시 영혼을 가진 고귀한 존재
존 맥린 대법관 Justice John McLean

각 주의 독자적인 법률 권한을 존중하는 것이 합중국의 단결을 유지하는 첫걸음이다. 각 주는 연방헌법이 보호하는 주권을 가지며 노예제도 역시 각 주에서 독자적으로 운영할 제도라고 할 수 있다. 본 사건에서 거론되는 일리노이주와 미주리주의 경우 일리노이주는 노예제를 금지하는 반면 그 바로 옆의 미주리주는 이를 허용한다. 만약 노예가 노예제가 금지된 주나 지역으로 주인의 뜻에 따라 동행한다면 노예가 주인을 모시지 않고 제멋대로 도망간 것과는 전혀 다른 경우다. 노예 제도가 지역적 법률의 제한을 받는 것이라면 어떻게 노예더러 노예제도가 금지된 지역에서 현지의 법률 조항을 무시하면서까지 불법으로 주인을 모시라고 강요할 수 있다는 말인가? 에머슨 박사는 다시 스콧 가족을 포트 스넬링에서 미주리주로 옮겼고 어떤 기준으로 보더라도 스콧의 자발적인 결정은 아니었다. 그는 자신의 자유 의지와는 상관없이 수동적으로 주인의 결정에 의해 이주한 것이다. 그는 도망치는 대신 명령에 순종했을 뿐이다. 스콧을 노예제도가 허용된 주로 돌아오도록 강요한 뒤 그것을 자발적인 행동이라고 우기면서 이를 근거로 이전의 노예 신분을 강요하는 행위는 법률에 대한 조롱이자 스콧의 권리에 대한 무시라고 하지 않을 수 없다. 어떤 이들은 노예란 가축이나 재물과 마찬가지로 주인이 가는 곳이면 미국 내 어디라도 따라가야 하는 신세라고 주장한다. 그러나 노예는 단순한 재산이 아니다. 노예 역시 창조주의 손길이 배인 인간으로 신의 율법과 인간의 법률에 순응하는 불멸의 영혼을 가진 존재인 것이다. 뿐만 아니라 유럽 시민법에 따르면 노예란 노예제도를 인정하는 특정 영토 내에서만 존재할 수 있으며 노예가 탈출을 하거나 영토 바깥으로 옮겨지는 경우가 발생하면 노예의 주인이라도 명문 조항이 없이는 그를 다시 자신의 소유로 만들 수 없다. 현재 유럽에서 도망친 노예를 원래 주인에게 돌려보내도록 의무화하는 민법이나 국법을 가진 나라는 존재하지 않는다. 또한 노예를 원래 주인에게 돌려보내도록 하는 의무 협정이나 다른 형식의 협약을 미국과 맺고 있지 않은 나라에 도착한 노예는 그 즉시로 자유인이 된다는 것이 상식이다. 따라서 프랑스, 스페인, 기타 유럽 각국에 파견되는 대사나 외교관의 경우 자신이 부리던 노예를 해방시킨 뒤에야 부임지로 데려갈 수 있었다.

다수 대법관들은 의회가 통과시킨 미주리 타협을 무효라고 선언하고, 다수 대법관들은 유색인종은 미국 사회가 동의하는 구성원이 아니며 헌법의 맥락 속에서 시민으로 간주될 만한 자격을 갖추지 못했다고 주장한다. 이것은 법률 문구에 근거한다기 보다는 인종 차별에 동조하는 대법관 개개인의 취향의 문제라고 본다.[2] 최근 멕시코와의 조약[3]에 의해 정부는 모든 계층, 자격 요건, 피부색을 막론하고 이전까지 멕시코 영토였던 현지의 거주민을 미국 시민으로 받아들였다. 루이지애나주와 플로리다주를 연방에 합류시킬때도 같은 결정을 내렸다. 이를 둘러싼 반대의견이나 법률 공방은 없었으며 그들 모두는 미국 시민으로서의 모든 권리를 당당히 행사해왔다. 본 법정은 유색인종이 한 주의 시민이 된다고 해도 연방헌법의 관점에서 본 연방의 시민은 아니기 때문에 연방 법원에 소송을 제기할 자격이 없다고 강변한다. 그러나 헌법은 연방 재판권이 다른 주 출신의 시민들 사이에 행사될 수 있다고 분명히 선언하고 있다. 따라서 헌법의 내용이 너무나 명백할 때는 불필요한 논쟁은 중지되어야 마땅하다.

미국의 독립은 자유의 역사 속에서 신기원을 이뤘고, 합중국 정부가

---

[2] 원문은 "This is more a matter of taste of than of law"
[3] 멕시코와의 전쟁에서 미국이 승리하면서 1848년 맺은 과달루페 이달고 조약Treaty of Guadalupe Hidalgo을 말한다. 협약을 통해 미국은 캘리포니아주, 텍사스주 뉴멕시코주, 애리조나주 등의 지역을 멕시코로부터 획득하면서 현지의 멕시코계 거주민들을 모두 미국 시민으로 받아들였다.

특별히 유색인종만을 위해 구성되었던 것은 아니었지만 정부 수립 당시 뉴잉글랜드주의 시민 가운데는 흑인들이 다수 포함되어 있었으며 그들은 투표권을 행사하기도 했다. 따라서 당시의 지성인이라면 누구라도 흑인들의 조건과 처우는 시간이 지남에 따라 개선될 것이라고 믿어 의심치 않았다. 세계 역사의 암흑기로 눈을 돌려 보면 흑인만이 노예였던 것도 아니다. 오늘 본 법정이 주장하는 것과 똑같은 논리와 원칙에 의해 백인들도 노예가 된 적이 있다. 피부색에 상관없이 모든 노예제도는 권력에 기인하고 있기 때문에 인간 본연의 권리에 반하는 것이다.

미주리주 최고 법원은 항소심에서 지난 24년 동안 준수해 오던 법령의 명문과 독립 주의 헌법을 무시했다. 하급 법원의 판결이 번복되어야 한다고 생각한다.

연방대법원의 자살골, 링컨의 등장, 전쟁의 시작

사건의 당사자 드레드 스콧은 판결 뒤 불과 수개월 만에 자유를 얻었다. 소송이 진행되는 사이 에머슨 부인은 정치가 캘빈 셰피 Calvin Chaffee 와 재혼했는데, 노예제 폐지론자였던 새 남편이 아내를 설득하여 스콧을 해방시키도록 손을 썼던 것이다. 하지만 꿈에도 그리던 자유를 얻은 스콧은 미처 그 자유를 즐길 틈도 없이 판결 다음 해인 1858년 결핵으로 숨지고 말았다.

한편 스콧 개인의 운명과는 상관없이 연방대법원 판결은 노예제를 둘러싸고 한창 타오르던 남북 간의 갈등에 기름을 붓는 격이 됐다. 판결 소식이 전해진 남부는 축제 분위기였지만 북부는 연방대법원이 머지않은 장래에 노예제를 금지하는 모든 북부 주들의 정책을 위헌으로 간주할지 모른다는 우려에 사로잡혔다.

스콧 대 샌포드 판결 후 약 1년 뒤, 일리노이주에서 혜성 같이 나타난 정치 신인이 당시 민주당 대선 후보로 거론되던 스티븐 더글러스 Stephen Douglas의 상원의원 직에 도전을 선언했는데 그가 바로 에이브러햄 링컨 Abraham Lincoln이다. 시카고에서 가진 유명한 연설에서 링컨은 "국민의 반은 노예이며 반은 자유인 상태는 지속될 수 없다"고 선언한 이후 줄기차게 스콧 대 샌포드 결정의 부당성을 비판하면서 지지층을 끌어 모았다. 링컨은 이때 획득한 전국적 명성을 기반으로 미국 역사상 최초로 4명의 후보가 난립한 채 치러진 1860년 대통령 선거에서 공화당 후보로 당선될 수 있었다. 링컨의 대통령 취임식 선서를 집전한 인물이 바로 스콧 대 샌포드 판결문을 대표 집필한 태니 대법원장이었다는 것은 거의 블랙 코미디 급이다. 링컨이 대통령으로 취임한 1861년 더 이상의 타협을 포기한 조지아주, 루이지애나주, 텍사스주 등 남부의 8개 주가 연방에서 탈퇴하여 남부 연맹을 조직하면서 미국은 공식적으로 남북으로 분열되었다. 그리고 같은 해 버지니아주, 노스캐롤라이나주 등 4개의 주를 추가로 더한 남부 연맹이 섬터 요새 Fort Sumpter를 공격하면서 이후 5년간 자그마치 100만 명이 넘는 사상자를 기록한 미국 역사상 최대의 비극 남북 전쟁 American Civil War의 막이 올랐다.

스콧 대 샌포드 판결은 연방대법원의 고결한 이미지와 사법 권력으로서의 권위에 먹칠을 한 역사상 최악의 판결로 평가 받는다. 20세기 초 연방대법원장을 지낸 찰스 에반스 휴즈Charles Evans Hughes는 스콧 대 샌포드 판결을 '연방대법원이 스스로에게 가한 자해 행위'라고 표현했을 정도다. 실제로 지금까지도 스콧 대 샌포드 판결은 잘못된 판결의 정도를 평가하는 일종의 기준으로 이용되는데 예를 들어 특정 사건에 대해 연방대법원이 내린 판결을 비판하는 진영이 해당 결정을 가리켜 스콧 대 샌포드 이후 최악의 판결이라고 딱지를 붙이는 경우가 그것이다.[4]

1852년 발표되어 100만 권이 넘게 팔린 해리엇 비처 스토우Harriet Bitcher Stowe의 소설 『톰 아저씨의 오두막 Uncle Tom's Cabin』은 흑인 노예들의 비참한 생활을 생생한 필치로 묘사하여 미국에서 노예제 폐지에 대한 대중적 관심을 고조시킨 일등 공신으로 평가 받는다. 그러나 궁극적으로 미국의 노예 해방을 불러온 남북 전쟁이라는 대역사의 방아쇠 역할을 한 문서를 고르라면 그 영예는 흑인에 대한 편견과 왜곡으로 가득찬 스콧 대 샌포드 판결문에 돌아가야 할 것이다.

---

[4] 2000년 연방대법원의 부시 대 고어의 판결이 일부 법학자들에 의해 스콧 대 샌포드 이후 최악의 판결이라는 평을 받은 바 있다.

04 인종 간의 격리는 정당화될 수 있는가?

● **학부모 브라운 vs 토피카시 교육위원회 :**
Brown vs Board of Education of Topeka (1954)

헌법은 피부색에 연연하지 않으며 시민들 사이의 계급을 인식하지도, 그러한 계급을 용납하지도 않는다.
_할런 대법관Justice Harlan, 플레시 대 퍼거슨Plessy vs Ferguson 판결에 대한 반대의견에서

격리하되 차별하지 않는다?

　　남북 전쟁의 종료와 동시에 의회를 통과한 수정헌법 제13조, 제14조, 제15조에 따라 흑인들은 적어도 법적으로는 백인들과 동등한 권리를 누리게 되었다. 제13조는 노예 제도의 폐지를 공식화했고, 제14조는 흑인을 포함한 모든 미국 시민의 면책 특권을 박탈할 수 있는 법률의 제정을 금지하고 적법한 절차에 의하지 않고서는 자유나 재산을 박탈당할 수 없는 권리, 법 앞에서 동등한 보호를 받을 권리를 명시했으며, 제15조는 인종, 피부색, 이전의 신분[1]과 상관없이 동등한 투표권을 행사할 수 있도록 했다.

　　그러나 개헌을 통해 보장된 권리가 현실에 녹아들어 흑인들이 백인들과 동등한 사회적, 경제적 지위를 누리기에는 아직 갈 길이 멀었다. 악명 높은 인종 단체 KKK단 등의 주도로 일부 지역에서 자행되던 흑

---

[1] 노예였던 신분을 말한다.

인들에 대한 물리적 테러는 시간이 지나면서 많이 사라졌지만 흑인들에 대한 위협과 차별은 보다 교묘한 방식으로 공공연히 계속되었다. 미국 남부에서는 남북 전쟁 이후 이른바 재건 시대를 거치면서 지방 정부의 주도하에 백인 사회와 흑인 사회를 분리하여 유지하는 것이 전체 사회의 안정에도 기여한다는 논리로 **격리하되 동등하게**separate, but equal라는 기괴한 원칙에 입각한 정책들이 속속 도입되었다. 그 중 대표적인 것으로는 기차 여행 때 백인들이 타는 칸과 흑인들이 타는 칸을 구별할 것을 의무화한 루이지애나주의 차량 분리 법령Separate Car Act 1890을 들 수 있다. 이 법률은 도입 초기부터 격렬한 논란과 반발을 불러 왔는데, 1892년에는 백인용 차량에 올라탔다가 체포, 수감 된 호머 플레시Homer Plessy라는 흑인[2]이 차량 분리 법령은 수정헌법 제13조와 제14조의 위반이라고 주장하며 루이지애나주 지방 법원에 소송을 제기하기에 이르렀다. 하지만 이 소송에 대해 지방 법원은 만약 열차가 다른 주를 왕래하는 경우라면 모르겠으나 루이지애나주 안에서만 운행되는 것이라면 인종에 따라 이용할 차량을 구분하는 것은 주의 자치권에 해당한다고 판결했다. 주 최고 법원 역시 같은 판결을 내리자 플레시는 연방대법원에 항고했지만 플레시 대 퍼거슨 사건Plessy vs Ferguson[3]으로 불리는 판결에서 연방대법원은 8 대 1로 루이지애나주 당국의 손을 들어주었다. 판결문에 따르면 백인과 흑인은 정치적으로 동등할 뿐 현실적으로 흑인들은 백인에 비해 아직 사회적으로 열등하다는 것을 부정

---

[2] 실제로 플레시는 외관상 거의 백인에 가까웠으며 그의 가계에서 흑인의 핏줄은 20%도 차지하지 않았지만 루이지애나주 법률에 따르면 흑인으로 분류됐다.

[3] 퍼거슨은 루이지애나주 법령을 합헌이라고 판결한 지방 법원 판사 존 퍼거슨John Ferguson의 이름이다. 소송에 지방 법원 판사의 이름이 들어간 이유는 플레시가 주 최고 법원에 하급 법원에서 판결을 주재한 판사에게 직접 전해지는 금지 영장의 발행을 성공시켰기 때문이다.

할 수 없다는 것과 차량 분리 법령은 흑인이 백인용 차량에 탈 수 없는 것과 마찬가지로 백인이 흑인용 차량에 탈 수도 없도록 했기 때문에 엄밀한 의미에서 차별이라고 볼 수 없다고 했다. 이 플레시

흑인 전용 식수대에서 물을 마시는 흑인. '격리하되 동등하게'라는 기준은 인종 차별을 정당화하는 논리로 광범위하게 적용되었다.
Photo credit : Library of Congress

대 퍼거슨 판결은 분리하되 차별하지 않는 관습에 정당화의 날개를 달아준 셈이 되었는데, 이때부터 미국에서 인종 간의 격리는 열차뿐 아니라 학교, 식당, 극장, 공중 화장실, 심지어는 식수대까지 거의 모든 일상생활에서 공공연하게 이루어졌으며, 이 모든 것이 바뀌기까지는 반세기 이상의 시간이 필요했다.

이와 같은 관습에 일대 변화가 일어나기 시작한 것은 1951년 캔자스주의 토피카Topeka라는 작은 도시에서 일어난 사건이 계기가 되었다. 당시 캔자스주에서는 15,000명 이상의 주민이 거주하는 지역은 흑인 학생과 백인 학생을 위한 별도의 학교를 운영하도록 했는데 토피카시 역시 그 정책을 따르고 있었다. 브라운을 대표로 한 13명의 학부모들은 분리 정책이 명백한 차별 행위로 위헌에 해당한다고 주장하며 그들의 자녀를 대신해서 토피카시 교육위원회를 상대로 소송을 제기했다.[4] 이 사건에 대해 캔자스주 지방 법원은 토피카시 교육위원회의 손을 들

---

[4] 이 소송은 브라운을 전면에 내세우기는 했지만 대표적 흑인 인권 단체인 NAACP(National Association for the Advancement of Colored People ; 유색 인종의 발전을 위한 전국 연합)의 지원을 받은 사실상의 기획 소송이었다.

어 주었다. 법원에 따르면 비록 학교 분리 정책 때문에 학생들이 통학 등에서 불편을 겪을 수는 있지만 객관적으로 볼 때 학교 시설, 커리큘럼, 교사의 자질 등이 학교 사이에 별 차이가 없으므로 합법적이라는 것이었는데, 판결의 기본 논지는 그보다 반세기 전에 나온 문제의 플레시 대 퍼거슨 사건 판례에 상당 부분 의존하고 있었다. 브라운은 이에 굴하지 않고 항소했으며 사건이 연방대법원에 접수되었을 때는 캔자스뿐 아니라 미국의 다른 주에서 올라 온 5개의 비슷한 사건들이 브라운 소송으로 통합되었다. 학부모들과 교육 당국 양측의 논지를 들은 대법관들은 플레시 대 퍼거슨의 과거 판결이 정당한 것이었는지, 인종 분리 정책이 수정헌법 제14조의 동등한 보호의 원칙에 위배되는지를 중심으로 열띤 논쟁을 벌였다. 최종 판결은 1954년 5월에 만장일치로 나왔다.

격리는 곧 차별이다
얼 워렌 대법원장 Chief Justice Earl Warren

사건 당사자인 미성년의 흑인 자녀들과 학부모들은 법적 대리인을 통해 인종에 따른 격리 없이 자신들의 거주 지역에 있는 공립학교에 입학할 수 있도록 법원의 조력을 구한다는 의사를 밝혔다. 사건 당사자들은 모두 인종 격리를 의무화하거나 허용하는 법률에 따라 백인 어린이들이 출석하는 학교의 입학이 거부된 경험이 있다. 원고들은 이러한 격리는 자신들로부터 수정헌법 제14조가 규정한 동등한 보호를 받을 권리를 박탈한다고 주장한다.

수정헌법 제14조가 채택된 직후 내려진 초기의 여러 판결에서 법정은 본 조항이 흑인에 대한 모든 국가 주도의 차별을 금지하는 것으로 해석했다. '격리하되 동등하게'라는 정책이 본 법정에 등장한 것은 1896년 플레시 대 퍼거슨 사건에서였는데 이때는 교육이 아닌 교통수단에 관한 것이었다. 그 판결 이후로 지난 반세기 동안 미국 전역의 법원에서는 격리하되 동등하게라는 정책과 씨름하여 온 셈이다.

플레시 대 퍼거슨 사건 판결이 있은지 반세기가 더 지난 오늘, 우리는 이 '격리하되 동등하게'라는 원칙이 현대 미국 사회의 공교육 현장에서 과연 타당성을 가지는지, 아니면 원고측이 주장하듯이 그러한 방침이 헌법이 보장하는 법률의 동등한 보호를 받을 권리를 원고측 자녀들로부터 박탈하는지 여부를 판단하게 되었다

오늘날 교육은 각 주와 지방 정부가 국민에게 제공하는 가장 중요한 서비스 기능이라고 할 것이다. 의무 교육법과 정부의 교육 관련 지출액은 민주 사회에서 교육의 중요성을 말해주는 증표이다. 교육은 국방의 의무와 같이 가장 기본적인 공적 책임을 수행하는 데에도 필요하다. 교육은 건전한 시민이 되기 위한 기본적 소양을 기르도록 한다. 현대 교육은 어린이를 문화적 가치에 눈뜨게 하고 미래의 직업 교육을 준비하며, 주변 환경에 잘 적응하도록 돕는 주요한 도구다. 오늘날 적절한 교육의 기회를 거부당한 어린이가 장기적으로 인생에서 성공하기를 기대할 수 있을지 의심스럽다. 주 정부가 책임을 지고 제공하는 교육의 기회는 누구에게나 동등한 조건으로 부여되어야 하는 하나의 권리이다.

"순전히 인종에 근거하여 공립학교에서 어린이들을 격리 교육하는 것은 물리적 시설과 그 밖의 다른 제반 사항이 같다고 하더라도 소수 인종의 어린이들로부터 동등한 교육의 기회를 박탈하는가?"라는 물음

에 우리는 그렇다는 결론을 내렸다. 초등학교와 상급학교에서 순전히 인종 때문에 한 그룹의 어린이들을 비슷한 연령대와 자격 조건을 갖춘 다른 어린이들로부터 격리하는 것은 그들의 공동체에서의 지위와 관련해 열등감을 조장하여 도저히 회복할 수 없는 마음의 상처를 줄 수 있다. 교육의 기회와 관련한 이러한 격리의 영향은 비록 법원에 의해 흑인 원고의 주장에 반하는 판결이 내려지기는 했으나 캔자스주 사건에서 매우 조리있게 다루어진 바 있다. 공립학교에서 백인 어린이와 유색 인종 어린이들을 격리하는 것은 유색 인종 어린이들에게 해로운 영향을 끼친다는 것이다. 그 영향은 격리가 법으로 정해졌을 때 더욱 강력해지는데 이는 인종 간 격리 정책이 보통 흑인들이 열등한 족속이기 때문이라고 이해되기 때문이다. 열등감은 어린이의 학구열을 감소시킨다. 따라서 법률에 따른 격리는 흑인 어린이들의 교육적, 정신적 발달을 늦추고 인종적으로 융합된 학교 제도에서 받을 수 있는 혜택을 박탈하는 경향이 있는 것이다. 플레시 대 퍼거슨 재판 당시의 심리학적 지식수준이 어느 정도였는지는 몰라도 현대 심리학은 이러한 결론을 지지한다. 플레시 대 퍼거슨 판결문에서 이러한 결론에 반하는 부분은 무엇이건 거부되어야 한다.

  우리는 공교육에서 격리하되 동등하게라는 정책은 설 자리가 없다고 결론짓는다. 격리된 교육 시설은 근본적으로 동등할 수가 없다. 따라서 본 법정은 원고가 처한 상황이 인종 간 격리 정책 때문에 수정헌법 제14조에서 보장하는 법률에 따른 동등한 보호를 받을 권리를 박탈당했다고 판결하는 바이다.

우리 모두 함께 안고 살아가는 문제

　　브라운 사건에 대한 연방대법원 판결이 나온 뒤 가장 먼저 흑백 학생들의 통합을 시도한 학교는 테네시주의 클링턴 고등학교Clinton High School였다. 클링턴 고등학교가 통합되고 난 직후 인종주의 단체 등이 흑인 학생과 학부모들에 대해 협박을 일삼자 인종 통합을 지지하는 백인 학부모들이 흑인 학생들의 통학길을 보호하겠다고 자발적으로 나서기도 했다. 그러나 미국 전역에서 통합에 반발한 백인 학부모들은 자녀들을 통합 학교에서 빼돌린 뒤 뜻을 같이하는 사람들끼리 모여 따로 수업을 듣도록 주선하기도 했으며 졸업식 행사도 학교 교정이 아닌 마을 회관이나 극장 같은 곳에서 백인 학생들끼리만 치르는 경우도 흔히 있었다.

　　학교에서의 인종 통합을 둘러싼 학생, 학부모, 인종주의자들과 인권 운동가들 사이의 갈등은 미국 전역에서 점점 심각해지더니 급기야 1957년에는 인종 격리를 지지하던 아칸소 주지사 오벌 퍼버스Orval Faubus가 리틀락 센트럴 고등학교Little Rock Central High School에 등교를 시도하는 흑인 학생들을 저지하라는 명령을 주 방위군에 내리는 지경에까지 이르렀다. 이 소식을 접한 아이젠하워 대통령은 즉각 미 육군 소속 공수부대를 투입하여 학생들을 보호하는 조치를 취했다.[5] 이런 식의 극단적인 정치적 시위가 가능했던 배경에는 미국 백인 사회에 뿌리

---

[5] 브라운 사건 판결이 나온 지 거의 10년이 지난 1963년에는 앨라배마 주지사 조지 월라스George Wallace가 직접 앨라배마 대학교 강당 입구를 막아서는 사건이 벌어졌다. 브라운 판결 이후에도 좀처럼 흑인 지원자들의 입학을 허락하지 않던 앨라배마 대학교는 연방 정부와 사법부의 압력을 받은 끝에 드디어 1963년 3명의 흑인 학생들의 입학을 허가했는데 월라스 주지사는 이에 반발해 주의 자치권을 내세우며 직접 흑인 학생들을 막아 세우는 촌극을 연출한 것이다. 이 소식을 들은 존 F. 케네디 대통령은 즉각 앨라배마주 방위군의 통수권을 장악하고 주 방위 사령관을 학교로 보내 월라스가 물러나도록 했다. 월라스는 주지사 선거 당시 인종 격리를 공공연히 지지함으로써 백인표를 끌어 모았을 뿐 아니라 취임식 연설에서 "인종 격리는 오늘도 내일도 영원히 계속될 것이다"라는 포부를 당당히 밝힐 정도였다.

흑백 통합의 진통을 표현한 노먼 록웰의 작품 〈우리 모두 함께 안고 살아가는 문제〉 속 어린이의 실제 모델이었던 루비 브리지스 Ruby Bridges가 오바마 대통령과 함께 백악관에 전시된 원본 그림을 바라보고 있다.
Photo credit : Pete Souza

깊게 자리 잡은 인종주의적 편견이 있었다. 연방대법원이 1896년 플레시 대 퍼거슨 사건을 8 대 1이라는 압도적 다수로 합헌이라고 판결한 경우에서 보듯 백인보다 흑인이 열등한 인종이라는, 혹은 한 개인으로서 열등하지는 않을지라도 집단으로서는 교육 수준이나 직업의 질 면에서 백인 집단에 비해 미개하다는 시각은 19세기 말에서 20세기 초 지식인들 사이에서는 일반적인 시각이었다. 그로부터 반세기 이상의 시간이 지난 뒤에도 여전히 백인 지도계층의 많은 사람들이 인종 격리를 지지했다는 사실은 편견의 힘이 얼마나 강력하고 끈질길 수 있는가에 대한 반증이라고 하겠다.

브라운 판결 후 약 1년 뒤인 1955년 앨라배마주에서는 버스에서 흑인 여성 로자 파크스 Rosa Parks가 백인 승객을 위해 자리를 비우라는 운전사의 요구를 거절하다 체포된 사건이 발생했다. 이 사건이 계기가 되어 마틴 루터 킹 Martin Luther King Jr. 등 흑인 인권 운동가들을 주축으로 한 (인종 차별에 대한) 시민 불복종 운동이 전 미국을 휩쓸기 시작했으며, 결국 미국 역사에 길이 남을 인권법 Civil Rights Act of 1964이 제정되기에 이른다. 1964년 린든 존슨 Lyndon Johnson 대통령의 주도로 제정된 이 법은 인종 격리를 포함한 어떤 형식의 차별도 금지하는 내용을 담고 있다.

그렇다면 브라운 판결과 인권법 이후 미국에서 인종 격리는 사라진 것일까? 엄밀히 말해 미국에서 인종 격리는 아직도 현재진행형이다. 법률이나 제도가 강제하는 공식적인 차별은 거의 존재하지 않는다고 볼 수 있지만 경제적, 사회적, 문화적 요인에 기인한, 그리고 자발적으로 이루어지는 인종 격리는 계속되고 있다. 예를 들어 브라운 대학교Brown University의 연구팀이 2010년 센서스 자료를 분석한 결과에 따르면 대다수의 흑인들은 여전히 이른바 빈민가 벨트라고 불리는 동부 및 중서부의 주요 대도시 안의 낙후된 지역과 변두리에서 타 인종들과 격리된 채 살아간다.[6] 같은 연구에 의하면 백인 인구와 흑인 인구가 100% 격리된다는 극단적 시나리오를 100이라고 했을 때 뉴욕, 시카고, 밀워키, 디트로이트 등 대도시의 격리 지수는 80에 달하며 이러한 격리는 특히 2007년경부터 시작된 경기 침체에 따른 흑인 중산층의 붕괴에 의해 더욱 가속화되고 있다는 것이다.[7] 뿐만 아니라 미국에서 흑인 거주 지역의 학교에 다니는 흑인 학생들의 평균 학업 성취도는 다른 지역 및 타 인종 출신에 비해 현저히 떨어지고 있어 인종 격리를 타파하여 소수 인종 학생에게 동등한 양질의 교육을 보장해야 한다는 브라운 판결의 원래 취지를 무색케 한다.

화가 노먼 록웰Norman Rockwell의 〈우리 모두 함께 안고 살아가는 문제The Problem We All Live With〉라는 그림은 한 흑인 소녀가 백인 학생들에게만 허용되던 초등학교에 보안관들의 호위를 받으며 등교 하는 장면을 그린 것으로 브라운 판결 직후 벌어졌던 미국 사회의 한 단면을 포착한 역사적인 작품이다. 2011년 7월, 미국 언론들은 이 그림이 백악관에서 장기간 전시될 것이라고 보도했다. 인종 격리는 아직도 우리 모두 함께 안고 살아가야 하는 문제 가운데 하나다.

6~7 Haya El Nasser, "Census Data show 'surprising' segregation." USA Today December 20, 2010

05 전쟁 중 인권은
어디까지 제약될 수 있는가?

● 시민 코레마츠 vs 미합중국 정부 : Korematsu vs United States (1944)

미합중국이 일본 제국의 해군과 공군에 의해 불시의 공격을 당한 어제 1941년 12월 7일은 영원히 오명 속에 남겨질 날입니다.

_프랭클린 루스벨트Franklin D. Roosevelt (미국 32 대 대통령), 진주만 공격 다음날 의회 연설에서

태평양 전쟁과 일본계 미국인

페리 제독 Admiral Perry이 이끄는 미 해군 함대의 압력에 일본 막부가 굴복하고 서양에 문호를 개방한 직후인 1855년, 약 1,000여 명에 달하는 일본인이 하와이의 사탕수수 농장에서 노동자로 일하기 위해 태평양을 건너왔다. 이후로도 근대국가로 거듭나기 위해 진통을 겪고 있는 모국을 떠나 보다 나은 삶을 희망하는 많은 일본인들이 하와이로 향했다. 때마침 하와이 사탕수수 업계에서도 이민 노동력에 대한 수요가 급증하면서 1899년 한 해에만 2만 명이 넘는 일본인이 하와이로 몰려들기에 이르렀다. 20세기가 시작될 무렵 노동인력 수급을 목적으로 한 일본인 이민자의 유입은 서서히 줄어들었지만 이미 정착한 이민 1세대 일본인들의 후손이 꾸준히 늘어나면서 일본계 미국인들은 하와이뿐 아니라 미국 본토까지 진출하여 미국 사회의 주요한 소수 인종 집단으로 성장해 갔다. 1920년대 이미 10만 명이 넘는 일본계 미국인들이 미국 본토에 거주했으며 그 숫자는 계속 늘어나 1940년 무렵에는 캘리포니아 한 주에서만 9만 명에 이르렀다. 그러나 이들의 삶은 곧 태평양 건너 조상의 땅에서 불어 온 전쟁의 바람과 그 뒤에 이어진 미국 정부의 초헌법적 과잉반응에 의해 송두리째 흔들리게 되었다.

  1941년 12월 7일, 일본 제국이 당시 미국령 하와이의 진주만에 위치한 미 해군 기지를 공격하면서 2차 세계대전은 태평양 전선으로 확대되었다. 일본의 기습 공격으로 진주만의 미국 태평양 함대는 거의 궤멸 직전까지 갔으며 이 사건은 일본군뿐 아니라 미국에 거주하는 일본계 미국인에 대한 미국인들의 증오와 공포심을 불러일으켰다. 전쟁의 시작과 함께 하와이에 이어 본토에 대한 일본 해군의 공격이 임박했다는 소문이 미국 서해안 지역에 퍼지면서 해안 지역에 거주하는 일본계 미국인들이 일본군과 내통해서 안팎으로 미국의 안보를 위협할지 모른다는 우려가 확산됐고, 이러한 우려는 결국 미국 정부가 엄연한 자국 시민인 일본계 미국인들의 개인적 자유를 제한하는 정책을 도입하는 단계로 이어졌다.

  루스벨트 대통령이 1942년 2월 승인한 행정 명령 9066호Executive Order 9066는 군 지휘부가 미국 영토에서 군사지역을 지정하고 이들 지역의 운영을 위한 별도의 규율과 규칙을 도입할 수 있도록 했으며 이 명령에 근거해서 미 서부 지역 방위 사령관은 태평양 연안 지역에 거주하는 귀화 일본인과 미국 태생의 일본계 미국인 모두에게 야간 통행금지를 명령했다. 이어서 1942년 5월에는 약 11만 명에 달하는 일본계 미국인들을 거주지로부터 강제 퇴거시킨 뒤 미네소타주에 급조한 집단 거주 지역에 강제 이주시키는 조치를 단행하기에 이른다. 흥미롭게도 전대미문의 조치를 접한 일본계 미국인들의 대응은 전반적으로 차분했고 대부분은 정부의 명령에 협조적이었다. 그러나 캘리포니아주 오클랜드 출신의 젊은이 프레드 코레마츠Fred Korematsu는 생각이 달랐다. 코레마츠는 이민자 부모 사이에 태어난 일본계 미국인 2세로 일본군의 진주만 공격 직후부터 직장 생활과 일상생활에서 백인계 미국인들에 의해 이런저런 차별과 모욕을 당했다. 이런 상황에서 정부로부터 강제 이주 명령을 받은 코레마츠는 정해진 날짜에 집

일본 폭격기의 어뢰 공격을 받고 불타는 미국의 전함. 1941년 12월 일본군의 진주만 기습 공격은 미국인들에게 큰 충격을 주었다.
Photo credit : Franklin D. Roosevelt Library

합 장소에 출두하기를 거부하고 잠적해버렸다. 이후 미시간주 등을 전전하며 은둔하던 코레마츠는 결국 체포되어 캘리포니아 지방 법원에서 유죄 판결을 받았다. 일본계 미국인들의 처우에 대해 비판을 계속해오던 미국 자유인권연합회ACLU의 지원에 힘입은 코레마츠는 즉각 항소했으나 항소 법원 역시 하급 법원의 결정을 지지했다. 코레마츠는 여기에 굴하지 않고 사건을 연방대법원까지 가져갔다.

당시 연방대법원은 코레마츠 사건에 앞서 히라바야시 대 미합중국 사건Hirabayashi vs United States에서 이미 전쟁 중 일본계 미국인들에게 내려진 야간 통행금지 명령을 비상사태에 처한 국가의 불가피한 조치라며 합헌 결정을 내린 바 있었지만 코레마츠의 경우처럼 삶의 터전으로부터 몰려나 생소한 지역으로 강제 이주 당하는 것은 단순한 통행금지와는 차원이 다른 문제였다. 연방대법원은 태평양 전쟁에서 일본의 전세가 결정적으로 기울어가던 1944년 12월 6 대 3으로 강제 이주를 명령한 정부의 손을 들어주었다.

전쟁이라는 특수 상황을 고려해야
휴고 블랙 대법관 Justice Hugo Black

특정 인종 집단의 권익을 법률적으로 제한하는 행위는 일단 그 저의를 의심해봐야 마땅하겠지만, 그렇다고 해도 그러한 제한 조치가 반드시 자동적으로 위헌에 해당하는 것은 아니다. 극도로 절박한 공익적 필요성에 따라 때로는 그러한 제한 행위가 정당화될 수도 있다. 단, 이런 경우 법원은 매우 엄격한 검증 strict scrutiny[1]의 잣대를 들이대야 할 것이다. 특정 집단에 대한 단순한 적대감이 정당한 사유가 될 수 없음은 물론이다.

히라바야시 사건에서 대법관들은 일본계 미국인들에게 가해진 통행금지 명령에 대해서 전시에 일본군의 공격을 받을 위험이 있는 지역에의 간첩 행위와 방해공작을 방지하기 위해 취해진 정부 권력의 정당한 행사라고 판결한 바 있다. 본 법정은 히라바야시 판결에서 공표한 원칙에 근거해서 일본계 미국인들을 서해안 지역으로부터 강제 이주시키도록 한 명령은 의회와 국가수반에게 부여된 전시 권한의 범위 내에서 취해진 타당한 결정이라고 결론지었다. 물론 평소의 거주 지역에서 애먼 타지로 강제 이주 당하는 것은 오후 8시부터 오전 6시까지 집안에 있어야 하는 것보다 훨씬 중대한 자유의 박탈이다. 공공의 안전을 위협하는 극히 심각한 상황이 아니라면 헌법적으로 이와 같은 자유의 박탈이 정당화될 수 있는 경우는 아마도 없을 것이다. 그러나 거주 지역으로부터의 강제 이주는 통행금지와 마찬가지로 간첩행위와 방해공작 방지와

---

[1] 엄격한 검증이라는 기준은 이후 인종 문제와 관련된 연방대법원 판결에서 종종 등장한다. 그루터 대 볼린저 Grutter vs Bollinger 사건 참조.

밀접한 관련이 있다. 연안 방위를 책임진 군 당국이 일본계 미국인들의 야간 통행금지만으로는 방위 태세가 불충분하다고 결론짓고 다른 지역으로의 강제 이주를 명령한다면 그러한 결정을 받아들일 수밖에 없다. 일본계 미국인들을 내륙으로 이주시키는 조치는 일본계 미국인들 가운데 불특정 불순분자들이 존재하고 있기 때문에 취해진 불가피한 조치로 보인다. 군 당국은 일본계 미국인 사회에서 건전한 시민과 불순분자를 즉각 구분하는 것이 불가능하며 따라서 일본계 미국인 사회 구성원 전부를 한시적으로 강제 이주시켜야 한다고 판단했다. 강제 이주가 일본계 미국인들에 대한 단체 형벌의 성격을 지녔다는 주장도 있지만 긴급한 군사적 필요 때문에 내려진 불가피한 조치였다고 보는 편이 맞다. 실제로 이주 작업이 완료된 뒤 행해진 후속 조사 활동을 통해 일본계 미국인 사회에서 일본 제국에 충성하는 일부 세력이 있다는 것을 확인한 바 있다. 약 5천 명에 달하는 일본계 미국인들이 합중국에 대한 조건 없는 충성 서약과 일본 천황에 대한 충성파기 선언을 거부했으며 수천 명의 이주 대상자들이 일본으로의 송환을 요청하기까지 했던 것이다.

강제 이주 명령 때문에 일부 시민들이 겪은 고난을 모르는 바는 아

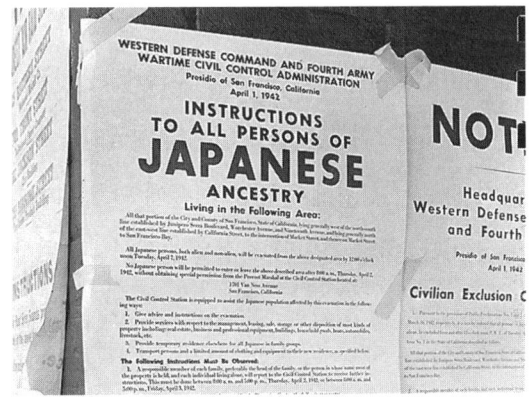

서부해안 지역의 일본인 주거지에 붙은 지역 사령관의 강제 이주 명령 공고. 미국 시민권의 여부와 관계없이 모든 일본인들을 지정된 지역에서 강제 추방하는 내용을 담고 있다.

정의롭고 공정한 사회를 위한 법정 투쟁

니지만 원래 전쟁이란 고난의 연속인 법이다. 미국 시민이라면 특권과 함께 마땅히 의무도 지녀야 하는 것이며 전시에는 의무 쪽이 특권보다 무겁게 다뤄진다. 미국 시민들을 평소 거주지로부터 강제 이주시키는 것은 극단적으로 긴급하고 위험한 상황이 아니라면 국가 이념에 부합하지 않는 결정이다. 그러나 우리 해안을 위협하는 적대 세력과 전쟁을 치르기 위해서는 위기 상황을 타파해 나가기에 충분한 권위를 정부에 몰아주어야 한다. 본 사건이 충분한 검증 절차도 거치지 않고 순전히 혈통에 근거해서 한 시민을 집단 수용소에 집어넣은 경우라는 주장도 있지만, 임시 거주 지역을 부정적인 느낌을 함축하는 표현인 집단 수용소라고 부르는 것은 정당하지 않다고 본다. 전쟁 중 우리가 당면했던 군사적 위험의 심각성을 무시한 채 사건을 인종 편견racial prejudice의 결과로만 몰아가는 것은 문제의 핵심을 흐릴 뿐이다. 청원인 코레마츠가 강제 이주 명령을 받은 것은 그 개인이나 그가 속한 인종에 대한 적대감 때문이 아니다. 그것은 우리가 일본 제국과 전쟁을 벌이는 중에 합법적으로 구성된 군사 당국이 서해안 지역 방어를 위한 적절한 보안 조치를 취하는 것이 불가피하다고 결론지었기 때문이다. 그래서 군사적 비상 상황이 모든 일본계 시민들을 임시적으로 서해안으로부터 강제 이주시키는 것을 불가피하게 만들었고 의회가 전시에 군 지휘관들에게 비상조치를 임의로 취할 수 있는 권한을 부여했기 때문에 가능한 일이다. 군 지휘부는 일부 일본계 미국인들 사이에 불순분자가 섞여 있을지 모르는 상황에서 짧은 시간에 단호히 행동해야 할 필요성을 느꼈던 것이다. 하급 법원의 결정을 승인한다.

추악한 인종주의의 심연으로 빠지려는가?

윌리엄 O. 더글러스 대법관Justice William O. Douglas 외 1명

　　우리 국가 체제를 떠받치고 있는 근본적인 전제가 있다면 그것은 죄는 개인의 책임일 뿐 대물림되는 것이 아니라는 사상이다. 누군가의 조상들이 죄다 반역자로 유죄판결을 받았다고 하더라도 연방헌법은 반역죄에 의한 사권私權[2]의 박탈은 사권이 박탈된 자의 생존 기간 외에는 혈통 오손血統汚損[3]이나 재산 몰수를 시행할 수 없다고 못을 박아 반역자의 후손을 연좌제로 엮어 처벌하는 것을 금지하고 있다. 본 사건에서는 코레마츠가 일본에서 이민 온 부모의 자식이라는 이유, 그리고 그로 인해 임의로 탈퇴가 불가능한 특정 인종 집단에 속했다는 이유를 들어 무고한 인물을 범죄자로 만들려는 시도가 벌어졌던 것이다. 계엄령조차 내려지지 않은 상태에서 단지 군사적 필요에 따른 행정 요청으로 일본인 조상을 둔 모든 개인들을 태평양 연안 지역에서 강제 이주시키는 행위는 애당초 승인되지 말았어야 했다. 그와 같은 조치는 정부가 지닌 헌법적 권한의 한계를 넘어 추악한 인종주의의 심연으로 빠져드는 행위이다.

　　정부가 군사적 필요성 때문에 개인의 헌법적 권리를 박탈할 수 있는 경우는 공공의 안전에 대한 위협이 분초를 다툴 만큼 즉각적이어서 위협을 제거하기 위해 정상적인 헌법적 절차를 밟을 여유가 전혀 없을 때에 한정된다. 일본인을 조상으로 둔 모든 개인을 태평양 연안의 지정된 지역으로부터 강제 이주시키는 것은 그 기준을 충족시킨다고 볼 수 없

---

2 사법 관계에서 인정되는 개인의 신분과 재산에 대한 권리
3 범법자의 후손이 조상의 범죄 사실 때문에 계속 처벌 또는 차별을 받는 경우를 일컫는 법률 용어

다. 그러한 명령은 명백한 인종 차별로 수정헌법 제5조가 보장하는 법에 의한 동등한 보호를 받을 권리를 해당 국민들로부터 박탈하는 것이다. 행정 명령은 더 나아가 개인들로부터 헌법이 보장하는 거주지 선택 및 이주의 자유마저 박탈하고 있을 뿐 아니라 공청회조차 거치지 않고 이들을 강제 이주시킴으로써 적법한 절차와 관련한 헌법적 권리 또한 박탈한다. 그럼에도 불구하고 이 나라의 역사상 헌법이 보장하는 권리의 가장 전면적이고도 철저한 박탈이라고 할 수 있는 이러한 인종적 격리가 필요할 정도로 공공의 안전이 위협받고 있었다는 증거는 어디에도 없다.

  1942년 봄의 군사적 상황은 적의 방해 공작 및 간첩 활동에 대한 염려와 함께 태평양 연안 지역의 일본군 침공에 대한 우려를 고조시키기에 충분히 심각했던 것이 사실이다. 그래서 모든 일본계 미국인들이 다양한 방식으로 일본군에게 협조하려는 경향이 있을지 모른다는 가정 하에 이와 같은 명령이 내려진 것이다. 그러나 그러한 가정을 뒷받침하는 이성적 판단, 논리, 근거 등을 찾는 것은 어려운 일이다. 태평양 지역 사령관의 최종 보고서에서 강제 이주 결정을 정당화하기 위해 사용된 설명을 검토하면 이는 보통의 군사 전문가적 판단 영역이라고는 보기에는 자못 의심스러운 인종 및 사회학적 이론에 기반했다는 것이 명백해 진다. 보고서에 제시된 이유들이란 대체로 지난 수년 간 인종적, 경제적 편견에 빠진 일부 인사들이 일본계 미국인들을 겨냥해서 퍼뜨린 왜곡된 정보, 소문, 암시 등을 긁어모은 것들에 불과하다. 덧붙여 말하면 일본계 미국인들의 강제 이주를 가장 열렬히 지지한 사람들도 인종적 편견에 빠진 이들 일부 인사들이었다.

  물론 일본계 미국인들 가운데 조상의 나라를 돕기 위해 전력을 다한

짐을 들고 기차에 오르는 일본계 미국인들. 2차 세계대전 당시 미국 정부는 일본계 미국인들에게 보안 문제를 들어 강제 이주를 명령했다.
Photo credit : Library of Congress

불순분자들이 있었음은 부정할 수 없다. 많은 독일계, 이탈리아계 후손들 역시 유사한 불충 행위에 가담한 바 있다.[4] 그러나 개별적 불순분자의 예를 들어 특정 인종 집단 전체의 불순 행위를 입증하려 드는 시도는 집단이 아닌 개인의 유·무죄 여부만을 판단하게 되어 있는 우리나라의 법률 체제를 근본적으로 부정하는 것이다. 뿐만 아니라 강제 이주 명령의 핵심에 자리 잡은 인종적 억측은 미국이 결연히 맞서 파괴할 것을 맹세한 바로 그 독재국가들에서 벌어진 소수 인종에 대한 끔찍한 처우를 정당화하는 데 이용된 바 있다. 따라서 이러한 인종주의의 합법화를 반대하는 바이다.

형식과 정도를 막론하고 인종차별은 우리나라의 민주 생활방식에 끼

---

4 퀴린 대 콕스 사건 Quirin vs Cox 참조

여들 자리가 없다. 이 나라에 거주하는 사람이라면 누구나 어떤 형태로든지 외국의 혈통·문화와 관계를 맺고 있지만 이미 미합중국이라는 독특한 문명권의 핵심적이고 불가결한 구성원들이다. 따라서 일본계 미국인들 역시 미국의 구성원으로서 헌법이 보장하는 모든 권리와 자유를 누릴 자격이 있는 것이다.

불순 분자를 거르는 기준-1209년, 1942년, 2001년

　　　　1209년 프랑스에서는 교황청에 의해 이단 세력으로 낙인찍힌 카타리파[5] 신자들에 대한 정부군의 대대적인 토벌 작전이 시작되었다. 카타리파의 근거지인 베시에르Béziers 성에 대한 공세에 앞서 군 지휘관이 교황청에서 파견된 특사에게 성 안의 주민들 가운데 이단(카타리 신자)과 성실한 가톨릭 교도를 어떻게 구별하느냐고 묻자 특사는 다음과 같이 대답했다고 한다. "전부 죽이시오. 구별은 주께서 하실 것이오."[6]

　물론 미국 정부가 2차 세계대전 중 내린, 혹시라도 있을지 모르는 극소수의 불순불자들의 불온 행동을 미연에 방지하기 위해 미국 서해안 지역에 거주하는 모든 일본계 미국인을 무차별적으로 강제 이주시킨 조치를 13세기 프랑스에서 이단 사냥을 위해 교황청이 정한 무지막지한

5 　11세기부터 13세기까지 프랑스 남부를 중심으로 번성했던 기독교 교파로 로마 교황청의 권위와 삼위일체 등을 부정했다. 한때 교황과 국왕의 영향에서 벗어나 자치를 누리려는 남 프랑스 귀족들의 보호를 받아 번성했으나 1209년에 시작된 교황청과 프랑스 정부군의 대대적인 공습과 박해로 사실상 명맥이 끊겼다.

6 　Michael Baigent, Richard Leigh, Henry Lincoln;『Holy Blood, Holy Grail』Dell Publishing; p.49

기준과 단순 비교하는 것은 공평하지 않을지 모른다. 그러나 적어도 그 결정이 난처한 상황을 다루는 미국 정부와 군 지휘부의 아이디어의 빈곤, 더 나아가 당시 미국 전체가 겪었던 일종의 지적, 심리적 공황 상태를 드러내는 것만은 분명하다. 뿐만 아니라 당시 미국 정부가 일본계 미국인을 대하는 태도는 다른 인종들에 대한 태도와 비교할 때 두드러지는 이중성 때문에 더욱 충격적이다. 일본과 마찬가지로 추축국樞軸國[7]의 일원이었던 독일이나 이탈리아 출신 이민자들, 유럽 국가 출신의 조상을 둔 국민들에 대해서는 일본계 미국인들에게 가해진 것과 같은 정부 차원의 특별 행정 조치는 없었던 것이다. 물론 일본이 당시 미국령인 하와이에 선제공격을 가했다는 점 때문에 일종의 괘씸죄가 작용하기는 했겠으나 그러한 감정이 같은 미국 시민들에게 가감 없이 투사되었다는 것은 극히 유감스러운 일이며 일본계 미국인들이 아시아계이기 때문에 더욱 가혹한 취급을 당했다는 주장에 힘을 실어 준다.[8]

코레마츠 판결을 수치스럽게 여기는 미국 사회의 집단기억은 이후 정부가 어떠한 이유에서건 특정 인종 집단을 도매금으로 다루려는 조치에 제동을 거는 반면교사로 두고두고 작용하게 되었다. 예를 들어 2001년 이슬람 근본주의자들의 9·11 테러 공격 직후 미국 내의 중동계 및 이슬람교 출신 이민자들에 대해 어떤 식으로건 별도의 관리 조치가 취해져야 한다는 주장이 정부 일각에서 잠시 있었다가 곧 흐지부지되

---

[7] 2차 세계대전 중에 미국, 영국, 소련 등의 연합국聯合國에 대항하여 전쟁을 한 나라들의 국제 동맹으로 독일, 이탈리아, 일본이 주축이 되었다.

[8] 반대의견에서 지적한 것처럼 연좌제 역시 미국을 비롯한 서구 역사에서는 오랫동안 배척된 개념이다. 한국, 중국, 일본 등 동양 문화권에서 반역자의 경우 당사자뿐 아니라 가족, 인척들까지 집단으로 처벌을 받는 전통이 오랫동안 지속된 반면 유럽, 특히 미국 법률의 모델을 제공한 영국에서는 연좌제 및 혈통 오손은 중세 이후 폐지되었다. 16세기 영국에서 엘리자베스 1세Elizabeth I가 그의 정적인 사촌 메리Mary는 반역죄로 처형한 반면 메리의 아들 제임스James를 죽이기는커녕 자신의 후계자로 선택한 것이 좋은 예다.

고 말았는데, 이 역시 일시적 분위기에 휩쓸려 택하는 선택이 공동체에 오래도록 부정적인 영향을 끼칠 수 있다는 점을 일깨운 코레마츠 사건 덕분으로 볼 수 있다.[9]

흥미롭게도 1943년 코레마츠의 행적에 대한 당시 일본계 미국인들의 반응은 대체로 부정적이었다고 한다. 앞에서 밝힌 것처럼 일본계 미국인들은 실제로 정부의 조치에 대부분 협조적이었는데 여기에는 정부에 협력하는 것이 의혹을 빨리 해소시키는 지름길이라는 판단이 작용했던 것으로 보인다. 그런 분위기에서 보면 강제 이주 조치 자체에 반기를 들고 투쟁한 코레마츠는 영웅이라기보다는 돌출 행동을 일으킨 미운 오리 새끼였던 셈이다. 그러나 코레마츠의 활동은 전쟁이 끝난 직후부터 서서히 재조명 받기 시작했고 인권 투사로서 그의 명성 역시 높아져 갔다. 뿐만 아니라 전쟁 중의 재판 과정에서 검찰 측이 코레마츠에게 유리한 증거의 일부를 고의로 은폐했다는 사실이 드러나면서 1983년에는 샌프란시스코 항소 법원이 그의 죄를 말소시키고 공식적으로 사면하기에 이른다. 이때 코레마츠는 "누가 누구를 사면한다는 건가. 내가 정부를 일본계 미국인들에게 저지른 행위로부터 사면해야 되는 것 아닌가"[10]라는 소감을 토로하기도 했다. 뿐만 아니라 코레마츠는 1988년 미의회가 2차 세계대전 당시 일본계 미국인들에게 미국 정부가 근본적인 부당행위를 저질렀음을 인정하고 사건의 생존자들에게 금전적 보상을 지급하는 법령을 가결시키는 역사적 순간을 직접 목격했으며,

---

9 Mark Tushnet ; 「I Dissent : Great Opposing Opinions in Landmark Supreme Court Cases」 Beacon 2008 ; p.124~125

10 "If anyone should do any pardoning, I should be the one pardoning the government for what they did to the Japanese-American people" (Fred Korematsu) ; Andrew P. Napolitano, *It Is Dangerous to Be Right When the Government Is Wrong : The Case For Personal Freedom* 2011 Thomas Nelson, p.73

1996년에는 연방 정부가 진주만 사태 후 취한 불법적 행위에 대해 비판을 그치지 않은 불굴의 노력을 인정받아 민간인에게 정부가 수여하는 가장 큰 영예인 대통령 자유 메달 Presidential Medal of Freedom을 수상하기도 했다. 2005년 영면한 그의 묘비명은 "오클랜드에서 태어난 프레드는 다른 미국인들과 똑같이 취급 받기를 원했을 뿐이다"라는 문장으로 시작한다.

06 사회적 약자에 대한 배려는 정말 필요한가?

- 로스쿨 지원자 그루터 vs 미시간 대학 총장 볼린저 :
  Grutter vs Bollinger (2003)

아메리카는 기회의 다른 이름이다
_ 랄프 왈도 에머슨Ralph Waldo Emerson (미국 사상가)

백인이 차별당하는 세상이 오다

1961년 케네디 대통령은 정부 용역을 수주할 민간 사업자를 물색할 때 인종, 피부색, 종교, 성별, 출신 국가에 관계없이 지원자들을 동등하게 취급하라는 취지의 행정 명령을 내렸다. 그의 뒤를 이은 존슨 대통령은 한 걸음 더 나아가 정부의 사업을 수주받고 싶은 업체는 소수 인종을 위한 취업 기회를 확장하는 조치를 취할 것을 골자로 하는 지침을 내렸으며, 존슨에 이어 대통령이 된 닉슨은 아예 소수 인종이 운영하는 기업체에 연방 정부의 일감을 알선해 주는 프로그램을 조성했다.[1] 이렇게 흑인 등 소수 인종으로 대표되는 소외 계층이 좀 더 쉽게 사회에서 성공할 수 있도록 돕는 이른바 **소수 인종 우대 정책**affirmative action[2]은 정부와 인권 단체 등의 적극적인 노력으로 미국 사회에서 공고히 자리를 잡아가기 시작했다. 연방 정부와 함께 이 우대 정책을 초

---

[1] Mark Levin ; 『Men In Black ; How the Supreme Court is Destroying America』; Regnery 2003 ; p.89

미시간 대학교 로스쿨 교정. 로스쿨 입학을 결정하는 기준에 지원자의 인종은 고려사항이 되어야 할까?
Photo credit : Simon Cornwell

기부터 적극적으로 채택한 것은 고등 교육 기관들이었는데 대표적인 것이 흑인, 히스패닉 등 소수계 가정 출신 학생들에게 대학 지원 때 가산점을 주는 제도였다. 교육계의 우대 정책은 과거에 백인들이 교육의 기회를 독점적으로 누렸으니 사회가 인종적, 문화적 다양성을 지니고 보다 성숙한 단계로 발전하려면 여러 인종 출신 자녀에게 유리한 기회를 만들어 주어야 한다는 철학에 기초하고 있었다. 또 많은 미국의 대학들이 과거 흑인들의 입학을 허락하지 않았던 데 대해 죄의식을 느끼고 있던 것도 사실이었다.

그러나 문제는 이러한 우대 정책에 그늘이 존재한다는 점이었다. 명문대학교에 입학을 희망하는 학생들은 언제나 정원보다 많은 법이다. 만약 어느 학교가 단지 흑인(혹은 히스패닉)이라는 이유만으로 지원자를 합격시킨다면 이론적으로 그 소수 인종 출신 지원자를 입학시키기

---

2 원래 소수 인종 우대 정책은 60년대 인권 운동의 분위기와 맞물려 소수 인종에 따른 차별 철폐 정책으로 시작되었지만 시간이 갈수록 동등한 대우에 그치지 않고 우대 정책으로 변했다. 이것을 변질로 볼지 아니면 당연한 귀결로 볼지는 개인의 정치적 성향에 따라 다르다.

위해 비슷한 자격을 갖춘 백인 지원자가 불합격 처리되는 경우도 발생할 수 있는 것이다. 결국 인종 차별이 성행했던 시절에 단지 흑인이라는 이유만으로 대학 입학이 허락되지 않았던 것처럼 이제는 백인이기 때문에 희망하는 학교에 진학하는 것이 어려워지는 역차별의 소지가 존재하게 되었다. 실제로 대학 입학 과정에서 약자 우대 정책이 시행된 이후 희망하는 대학이나 대학원 진학에 실패한 백인계 학생들이 신입생 선발 과정에서 역차별의 부당성을 호소하는 사례는 끊이지 않았으며 그 중에는 학교 당국을 법정에 고소하는 경우도 비일비재했다. 또 드물기는 하지만 역차별 문제로 시작된 송사가 하급 법원을 두루 거쳐 연방대법원까지 올라오는 상황도 있었다.

1996년 바바라 그루터 Barbara Grutter라는 백인 여성이 미시간 대학교 University of Michigan의 총장 볼린저 Bollinger를 상대로 소송을 제기했다. 그루터는 보험 회사에 근무하다가 뒤늦게 법조인의 꿈을 꾸게 된 만학도였는데 학부 시절의 성적과 로스쿨 능력 시험 Law School Admission Test : LSAT 점수 등이 모두 평균 이상이었음에도 불구하고 미시간 대학교 로스쿨에 불합격하자 즉시 이의를 제기했다. 그루터는 자신이 합격하지 못한 것은 소수 인종 출신 학생에게 가산점을 주는 사회적 약자 우대 제도 때문이며, 이 제도는 근본적으로 인종에 관계없이 법률에 의한 동등한 보호를 보장하는 수정헌법 제14조에 위배된다고 주장했다. 이에 대해 미시간 대학교 측은 인종은 입학 지원자 선발 때 여러 고려 사항 중의 하나일 뿐이며 고등 교육 기관에서 다양한 배경의 학생을 받아들이는 것은 국가의 이익에 부합하는 중대사라며 현행 입학 정책을 정당화했다. 사건을 접수한 미시간주 지방 법원은 로스쿨 입학 과정에서 인종을 고려 요소로 삼는 것은 위법이라고 판결했으나 항소 법원은 이를 뒤집어 미시간 대학교의 정책을 적법한 것으로 결론지었고 결국 사건은 연방대법원에서 마지막 승부가 가려지게 되었다.

인종적 요소를 고려하는 미시간 대학교의 신입생 선발 정책을 적절하다고 보는 4명의 대법관과 그렇지 않다고 생각하는 4명의 대법관으로 팽팽하게 유지되던 균형은 산드라 D. 오코너 대법관Justice Sandra D. O'Connor[3]에 의해 깨졌고, 판결은 2003년 6월 5 대 4로 미시간 대학교의 신입생 선발과정이 적법한 것으로 나왔다.

 ## 대학 교정에서 다양성의 확보는 국가적 이해가 걸린 문제다

산드라 D. 오코너 대법관Justice Sandra D. O'Connor

청원인 그루터는 미시간 대학교 로스쿨의 교칙이 미국의 다수 인종인 백인을 차별하고 있기 때문에 위헌적인 것이 아닌지 검토해 줄 것을 요청했고, 미시간 대학교 당국은 고등교육의 맥락에서 학생 구성원의 다양성이 공공의 이해가 달린 문제임을 인정해 줄 것을 호소했다.

헌법의 동등한 보호 조항은 주의 관할권 내에서 개인이 법의 평등한 보호를 받는 것을 주가 부정할 수 없도록 하고 있다. 수정헌법 제14조의 내용은 집단이 아니라 국민 개개인을 보호하는 것이기 때문에 정부

---

[3] 산드라 D. 오코너 대법관은 렌퀴스트 대법원장 시절의 연방대법원에서 진보와 보수적 견해 사이를 오가며 각 소송 때마다 캐스팅 보트를 행사하는 것으로 유명했던 인물인데 여기서도 역시 판결을 가리는 최후의 결정권자 역할을 해냈다.

가 개인이 아닌 특정 인종 전체를 대상으로 어떤 조치를 취하도록 하는 경우는 아주 예외적인 상황이 아니라면 허용될 수 없다. 따라서 사법부는 그러한 시나리오가 실제로 발생했을 때 집단의 이해관계를 위해 법의 평등한 보호를 받을 개인적 권리가 위배되었는지의 여부에 대해 상세히 검토할 의무가 있다. 정부에 의해 강제된 모든 인종적 분류는 법원에 의해 엄격하게 검증되어야 한다.[4] 다시 말해 인종이라는 기준의 사용은 정부의 특정한 이해관계에 따라 매우 구체적인 안건과 관련을 맺을 때에만 합헌적이라는 것이다.

이러한 원칙을 염두에 두고 미시간 대학교 로스쿨이 인종 기준을 사용하는 것이 명백한 공적 이해관계에 의해 정당화될 수 있는가라는 문제를 검토해 보기로 한다. 제출된 증거에 따르면 대학 당국이 지원자가 속한 인종을 로스쿨 입학 자격 심사의 결정 요인 가운데 하나로 사용한 것은 사실이지만, 단순히 한 두 가지의 제한된 항목에 기반하지 않고 학생의 자격 요건을 통합적으로 검토한 것으로 보인다. 다시 말해 인종뿐 아니라 지원자의 학부 성적 및 로스쿨 입학 테스트 점수는 물론 지원자의 개인적 지원 동기, 추천서, 지원자의 로스쿨 생활과 다양성에 기여할 방안을 서술한 에세이 등이 모두 고려 사항이었다. 따라서 소수 인종 출신 학생이라 할지라도 학습 능력의 척도가 충분하지 않으면 입학이 허락되지 않는 것이다. 또한 학교 당국이 달성하고자 하는 목표인 이른바 소수 인종 할당이란 애초에 존재하지 않으며, 아직 구체적인 일정이 결정된 것은 아니지만 가까운 장래에 인종 요소를 심사 항목에서 제외할 의향도 있는 것으로 보인다. 미합중국의 역사에서 고등교육 기

---

4 코레마츠 대 합중국 판결에서 등장했던 엄격한 검증strict scrutiny의 개념이 다시 등장하고 있다.

관 입학 심사 때 인종 차별이 실제로 존재했기 때문에 학교 당국은 합법적인 테두리 내에서 과거의 차별 행위를 바로 잡으려는 노력을 하고 있는 것이다. 이 사건에서 법률에 의한 평등한 보호를 받을 권리를 침해당한 개인은 아무도 없기 때문에 학교 당국의 행위에 수정헌법 제14조와 관련된 위헌적인 요소가 있는 것도 아니다.

본 법정은 인종적 다양성이 학교의 교육 기관으로서의 사명을 이루는데 필수적인 요소라는 로스쿨 측의 교육적 판단을 존중한다. 단순히 인종적 배경에 근거해서 특정 집단의 일정 인원을 해당 인종의 학생들로 채우려고 임계치critical mass[5]에 달하는 소수 인종 출신 학생들을 등록시키려는 시도는 명백히 위헌적이다. 그러나 학교 당국은 이 임계치의 개념을 인종 간의 상호이해와 인종적 편견의 철폐 등 인종적 다양성을 생산할 수 있는 구체적이고 가치있는 교육적 이득을 제시함으로써 정당화시키는데 성공했다. 그러한 인종적 다양성이 면학 분위기를 촉진하며 점점 더 인종적, 문화적으로 다양화되는 산업계, 사회 각층 및 법률계로 법학도들이 진출하는데 도움이 된다는 사실은 많은 전문가들의 연구 및 보고서에 의해 증명된 바 있다. 뿐만 아니라, 대학교 특히 로스쿨은 이 나라의 미래 지도자들을 육성하는 훈련장이기 때문에 사회의 지도층으로 가는 길은 모든 인종 및 문화 배경을 가진 재능 있고 자격을 갖춘 개인들에게 활짝 열려야만 하는 것이다. 따라서 로스쿨은 다양한 학생 구성원을 유지하는 것에 명백한 이해관계를 가지고 있다

---

5 임계치critical mass는 원래 물리학 용어로 핵분열의 연쇄 반응을 얻는데 필요한 핵물질의 최소 질량이라는 의미지만 사회적 현상, 제품, 서비스 등이 소비자, 대중의 인식 속에 일정한 영역을 차지하고 자리 잡게 되는 막연한 경계선을 뜻하기도 한다. 본문에서는 소수 인종 출신 학생들이 지속적인 영향력을 가질 수 있도록 하는데 필요한 최소한의 학생 수를 의미한다. 참고로 연방대법원 판결문에는 판결문을 작성한 대법관의 취향에 따라 종종 과학, 철학 용어가 등장하기도 한다.

고 하겠다.

우리는 인종적으로 중립적인 입학 허가 기준이 이상적이며 인종 요소를 고려한 입학 프로그램을 가능한 빠른 시간 내에 종결시키겠다는 로스쿨 측의 다짐을 믿는 바이다. 지금부터 25년 후 쯤이면 입학 심사에서 소수 인종의 선호는 그 필요성이 없어지리라 본다.

요약하면 로스쿨 당국이 입학 심사 과정에서 인종 요소를 제한적으로 신중히 고려하는 것은 수정헌법 제14조가 규정한 법률에 의한 동등한 보호의 침해라고까지 볼 수는 없다. 따라서 항소 법원의 결정을 지지한다.

억지로 짜맞춘 다양성은 현실을 왜곡할 뿐

클래런스 토마스 대법관Justice Clarence Thomas 외 2명

흑인 인권 운동가 프레드릭 더글러스Frederick Douglass가 1865년 행한 연설의 한 구절을 인용하는 것으로 이 반대의견서를 시작하고자 한다.

"미국인들은 언제나 우리 흑인들에게 무엇을 해주어야 할지를 알고 싶어 안달입니다. 애초부터 내 대답은 한결 같았습니다. **아무 것도 해주지 마시오**라고! 우리에게 뭘 해주려고 하면 할수록 피해만 주게 되오. 아무 것도 해주지 마시오. 참견은 문제만 키울 뿐입니다."[6]

---

6 프레드릭 더글러스가 1865년 보스턴에서 행한 연설 *What the Black Man Wants*의 한 구절이다.

전설적인 흑인 인권 운동가 프레드릭 더글러스 Frederick Douglass. 노예 출신인 그는 흑인들의 자립심과 존엄성을 강조하는 메시지를 전달하는데 힘썼다.
Photo credit : National Archives

미합중국의 흑인과 백인 사이의 평등을 이룩한 인권 운동의 위대한 지도자 가운데 한 명인 더글러스의 호소에 귀를 기울일 필요가 있다고 생각한다. 대학 당국의 노력에 동감하는 면이 있기는 하지만 대학 당국의 행태가 헌법 정신과 내용에 일치하는 것으로 보이지는 않는다. 대학 당국에 승소 판결을 내린 대법관들이 사용한 접근 방식은 인종 문제와 관련된 사건을 심사할 때 적용하는 논리의 기본인 엄격한 검증의 원칙과도 일치하지 않는다. 가령 대학이 백인 학생의 입학 허가 기준을 낮추고 흑인 지원자에게만 엄격한 자격 요건을 부과하는 정반대의 시나리오를 가정해 봤을 때 본 법정이나 사회는 이를 절대 묵인하지 않았을 것이다. 같은 논리로 대학은 기본적으로 엄격한 입학 기준을 유지하면서 특정 인종에게만 그 기준에 대한 면제권을 부여할 수는 없다. 또한 로스쿨의 이해관계란 미래의 법조인들인 학생들에게 얼마만큼의 효과적인 교육 혜택을 제공할 수 있느냐하는 것이지 인종적 다양성의 추구에 있는 것이 아니다. 따라서 미시간 대학교 로스쿨이 인종적, 문화적 다양성에 신경 쓰느라 정작 미국 내 최우수 교육 기관의 하나로서의 지위를 돌보지 않는 것은 학교 당국과 학생들의 이익에 결코 부합되지 않는다.

명문 대학 및 대학원에 소수 인종 출신 학생의 숫자가 다른 인종에 비해 적은 이유는 소수 인종 그룹이 주로 밀집해서 사는 도시 지역의 공립 중고등학교 교육의 질이 떨어지기 때문일 가능성이 높다. 그렇다면 전국적으로 공립 중고등학교 교육의 질이 개선된다면 그에 따라 소수 인종 출신 학생의 명문 대학 및 대학원 진학률 역시 자연적으로 증가할 것이다.

또한 미시간 대학교 당국이 소외된 소수계 학생 수가 임계치에 이르도록 조치를 취해야 한다고 주장하고 있지만 이는 단순히 학생 비율에 있어 인종적 균형 맞추기의 서투른 위장으로 보인다. 달리 말하면 학교 당국은 현행 정책이 같은 수준의 백인 학생들과 똑같은 자격을 갖춘 소수계 학생들의 입학을 보장하려는 것뿐이라고 주장하지만 실제로는 단지 교내의 소수계 학생 숫자를 늘리기 위해서 학업 능력이 떨어지는 지원자들에게도 입학을 허가하고 있는 것이다. 또 입학 허가를 받은 소수 인종 비율이 학교에 지원한 지원자 그룹 내의 소수 인종 비율과 밀접하게 연관되어 있다는 사실 역시 지적하고 싶다. 예를 들어 전체 지원자 가운데 흑인이 9.7%였다고 하면, 입학 허가를 받은 지원자 속에서의 흑인 비율도 대략 9.7%에 달하는 것은 무슨 영문인가? 우연이라고 하기에는 그 비율이 너무도 정확하다.

다만 다수 의견을 낸 대법관들과 소수 의견을 낸 대법관들 모두 적법성 여부를 떠나 학교 당국의 이와 같은 정책이 언젠가는 궁극적으로 완전히 퇴출되어야 한다는 데는 의견의 일치를 보고 있는 것 같다. 약자 우대 정책이 너무나 시대에 뒤떨어진 나머지 더 이상은 대다수 사회 구성원들의 동의를 얻을 수 없는 시점이 결국 오리라는 것인데, 사실은 지금이 바로 그 시기가 아닌가 생각해 본다.[7]

---

[7] 원문의 문장은 that day is high로 날이 (시간이) 무르익었다, 바로 지금이다 등의 의미이다. 소수 인종 우대 정책의 폐지는 빠르면 빠를수록 좋다는 토머스 대법관의 의지가 읽히는 대목이다.

15센트짜리 학위와 우대 정책의 앞날

　반대의견의 선봉에 섰던 클래런스 토마스 대법관Justice Clarence Thomas의 견해는 소수 인종 우대 정책을 바라보는 보수주의자의 회의적 시각을 대변한다. 예일 대학교Yale University 로스쿨 출신으로 서굿 마셜Thurgood Marshall에 이어 미국 역사상 두 번째 흑인 출신 대법관이 된 토마스 대법관은 2006년 펴낸 자서전 『내 할아버지의 아들My Grandfather's Son : A Memoir』에서 로스쿨을 졸업한 뒤 자신의 로스쿨 졸업장에 담뱃갑에서 떼어 온 15센트짜리 가격표를 붙여 지하실에 처박았다고 술회한 바 있다.[8] 그에 따르면 같은 예일대 출신이라고 해도 백인 동문의 경우는 사회에서 높이 평가 받는 반면 흑인은 본인의 능력과 관계없이 소수 인종 우대 정책의 덕으로 입학할 수 있었다고 보는 선입견에서 자유로울 수 없고 학위 역시 평가 절하될 수밖에 없다는 것이다. 토마스 대법관의 주장은 소수 인종 우대 정책이 원래의 취지에도 불구하고 오히려 마이너리티 출신 엘리트들에 대한 편견을 키워 장기적으로는 해당 인종 전체에 악영향을 끼칠 수 있다는 것이다.

　현재 미국에서 사회적 약자에 대한 우대 정책은 두 가지 근본적 문제에 직면해 있다고 할 수 있다. 우선은 그루터 대 볼린저 사건의 판결문에서처럼 정책 지지자들까지도 그러한 정책은 근본적으로 한시적이며 언젠가는 끝나야 한다는 데에 공감하면서도 그 퇴출의 시점이 구체적으로 어디인지에 대한 합의는 존재하지 않는다는 것이다. 흑인과 함께 우대 정책의 대상인 히스패닉의 경우 일부 전문가들에 따르면 2030년

---

8 Clarence Thomas ; 『*My Grandfather's Son : A Memoir*』; Harper 2007 ; p.99~100

경에는 백인을 제치고 미국 내 최대 인종이 될 가능성이 높다고 한다. 그렇다면 판결문에서 대법관들이 희망한 것처럼 25년 뒤의 미래, 그러니까 바로 2030년경에도 소수 인종 우대 정책이 폐기되지 않는다면 그때는 소수가 아니라 다수가 다수를 스스로 배려하는 어처구니없는 상황이 벌어지는 셈이다.

소수 인종 우대 정책과 관련해 또 다른 역설적인 상황은 이 논쟁에서 아시아계 미국인들이 철저히 배제되어 있다는 사실이다. 순수한 인구 분포상으로 보면

미국 역사상 두 번째 흑인 출신 대법관인 클래런스 토마스 대법관Justice Clarence Thomas. 그는 예일 대학교 로스쿨을 졸업하고도 소수 인종 우대 정책의 덕으로 입학했다는 선입견과 싸워야 했다.

아시아계는 미국 사회에서 흑인이나 히스패닉보다도 더 마이너리티이지만 상급 학교 진학, 복지 혜택 등에서 이들은 이른바 우대 정책의 보호막에서 철저하게 제외되어 있다. 그런데 아이러니하게도 이렇게 보호막 밖에 있는 아시아계 학생들의 미국 내 명문대 진학률은 흑인, 히스패닉뿐 아니라 백인조차 앞서고 있으며 진학 이후의 학업 성취도 역시 매우 뛰어나다. 이러한 상황은 우대 정책이 실은(아시아계를 제외한) 소수 인종의 경쟁력을 오히려 약화시키는 것이 아니냐는 주장에 힘을 실어 준다. 미국의 보수 세력은 여기서 한 걸음 더 나아가 교육뿐 아니라 식료품 무상 배급, 실업 수당, 무상 공공 주택 등 사회적 약자를 위해 정부가 제공하는 여러 안전망이 실제로는 취약 계층의 자립 의지를 억제하여 이들이 중산층으로 올라서는 것을 방해하고 있으며 이러한 프로그램들에 돈을 대야 하는 납세자들이 궁극적인 피해자가 된다고

주장한다.

미국의 소수 인종 우대 정책의 빛나는 정점은 아마도 최초의 흑인 대통령 버락 오바마Barack Obama의 선출이라고 할 수 있을 것이다. 그것은 오바마가 콜럼비아 대학교와 하버드 로스쿨에 지원했을 때 우대 정책에 따른 가산점 혜택 대상이었을지 모른다는 점뿐만 아니라, 그가 대통령 선거 기간 및 집권 기간 내내 언론과 지지자들의 과보호를 받은 것이 그의 출신 인종과 완전히 무관하지 않다는 의미다. 일부에서는 눈에 띄는 업적이라고는 찾아보기 힘든 일천한 경력, 교류하던 인사들의 급진적·반체제적 성향, 베일에 싸인 청년 시절 등 연방 정부의 일반 공무원직에 지원했다면 그 의심스러운 배경 때문에 십중팔구 신원조회에 걸려들었을 인물[9]이 경선, 언론의 평가, 그리고 대통령 본선 등 모든 검증 과정을 가볍게 통과할 수 있었던 것은 그의 인종 덕분이라는 시각마저 있다. 소수 인종에 대해 가산점을 주고 보는 우대 정책의 관성이 미국인들의 잠재의식에 깊이 뿌리 박혀 대통령 후보를 선택하는 과정에서조차 영향력을 발휘한 때문이라는 것이다.[10]

한편 미시간주에서는 미시간 주립대를 포함한 모든 공립 대학 기관이 지원자를 인종, 성별, 피부색, 민족, 출신 국가 등에 근거해서 차별하거나 선호할 수 없도록[11] 주 헌법에 명시하는 개헌안이 발의되어

---

9 Daniel Pipes ; "*Obama Would Fail Security Clearance*"; Philadelphia Bulletin ; 10/21/2008

10 실제로 오바마의 경쟁자였던 공화당 후보 존 맥케인John McCain은 선거 기간 내내 오바마에 대한 비판적 발언이 혹시라도 인종주의적인 것으로 낙인 찍힐까봐 노심초사하느라 제대로 공격적인 선거 운동을 펼치지도 못했다는 평가가 일반적이다.

11 개헌안에서 제안된 원래의 문구는 다음과 같다.
"The University of Michigan, Michigan State University, Wayne State University, and any other public college or university, community college, or school district shall not discriminate against, or grant preferential treatment to, any individual or group on the basis of race, sex, color, ethnicity, or national origin in the operation of public employment, public education, or public contracting."

2006년 주민 투표를 통해 가결되기에 이르렀다. 이 개헌안이 그루터 대 볼린저 판결에 대한 미시간 주민들의 불만이 표출된 결과임은 분명했다.[12] 이제 미시간주에서만큼은 제도적으로 더 이상 토마스 대법관이 지적한 15센트짜리 로스쿨 학위가 나올 수 없게 된 셈이다.

---

12 개헌안에 대한 위헌 청원이 연방대법원에 제출되었으나 연방대법원은 주민들에 의한 주 헌법의 자체적 개헌은 연방헌법에 저촉되지 않으며 그 내용도 적법하다는 심의 결과를 발표하며 청원의 접수를 거부했다.

07 모든 편견에서 자유로운 직무 평가 방식은 가능한가?

● 소방대원 프랭크 리치 vs 뉴해븐 시장 존 드스테파노 :
Ricci vs DeStefano (2009)

평등에 대한 요구에는 두 가지 동기가 있다. 고귀한 동기는 정정당당한 승부를 위한 욕구이다. 그러나 뛰어남에 대한 증오 또한 동기가 될 수 있다.
_C.S. 루이스 C.S. Lewis (영국 작가)

소방대원도 시험을 친다

소방수 fireman라는 직업은 경찰, 군인 등 기타 공직과 더불어 미국 사회에서 특별한 자리를 차지하는 직업이다. 화재를 진압하고 인명을 구출하는 고유의 역할뿐 아니라 소방서 내에서 단체 생활을 통해 소방수 사이에 맺어진 끈끈한 유대관계, 동료애, 용기 등은 헐리우드 영화나 TV 드라마의 단골 소재이기도 하다. 더구나 2001년 9·11 테러 직후 자신의 안전은 돌보지 않고 인명을 구하기 위해 화염에 싸인 세계 무역 센터로 돌진해 들어가는 뉴욕 시 소방수들의 이미지는 언론을 통해 널리 알려졌고, 한동안 소방수들에 대한 영웅 숭배에 가까운 열풍이 불었다. 그 당시 어느 조사에서는 미국 여성들이 가장 이상적인 남편감으로 소방관을 의사나 변호사보다 더 윗자리에 두는 것으로 나타나기도 했다.

보통 시, 카운티 단위로 조직되어 있는 미국 소방 공무원의 조직 체계는 일반적으로 군대와 흡사해서 신입 인력은 소방대원 firefighter으로 시작해서 경험을 쌓은 뒤 부소장, 소장 등을 거쳐 소방관 fire officer으로 승진할 수 있다. 소방관으로 승진하면 연봉과 복지가 대폭 향상되는 것은 물론 군 장교가 군모에 계급장을 달듯이 헬멧에 나팔 모양으로 계급을 표시할 수 있으며, 조직 내부나 지역 사회에서도 비중 있는 위치에 올라서게 된다. 당연히 소방관으로 승진하는 것은 모든 소방대원들의 희망이며 소방 행정을 관장하는 지방 자치 단체들은 승진을 위한 자격시험을 통해 후보자들의 자질을 평가한다.

2003년 코네티컷주의 뉴해븐시에서는 118명의 소방대원들이 일제히 소방관 승진 자격시험을 치렀다. 시험에서 일정 점수 이상을 받은 소방대원들은 이후 2년간 소방관 승진 우선 대상이 될 수 있기 때문에 많은 대원들이 수개월 간 열심히 시험 준비에 매달렸다. 그 가운데는 가족을 부양하기 위해 했던 부업이나 아르바이트 등을 시험공부를 위해 포기하거나 값비싼 교재를 구입하고 강좌를 듣는 등 시험 준비를 위해 적지 않은 재정 지출을 감수한 경우도 많았다. 그런데 많은 소방대원들이 미래의 성공을 꿈꾸며 치른 시험 결과는 뉴해븐시 소방서뿐 아니라 시 지도부 전체를 난처한 입장에 몰아넣었다.

승진시험을 치른 118명 중 부소장 자격시험을 본 소방대원은 모두 77명이었는데 이들 중 43명은 백인, 19명은 흑인, 15명은 히스패닉이었다. 그런데 이 중 최고 점수를 받아 승진 우선 대상에 들게 될 10명이 모두 백인이었던 것이다. 또한 소장 자격시험에 응시한 41명 중 25명이 백인, 6명이 흑인, 3명이 히스패닉이었는데, 역시 최고 점수를 받아 승진 우선 대상에 들게 될 9명 중 7명이 백인이었고 2명이 히스패닉이었다.[1] 어느 쪽 시험에서도 흑인은 한 명도 통과하지 못했던 것이다.

시 지도부는 결과를 공개하고 시험을 치른 소방 공무원 전원과 정치인, 법률 전문가 등을 참석시킨 공청회를 개최했다. 여기에서 일부 흑인 소방대원들은 단 한 명의 흑인도 합격선에 들지 못한 것은 시험에 차별적 요소가 있기 때문이라며 만약 시 당국이 시험 결과대로 승진을 결정한다면

화염과 싸우는 소방대원들. 많은 미국인들이 소방관에 대해 특별한 감정을 갖는다.
© J. A. Sottolano

차별에 대한 소송을 제기할 것이라고 위협했다. 시험에 합격한 백인과 히스패닉 소방대원들은 시험은 중립적이고 공정했으며 만약 시 당국이 시험에 합격한 후보자들을 인정하지 않는다면 소송을 제기하겠다고 맞불을 놓았다. 시 당국이 고민 끝에 시험 결과를 폐기하기로 결정하자 프랭크 리치 Frank Ricci를 대표로 하는 17명의 백인과 1명의 히스패닉 소방대원들이 즉각 뉴해븐시 당국을 상대로 소송을 제기했다.[2]

소방관들은 시 당국의 결정이 1964년 제정된 인권법 7제 Title VII of the Civil Rights Act가 명시한 인종에 근거한 직장 생활에서의 차별(여기서는 백인에 대한 역차별)에 해당하며 수정헌법 제14조에 의한 동등한 보호 조항 역시 위반하고 있다고 주장했다. 이에 대해 뉴해븐시는 시험 결과를 그대로 인정했다면 시 정부가 인권법 7제에 의해 흑인 소방대원들에게 소송을 당했을 것이기 때문에 시험 결과의 취소는 불가피한 결정이었다고 항변했다. 코네티컷주 지방 법원이 시 당국의 주장을 인정

---

1 부소장 시험과 소장 시험 모두 필기시험 60%, 구두시험 40%으로 이루어졌으며 기본 합격선은 100점 만점에 70점이었다. 기본 합격선을 넘은 흑인 후보생은 다수 있었으나 당시 공석이 예상되는 부소장과 소장직의 숫자에 맞춰 고득점자 위주로 승진 대상자를 걸러내는 과정에서 낮은 점수를 얻은 흑인 후보생 전원과 대부분의 히스패닉 후보생이 모두 제외되었던 것이다.

2 당시 뉴해븐 시장이 존 드스테파노 John DeStefano였기 때문에 사건의 명칭은 리치 대 드스테파노 Ricci vs DeStefano가 되었다.

하는 판결을 내리고 순회 항소 법원 역시 지방 법원의 판결을 재확인했지만 이 무렵 사건은 이미 전국적으로 유명해졌고 소방대원들은 이 유명세를 등에 업고 연방대법원까지 사건을 몰고 가는데 성공했다.

2009년 4월 양측의 주장을 들은 연방대법원은 같은 해 6월, 5 대 4로 리치 측의 손을 들어주었다.

소송이 두렵다고 또 다른 차별을 저질러서야…

안소니 케네디 대법관 Justice Anthony Kennedy

청원인들은 뉴해븐시 인사위원회가 승진 시험을 성공적으로 통과한 후보자들을 그들이 속한 인종에 근거해 소장 및 부소장으로 인증하기를 거부한 것은 인권법 7제의 불공평한 처우 관련 규정 및 수정헌법 제14조의 동등한 보호 조항을 위반한 차별에 해당한다고 주장한다. 이에 대해 뉴해븐시 당국은 승진 시험 자체가 바로 인권법 7제의 불공평한 처우 금지 규정을 위반한 것으로 보이기 때문에 해당 결정은 허용될 수 있었다고 반박한다. 1964년도 인권법 7제는 인종, 피부색, 종교, 성별, 출신 국가에 근거한 고용 차별을 금지한다고 규정하고 있다. 인권법 7제는 불공평 처우라는 용어로 알려진 의도적인 차별뿐 아니라 어떤 경우에는 처음부터 차별할 의도는 아니었다 하더라도 실질적으로는 소수 인종에게 과도하게 악영향을 끼치는 관행들 역시 금지하고 있다.

우리는 이 사건에서 시 당국이 취한 것과 같은 인종에 근거한 결정은 고용주가 그러한 행위를 취하지 않았다면 불공평 처우 법규에 대한 법적 책임을 졌으리라고 믿을 만한 강력한 근거가 제시되지 않는 한 인권법 7제 아래서 용납될 수 없다고 결론짓는다. 우리의 판단으로는 뉴해븐시 당국은 본 사건에서 그러한 조건을 충족시키지 못했다. 우리 앞에 제시된 모든 증거는 시 당국이 단지 승진 시험 합격자 리스트를 인정하게 되면 소수 인종보다 훨씬 많은 수의 백인 후보자들이 승진되리라는 이유 때문에 시험 합격증을 교부하지 않기로 결정했음을 시사한다. 별도의 정당한 이유가 없는 한 인종에 근거한 의사 결정은 고용주가 개인의 인종 때문에 고용상의 불이익을 줄 수 없다는 인권법 7제의 명령을 위반하는 것이다.

시험 결과 소수 인종의 합격률이 심각하게 낮았고 이 때문에 상황이 시 당국이 불합격자들로부터의 법적 대응에 직면할 듯 보였던 것은 사실이다. 시험 결과를 공개하게 되면 시 당국이 공석인 소장 및 부소장 자리에 흑인 후보자를 고려할 여지 또한 사라지게 되었을 것이다. 그러나 문제는 상당한 통계상의 불균형 이상도 이하도 아닌 수치를 인권법 7제에 따른 법적 책임에 대한 명확한 근거로 볼 수는 없었다는 것이다. 왜냐하면 시험이 직무와 무관할 뿐 아니라 시 당국의 업무상의 필요와

소방수의 직위를 나타내는 견장 및 계급장. 직위가 올라감에 따라 헬멧이나 견장 등에 나팔 모양으로 계급을 표시하게 된다.

일치하지 않았을 경우, 혹은 보다 덜 차별적이면서도 목적을 이루는 데는 동등하게 타당한 대안이 있었음에도 시 당국이 그러한 안을 채택하기를 거부했다는 사실이 밝혀졌을 경우에만 시 당국이 차별 행위에 대한 책임을 추궁당할 근거가 존재했을 것이기 때문이다. 우리는 승진 시험에 그러한 문제가 있었다고 믿을 어떤 이유도 발견하지 못했다. 시험에 문제가 있었을지 모른다는 시 당국 측의 주장은 기록과 전혀 일치하지 않는다. 앞으로 있을지 모를 소송에 대한 우려만 가지고는 시험을 통과하여 승진 자격을 갖춘 개인들의 이해관계보다 인종 문제를 더 중요시 한 고용주의 입장은 정당화될 수 없다.

청원인들이 인권법 7제에 따른 보호를 받을 자격이 있다고 보기 때문에 우리는 굳이 시 당국의 조처가 헌법의 동등한 보호의 원칙을 위반했는지의 여부에 대한 판단을 내릴 필요를 느끼지 않는다. 그러나 여기서는 인권법 7제의 불공평한 처우 관련 조항의 헌법적 근거에 대해 우리 대법관들 가운데 한 명이 제시한 견해를 짚고 넘어가고자 한다.[3] 인권법은 종종 사측에 자체 정책의 인종적 결과를 평가하고 그 결과에 근거해서 결정을 내리도록 하는, 말하자면 판단 과정에서 인종적 요소를 첨가시키라는 무언의 압력을 가하고 있다. 물론 법률이 채용과 승진 심사 과정에서 인종적 할당제를 의무화하고 있는 것은 아니지만 왜 그러한 할당제를 채택하는 것이 법적 문제를 피할 수 있는 가장 안전한 선택이어야 하는가 하는 이유 또한 분명하지 않다. 만약 채용 과정에서 인종적 할당을 공식적으로 고려하지는 않는다 하더라도 결국 그 결과를 성

---

[3] 법원의 공식 의견과는 별도로 보충 의견서를 집필한 안토닌 스칼리아Justice Antonin Scalia대법관을 지칭한다. 스칼리아 대법관은 기본적으로 인권법 7제가 수정헌법의 법에 의한 동등한 보호의 정신과 양립하기 어렵다는 입장이었다.

취할 수 있도록 채용 관행을 고의적으로 조작하는 민간 고용주는 불법적 차별에 대해 유죄인가 아닌가? 확실히 유죄일 것이다. 그 경우 의도적 차별은 단지 한 단계 높은 차원에서 여전히 작동하고 있는 셈이다. 따라서 정부가 그러한 구상을 강요하는 것은 헌법의 동등한 보호의 원칙을 위반하는 것으로 보인다. 이러한 헌법적 과제는 본 법정이 향후 고려해야만 할 문제일 것이다. 인권법상의 불공평 처우의 문제와 헌법상의 동등한 보호의 원칙 간의 전쟁은 조만간 시작될 수 밖에 없어 보인다. 그럴 경우 어떻게 그리고 어떤 조건에서 두 원칙의 접점을 찾아 평화를 이루어 내느냐 하는 것은 우리 대법관들에게 내려진 숙제라 하겠다.

　항소 법원의 판결을 번복하며 사건은 본 법정의 의견과 일치하는 방향으로 수정되어야 한다고 명한다.

문제는 시험 자체에 있었다
루스 베이더 긴즈버그 대법관Justice Ruth Bader Ginsburg 외 3인[4]

　인종 차별 문제를 검토할 때는 전후맥락을 살펴야 한다. 1970년대까지 뉴해븐시를 포함한 미 전역의 시립 소방부서에서는 소수 인종에 대한 차별이 만연했다. 인권법 7제에 따라 소방관 보직이 소수 인종 후보자에게 개방되기까지는 그로부터 수십 년에 걸친 끈질긴 노력

4　반대의견은 법원 결정에 반대한 4명의 대법관 긴즈버그Justice Ginsburg, 수터Justice Souter, 스티븐스Justice Stevens, 브레이어Justice Breyer의 공동 명의로 나왔다.

이 필요했다. 뉴해븐시의 소방관 승진 시험에서 높은 점수를 받은 백인 소방대원들의 처지는 본 법정의 동정을 사기에 충분하지만 그렇다고 해서 그들이 승진과 관련해 어떤 기득권이 있는 것은 아니다. 그들 대신 소수 인종 출신 소방대원들이 특채되어 승진을 한 것도 아니다. 본 법정의 판결에 의해 흑인과 히스패닉이 인구의 60%를 차지하는 뉴해븐시는 이제 지휘부에 소수 인종이라고는 거의 찾아 볼 수 없는 소방서가 돌보는 도시가 되었다.

본 법정의 판결에 의하면 인권법 7제의 불평등 관련 조항에 부응하기 위해 고용주가 채용 관행을 바꾼다면 고용주는 인종 문제 때문에 그렇게 하는 것이며 이는 인권법 7제의 차별 조항이 일반적으로 금지하고 있는 행위라는 것이다. 하지만 이번 사건에 있어서 뉴해븐시가 승진 심사 방식에 문제가 있었으며 업무상의 필요에 의해서도 정당화할 수 없다고 믿을 적절한 사유가 있었다고 본다. 시 당국이 당면한 가장 중요한 문제는 승진 시험의 성격에 있었다. 6 대 4의 비율로 치러지는 필기시험과 구두시험을 채택하면서 시 당국은 단순히 소방대원 노조의 희망에 부응했을 뿐 시험 방식이 훌륭한 소방관을 찾아내기에 적절한가에 대한 고려는 분명 부족했던 것으로 보인다. 백번을 양보해도 소방관을 뽑는데 필기시험에 크게 의존하는 것은 의문의 여지가 있는 관행이다. 소방관의 업무는 복잡한 행동, 뛰어난 대인관계 기술, 위기 상황에서 신속한 결정을 내릴 능력 등이 요구되는데 이러한 직무 능력은 사지선다형 필기시험으로 쉽게 측정될 성질의 것이 아니기 때문이다. 시 인사위원회에서 20년 경력의 베테랑 시험 전문가는 필기시험은 소방 업무·지휘감독과 관련된 지식과 능력보다는 주어진 주제에 대해 특정 교재가 소개한 정보를 기억해내는 능력을 증명하는데 적합하며, 시 당국이 제시한 기준에 부합하는 성공적인 소방관이 지녀야 할 자질들은 필기시험보다 더욱 적절한 방식으로 파악되고 평가될 수 있었으리라고 증언한 바 있다. 동등한 고용 기회를 보장하는 법률을 집행하는 연방 정부 기관들 또한 필기시험에서 다루는 콘텐츠는 대인관계 기술이나 위험 속에서 작업을 수행할 능력을 측정하기에는 소방 현장의 현실을 충분히 반영하지 못한다고 인정했다.

이러한 부정적인 의견을 고려하면 대부분의 지방 자치 단체들이 뉴해븐시와 같은 방식으로 소방관 후보생을 평가하지 않는 것은 그리 놀랄 일도 아니다. 비록 포괄적인 통계 자료는 드물지만 1996년에 수행된 한 연구 보고서는 조사에 응답한 지방 자치 단체 가운데 거의 3분의 2가 소방관 승진 과정의 일환으로 실제 업무 상황의 시뮬레이션에 따른 평가를 활용한다고 밝힌 바 있다. 부분적으로 필기시험을 유지하는 지방 자치 단체에서도 전체 평가에서 필기시험이 차지하는 비중은 평균 30%로 뉴해븐시의 절반에 불과했다. 본 법정은 결국 뉴해븐시의 소방관 선정 과정 속에 존재하는 결함을 무시한 채 필기시험이 직무의 숙련도를 평가하기 위해 심혈을 기울여 개발되었다고 단언한 뒤 그러한 오류에 근거하여 시 당국이 불공평 처우와 관련된 법적 책임을 추궁당할 실제적인 위험이 존재하지 않는다고 판단한 것이다. 요컨대 자료들은 시 당국이 불공평 처우와 관련된 법적 책임을 우려할 만한 충분한 이유가 있었다는 근거를 제시했음에도 불구하고 본 법정은 시 당국이 차별 관련 소송으로 몰고 갔을 법한 만만찮은 문제점들을 외면하고 만 셈이다.

오늘까지 본 법정은 인권법 7제의 불공정 대우 조항의 합헌성을 문제 삼은 적이 없었다. 헌법의 동등한 보호 조항은 불공평한 차별을 금지할 것을 명시하고 있으며, 인권법 7제는 사회적 약자들의 권익을 증진하는

인종중립적인 수단을 촉구하는 불공정 처우 금지 조항을 통해 헌법의 취지를 보완한다.[5]

뉴해븐시의 합격자 인증 취소 결정에 의해 모든 소방관 후보생들이 또 다른 선발 과정을 거치게 되었다면 정말 유감스러운 상황이었을 것이다. 그러나 시 당국이 소방관으로 활약하는데 필요한 지도력과 자질을 충분히 갖추었을지도 모를 후보생들의 승진 기회를 제약하는 문제의 시험 방식을 그대로 밀어붙였다면 더욱 유감스러운 상황이 벌어졌을 뻔했다. 그러나 오늘 본 법정의 결정은 결국 그러한 불미스러운 상황이 일어나도록 허락한 셈이다.

모두에게 공정한 시험이란 과연 가능한 것일까?

연방대법원 판결 이후 뉴해븐시는 원래 시험 결과에 따라 대부분의 후보생들을 승진시켰으며 2011년에는 소송에 참여했던 소방대원들의 보상과 변호사 비용을 포함한 금전적 문제에도 합의를 이루었다.[6] 이렇게 표면적으로 관련 당사자들의 이해관계가 다소 깔끔하게 정리되기는 했지만 리치 대 드스테파노 사건은 미국 사회의 민감한 문제

---

5 반대의견을 낸 대법관들이 인권법 7제와 수정헌법 제14조의 관계를 보는 시각은 스칼리아 대법관의 입장과는 정반대이다. 이들은 그 둘 사이에 아무런 모순점이 없다고 본다.

6 합의를 통해 소송에 참여한 소방대원들은 도합 2백만 달러에 달하는 보상금을 은퇴연금에 반영시키는 형태로 받게 되었으며 소방대원들을 대표한 변호사는 소송비용으로 3백만 달러를 시로부터 받게 되었다. Edmund H. Mahony, "New Heaven Firefighters To Get $2 Million in Discrmination Lawsuit" Hartfort Courant, July 28, 2011

를 공론화시키는 계기를 마련한 것이 사실이다.

미국 공공 직종에서의 인종 차별은 역사적 관점에서 볼 때 가볍게 넘길 수 있는 문제가 아니다. 1972년 의회가 구성한 인권 위원의 보고서는 미국 각 지역의 시, 카운티 등 지방자치단체의 공무원 채용 과정에서 민간 기업보다도 심한 인종 차별 관행이 발견되었다고 결론내리면서 그 가운데 특히 경찰과 소방 부서에서의 고용차별을 지적한 바 있다.[7] 뉴해븐시의 발자취는 인권위원회의 주장에 대해 거의 표준에 가까운 사례를 제공한다. 뉴해븐시는 1970년대 흑인과 히스패닉이 전체 인구의 30%를 차지하고 있었지만 당시 500여 명에 달하는 소방 공무원 중 흑인과 히스패닉의 숫자는 통들어 3.6%로 다 합해도 20명을 넘지 못했다. 다시 말해 소방 공무원의 인종 구성이 당시 시의 인종 분포 상황을 전혀 균형 있게 반영하지 못하고 있었던 것이다. 그로부터 30년 뒤인 2003년 뉴해븐시 인구는 40%가 흑인, 20%가 히스패닉이었으며 소방 공무원 가운데는 30%가 흑인, 16%가 히스패닉이었다.[8] 표면적으로는 상황이 다소 개선된 것처럼 보이지만 문제점은 있었다. 왜냐하면 소장급 이상을 포함한 간부진에서 흑인과 히스패닉이 차지하는 비율은 여전히 20%를 넘기지 못하고 있었기 때문이다.[9] 이러한 맥락에서 보면 시험 결과를 받아 본 시 지도부의 당혹감 역시 이해가 가는 일이다. 간부직에 소수 인종의 진출이 어느 때보다도 절실한 시기에 이와 같은 시험 결과를 그대로 승진 심사에 반영하면 소방부서는 더욱 백인 천하가 될 것이었기 때문이다.

반대의견을 낸 대법관들이 지적한 것처럼 소방관의 직무 능력을 평

7-9 의회 인권위원회의 지적 사항 및 뉴해븐시의 인구 자료는 긴즈버그 대법관이 작성한 반대의견 원문에서 채택해 왔다. Ruth Bader Ginsburg ; *Dissenting Opinion on Ricci vs. DeStefano* ; 2009

가하는데 있어 필기시험을 비중 있게 다룬 것이 정말 그토록 문제 있는 조치였을까? 물론 소방관은 필기시험으로는 측정하기 힘든 여러 자질이 요구되는 자리임은 분명하다. 또한 정보 통신 기술의 발달은 필기시험의 기능 자체에 대한 근본적인 재검토를 요구하고 있다. 손 안에 들어가는 단말기를 통해 모든 정보의 실시간 열람이 가능해진 시대에 어떤 지식 체계를 머리 속에 암기하고 그 암기 여부를 확인하는 시험을 치르는 것이 얼마나 가치가 있을지는 생각해 봐야 할 문제다.

이 논쟁에서 애써 외면되는 질문은 특정 인종이 필기시험에서 저조한 성적을 내는 사실이 과연 사회 전체가 연대 책임을 져야 할 성질의 문제인지 아니면 결국 개인의 자질 문제가 인종이라는 집단적 가면에 덮여 도매금으로 왜곡되고 있는 것은 아닌지 하는 것이다. 만약 모든 전문가들이 심혈을 기울여 이론적으로 가장 공평하다고 판단되는 시험 체제를 개발해서 시행한다고 해도 그 시험에서조차 특정 인종 집단의 성적이 평균적으로 낮게 나온다면 그때는 어떻게 할 것인가? 다른 모든 제도와 마찬가지로 시험이란 최소한의 비용으로 최대한의 효과, 다시 말하면 자격이 미달하는 인원을 솎아내는 것을 목표로 한다. 가장 공평한 시험을 찾는 대장정이 비용과 효율의 원칙에서 벗어나는 재정 압박을 지방 자치 단체에 초래한다면 그것은 사회 전체 공익의 입장에서는 또 얼마나 정당한 것인가?

리치 대 드스테파노 사건이 조명한 또 다른 문제는 바로 인권법 자체의 역할이다. 1964년 제정된 인권법이 직장에서 인종, 피부색, 종교, 성별, 출신 국적에 따른 불이익을 금지했을 당시 백인 남성은 해당 법률의 보호 대상으로 생각되지조차 않았다. 그러나 뉴해븐시의 백인 소방대원들은 시 당국의 결정으로 백인이기 때문에 불이익을 받았다는 인종에 따른 역차별이라는 컨셉을 밀어붙여 법정에서 승리를 얻어 냈다.[10] 어떤 법률이 원래 보호하려는 대상과 전통적인 가해자의 역할이 뒤바뀌는 상황에 이르렀다면 그것은 해당 법률이 원래 의도했던 역사적·사회적인 기능을 완료했거나 아니면 적어도 새로운 현실에 맞도록 대수술을 가해야하는 시점에 도달했다는 신호가 아닐까? 뿐만 아니라 다수 대법관들이 지적한 사실과 같이 고용주가 피고용인의 채용과 승진 과정에서 인권법의 정신을 반영하고 골치 아픈 법적 문제를 회피하기 위한 가장 안전한 장치가 바로 인권법이 명시적으로 금지하는 관행, 즉 인사고과에서 인종적 할당제를 도입하는 것이라는 역설적 상황도 무시할 수 없다. 이러한 진퇴양난의 모순에 대한 최종 답변을 연방대법원이 언젠가 준비해야 한다고 한 대법관 자신들의 예언은 조만간 현실로 다가 올 것으로 보인다.

---

10 교육 기관에서의 인종적 역차별을 논한 연방대법원 판결은 이 책의 그루터 대 볼린저 사건을 참조.

08 보이스카우트는 동성애자 회원을 인정해야 할까?

● 미국 보이스카우트 연맹 vs 동성애자 데일 :
Boy Scouts of America(BSA) vs Dale (2000)

스카우트 원칙을 배운 덕분에 나는 보다 훌륭한 운동선수, 해군 장교, 하원 의원이 될 수 있었으며 대통령직을 맡을 준비 또한 보다 잘 되어 있었다고 주저 없이 말할 수 있다.
_제럴드 포드Gerald Ford (미국 38대 대통령)

프롤로그

보이스카우트의 자랑스러운 역사, 그리고 제임스 데일의 경우

20세기 초 영국에서 젊은이들의 심신 개발을 도와 사회에 생산적인 일꾼이 되도록 한다는 취지로 시작된 국제 스카우트 운동은 대서양 너머로도 빠르게 전파되어 1910년 미국 보이스카우트 연맹 Boy Scout of America : BSA이 창설되었다. 1916년 의회로부터 전국적 비영리 단체로 공식 승인 받은 보이스카우트 연맹은 빠르게 성장하여 1925년에는 등록된 회원만 1백만 명이 넘는 미국 최대의 청소년 운동 단체로 성장하였다. 보이스카우트 활동을 거친 사람이라면 어린 시절 "나는 나의 명예를 걸고 다음의 조목을 굳게 지키겠습니다. 하느님과 나라를 위하여 나의 의무를 다하겠습니다. 항상 다른 사람을 도와주겠습니다.……"로 이어지는 스카우트 선서[1]를 벅찬 마음으로 외워 나가던 기억이 있을 것이다. 회원뿐 아니라 회원의 부모 형제나 이웃들 역시 "스카우트는 믿음직하다. 스카우트는 충성한다. 스카우트는 신의

국회를 배경으로 경례하는 보이스카우트 소년들. 동성애자는 보이스카우트가 될 자격이 없는 것일까?
Photo credit : John Routes

를 지킨다……"로 이어지는 스카우트 규율[2]이 친숙할 것이다. 이러한 메시지들은 수많은 미국인들의 잠재의식 속에 각인되어 청소년 시절뿐 아니라 성인이 된 후에도 매일매일의 의사 결정과 생활 방식에 적지 않은 영향을 끼치고 있다. 실제로 뉴욕 시장 마이클 블룸버그Michael Bloomberg는 스카우트 규율이 바로 미국의 가치에 다름 아니라고 선언한 바 있다. 미국인들의 일상생활을 친근하고 인상적으로 묘사하여 미국의 국민 화가로 불리는 삽화가 노먼 록웰 Norman Rockwell의 작품 가운데 보이스카우트를 주제로 삼은 것만 50점에 이른다는 사실 또한 보이스카우트 활동이 미국의 역사와 문화에서 차지하고 있는 비중을 말해준다. 말 그대로 보이스카우트는 애플파이, 야구, 독립기념일과 함께 미국 사회의 상징[3]이라고 할 수 있다.

보이스카우트는 연령별로 나눠진 산하 조직을 통해 7세부터 21세까지 어린이와 청소년들을 정회원으로 두고 그들의 가족과 동문들을 위한 다양한 프로그램과 단체 활동, 자원봉사 등을 펼친다. 스카우트 운

---

[1] 원문은 "On my honor, I will do my best/To do my duty to God and my country ; To obey the Scout Law ; To help other people at all times ; To keep myself physically strong, mentally awake and morally straight." http://www.scouting.org

[2] A Scout is trustworthy, loyal, helpful, friendly, courteous, kind, obedient, cheerful, thrifty, brave, clean, and reverent. http://www.scouting.org

[3] Victoria A. Brownworth ; "For the Boy Scouts, Trust and Loyalty Doesn't Apply to Gay Members" ; Philadelphia Inquirer, August 12, 1992

동이 미국에서 시작된 이래 지금까지 보이스카우트 활동을 거친 미국 국민의 누적 숫자는 1억 명이 넘으며 그 가운데는 정치, 경제, 문화 등 각 방면에서 수많은 지도자급 인사들이 포함되어 있다. 그러나 역대 보이스카우트 회원 가운데 앞으로 소개할 제임스 데일 James Dale 만큼 논란의 중심에 선 인물은 없었다.

뉴저지주에서 8살 때부터 보이스카우트 대원으로 활발하게 활동해 온 제임스 데일은 스무 살이 되었을 때 그동안의 공로를 인정받아 스카우트 부단장에 임명되었다. 그런데 그로부터 얼마 지나지 않아 보이스카우트 연맹은 그의 부단장 직위뿐 아니라 보이스카우트 회원 자격 자체를 빼앗아버렸다. 도대체 무슨 이유였을까? 문제는 다름 아니라 데일이 동성애자라는 것이었다. 청소년기를 넘기면서 점점 자신의 성적 정체성을 민감하게 느끼기 시작하던 데일은 러트거스 대학교 Rutgers University 에 입학한 뒤부터 학내의 동성애자 권익 단체에 적극 관여하게 되었다. 그러던 중 1990년 한 지방 일간지에 동성애자의 권익에 관해 그의 인터뷰 기사와 사진이 실리면서 이 사실을 알게 된 보이스카우트 연맹이 데일의 성적 취향을 문제 삼아 그의 회원 자격을 박탈한 것이었다.

연맹의 조치에 반발하여 데일은 연맹의 조치가 성적 취향에 근거한 차별을 금지하는 뉴저지주의 차별 금지법[4]에 위배된다며 소송을 걸었다. 데일이 소송의 근거로 삼은 것은 흔히 공공 시설법 public accommodation law 이라고 불리던, 성적 취향, 인종, 성별 등의 이유로 공공장소 및 시설의 사용에서 차별 받는 것을 금하는 뉴저지주의 법령이

---

[4] 연방대법원 판결문에는 보이스카우트의 의사결정이 뉴저지주 법률에 저촉되는지 또 해당 법률이 보이스카우트의 헌법적 권리를 침해하는지에 대한 분석이 포함되어 있으나 여기서는 보이스카우트가 임의로 회원을 승인하는 권리와 관련된 논쟁에 집중하기로 한다.

다. 비록 보이스카우트 연맹은 사설 단체지만 각종 스카우트 활동이 학교 운동장, 강당, 회의장 등 공공시설에서 이루어지기 때문에 공공시설법의 구속을 받는다는 것이 데일 측의 주장이었다. 이에 맞서 보이스카우트 연맹 측은 데일의 동성애 취향은 단체가 대외적으로 천명하는 가치와 일치하지 않으며 주 정부가 이에 간섭하는 것은 보이스카우트 연맹이 사설단체로서 누리는 언론, 집회, 결사의 권리를 침해하는 것이라고 주장했다. 뉴저지주 지방 법원 1심에서는 보이스카우트 연맹 측이 승리했으나, 뉴저지주 최고 법원은 데일의 손을 들어 주었으며 결국 사건은 발발한 지 거의 10년 만인 2000년 연방대법원의 판결을 기다리게 되었다. 연방대법원은 5 대 4로 보이스카우트 연맹의 손을 들어주었다.

사설 단체는 회원을 선택할 자유가 있다

윌리엄 렌퀴스트 대법원장 Chief Justice William Rehnquist

전통적으로 수정헌법 제1조에 의해 보호 받는 집회·결사의 권리에는 정치, 사회, 경제, 교육, 종교, 문화 등 다양한 목적을 공동으로 추구하는 사람들과 교류할 수 있는 권리가 포함되어 있는 것으로 간주된다. 이때 초대받지 않은 개인을 특정 단체에 포함시켜 그 개인의 존재가 모임이 공유하는 정서 및 견해에 중대한 영향을 끼치게 된다면 같은 의견을 가진 사람들끼리 어울릴 수 있는 교류의 자유가 침해 받게 되는 것이다.

본 소송에서 우리는 소송 당사자인 데일을 보이스카우트 부단장으로 임명하는 것이 보이스카우트 연맹의 공적, 사적인 입장을 옹호할 능력에 중대한 영향을 끼치는가의 여부를 결정해야 한다. 보이스카우트 측의 주장은 동성애 행위는 **도덕적으로 올바른**morally straight, **깨끗한**clean 등의 용어로 대변되는 스카우트 선서 및 규정을 통해 구현된 가치 체계와 부합하지 않는다는 것이다.

비록 스카우트 선서와 단칙이 성sexuality 및 성적 취향sexual orientation을 직접적으로 언급하고 있지 않으며, 도덕적으로 올바른, 깨끗한 등의 용어가 용어 자체로는 어떤 가치를 지향하는 것인지 알 수 없지만 1978년도 보이스카우트 집행위원회의 성명서는 동성애와 스카우트 활동에 관련한 보이스카우트의 공식 입장을 다음과 같이 천명하고 있다.

"미국 보이스카우트 연맹은 회원제로 운영되는 사설 단체로 그 지도자가 되는 것은 권리가 아니라 특전5이다."

또한 보이스카우트 연맹이 데일의 회원 자격을 정지시키고 본 소송이 시작되기 직전의 시점인 1991년 발표한 또 다른 성명 역시 다음과 같은 입장을 취하고 있다.

"우리는 동성애 행위가 스카우트 대원은 도덕적으로 올바르다는 스카우트 선서 및 스카우트 대원은 언행이 깨끗해야 한다는 스카우트 규정의 요건과 일치하지 않으며 동성애자들은 동료 스카우트 대원들을 위한 모범적인 모습을 보여주지 않는다고 믿는다."

따라서 우리는 보이스카우트 연맹 측의 주장을 받아들인다. 우리 앞에 제시된 기록이 보이스카우트 측의 견해에 대한 서면 증거를 포함하

---

5 어떤 사회적 지위나 혜택이 권리right인가 특전privilege인가는 미국의 각종 정책, 법리 논쟁의 핵심 개념 가운데 하나나. 여기서는 보이스카우트 리더가 되는 것은 헌법에 보장된 권리가 아니기 때문에 아무나 리더로 삼을 수는 없다고 주장하고 있다.

고 있기 때문에 누군가 그들의 주창된 신념의 진실성을 의심한다면 그 기록이 참조가 될 것이다.

우리의 판단으로는 보이스카우트에서 데일의 존재가 청년 단원과 외부 세계에 보이스카우트가 동성애 행위를 바람직한 행동으로 간주한다는 인상을 심어 줄 수 있다고 생각한다. 공개적인 동성애자이자 동성애자의 권익을 위해 투쟁하는 운동가가 보이스카우트 부단장의 제복을 입고 나타난다면 이성애자인 부단장의 존재와는 현격하게 다른 인상을 외부에 드러낼 것이기 때문이다. 보이스카우트 연맹은 스스로 선택한 주장을 발표할 수 있는 수정헌법 제1조가 보장하는 권리를 가진다. 연맹이 그들의 견해를 건물 옥상에 올라가 목청껏 외치지 않았다고 해서 헌법의 보호를 받지 않는다고 말할 수는 없다.

과거에 비해 미국 사회가 동성애를 상당히 인정하고 있는 것으로 보이기는 하지만 그러한 경향이 동성애를 부정하는 견해를 가진 이들에 대한 헌법의 보호를 부정할 수 있는 논거가 되는 것은 아니다. 어떤 견해가 점점 더 많은 사람들에 의해 받아들여지고 옹호를 받는다는 사실은 오히려 그와는 다른 관점을 주장하고 싶어 하는 사람들의 헌법상 언론의 자유 역시 보호해야 할 정당성을 더욱 강화시킬 뿐이다. 이것은 동성애 행위와 관련된 보이스카우트 연맹의 가르침이 옳은가 틀린가를 따지는 문제가 아니다. 수정헌법 제1조의 정신에 따르면 어떤 이유에서건 특정 단체가 주장하는 교리에 대한 공공의, 또는 사법적 반대가 특정 회원을 억지로 받아들여 그 단체의 공식적인 신념을 폄하하도록 정부가 강제하는 것은 정당화될 수 없는 것이다. 뉴저지주 최고 법원의 판결을 번복한다.

데일은 보이스카우트 정신에 어긋나는 행위를 하지 않았다

존 폴 스티븐스 대법관 Justice John Paul Stevens

미국 보이스카우트 연맹은 동성애자를 회원으로 받아들이도록 강요받는 것은 해당 단체의 목적 및 가치에 반하게 되므로 연맹이 가진 결사의 권리를 침해한다고 주장한다. 그러한 주장을 뒷받침하기 위해 연맹은 스카우트 선서 및 규약에 등장하는 두 가지 용어로 우리의 주의를 환기시킨다. 첫째는 스카우트 선서에 나오는 **도덕적으로 올바른**이라는 표현이며, 둘째는 스카우트 규율에 나오는 **깨끗한**이라는 어휘다. 그러나 두 표현 모두 동성애나 성적 문제에 관해서는 조금도 언급하고 있지 않다.

판결문은 1978년 보이스카우트 전국 조직의 집행위원회에서 발표된 동성애와 스카우트 활동 관련 정책 및 절차의 성명에 주목했다. 그러나 1978년도의 정책이라는 것은 내부용 비망록으로 극소수의 간부에게만 배포되었다. 게다가 성명서는 단순히 동성애가 적절하지 않다고만 말하고 있을 뿐 보이스카우트 공동의 목표 및 공식 활동과 그 내용을 관련시키려는 어떤 시도도 하지 않았다. 판결에 참여한 다수 대법관들이 언급한 기타의 정책 관련 발언은 모두 연맹이 데일의 회원 자격을 박탈한 뒤에 발표된 것으로서 연맹의 기존 입장에 대한 증거로서의 근거가 극히 미약하다고 하겠다.

연방대법원은 언론, 집회, 고충 시정을 위한 탄원 및 종교 활동 등 수정헌법 제1조에 의해 보호되는 여러 활동들에 참여할 권리를 인정해 왔다. 그러나 결사의 권리라는 것이 개인들이 교류할 대상을 선정하면서 차별을 행사하는 경우, 다시 말해 개인들이 특정 인물을 포함하거나 배제하는 선별 과정이 항상 헌법의 보호를 받는다는 의미는 아니다. 예를 들어 본 법정은 사립 교육 기관, 로펌, 노동자 조직 가운데 차별적인 회원 자격 부여 방침을 가진 단체들이 앞서 말한 권리를 주장하는 것을 거부한 바 있다. 다수 대법관들은 보이스카우트에 데일이 단순히 가입해 있다는 사실 자체가 그 단체의 동성애 관련 입장에 대한 그릇된 인상을 외부에 심어줄 수 있다고 주장한다. 그러나 데일의 존재는 동료 스카우트 대원들이나 외부 세계가 인지할 만한 어떤 메시지도 전파하지 않는다. 데일이 무슨 현수막이나 표지판을 들고 다닌 것도 아니다. 보이스카우트 제복을 입고 동성애와 관련된 자료를 배포하지도 않았으며 무언가를 대중에게 홍보하겠다는 의사를 표명한 적조차 없다.[6] 1992년 현재 미국 보이스카우트 연맹은 100만명 이상의 성인이 현역 회원으로 가입되어 있다. 그만한 규모와 연륜을 가진 단체가 회원 개개인이 보이스카우트 활동 범위 밖에서 개인적으로 표현하는 견해들을 일일이 참견하고 다닌다는 것은 상상할 수 없는 일이다. 자신의 성적 취향이 동성애자임을 밝힌 데일을 보이스카우트 부단장으로 임명함으로 해서 연맹이 동성애 행위를 바람직한 행동으로 간주한다는 인상을 외부에 드러낸다는 주장 역시 설득력이 떨어진다. 올림픽 메달리스트나 윔블던 테니스 대회 우승자가 공개적인 동성애자일 경우 이들의 활동과 성취가 동성애자 역시 재능이 있는 개인으로서 남들과 마찬가지로 평가 받아야 한다는 메시지를 세상에 전달할지는 모르지만 그렇다

---

6 보이스카우트 관계자들이 데일이 동성애자이며 동성애자 인권운동에 관련된 것을 발견한 것은 지방 신문에 난 데일의 인터뷰 기사 때문이었다. 그러나 데일은 인터뷰에서 보이스카우트에서의 지위와 활동에 대해서는 일체 언급하지 않았다.

고 그들이 참가한 운동 행사를 후원한 기업이나 단체들의 입장을 대변하는 것은 결코 아니다.

역사적으로 볼 때 동성애자에 대한 편견이 널리 퍼져 많은 사람들에게 심각하고 구체적인 피해를 끼쳐 왔다는 것과 뉴저지주가 차별 금지법을 통해 그들을 보호하기 위해 노력한다는 것은 논란의 여지가 없는 공인된 사실이다. 타인에 대한 편견의 산물임이 분명한 단체의 규정에 헌법적 보호장치까지 만들어 주는 것은 그러한 폐해를 더욱 심화시킬 뿐이다. 브랜다이스 대법관Justice Brandeis의 말처럼 법률적 원칙 속에 우리의 편견을 끼워 넣지 않도록 항상 주의를 기울여야 한다.[7] 법원의 판결에 동의할 수 없다.

동성애자들 – 투쟁의 새로운 초점

연방대법원의 보이스카우트 대 데일 판결은 수정헌법 제1조의 기본권에 대한 해석을 더욱 포괄적으로 확대시켰다는 역사적 의의가 있다. 다시 말해 개인뿐 아니라 공통의 신념과 관심을 나누는 개인들로 이루어진 단체 역시 개인의 집합적 연장으로 보며, 비록 그 단체의 기본 철학이 사회적 통념으로는 받아들이기 힘든 경우라고 해도 그 구성원들이 그러한 생각을 표현하는 것뿐 아니라 견해가 같은 사람은 단체의 일

---

[7] "We must be ever on our guard, lest we erect our prejudices into legal principles." 연방 대법관 루이스 브랜다이스Justice Louis Brandeis, 1856~1941의 말이다. 매사추세츠주에 그의 이름을 딴 브랜다이스 대학교 Brandeis University가 있다.

원으로 받아들이고 견해가 다른 사람을 거부할 권리가 있다는 것이다.

그러나 판결에 대한 반발도 컸다. 뉴욕 타임스를 비롯한 진보 언론의 거센 비판은 물론이거니와 연방 최고 법원이 위치한 수도 워싱턴에서는 연일 항의 집회가 열렸으며, 여러 기업과 공공 기관, 사설 단체들이 보이스카우트에 대한 후원을 공식적으로 철회하기도 했다. 이에 대해 보이스카우트 측은 판결 이후 회원수는 오히려 증가했으며 일부 기업과 단체들이 후원을 철회한 반면 새로운 단체와 개인들로부터의 기부는 늘었다고 주장했다. 흥미로운 것은 보이스카우트의 자매단체인 미국 걸스카우트Girl Scouts of USA는 동성애자를 반대하는 규정이 처음부터 없었고, 데일의 입장을 지지하는 성명을 대법원에 제출하기까지 했다는 것이다. 또한 세계 스카우트 운동의 원조인 영국마저 1995년에 동성애자 반대 규정을 철폐한 바 있다.

서구에서 동성애가 본격적으로 편견과 박해의 대상이 된 것은 기독교가 통치 이데올로기로 정립되고 결혼제도가 교회의 세력 유지와 국부의 중요한 원천이 된 중세부터다.[8] 이후 20세기 초까지도 영국을 포함한 여러 유럽 국가에서 동성애는 하나의 범죄 행위로 처벌의 대상이었다. 그러나 20세기 후반에 들어 미국에서 동성애자들은 대중들에게 자신들의 지위 향상을 인종적 차별과 여성 차별에 버금가는 인권운동 civil rights movement의 연장으로 인식시키는 데 성공했으며, 지금까지도 사회 제도 속에서 동성애자에게 불리한 각종 차별적 요소의 철폐와 개정을 위한 시도를 계속하고 있다.

보이스카우트 대 데일 판결의 경우 동성애자의 권익 운동이라는 맥

---

[8] 동성애의 역사는 실제로 고대까지 거슬러 올라간다. 고대 그리스, 로마 문명은 동성애를 빼고는 논의 자체가 불가능할 지경이다.

락에서는 일종의 전술적 패배라고 볼 수도 있겠지만 21세기 들어 미국에서 동성애자들이 이루어 낸 성과는 여전히 인상적이다. 우선 묻지도 말고 말하지도 마라Don't ask, don't tell 정책[9]이 2010년 폐기되면서 동성애자가 자신의 성적 정체성을 밝히고 떳떳이 군복무를 할 수 있는 길이 열렸을 뿐 아니라 한 때는 전혀 불가능할 것처럼 보였던 동성 결혼의 합법화 역시 큰 진전을 이루고 있다. 2011년 현재 코네티컷주, 뉴욕주, 버몬트주 등 6개 주에서 동성결혼을 인정하고 있지만 동성애자들의 최종 목표는 동성 결혼이 미합중국 전역에서 승인되는 것이다.

전문가들은 이 안건이 어떤 방식으로건 결국 연방대법원까지 올라갈 것으로 본다. 결혼은 성별을 초월해서 개인의 자유에 속하는 영역인가?(그렇다면 동성간의 결혼은 용납될 수 있을 것이다) 아니면 종species으로서 사회의 새로운 구성원으로서 대를 이어갈 후손을 생산하고 양육할 가장 기본적인 사회 제도인가?(그렇다면 논리적으로 볼 때 동성간의 결혼은 재생산의 기능이 존재하지 않기 때문에 성립될 수 없다) 연방헌법에 결혼의 명확한 정의는 포함되어 있지 않다.[10] 일부 보수 세력은 헌법이 결혼을 오직 남성과 여성의 결합으로 규정하도록 하는 개헌 운동을 추진하고 있다. 바야흐로 인간 역사에서 가장 오래된 제도의 정의를 놓고 전운이 감돌고 있다.[11]

---

9 묻지도 말고 말하지도 마라Don't ask, don't tell 정책은 클린턴 대통령 시절 도입된 훈령으로 군인들끼리 성적 정체성에 관련한 질문은 하지도 말고 대답도 말라는 방침이다. 이에 따라 동성애자들이 자신의 성적 정체성을 공개적으로 밝히지 않는 한 복무를 할 수 있는 길이 마련됐지만 동성애자 차별 문제를 근본적으로 해결하지 못한 미봉책일 뿐이라는 비판을 줄곧 받았다. 원칙적으로 미군에서 동성애자의 복무는 금지되어 있었기 때문이다.

10 연방대법원은 레이놀즈 대 미합중국 정부 사건Reynolds vs United States에서 결혼의 정의와 기능에 대해 판결을 내린 바 있다. 단, 이 사건은 동성애자끼리의 결혼이 아니라 모르몬 교도들의 일부다처제 풍습에 관한 것이었다. 이 책의 레이놀즈 대 미합중국 정부 사건 참조.

11 2012년 5월 오바마 대통령은 개인적으로 동성애자의 결혼을 지지한다고 밝혔다. 오바마 대통령은 이는 자신의 개인 의견일 뿐이며 동성결혼의 합법화 여부는 각 주들이 자체적으로 결정할 문제라는 단서를 달았다. 역대 미국 대통령 가운데 처음으로 동성결혼을 공개적으로 지지한 오바마 대통령의 발표는 동성애자들의 권익 운동에 중요한 전환점이 될 전망이다.

Part 4
대통령 VS 연방대법원

01 건국 영웅들의 힘겨루기

● **판사 지명자 마버리 vs 국무장관 매디슨 :** Marbury vs Madison (1803)

연방대법원은 처음에는 모든 기능면에서 가장 무해하고 힘없는 존재로 여겨졌다. 그러나……
_토머스 제퍼슨Thomas Jefferson (미국 3대 대통령)

사라진 임명장의 비밀

18세기 당시 세계 최강의 제국이었던 영국과 전쟁을 벌여 독립을 쟁취한 미합중국의 탄생은 그 자체로 기적적인 사건이었지만 신생 공화국에는 여러 가지 해결해야 할 과제가 산적해 있었다. 독립전쟁이라는 대의를 위해서는 협력을 아끼지 않았던 건국의 아버지들 역시 국가의 장래에 대한 비전을 놓고는 치열한 사상 투쟁을 벌였는데 그 중에서도 존 애덤스 John Adams 와 토머스 제퍼슨 Thomas Jefferson 의 라이벌 관계는 거의 전설적이라고 할 만한 것이었다. 연방 정부의 역할을 중시한 연방주의자 애덤스와 연방보다는 각 주의 자치, 정부의 간섭보다는 개인의 자유와 책임을 강조한 공화주의자 제퍼슨은 1796년과 1800년 두 차례 대통령 선거에서 격돌하여 1796년 선거에서는 애덤스가 승리했으나 뒤 이은 1800년 선거에서는 제퍼슨에게 패했다. 여기서 다룰 마버리 대 매디슨 사건은 그 1800년 선거 결과의 후유증으로부터 시작되었다.

상_존 마셜 대법원장. 마버리 대 매디슨 판결을 통해 연방대법원의 권위를 반석에 올린 인물로 평가 받는다.

하_미국 4대 대통령 제임스 매디슨의 상. 제퍼슨에 이어 미국 4대 대통령에 오른 인물로 연방헌법의 많은 부분이 그의 작품이다. 제퍼슨 행정부에서 국무장관에 재임하던 당시 마버리 대 매디슨 사건에 연관되었다.
Photo credit : Carol M. Highsmith

1800년 선거에서 대패한 연방파는 대통령직뿐 아니라 의회 권력까지 공화파에게 내주는 신세가 되었다. 문제는 연방파가 곱게 정권을 승계하지 않고, 선거가 끝난 직후 몇 개월간의 과도기를 틈타 16명의 순회 판사 circuit judge와 42명의 치안 판사 justice of peace를 무더기로 임명하면서 불거졌다. 이 조치는 행정부가 임용을 마음대로 좌지우지할 수 있는 일반 정부 관리와 달리 재판관의 경우는 일단 임명이 되면 별다른 하자가 없는 한 법이 정한 임기가 보장된다는 점을 이용하여 사법부만이라도 연방파의 사람을 심어두어 향후 일정한 영향력을 유지하려는 시도였다. 그런데 워낙 급하게 수십 명의 판사들을 임명하다보니 행정절차에 차질이 생길 수밖에 없었고 그 결과 컬럼비아 특별구 치안 판사로 임명된 윌리엄 마버리 William Marbury를 비롯한 3명의 판사 지명자들이 애덤스가 퇴임하는 날까지도 임명장을 전달 받지 못하는 사태가 벌어졌다. 마버리는 새로 취임한 제퍼슨 대통령 휘하의 국무장관 제임스 매디슨 James Madison에게 전임 대통령이 서명한 임명장을 교부해달라고 요청했지만 한 마디로 거절당하고 말았으며, 그 임명장 원본의 행방조차 묘연했다. 이에 마버리는 연방대법원에 청원을 넣어 국무장관에게 임명장의 교부를 명령하는 직무 집행 영장writ of mandamus을 발행해달라고 요청했다. 보통 소송이란 하급 법원에서부터 단계를 밟아 연방대법원까지 올라오는 것이지만 마버리는 1798년 의회가 제정한 사법부 법령Judiciary Act 제13조에 명시된 하급 법원이나 정부 관리에게 연방대법원이 직무 집행 영장을 발행할 수 있다는 조항을 근거로 지름길을 택했던 것이다. 퇴임을 얼마 앞두고 애덤스가 임명한 연방대법원장 존 마셜John Marshall이 정치적 성향이 비슷한 자신을 위해 보다 신속하게 판결을 내려 주리라는 기대도 있었음은 물론이다.

미국 3대 대통령 토머스 제퍼슨. 존 애덤스와는 평생 경쟁과 협력의 관계를 유지했다.
Photo credit : Library of Congress

이렇게 해서 공이 연방대법원으로 넘어 오자 마셜 대법원장은 진퇴양난의 상황에 처했다. 마버리의 손을 들어주고 임명장을 교부하라는 판결을 내린다면 제퍼슨과 메디슨은 이런 저런 구실을 대며 법원의 명령을 무시할 것이 뻔했다. 그렇게 되면 연방대법원이 사법부 최고 권위로서의 지위를 잃고 식물 기관으로 전락할 가능성마저 배제할 수 없었다. 신임 대통령 제퍼슨의 편에 서는 경우 역시 행정부에 사법부가 굴복하는 인상을 남겨 대법원의 위상을 현재 권력의 결정에 면죄부나 부여하는 시녀 자리로 떨어뜨릴 수 있었다.[1]

---

[1] 총 9,400여 단어로 이루어진 판결문 첫머리에서 마셜 대법원장은 연방대법원이 처한 딜레마를 다음과 같이 토로하고 있다. "이 사건의 독특함, 전례가 없는 특수한 상황 그리고 이런 제반 요소에 얽힌 과제의 지난함 등은 본 법정의 오늘 판결이 어떠한 원칙하에 이루어졌는지 낱낱이 밝히도록 요구한다.(The peculiar delicacy of this case, the novelty of some of its circumstances, and the real difficulty attending the points which occur in it require a complete exposition of the principles on which the opinion to be given by the Court is founded.)"

이런 배경 속에 마버리 측 변호인의 주장을 들은 지[2] 약 십여 일 만인 1803년 2월 24일 대법관들의 만장일치로 나온 판결은 사건 관계자 모두의 예상을 뛰어 넘는 쇼킹한 내용이었다.

마버리는 임명장을 요구할 권리가 있다. 하지만…

존 마셜 대법원장 Chief Justice John Marshall

연방헌법은 대통령이 상원의 자문과 동의를 거쳐 대사, 공사, 영사 그 밖의 모든 미합중국 관리들을 지명하고 임명하며 임명장을 부여한다고 선언한다. 그런데 이 임명에는 두 가지 종류가 있다. 우선은 정부 부처의 장이 단순히 대통령의 의지를 실행에 옮기는 역할에 지나지 않거나, 헌법과 법률이 정한 대통령의 재량권 범위 내에서 활동하는 행정관이나 심복心腹인 때이다. 이런 경우 그들의 활동 및 성과는 오직 정치적 맥락에서 평가되며, 행정부 수반인 대통령은 그의 의지에 따라 언제라도 이들의 임명이나 임용을 취소하거나 해임할 수 있다. 그러나 같은 임명직이라고 해도 그 직위가 법에 의해 구체적인 직무가 정해진 경우라면, 그리고 그 직무가 국민의 권리와 관련된 판단을 수행하는 일[3]이라면, 이를 위해 임명된 개인이 직무를 수행할 여건을 침해받은 경우 그러한 상황을 해소해 달라고 국법에 호소할 권리가 있는 것이다.

---

[2] 소송의 피청구인인 제임스 매디슨 측은 대통령 제퍼슨의 지시로 재판정에 출두조차 하지 않았다.
[3] 법관의 직위를 가리킨다.

원고 마버리의 경우, 그의 치안 판사 임명장을 대통령이 서명하고 국회가 동의했으며 치안 판사 자리는 법률에 의해 5년간의 임기가 보장되기 때문에 일단 임명장이 발부된 후에는 대통령이 임의로 취소할 수 없도록 법의 보호를 받는 직무에 해당한다. 따라서 마버리는 치안 판사 직위에 대한 법적 권리가 있고, 대통령이 서명한 임명장을 보유할 권리도 가지고 있으므로 임명장을 마버리에게 전달하기를 거부하는 것은 국법이 마버리에게 부여한 권리를 전면 부정하는 행위라고 하겠다.

마버리는 본 법원에 국무장관이 그에게 임명장을 전달할 것을 강제하는 집행 영장을 발행해 달라고 요청했다. 그는 의회가 1798년 미합중국에 법원을 설립하기 위해 제정한 법령에 의거해서 그러한 수순을 밟은 것으로 해당 법령의 제13조는 연방대법원이 미합중국의 주권에 따라 법원과 임명된 현직 법관들에게 집행 영장을 발행할 권한을 가진다고 명시하고 있다.

그런데 연방헌법에서는 연방대법원은 대사, 공사, 영사들과 관련이 있는 사건 및 주가 사건 당사자가 되는 사건들에 대해 제1심 재판권을 가진다. 이외의 모든 사건에서 연방대법원은 항소심 재판권을 가진다고 선언한다. 따라서 이 두 법률 사이의 관련 규정을 검토하면 미묘하지만 분명히 눈에 띄는 상충되는 요소가 드러난다. 항소심 재판권의 핵심 기능이란 이미 하급 법원의 심의를 걸친 송사公事에 개입하여 영향을 미치는 것으로 법률적 판단의 첫 단추를 끼우는 일은 아니다. 정부 관리에게 어떤 서류의 전달을 명령하는 집행 영장을 발행하는 것은 사실상 사법적 검토 대상에 오른 관련자들의 행동 자체의 옳고 그름을 직접적으로 판단하는 것이므로 그러한 권한은 항소심 재판부가 아니라 제1심 하급 재판부에 속하는 것으로 보인다. 다시 말하지만 연방헌법은 연방대법원이 대사, 공사, 영사와 관련되지 않은 소송에서 제1심 재판권을 보유하는 것을 허락하지 않기 때문에 헌법의 문구를 엄격히 적용한다면 본 법정은 사법부의 관리와 관련된 소송에서는 항소심 재판권만 있을 뿐 제1심 재판권이 없으며 따라서 집행 영장을 발행할 수 없다고 결론지을 수밖에 없다.

연방헌법의 조문은 문자 그대로 효력을 발휘하기 위해 써졌을 뿐 그 이외의 다른 의도가 숨어 있다고 가정할 이유는 없다. 그리고 특정 법률이 헌법과 상충할 경우 또는 법률과 헌법이 특정한 사건에 동시에 적용되었을 때 연방대법원은 둘 중 어느 쪽 사건을 규정하는 기준으로 삼을지에 대한 판단을 내려야 한다. 이러한 작업이야말로 사법부에 주어진 직무judicial duty의 핵심인 것이다. 뿐만 아니라 연방헌법과 상충하는 모든 법률은 즉시 효력을 상실하며 헌법은 정부 부처뿐 아니라 법원 역시 구속시킨다. 이는 모든 성문 헌법에 고유한 핵심적인 원칙이다. 문제가 된 1798년 사법부 법령 제13조는 위헌에 해당하므로 삭제되어야 마땅하다.

미합중국 건국 신화의 한 장이 닫히다

마셜 대법원장이 내린 판결은 결과적으로 솔로몬이 울고 갈 명판결이었다. 판결에 따른 직접적 결과는 마버리가 임명장을 영영 받지 못하는 신세가 되었다는 것뿐이었지만 그 정치적 파장은 문자 그대로 총칼 없이 이루어진 사법부의 쿠데타라고 할 만한 성격의 대사건이었다. 당시 연방대법원은 재판소 건물조차 없어 국회 의사당에 속한 회의실을 빌려 가까스로 업무를 보는 처지였는데 마버리 대 매디슨 사건에서 국회가 만든 법령을 위헌의 명목으로 무효화시키면서 하루아침에 셋방살이 신세에서 집주인이 만든 규칙마저 무효로 선언하는 지위로 올라선 셈이다. 이전까지 의회가 만든 법령의 기술적 해석 정도의 역할에 머무르던 연방대법원은 마버리 대 매디슨 판결을 계기로 특정 법률의 위헌 여부를 판단하는 사법 심사라는 보도寶刀를 휘두르며 공화국 삼권분립의 한 축을 담당하는 헌법의 수호자로 당당히 자리 잡게 된 것이다. 당시 그 판결의 파장을 멀리 내다본 사람은 그리 많지 않았지만 관련자로서 판결을 전해들은 대통령 제퍼슨은 이 사건이 미국 정치가 대통령과 의회의 손을 떠나 연방 대법관들의 과두정치적 전횡專橫에 휘둘리는 시발점이 될지 모른다는 우려를 표명하기도 했다.[4]

그러나 현재 권력과 과거 권력 어느 쪽 편을 들더라도 감당할 수 없

---

[4] 제퍼슨은 마버리 대 매디슨 판결로 연방대법원이 스스로 획득한 사법 심사의 권한에 대해 두고두고 유감을 표명했다. 다음은 그가 1825년 당시 연방 하원의원이던 에드워드 리빙스턴에게 보낸 편지의 일부다. "연방대법원은 처음에는 그 모든 기능면에서 가장 무해하고 힘없는 존재로 여겨졌소. 하지만 연방대법원은 헌법의 토대를 경고도 없이 멋대로 교활하게 갉아먹고 파헤침으로써 무엇이 법률인지 아닌지를 결정하는 권한을 통해 실은 군대조차 감히 시도할 엄두를 못내는 일을 해낼 수 있음을 증명한 것이오.(This member of the Government was at first considered as the most harmless and helpless of all its organs. But it has proved that the power of declaring what the law is, ad libitum, by sapping and mining slyly and without alarm the foundations of the Constitution, can do what open force would not dare to attempt)."

는 결과가 나올 것이 뻔한 상황에서 안건을 심의하여 마버리에게 임명장이 수여되지 않은 것은 잘못이라고 밝히고 나서 헌법에 따르면 정작 그러한 안건을 심의할 권한이 연방대법원에 없다는 역설적 결론을 끌어낸 마셜의 판결은 역사가들과 법학자들에 의해 절묘한 선택 혹은 탁월한 행보로 칭송되어 왔다. 단순히 연방대법원에 제1심 재판권이 없다고 판결하는데 그치지 않고 국회의 사법부 설립 관련 법령의 문구를 파고들어 위헌으로 결정한 것은 지나친 확대해석이라는 후대의 비판이 있기도 했지만 발상의 전환으로 사법권의 독립을 쟁취해 낸 마셜의 공적에 비하면 사소한 하자라는 견해가 우세하다.

   존 애덤스가 대통령으로서 마버리를 치안 판사에 임명했을 당시 임명장에 서명 날인했던 국무장관은 다른 사람도 아닌 존 마셜 자신이었다. 마셜은 애덤스에 의해 급하게 대법원장에 임명되면서 미처 임명장을 마버리에게 교부하지 못하고 대법원장 부임을 위해 국무장관 사무실을 비웠으며, 새로 국무장관에 오른 제임스 매디슨은 부임 첫 날 사무실 책상 서랍에서 바로 그 임명장을 발견하고 다른 곳에 치워버렸던 것이다. 따라서 마셜은 마버리 대 매디슨 사건에서 자신의 재임 중의 과오로 일어난 사건에 대해 스스로 판결을 내리는 입장이 된 셈인데 우연의 사슬은 여기서 끝나지 않았다. 마셜이 판결의 근거로 삼은 연방헌법의 골격을 세운 것으로 평가 받는 인물이 다른 사람도 아닌 신임 국무장관 제임스 매디슨이었기 때문이다. 결국 마셜은 자신이 미처 교부하지 못한 임명장을 내려달라는 마버리의 요청을 자신의 후임이자 정치적 라이벌인 매디슨이 저술한 법률에 근거하여 거부한 것이니 이 모든 것이 우연치고는 너무나 정교하게 아귀가 맞아 떨어져 섬뜩하기까지 하다. 제임스 매디슨은 토마스 제퍼슨의 뒤를 이어 미국 4대 대통령에 올랐다.

마버리 대 매디슨의 원인 제공자인 애덤스와 제퍼슨은 말년에 정치적 앙금을 털고 화해를 했다. 우연이라고 하기엔 믿기 어려울 정도로 두 사람 다 1826년 7월 4일 같은 날 사망했는데 이 날은 바로 미국의 50번째 독립기념일이었으니 두 건국 영웅의 죽음을 위해서는 완벽한 타이밍이었다고 하겠다. 일설에 의하면 애덤스가 숨을 거두기 전 내뱉은 마지막 말은 "나보다 제퍼슨이 오래 사는군 Thomas Jefferson survives"이었다고 하는데 실은 제퍼슨은 이미 같은 날 오전에 사망한 뒤였다.

마버리 대 매디슨 사건뿐 아니라 미국 건국 영웅들의 협력과 경쟁에 관련된 여러 에피소드들은 불과 200여 년에 지나지 않는 미합중국의 성립기에 마치 고대국가의 건국 신화를 방불케 하는 장엄함을 드리운다.

02 최저 임금제를 두고 벌인 연방대법원과 대통령의 한판 승부

● 웨스트 코스트 호텔 vs 룸메이드 패리시 :
West Coast Hotel Co. vs Parrish (1937)

우리가 두려워해야 할 것은 두려움 자체뿐입니다.
_프랭클린 D. 루스벨트Franklin D. Roosevelt (미국 32대 대통령, 대통령 취임 연설문에서

뉴딜을 막아 선 마지막 장애물 – 연방대법원

　　　　1933년, 사과 생산지로 유명한 워싱턴주의 작은 도시 웨나치의 한 호텔[1]에서 룸메이드로 일하던 엘시 패리시Elsie Parrish라는 여성이 법원에 소송을 제기했다. 워싱턴주는 1932년 여성을 위한 최저 임금법Minimum Wages for Women을 발효시켰는데 패리시가 일하던 호텔의 경영진은 법률이 정한 주당 14.5달러의 최저 임금보다 낮은 주당 12달러의 급료를 룸메이드들에게 지급했고, 패리시는 여기에 반발해서 최저 임금제에 따라 그동안 밀린 임금 차액 216달러 19센트를 지불해 달라며 호텔 측을 고소한 것이었다. 법정에서 호텔 측은 최저 임금제 자체가 위헌의 요소가 있다고 주장했고 지방 법원이 호텔 측에 동의한 반면 워싱턴주 최고 법원은 최저 임금제가 정당하다는 판결을 내려 결국 사건의 마지막 승부는 연방대법원에서 가려지게 되었다. 법률에 따른

---

[1] 실제 패리시가 근무했던 호텔의 이름은 캐스케디안 호텔Cascadian Hotel이며, 소송에 등장하는 웨스트 코스트 호텔 주식회사West Coast Hotel Co.는 캐스케디안을 소유한 법인의 명칭이다.

임금을 제대로 지급하지 않은 고용주에 대한 피고용인의 법적 대응이라는 아주 간단한 내용의 이 사건은 그러나 공교롭게도 당시 대통령 프랭클린 루스벨트Franklin D. Roosevelt와 연방대법원 사이의 밀고 당기는 파워게임의 정점을 장식하게 된다.

1929년 주식시장의 폭락으로부터 시작된 불경기는 1930년대에 들어서면서 대공황the Great Depression[2]으로 변해 미국 경제를 짓누르기 시작했다. 1932년 대통령 선거에 당선된 루스벨트는 취임 직후부터 극심한 경기 불황에 노출된 취약 계층을 지원하고 경기를 진작시키는 뉴딜New Deal이라고 불리는 일련의 정책을 밀어 붙이기 시작했다. 문제는 루스벨트가 추진한 각종 정책이 연방대법원에 의해 연달아 위헌 판결의 철퇴를 맞는데 있었다.[3]

당시 연방대법원 내부의 역학관계는 복잡했다. 아홉 명의 대법관들 중 버틀러Justice Butler, 맥레이놀즈Justice McReynolds, 서덜랜드Justice Sutherland, 반 데반터 Justice Van Devanter 대법관은 "4인의 기병Four Horsemen"이라는 별명으로 유명한 골수 보수파로 헌법은 문자 그대로 이해되어야 하며, 경제 활동에 대한 정부의 개입은 최소화되어야 한다는 신념을 가지고 있었다. 한편 "삼총사Three Musketeers"로 불린 브랜다이스Justice Brandeis, 카도조 Justice Cardozo, 스톤Justice Stone 등은 사회 정의의 구현을 위한 정부의 역할을 강조하는 진보적 성향으로 유명했

---

[2] 실제로 대공황은 19-20세기 초반 정치인들이 심각한 불경기를 보다 극적으로 표현할 때 이따금 사용되던 용어로 쿨리지, 후버 등 미국 대통령들의 연설에도 종종 등장했다. 물론 이 경우에는 부정관사를 사용한 a great depression으로 쓰였음은 주지의 사실이다. 1930년대 미국을 강타한 극심한 경기 침체를 직접적으로 묘사하는 맥락에서 정관사와 대문자를 이용한 the Great Depression 이라는 용어가 처음 쓰인 것은 영국의 경제학자 라이오넬 로빈스Lionel Robbins의 1934년 저서 『대공황The Great Depression』이라는 것이 정설이다.

[3] 당시 연방대법원에 의해 위헌으로 판정 받은 법령에는 산업 부흥법the National Industrial Recover Act of 1933, 농업 조정법the Agricultural Adjustment Act of 1933, 철도 노동자 은퇴법the Railroad Retirement Act of 1934 등이 대표적이다.

다. 연방대법원에 올라오는 소송마다 사사건건 격돌한 기병대와 총사들 사이에서 완충 역할을 하며 캐스팅 보트를 행사한 것은 찰스 에반스 휴즈 대법원장Chief Justice Charles Evans Hughes과 오웬 J. 로버츠 대법관Justice Owen J. Roberts이었지만 휴즈 대법관이 중도좌파로 진보적 대의에 동정적인 반면, 로버츠 대법관은 중도보수의 성향이었기 때문에 4인의 기병은 로버츠 대법관과 힘을 합쳐 루스벨트의 뉴딜 정책을 번번히 5 대 4라는 간발의 차로 견제하는데 성공할 수 있었다.[4]

기존의 미국 사회와 자본주의 체제의 근본적 개혁만이 대공황에서 벗어나는 길이라고 확신한 루스벨트는 점점 연방대법원을 개혁의 성공을 막아서는 심각한 장애물로 여기게 되었다. 집권 이후 4년간 은퇴하는 대법관이 나오지 않아 새로 연방 대법관을 임명할 기회조차 없었던 것 역시 불만이었던 루스벨트는 1936년 재선되자마자 본격적으로 연방대법원의 개혁을 구상하게 된다. 구상의 핵심은 종신직으로 되어 있는 연방 대법관의 공식 임기를 70세까지로 제한하고, 70세에 도달한 대법관이 은퇴를 거부할 경우 대통령이 임의로 새 대법관을 추가 임명할 수 있도록 하는 것이었다. 당시 연방 대법관들 가운데 70세를 넘긴 사람이 5명이나 됐기 때문에 이 구상이 의회의 동의를 거쳐 실현되면 루스벨트는 그 숫자만큼의 신임 대법관을 추가로 임명하여 연방대법원 내에서 자신의 우호 세력을 다수로 만들 수 있는 것이었다. 루스벨트의 이러한 급진적인 구상은 공화당뿐 아니라 민주당 내부에서도 반발을 불러 왔지만 미국 역사상 가장 강력한 권력을 휘두른 대통령 중 한 사람인 루스벨트는 의회를 상대로 자신의 의지를 계속 밀어 붙였다. 웨스트 코스

---

[4] 당시 대법관들의 물고 물리는 관계를 언론에서는 병 속에 든 아홉 마리 전갈이라는 표현으로 꼬집기도 했다.

트 호텔 대 패리시 사건은 이렇게 사법부 최고 기관의 구조가 근본적으로 뒤바뀔지도 모를 정치적 먹구름이 밀려오는 가운데 연방대법원의 문을 두드리게 된 것이었다.

일반적으로 노동 계약에서 임금이나 기타 근무 조건을 정하는 것을 당사자들의 자유의사에 맡긴다는 것이 1905년 로크너 대 뉴욕 Lochner vs New York 판결 이후 연방대법원의 기본 입장이었기 때문에, 최저 임금제 역시 로크너의 판례를 따

워싱턴주의 웨나치에 있었던 캐스케디안 호텔은 웨스트코스트 호텔 주식회사 소유로 당시 웨나치 유일의 현대식 숙박시설이었다.
Photo credit : Cardcow.com

라 4명의 보수파와 로버츠 대법관이 힘을 합쳐 위헌으로 판결하리라는 것이 당시 정관계의 일반적인 관측이었다. 그러나 5 대 4로 나온 최종 표결의 결과는 예상을 뒤엎는 것이었다.

국가는 경제적 착취로부터 약자를 보호할 의무가 있다

찰스 에반스 휴즈 대법원장 Chief Justice Charles Evans Hughes

본 사건은 워싱턴주의 최저 임금법이 헌법적으로 타당한가라는 문제를 다루고 있다. 여성을 위한 최저 임금이라는 이름의 해당 법률은 여성과 미성년자들을 위해 최저 임금을 정할 것을 강제한다. 워싱턴 최고 법원이 해당 법률의 적용이 공권력의 정당한 행사라고 결론을 내린 반면, 청원인 웨스트 코스트 호텔 주식회사 측은 최저 임금 규정은 계약의 자유를 강탈하는 것이라고 주장한다. 그러면 이 계약의 자유라는 것은 어떤 자유를 의미하는가? 이 문제를 좀 더 살펴보기로 한다.

헌법은 계약의 자유를 직접 언급하지 않는다. 적법한 절차 없이 자유를 박탈하는 것을 금지한다고 말할 뿐이다. 따라서 헌법은 통제되지 않은 절대적 자유를 인정하지 않는다. 자유에 대한 이러한 근본적 제약은 특히 계약의 자유와 관련해서 두드러진다. 비록 계약의 자유가 헌법에 의해 보장된 권리의 하나로 여겨지기는 하지만 그렇다고 절대적인 것은 아니다. 자유란 분별없는 제약에 억눌려서는 안된다는 의미이지 공동체의 이익을 위해 마련된 합리적인 법규와 금지사항으로부터의 면제를 말하는 것은 아니다. 이러한 판단에 의거해서 과거 본 법정은 지하 탄광이나 제련소에서의 작업을 하루 8시간으로 제한하는 법률, 어부에게 선불로 임금을 지급하는 것을 제한하는 법률, 막장에서 채굴한 석탄 전체의 무게가 아니라 그로부터 정선된 석탄 screened coal 에 기준한 용량률에 따라 광부들에게 임금을 지급하는 계약을 불법화하는 법률, 노동자의 부상에 대한 사측의 법적 책임을 제한하는 계약을 금지하는 법률

등의 유효성을 인정한 바 있다. 계약 당사자 양측이 성년이고 계약 행위를 할 만큼 이성적 능력이 있다고 해도 당사자 쌍방이 동등한 입장에 있지 않은 경우나 계약 당사자가 스스로에게 불리한 계약 조건을 체결하는 것을 공익적 측면에서 방지해야 하는 경우에는 국가 권력이 계약 행위에 개입할 여지는 언제나 열려 있다고 하겠다.

한 개인이 얼마나 무모한가에 상관없이 국가는 공동체로서 여전히 그 개인의 복지에 대한 이해관계를 가진다. 결국 전체란 모든 부분의 합보다 클 수는 없으며 따라서 개인의 건강, 안전 그리고 복지가 희생되거나 방치된다면 결국 정도의 차이는 있을지언정 국가 전체가 피해를 입는 것과 마찬가지다. 이러한 확고한 원칙이 특히 여성의 고용 문제와 관련하여 적용되어야 함은 이 문제가 국가의 특별한 이해관계라는 점을 생각하면 자명한 사실이다.

1908년 뮬러 대 오리건주 당국 Muller vs Oregon 판결에서 본 법정은 여성의 신체적 구조와 어머니로서의 역할이 최소한의 생활수준을 유지하기 위해 일할 때 불리한 점으로 작용할 수 있으므로 인류 사회의 건강과 활력을 보존하기 위해서라도 여성의 건강은 공공의 관심과 돌봄의 대상이 된다는 점을 강조한 바 있다. 주의 입법 기관은 고용 문제에서 여성들이 처한 상황, 다시 말해 그들이 최저 임금을 받는 계층이라는 것과 여성들의 협상력이 비교적 빈약하며, 심지어 여성의 궁핍한 환경을 악용하려 드는 세력이 존재한다는 점 등을 고려 할 자격이 명백히 있다고 하겠다. 이에 덧붙여 최근의 극심한 경기 불황속에서 정상적 생활을 영유하기 위한 최소한의 임금조차 거절당하는 경우에도 별 대책이 없는 노동자 계급에 대한 착취가 계속 진행된다면 그들의 건강과 안녕만이 해로운 것이 아니라 결국은 공동체가 그들을 부양하는 직접적인 부담을 떠안게 된다는 점 또한 고려하지 않을 수 없다. 왜냐하면 그들의 임금 삭감분은 결국엔 고스란히 납세자들의 부담으로 돌아오기 때문이다.

문제의 법령이 남성 노동자들에까지 보호의 손길을 뻗치지 않고 있기 때문에 차별의 소지가 있다는 주장은 설득력이 없다. 본 법정은 입법 기관이 특정 법률을 적용 가능한 모든 경우로 확장할 의무는 없다고 여러 번에 걸쳐 판결한 바 있다. 입법부는 자유롭게 어떤 문제의 심각성을 인식하고 해당 법률을 가장 절실하게 필요로 하는 상황에만 즉각 적용할 수 있도록 국한할 수 있는 것이다. 만약 특정 법률의 효과가 가장 강하게 나타날 수 있는 영역에 제대로 적용될 수만 있다면 단지 모든 상황에 적용되지 않고 있다는 이유로 해당 법률을 폐기하는 것은 어리석은 짓이다. 워싱턴주 최고 법원의 결정을 지지한다.

약자의 보호인가, 정부의 오지랖인가?

조지 서덜랜드 대법관 Justice George Sutherland

다수 대법관들은 이 나라가 처한 지금의 경제 환경 등에 미루어 볼 때 본 사건의 주제가 새롭게 조명 받아야 한다고 강변한다. 그러나 헌법의 의미란 경제의 부침浮沈에 따라 변하는 성질의 것이 아니다. 사람들은 종종 헌법의 문구는 현재 상황에 비추어 이해되어야 한다고 얘기한다. 그 말이 헌법의 어구들이 포괄하는 모든 새로운 환경에 여전히 적용되어야 한다는 주장이라면 옳다고 하겠다. 그러나 오늘날 헌법의 어구가 헌법 제정 당시와는 다른 뜻을 가진다고 하는 것, 다시 말해 예전에는 헌법의 어구가 적용될 수 있었을 테지만 이제는 더 이상 적용될 수 없는 상황이 존재한다고 주장하는 것은 국민들이 강제력을 부여한 헌법의 핵심 요소를 강탈하는 행위이다. 오직 국민들 스스로가 개헌을 통해 헌법의 내용을 바꿀 수 있다. 사법 기능이란 법률의 해석에 있다. 사법부는 법률적 해석을 빙자해 이미 존재하는 법률을 개정하는 권한을 가지고 있지 않다.

국가가 적법한 절차 없이 국민의 생명, 자유, 재산을 강탈하는 것을 금지한 수정헌법 제14조가 계약의 자유 또한 포함한다는 것을 이제 와서 문제 삼기에는 이미 너무나 명백하게 결론이 내려진 사항이다. 그 계약의 범주에 노동자의 고용 계약이 포함된다는 것 또한 이론의 여지가 없다. 절대적인 계약의 자유라는 것이 존재하지는 않으며 다양한 제약을 받는다고는 하지만 일반적인 규칙으로는 계약의 자유를 보장해야 하며 계약의 자유를 간섭하는 것은 오직 예외적인 상황이 있을 때에만 정당화되어야 한다. 이러한 관점은 이미 여러 차례 본 법정을 통해 확인된 바 있기 때문에 우리는 오늘 다수가 왜 새삼 의문을 제기하는지 이해할 수 없다.

지금 문제가 되고 있는 최저 임금제는 공공의 이익과 관련된 사업이나 일시적인 비상사태, 임금의 지불 방식과 관련된 조건, 노동 시간, 법적 장애인의 보호, 부패 방지 가운데 그 어떤 것과도 상관이 없다. 해당 법령은 단지 남성과 마찬가지로 법적인 계약을 체결할 능력이 있는 성인 여성의 최저 임금을 규정할 뿐이기 때문에 지금까지 본 법정에 올라온 계약 관련 사건들을 판결하는데 이용된 원칙들에 따르면 존재할 명분조차 없는 것이다.

문제의 워싱턴주 법령은 여성 노동자와 그 고용주의 경우에는 심하게 간섭하는 반면 성인 남성과 그 고용주는 마음대로 흥정을 하도록 내버려 두었는데, 비단 워싱턴주 뿐만 아니라 우리가 주목하는 여러 주의 관련 법령이 모두 비슷한 특징을 가지고 있다는 사실은 의미심장하다. 오늘날 여성은 남성과 동등한 법적, 정치적 지위를 누린다. 더 이상 계약을 체결한 법적 권리와 관련하여 여성들을 별종의 집단으로 취급할 이유가 없다. 뿐만 아니라 남성이 여성 최저 임금보다 돈을 적게 지급하는 일자리를 기꺼이 받아들일 용의가 있을 경우 여성들과 같은 자리를 놓고 경쟁할 수 있는 권리를 거부해서도 안된다. 평균적으로 여성의 협상 능력이 남성보다 떨어진다는 주장은 근거가 빈약하다. 오히려 공정한 흥정을 진행할 능력이 성별과는 관계가 없다는 것이 상식이다. 그러한 문제에 법률로 간섭하려 드는 것은 입법부의 횡포에 지나지 않는다.

끝으로, 다양한 산업 분야의 임금을 모두 절대적으로 한정된 금액으로 고정시켜 고용주와 피고용인이 정해진 액수 이외의 임금 조건으로 계약하는 것을 금지하는 법률이 있다고 생각해 보자. 그런 법률은 분명 위헌일 것이다. 그런데 이러한 생각을 확장해 보면 결국 최저 임금을 강제하는 것은 한 개인이 받을 수 있는 임금의 상한선을 설정하는 최대 임금 maximum wage을 강제하는 것과 마찬가지로 비논리적이라는 결론에 도달할 수밖에 없다. 최저 임금과 최대 임금이 동시에 강제로 실행되어 그 둘이 점점 서로 접근하다 못해 실질적으로 같은 금액이 되는 시점이 바로 임금과 관련된 계약을 개인들 스스로 체결할 권리 또한 소멸되고 마는 시점인 것이다. 우리 소수 대법관들은 하급 법원의 결정이 파기되어야 한다고 생각한다.

뉴딜은 정말 미국을 구했나?

　한동안 4인의 기병과 보조를 맞추던 로버츠 대법관이 그간의 행태를 깨고 패리시 판결에서 휴즈 대법관과 함께 삼총사쪽에 가담한 사건은 당시 워싱턴 정가를 놀라게 했다. 이를 두고 '9명의 대법관을 구한 적기의 변절the switch in time that saved nine'이라는 표현이 탄생했는데, 이는 로버츠 대법관의 변절이 루스벨트의 연방대법원 개혁 구상을 저지하기 위한 고뇌에 찬 결단이라는 당시 호사가들의 추측에 기인한 것이었다. 즉 로버츠 대법관이 패리시 판결을 통해 앞으로 자신이 현 정권에 우호적인 판결을 내리는데 앞장서겠다는 암시를 던져 루스벨트의 연방대법원 개혁 작업을 저지시켰다는 것이었는데 실제로 루스벨트의 개혁 구상은 결국 이루어지지 못했다.

　하지만 후대의 연구는 이러한 전설에서 거품을 상당 부분 거둬냈다. 공개된 각종 기록에 따르면 로버츠 대법관은 패리시 사건의 핵심인 여성 최저 임금제에 대해 루스벨트의 연방대법원 개혁 구상이 발표되기 훨씬 전부터 이미 합헌으로 판결 내릴 결심을 굳힌 것으로 보인다. 연방대법원 개혁 작업이 실행에 옮겨지지 못했던 것 역시 루스벨트 대통령과 로버츠 대법관의 암묵적 협약의 결과라기보다는 민주당에서조차 격렬한 반발이 있었고,[5] 루스벨트의 우군으로 의회 내에서 큰 영향력을 갖고 있었던 조셉 로빈슨 Joseph T. Robinson 상원의원의 갑작스런 사망과 반 데반터 대법관이 은퇴함에 따라 루스벨트가 신임 대법관 지명

---

[5] 당시 민주당 출신으로 하원 법사 위원장이던 해튼 섬녀Hatton Sumner는 "제군들, 짐을 쌀 때가 온 것 같소Boys, this is where I cash in my chips"라는 유명한 말을 남기고 루스벨트의 연방대법원 개혁을 공개적으로 비판하기 시작했다.

권을 행사하게 되어 불평의 소지 자체가 사라진 것 등 여러 요소가 복합적으로 작용했던 것이다. 어쨌건 패리시 사건 이후 연방대법원이 뉴딜 정책과 관련된 법률을 위헌 판결하는 사태는 더 이상 발생하지 않았다.

취임식장으로 향하는 신임 대통령 루스벨트와 전임 대통령 후버. 루스벨트는 후버 대에 시작된 대공황을 극복하기 위해 뉴딜이라고 불리는 일련의 정책을 도입했다.
Photo credit : Library of Congress

연방대법원의 방해가 사라지자 루스벨트는 더 이상 거칠 것이 없었다. 곧 공공사업 진흥국 Work Projects Administration : WPA이 설립되어 미 전역에서 도로, 항만 등 기간 시설 건설 프로젝트를 통해 수백만의 인력 고용을 주도하게 되었고, 민간 분야에서 노동조합의 설립과 단체 협약에 대한 고용주의 견제 수단을 크게 제한시킨 노사관계법 National Labor Relations Act과 미국 역사상 최초로 은퇴한 노인에 대해 보조금을 지급하는 사회보장법 Social Security Act이 제정되기에 이른다.

경제에 대한 정부의 적극적인 간섭을 골자로 한 뉴딜 정책이 대공황으로부터 미국을 구했다는 이야기는 오랜 기간 미국 역사 속의 담론 가운데서도 거의 이론의 여지가 없는 사실처럼 취급 받아왔으나 최근 들어서는 그 근거 자체가 거센 도전을 받고 있다. 토마스 소웰 Thomas Sowell, 아미티 슐레즈 Amity Shlaes를 비롯한 보수파 경제학자와 역사가들은 당시의 경제 지표들을 분석하여 1930년대를 통틀어 지속적이고 의미 있는 경제 회복이 결코 일어난 적이 없다고 주장한다. 실제로 루스벨트 정권에서 뉴딜 정책을 주도했던 관리들조차도 사석에서는 정책의 효과가 의도한 만큼 나오지 않는 현실에 난감해 했다는 증거도 많

대공황 당시 정부로부터 긴급 생활 지원비를 받기 위해 줄 서 있는 시민들.
Photo credit : Library of Congress

다.[6] 패리시 사건의 핵심이며 지금까지도 대표적인 취약계층 보호정책으로 여겨지는 최저 임금제 역시 현실에서는 청소년과 비숙련자들이 최초로 노동시장에 진입하는데 오히려 걸림돌로 작용한다는 견해가 있다. 간단히 말해 정부가 최저 임금을 올리게 되면 사측은 신규 고용 자체를 중단하는 방식으로 대응한다는 것이다. 그런 맥락에서 서덜랜드 대법관이 반대의견에서 최저 임금을 법률로 정하는 것은 최고 임금을 법률로 정하는 것만큼 비이성적이라고 꼬집은 것은 음미할 대목이다.

이제 적어도 미국의 보수파 지식인들 사이에서는 뉴딜 정책이 대공황을 극복하기는커녕 오히려 연장시켰으며 대공황에서 궁극적으로 미국을 구한 것은 뉴딜이라기보다는 히틀러가 일으킨 2차 세계대전이었다는 쪽으로 의견이 모아지고 있다. 이미 전선이 유럽에 국한되어 있던 세계대전 초기부터 미국은 영국에 군수품을 조달하면서 경기를 진작할

---

[6] 루스벨트 행정부에서 재무장관을 지낸 헨리 모겐소Henry Morgenthau는 1939년 일기에서 다음과 같이 토로했다. "우리는 엄청난 돈을 썼다. 이전보다 더 많은 돈을 쓰고 있지만 효과는 없다. (중략) 이 정권이 들어선지 8년이 지난 오늘날 실업률은 우리가 시작했을 때와 마찬가지로 높다. 갚아야 할 빚만 엄청나게 늘었다.We have tried spending money. We are spending more than we have ever spent before and it does not work. [...] I say after eight years of this administration, we have just as much unemployment as when we started. And enormous debt to boot."

수 있었으며 일본의 진주만 공습으로 미국의 참전이 공식화되면서는 군수 산업을 통한 국내 경기 회복과 징병을 통한 청년 실업의 해결이라는 두 마리 토끼를 동시에 잡을 수 있었다는 것이다.

   이러한 맥락을 염두에 두고 생각해 봤을 때 만일 로버츠 대법관이 **변절**하지 않았다면 지금 미국은 어떤 모습을 하고 있을까? 세계는 어떻게 변했을까?

03 제왕적 대통령의 출현을 막아라

● 미합중국 정부 vs 대통령 닉슨 : United States vs Nixon (1974)

워터게이트 사건으로부터 우리는 우리 이전의 세대들이 이미 알고 있었던 사실을 새삼 확인했다. 우리 헌법이 제대로 작동한다는 것을.
_ 레온 자워스키Leon Jaworski (워터게이트 담당 특별 검사)

폭군 닉슨과 토요일 밤의 대학살

미국 37대 대통령 리처드 닉슨Richard Nixon은 공화당 후보로 대통령 선거에 두 번씩 도전한 끝에 결국 당선된 의지의 인물일 뿐 아니라 유능한 행정가이자 외교적 통찰력까지 갖춘 지도자로서 재임 중에도 상당한 업적을 남겼다. 그러나 높은 인기로 재선된지 불과 2년 뒤, 닉슨은 미국 역사상 최초로 임기를 다 채우지 못하고 불명예스럽게 퇴진한 대통령이 되고 말았다. 도대체 무슨 일이 일어났던 것일까?

닉슨의 극적인 몰락은 공화당의 사주를 받은 일단의 정치 공작꾼들이 1972년 수도 워싱턴의 워터게이트 호텔에 마련된 민주당 전국 위원회 본부에 정보 수집 차 불법 침입했다가 발각되면서 터진 워터게이트 스캔들Watergate Scandal로부터 시작되었다. 사건이 언론에 알려진 뒤 처음 열린 기자회견에서 백악관 측이 단순한 3급 절도 사건에 불과하다고 폄하했던 워터게이트 사건은 닉슨이 처음부터 사건의 전모를 알고 있었으면서도 모르쇠로 일관했다는 의혹이 커지면서 파문이 확산되었다.

워터게이트 스캔들을 다룬 앨런 J. 파큘라Alan J. Pakula 감독의 1976년 영화 〈모두가 대통령의 사람들 All the President's men〉.

급기야 워터게이트 사건은 의회 청문회에 이어 법무장관이 사건의 전모를 조사하기 위해 특별 검사를 임명하는 사태에까지 이르며 미국 정가를 뿌리부터 뒤흔드는 가공할 파괴력을 발휘하기에 이르렀다.[1]

의회 청문회에서는 닉슨이 백악관의 대통령 집무실에 녹음 장치를 갖추어 놓고 보좌진이나 기타 요인과의 대화를 비밀리에 녹음해 왔다는 사실이 밝혀지면서 사태는 새로운 국면을 맞이했다. 그 녹음 테이프를 입수해 내용을 들어보는 것이야 말로 대통령의 워터게이트 사건 관여 여부를 밝히는 결정적 증거라고 판단한 특별 검사 아치볼드 콕스Archibald Cox 는 테이프의 제출을 백악관에 요구하는 공소장을 발부해 줄 것을 법원에 요청했다. 이에 닉슨은 국가 기밀 유지를 위한 통치권자의 특권executive privilege을 들어 테이프 제출을 거부했으며 한 술 더 떠 1973년 10월 23일 토요일, 법무장관 엘리엇 리처드슨Elliot Richardson에게 콕스를 해임하라고 명령했다. 법무장관이 이 명령에 반발해 사임하자 닉슨은 이번에는 법무차관 윌리엄 럭켈셔스William Ruckelshaus에게 전화를 걸어 콕스를 해임할 것을

---

1 이 사건의 전말을 보도한 워싱턴포스트의 기자 밥 우드워드Bob Woodward와 칼 번스타인Carl Bernstein의 활약은 조사 보도investigative journalism의 고전으로 평가 받는다. 이들의 논픽션 저서 『모두가 대통령의 사람들 All the President's men』은 영화로도 만들어져 큰 인기를 끌었다.

명령했으나, 법무차관 역시 이에 반발해 사임했다. 그러자 닉슨은 다시 법무 차관보 로버트 보크Robert Bork에게 법무장관 대행이 되어 콕스를 해임하라고 명령했는데, 자신까지 사임할 경우 법무부 지휘부 계통이 완전 마비될 것을 염려한 보크는 마지못해 콕스를 해임하게 된다. 이렇게 해서 하루 밤 사이에 법무장관, 법무차관, 특별 검사가 모두 물러나는 초유의 사태가 벌어졌는데, 언론에서는 이를 토요일 밤의 대학살the Saturday Night Massacre이라고 불렀다.

닉슨의 과격한 행보에 반발한 의회에서 드디어 여당인 공화당 의원 일부까지 가세한 탄핵이 본격적으로 논의되기 시작한 가운데, 콕스에 이어 새로 임명된 특별 검사 레온 자워스키Leon Jaworski는 드디어 워싱턴 특별구 지방 법원으로부터 대통령에게 테이프 제출을 명령하는 공소장을 입수하게 되었다. 여기에 반발한 닉슨 측이 항소하면서 결국 최종 결정은 연방대법원으로 넘어갔다.

사건의 해결을 위해서는 테이프를 반드시 검토해야 한다는 특별 검사 측의 주장에 대해 대통령 진영은 삼권분립의 원칙에 따르면 의회와 사법부는 행정부의 수장인 대통령에게 어떤 명령도 내릴 권한이 없으며, 설사 그러한 권한이 있다고 하더라도 통치권의 행사와 관련된 기록(테이프)의 소유는 통치권자의 특권에 속하기 때문에 그 내용을 공개할 수 없다고 강변했다. 대법원장 워렌 버거를 비롯한 대법관들은 1974년 7월 24일 만장일치의 판결을 내렸다.

대통령은 법 위에 있지 않다
워렌 E. 버거 대법원장 Chief Justice Warren E. Burger

　　대통령의 변호인은 대통령과 그의 자문역 사이의 밀담이 담긴 기록을 제출하도록 요구하는 공소장은 국가의 이익과 부합하지 않기 때문에 기각되어야 마땅하다고 주장한다. 이를 위해 변호인은 두 가지 근거를 들고 있다. 첫째는 정부 최고위 관료와 그의 보좌진 사이의 커뮤니케이션에 대한 보호의 필요성이다. 둘째는 권력분립의 원칙인데 미합중국 정치 시스템 내에서 행정부의 독립은 대통령을 형사소추의 대상에서 제외하기 때문에 대통령의 은밀한 커뮤니케이션 역시 보호된다는 주장이다.

　　그러나 권력분립의 원칙이나 커뮤니케이션의 기밀 유지가 모든 상황에서 절대적이며 무조건적으로 대통령의 면책 특권을 정당화하는 것은 아니다. 헌법의 입안자들이 미합중국 정부의 구성을 기획하고 입법부, 사법부, 행정부의 3개 정부기관으로 권력을 나누는 포괄적인 시스템을 추구한 것은 사실이지만, 그렇다고 권력기관들이 절대적으로 독립되어 각자의 길을 가도록 의도한 것은 아니었다. 자유의 보장을 위해 권력의 분산을 추구하는 것뿐 아니라 한편으로는 이 분산된 권력을 운용 가능한 하나의 정부체제로 통합하는 것 역시 헌법이 추구하는 이상이다. 헌법은 이들 권력 기관이 분리되었으면서도 상호의존하며, 자율을 누리면서도 서로에게 생산적으로 영향을 미칠 것을 명한다. 대통령 측이 주장하듯 대통령의 특권을 군사적, 외교적으로 민감하다고 볼 수 없는 사항에서까지 공공의 이익이라는 일반적 명분을 들어 형사법의 집행을 위해 필수적인 소환을 거부할 수 있는 것으로 해석한다면 이는 운용 가능한 하나의 정부체제를 추구하는 헌법의 이상을 뒤엎고 헌법에 명시된 사법부의 역할을 심각하게 훼손하는 것이라고 말하지 않을 수 없다.

대통령의 업무와 관련된 기밀의 보존은 매우 중요한 문제이며 신중하게 취급되어야 마땅하다. 그러나 대통령의 측근들이 대통령과 나눈 대화가 형사 고발의 와중에 혹시라도 공개될 수 있다는 희박한 가능성 때문에 대통령에게 진정어린 조언을 제공하기를 주저하리라고는 생각할 수 없다. 반면, 형사 재판과 명백한 관련이 있는 증거물의 제출을 거부하는 특권이 대통령에게 주어진다면 이는 헌법에 명시된 "적법한 절차"의 보장을 침해하며 사법부의 기본적인 기능을 훼손하는 것이다. 대통령의 집무 수행 중 이루어진 커뮤니케이션의 비밀 보장의 필요성은 일반적인 원칙인 반면, 헌법이 규정하는 형사 사건의 공정한 판결을 위한 증거물 제출의 필요성은 구체적이고 핵심적이다. 구체적인 사실에 접근할 방도가 없다면 형사 고발은 수포로 돌아갈 것이 뻔하다. 현재 계류 중인 형사 사건과 관련이 있는 것으로 보이는 극히 제한된 대화 내용을 공개한다고 해서 대통령의 기밀 유지에 대한 광범위한 이해관계가 훼손되지는 않을 것이다. 우리는 통수권자의 특권에 대한 일반론적 옹호보다는 현재 계류 중인 사법 재판과 관련된 증거물 제출의 구

워터게이트 호텔. 닉슨의 극적인 몰락은 여기서 벌어진 작은 소동에서부터 시작되었다.
Photo credit : Carol M. Highsmith

체적인 필요성이 더 중요하다고 결론짓는다.

그러나 대통령이 법 위에 있지는 않다고 해도 헌법에 명시된 대통령의 역할과 책무는 매우 특별하다. 대통령의 커뮤니케이션과 활동은 일반인의 그것과는 비교할 수 없을 만큼 광범위한 분야의 여러 민감한 정보에 걸쳐 있다. 따라서 법률이 허용하는 한도 내에서 대통령의 기

사임 연설 직후 백악관을 떠나는 닉슨 대통령 부처.
Photo credit : Library of Congress

밀 사항을 보호하는 것은 공공의 이익을 위해서도 필요한 조치라고 하겠다. 대통령이 측근들과 나눈 가벼운 대화라 할지라도 그것이 국내의 정치 지도자들이나 타국의 정치가들과 관련된 민감한 사항을 언급할 수 있기 때문에 기밀이 지켜져야 한다는 점에는 더 이상의 설명이 필요치 않다. 우리는 워싱턴 특별구 지방 판사 District Judge[2]가 대통령의 기록물(녹음 테이프)을 최상의 경의를 가지고 조심스럽게 검토하리라 믿는다. 그리고 일단 조사가 완료되면 녹음 테이프에 대한 기밀 보장의 특권은 즉시 회복되며 봉인된 채로 적법한 관리인에게 귀환되어야 한다.

본 안건이 형사 고발이 계류 중인 가운데 연방대법원에 제출되었고 사안의 빠른 해결이 촉구되는 바이기에 본 법정은 지체 없이 명령을 발의하는 바이다. 하급 법원의 결정을 그대로 추인한다.

---

[2] 녹음 테이프는 특별 검사의 손을 거쳐 워싱턴 특별구 지방 판사에게 증거물로 제출되도록 되어 있었다.

대통령의 권력이란 무엇인가?

　　미국 초대 대통령 조지 워싱턴이 임기를 마치고 버지니아의 농장으로 돌아간다는 소식을 들은 영국왕 조지 3세는 "만약 사실이라면 그는 세계에서 가장 위대한 인물임에 틀림없다"고 감탄했다고 한다. 워싱턴이 권력의 정점까지 올라갔다가 아무렇지도 않은 듯 다시 야인으로 돌아갈 수 있다는 것이 믿어지지 않았던 것이다. 실제로 워싱턴은 의회로부터 종신 대통령을 제안 받기도 했지만 임기를 마치자마자 퇴임하는 방식을 택했다.[3]

　그러나 이렇게 깨끗하게 물러난 워싱턴조차도 대통령이란 일반국민들과는 다른 특별한 존재라는 인식을 가졌던 것만은 분명해 보인다. 일례로 호칭만 해도 워싱턴은 일반 시민들이 자신을 '위대한 대통령 각하His Mightiness, the President'라고 불러주기를 희망했다. 워싱턴의 뒤를 이은 2대 대통령 존 애덤스의 경우는 한 발 더 나아가 모름지기 대통령은 '미합중국의 대통령이자 자유의 수호자이신 전하His Highness, the President of the United States and Protector of their Liberties'로 불려야 한다고 믿었다. 애덤스는 측근들이 그런 어마어마한 호칭은 미국이 독립을 쟁취하려고 싸웠던 군주제를 연상케 한다며 반대하자 상당히 실망했다고 한다. 또 기록에 따르면 워싱턴과 애덤스는 일반인들과 만날 때 악수를 한 적이 없으며, 대신 가벼운 목례를 교환하는 것을 선호했다. 일반 시민들과 악수를 나눈 대통령은 3대의 토머스 제퍼슨이 처음이다.

　조지 워싱턴의 시대로부터 약 200년이 흐른 1974년, 닉슨은 연방대

---

[3] 많은 미국인들은 조지 워싱턴이 왕이 되어 달라는 의회의 요청을 거부하고 임기가 정해진 대통령직을 선택했다는 일화에 대해 알고 있지만 이는 역사적 근거가 희박하다.

법원 구두 변론에서 법률 대리인 제임스 세인트클레어 James D. St. Clair 를 통해 미국 대통령은 "주어진 4년의 임기 동안은 프랑스의 루이 14세 Louis XIV와 같은 절대 권력을 가진 존재"로 탄핵 판결 이외에는 국내의 어떤 법정에도 회부될 이유가 없다고 주장하기에 이른다. 비록 미국 대통령직이 고전적 의미의 절대 권력은 아니지만, 조지 워싱턴의 시대나 지금이나 헌법이 보장한 대통령의 권한은 실제로 막강하다. 대통령은 행정부의 수반이자 군 최고 사령관이며 의회를 통과한 법률에 대한 거부권을 행사할 수 있으며, 의회의 견제를 받기는 하지만 행정 명령을 통해 자신이 원하는 정책을 펼 수도 있다. 역대 미국 대통령 가운데 대통령의 권한을 극한까지 추구한 제왕적 대통령으로 흔히 루스벨트와 닉슨을 든다. 그러나 루스벨트의 경우는 대공황과 2차 세계대전이라는 국가적 위기 속에서 강력한 리더십을 바라는 시대적 요구에 부응하여 대통령의 권한을 극대화했다는 정당화가 어느 정도 가능할지 모르지만 닉슨의 경우에는 오직 자신의 안전을 도모하기 위해 권력을 휘두르다 헌정 질서의 위기를 초래했다는 혐의가 짙다.

연방대법원의 만장일치 판결이 있은지 한 달 뒤인 1974년 8월 8일, 계속 대통령직에 머물면 의회의 탄핵이 확실시 되는 가운데 닉슨은 부통령 제럴드 포드 Gerald Ford에게 자리를 넘기고 사임했다. 포드는 취임 직후 닉슨에게 대통령 재직 중 저질렀을지 모를 모든 범죄에 대해 전면적이고 무조건적인 사면을 내림으로써 닉슨의 워터게이트 사건 및 이후 은폐조작 행위와 관련해 면죄부를 주었다.

흥미로운 것은 취임 5개월 만에 포드 대통령이 행한 신년 국정 연설이다. 보통 대통령이 희망찬 미래의 비전을 제시하는 내용이 주를 이루는 국정 연설에서는 "연방의 단결은 건재합니다 the state of the Union is strong"라는 표현이 중간에 등장하는 것이 관례처럼 되어 있다. 그런데 포드는 사상 처음으로 연설 중 "연방의 단결이 좋지 않습니다 the state of the Union is not good"라고 말했다. 당시 닉슨과 워터게이트를 둘러싼 국론분열이 얼마나 격렬했는지를 가감 없이 표현한 것이라고 하겠다.⁴ 닉슨의 행적에 진저리를 친 미국 사회가 대통령직에 대한 존경과 신뢰를 회복하기까지는 닉슨의 사임 이후로도 많은 시간이 필요했다.

---

4 포드는 결국 1976년 선거에서 민주당 지미 카터 Jimmy Carter에게 패했다.

04 대통령 선거의 승자와 패자를 고르다

● 공화당 대통령 후보 부시 vs 민주당 대통령 후보 고어 :
Bush vs Gore (2000)

민주주의의 핵심은 투표voting가 아니라 개표counting에 있다.
_톰 스토퍼드Tom Stoppard (영국 극작가)

2000년 – 대통령 선거의 배틀 로얄

언론인 출신으로 달변에 이지적인 이미지의 민주당 부통령 앨 고어 Al Gore 와, 사업가 출신으로 다소 투박한 인상의 공화당 소속 텍사스 주지사 조지 부시 George W. Bush. 스타일, 정치 철학, 지지층 등 모든 면에서 공통점이라곤 찾기 힘든 이 두 후보가 맞붙은 2000년 미국 대통령 선거는 마지막까지 승패를 예측할 수 없었던, 미국 역사상 가장 치열한 선거전의 하나로 꼽힌다. 뿐만 아니라 개표 후에도 당선자를 가릴 수 없어 수차례의 재검표가 이루어지고, 논란 끝에 결국 미국 역사상 최초로 연방대법원이 사실상 대통령 선거의 승자를 결정하는 전대미문의 사태까지 이르렀다.

상황이 그렇게까지 간 데는 미국의 다소 복잡한 선거 제도도 한 몫 했다. 미국 대통령 선거는 엄밀히 말하면 직선제가 아니라 간선제로 일반 유권자들이 투표를 마치고 나면 이 결과에 따라 대통령 선거인단 Electoral College 이 구성되어 대통령을 선출하는 방식이다. 총 538명으로

미국 43대 대통령 조지 부시George W. Bush. 2000년 대통령 선거 당시는 텍사스 주지사였다.
Photo credit : Eric Draper

구성되는 이 선거인단에서 각 주에 할당된 선거인의 숫자는 주의 인구수에 비례해서 결정된다. 가령 캘리포니아에는 55명, 텍사스에는 38명의 선거인이 배정되는 반면, 알래스카, 사우스다코다, 버몬트 등의 군소 주는 각 3명씩 선거인이 주어지며, 실제 유권자 투표에서 다수의 표를 얻은 후보가 승자독식 원칙에 따라 그 주에 배당된 선거인을 모두 확보하게 된다. 따라서 민주당과 공화당은 지지기반이 뚜렷한 주들에서의 우세를 기반으로 해서, 공략이 가능하다고 생각되는 주들에 자원과 노력을 집중하는 전략을 사용하는 것이 보통으로 2000년에도 상황은 그대로 진행됐다. 고어는 캘리포니아, 뉴욕, 워싱턴 등 해안 지역 주에서 우세를 보인 반면 부시는 텍사스, 조지아, 사우스캐롤라이나 등 보수적 전통이 있는 주에서 강세였으며 양측은 오하이오, 플로리다, 뉴멕시코 등의 격전지에 총력을 기울였지만 투표일까지도 결과는 예측불허 그 자체였다.

투표일인 2000년 11월 7일 저녁까지 드러난 결과로는 고어가 투표인단 수에서 267대 246으로 앞섰으나 마지막 선거인단 25명의 향방이 걸려있는 플로리다주의 개표 결과는 한밤중까지도 확실치 않았다.[1] 결국 다음 날 새벽에 발표된 결과는 0.1퍼센트라는 간발의 차이로 부시의 승리였지만, 플로리다주 법률은 격차가 0.5퍼센트 이하일 경우 재검표를 의무화했기 때문에 상황은 이제 겨우 시작일 뿐이었다. 게다가 검표

---

[1] 실제로 대다수의 미국 언론은 11월 7일 저녁 앨 고어가 플로리다주에서 승리했다고 발표했다. 이는 투표장의 출구 조사 결과에 따른 것이었다.

기계에 의한 1차 재검표 결과는 오히려 격차를 더 좁혀서 부시가 고어보다 오직 327표를 더 얻은 것으로 나왔다. 그러자 고어 측은 이번에는 수검표manual count에 의한 재검표를 요청했으며, 수차례 법률 공방 끝에[2] 결국 플로리다주 최고 법원은 12월 8일 주 전체에 대한 재검표를 명령하기에 이르렀고, 부시 측은 여기에 반발해 연방대법원에 항소했다.

부시 측의 주장은 주 전체에 일괄적으로 적용할 수 있는 재검표 기준이나 시스템이 존재하지 않는 상태에서라면 적법한 투표가 무효로 판결되거나 무효표가 되어야 할 표가 수검표 과정에서 유효표가 될 가능성이 상당히 높으며, 이는 수정헌법 제14조에 따른 국민들 개개인이 한 표를 행사할 권리의 동등한 보호를 불가능하게 하기 때문에 재검표는 중단되어야 한다는 것이었다. 반면 고어 측은 유권자의 원래 의도를 존중하는 방향으로 검표하는 것이야말로 재검표의 유일한 기준이 되어야 하며, 만약 플로리다주의 검표가 수정헌법 제14조에 의거해 위헌이라고 한다면, 플로리다주 뿐만 아니라 통일된 검표 기준이 없는 모든 주의 개표가 위헌이라는 논리와 마찬가지라고 강변했다.

연방대법원의 판결은 12월 11일 양측의 구두 변론을 들은 지 불과 16시간 만에 나왔다. 결과는 5 대 4로 43대 미국 대통령은 조지 부시가 되었다.

---

[2] 고어가 소송을 시작하게 된 직접적 계기는 당시 플로리다주 국무장관인 캐더린 해리스의 결정 때문이었다. 플로리다주 법률은 재검표를 7일 이내에 완료하도록 되어 있었으나, 주 3개 군이 시간 연장을 요청한 것을 공화당 소속인 해리스가 국무장관의 권한으로 거부했던 것이다.

한 표의 신성한 권리가 오염되고 있다

윌리엄 렌퀴스트 대법원장 Chief Justice William Rehnquist

정부가 주민들에게 부여한 대통령선거에 투표할 권리는 기본권이다. 그 권리의 원천은 개개인의 투표가 동등한 자격을 가지며, 투표권을 행사하는 유권자 개개인에게 동등한 존엄성이 부여된다는 원칙이다. 투표권이 행사되는 방식에는 헌법상의 동등한 보호의 개념 또한 적용된다. 일단 동등한 조건 아래 투표할 권리가 주어지고 나면 정부는 독단적으로 혹은 임의로 한 개인의 투표 행위를 다른 사람의 그것보다 더 중요하게 다룰 수 없는 것이다. 그러나 우리 앞에 놓인 과제는 플로리다주 최고 법원이 채택한 재검표 절차가 투표권자 개개인에 대한 독단적, 임의적 취급을 방지할 의무에 충실한지의 여부를 가리는 것이다. 플로리다주 최고 법원은 투표용지를 통해 유권자가 어느 후보를 찍었는지 파악할 것을 명령했다. 그러나 법원의 명령에 따라 시행된 재검표 절차는 유권자의 기본권을 보장하는 필요 최소한의 여건조차 만족시키지 못하고 있다.

문제는 투표용지 개개의 검표시 구체적 기준의 동등한 적용이 보장되지 못하는 데에 기인한다. 여러 증언에 따르면 이의가 제기된 투표용지를 접수할지 거부할지에 대한 기준이 각 카운티마다 다를 뿐 아니라 실제로는 같은 카운티 안에서조차 재검표 팀마다 다르다는 것이다. 게다가 모든 투표용지의 수작업 재검표는 후보자를 선택하지 않은 백지의 투표용지뿐 아니라 두 명 이상의 대통령 후보자를 선택한 이른바 과도투표 overvote를 한 용지도 검토하게 되는데, 두 경우 다 기계에 의한 자동 검표에서는 무효 처리된다. 플로리다주 전체로 보아 1만 건의 과도투표 사례가 있다고 하기 때문에 이것은 간단히 넘길 문제가 아니다. 그런데 기계 고장이나 기타 원인으로 인해 인식되지 못했던 투표용지의 경우는 수작업 재검표에 의해 유효표로 인정될 기회를 얻는 반면, 두 명의 후보자를 표시하여 기계가 이미 무효 처리시킨 경우는 검토의 기회가 주어지지 않는다. 하지만 이론상으로는 수작업 검토의 기회가 주어진다면 과도 투표의 경우라도 유권자가 실제로는 어느 후보자를 선택하려 의도했는지를 짐작하기에 충분한 징후를 파악할 여지가 있는 것이다. 게다가 만일 두 명의 후보자를 표시한 투표용지 가운데서도 기계가 혹시라도 어느 한쪽 후보자의 표시만을 인식해서 개표에 포함시켰다고 하면 이 경우에는 원칙적으로는 무효 처리되어야 함에도 유효표가 되어 버린다. 이러한 모든 다양한 경우의 수는 동등한 보호의 원칙의 위반이라는 문제를 다시금 제기한다.

플로리다주 최고 법원이 내린 명령의 문제점은 이 뿐만이 아니다. 법원 명령이 투표용지의 재검표를 누가 담당해야 하는지 구체적으로 명시하지 않은 탓에 선거 조사 위원회 county canvassing boards 는 각처에서 검표에 관한 경험이나 훈련이 전무한 심사원들을 무작위로 뽑아 올 수밖에 없었다. 결과적으로 재검표 과정은 각 유권자의 기본권을 보호하는데 필요한 최소한의 절차조차 갖추지 못한 셈이다. 지금까지 드러난 모든 문제점을 고려할 때 상당한 규모의 추가 조치가 없는 한 재검표가 헌법의 동등한 보호와 적법한 절차의 원칙에 상응하는 방식으로 수행되기는 어려울 것으로 보인다.

연방법전 United States Code 제3권이 규정한 대통령 선거인 선정의 마감일인 12월 12일이 눈앞에 다가왔음에도 최소한의 헌법적 기준을 충족시킬 개표 절차는 마련되지 않고 있다. 앞에서 언급한 사유들로 인해 재검표를 12월 12일에 무리하게 맞추려 하다보면 그 과정이 위헌적으로 변질될 것이 분명하기 때문에 우리는 재검표의 진행을 명령한 플로리다주 최고법원의 결정을 번복하려 한다. 우리 대법관들은 입법 기관이 대통령을 뽑을 권리를 국민과 정치권에 위임하도록 한 헌법의 본래 의도를 누구보다도 존중한다. 그러나 선거 결과를 놓고 분쟁 당사자들이 법원을 통해 시비를 가리기로 결정한다면 본 법정은 미합중국의 사법부로서 연방 정부 및 헌법과 관련된 사안들을 해결해야 하는 책임을 부득이하게 떠맡지 않을 수 없는 것이다. 플로리다주 최고 법원의 판단을 뒤집는다.

누가 선거의 패자인지는 분명하다

존 폴 스티븐스 대법관 Justice John Paul Stevens

    미합중국 헌법 제2조에서 각 주는 주 입법 기관이 지정하는 방식으로 선거인단을 지명한다고 명시하고 있다. 드물게나마 연방 사법 기관이 연방 법률이나 헌법에 의거하여 주 단위 선거에 관여하는 경우가 있다고는 하지만 본 사건에서 드러난 문제가 그렇게까지 해야 할 만큼 심각한 것은 아니다. 플로리다주 최고 법원의 명령은 법률이 정한 방식으로 각 주들이 대통령 선거를 위한 선거인단을 선정하도록 보장한 헌법의 내용과 완전히 일치한다고 생각한다. 헌법 제2조와 마찬가지로 제5항은 주 선거법을 해석하고 선거 관련 분규를 해소하는데 주 사법부가 관여하는 것을 인정하고 있다. 제2조나 제5항 어디에도 연방

대법관에게 주 법률과 관련된 문제에 대한 주 사법부의 견해를 바꾸도록 하는 권한을 부여하는 대목은 찾아 볼 수 없다.

부시 후보자 측이 제기한대로 플로리다주 최고 법원이 투표자의 의도를 정확히 파악할 수 있을 수준까지 검표 과정의 세부를 정확하게 규정하지 않았다는 사실이 위헌의 소지가 있는 심각한 문제라는 주장 또한 옳지 않다. 유권자가 정당히 행사한 표의 일부가 검표에서 제외되는 등 공평하게 다루어지지 않은 경우라면 헌법 정신을 위반했다고 하겠지만 지금껏 본 법정은 투표용지가 합법적으로 기입되었느냐의 여부를 판단하기 위해 주가 정한 실질적 기준을 문제 삼은 역사가 없었다. 그리고 투표자의 의도를 파악하는 것을 돕기 위해 검표 위원들에게 제공된 지침이 가령 전국의 재판정에서 배심원에 뽑힌 일반 국민들이 매일 사용하는 의심할 여지 없는 증거의 기준보다 떨어진다거나 그 보다 만족스럽지 못한 결과로 이어지리라고 생각해야 할 이유는 어디에도 없는 것이다.

다수 의견은 자기모순에 빠진 것으로 보인다. 일단 주 입법부가 투표를 통해 대통령 선거인을 뽑도록 결정하면 유권자가 행사한 표를 개표하는 것도 헌법이 정한 규정이다. 다수 의견이 인정하듯이 플로리다 법률에 따르면 투표자의 의도를 드러내는 투표용지는 모두 적법한 표로 간주된다. 이러한 원칙을 인정하면서도 다수 의견은 재검표의 요건을 충족하는 투표용지들이 모두 정리되기도 전에 검표의 종결을 명하고 있다. 다수 의견의 논리에 따르면 현 시점에서 적절한 조치란 사건을 주 법원으로 환송시켜 입법기관의 통일된 일반 기준을 시행할 보다 구체적인 절차가 먼저 세워지도록 하는 것이다. 그런데 정작 다수 의견의 최종 결정이란 어느 후보를 선택했는가 하는 의도가 분명히 드러나는,

따라서 주 법률에 따르면 합법적인 투표이지만 어떤 이유로 해서 개표 기계가 탈락시킨 투표용지에 반영된 불특정 다수 유권자들의 한 표의 권리를 박탈하라는 명령인 셈이다.

판결은 연방법전 제3권에 정해진 마감일에 맞추려면 그렇게 할 수 밖에 없다고 한다. 하지만 연방법전의 조항이란 단지 대통령 선거인 명단을 정리할 경우 의회가 결정을 내리는데 필요한 규칙을 제공하려는 의도일 뿐이다. 그 조항이 진정한 당선자가 정해지기까지 개표를 계속하는 것을 금지하는 것은 아니다. 실제로 1960년 대통령 선거 당시 연방 의회는 하와이 주에서 1961년 1월 4일에야 지명을 완료한 대통령 선거인의 투표까지 인정하기로 결정했는데, 이는 앞서 언급한 연방법전의 기준 시한을 훨씬 지난 시점이었다.

결론적으로 다수 의견은 동등한 보호의 원칙이 훼손되었다고 정확하게 문제점을 진단하고 나서도 한 표의 권리가 제대로 검표에 포함될 것을 요구하는 플로리다주 유권자들의 권리를 무시하는 결정을 내리고 만 것이다. 상황을 신속히 종료하겠다는 구실로 헌법이 보장한 동등한 보호의 원칙을 무시해서는 안된다.

오늘 다수 대법관들이 부시 후보 진영의 입장을 지지하고 나선 것은 이 나라 사법부의 역할을 지극히 냉소적으로 바라보는 일부의 시각에 더욱 힘을 실어줄 뿐이다. 오직 시간만이 오늘 연방대법원의 결정으로 훼손된 공공의 신뢰를 치유할 수 있을 것이다. 오늘의 결정으로 인해서 올해 대통령 선거의 진정한 승자가 누구인지 확실히 알 수 있는 방도는 없어졌으나 패자가 누구인지는 분명해졌다. 패자는 바로 법치의 공정한 수호자로서의 재판관에 대한 국민의 신뢰를 잃도록 만든 모든 관계자들인 것이다.

부시의 전쟁, 고어의 변신, 대법관들의 이유 있는 외면

연방대법원 판결 직후 고어는 기자 회견을 열어 비록 판결에 동의하지 않지만 국가의 단합을 위해 승복한다고 발표했다. 가까스로 대통령직에 오른 부시는 취임 이후 한동안 정통성 논란에 시달려야 했다. 그를 보좌했던 측근들의 증언에 의하면 이 정통성 콤플렉스는 첫 임기 내내 부시를 짓눌렀는데, 그 스트레스는 2004년 대통령 선거에서 민주당의 존 케리 John Kerry 상원의원을 상대로 전체 유권자 수와 선거인단 수 양쪽에서 깨끗하게 승리를 거둔 뒤에야 해소되었다고 한다. 일부 음모론자들은 부시가 첫 임기 중 9·11 테러 공격의 보복을 천명하며 아프가니스탄뿐 아니라 이라크까지 침공한 것 역시 정통성 부족을 만회하는 한 방을 노린 리더십의 도박으로 보기도 한다.[3] 부시는 재선에 성공했지만 전쟁에서의 부진, 임기 말년에 터진 금융 위기 등에 휩쓸려 역사상 가장 인기 없는 대통령 중 한명으로 퇴임했다.

선거전에서의 패배는 정치가에게는 견디기 힘든 시련이다. 하물며 대통령 선거의 경우 패자가 겪는 심리적, 정치적 갈등은 상상을 초월한다. 대통령 선거의 패자가 승자의 대통령 취임식에 초청되어 태연한 척 웃으며 박수를 치는 것보다 더한 정신적 고문도 없을 것이다. 그런 면에서 앨 고어의 경우는 대통령 선거 뒤에도 삶은 계속될 뿐 아니라 매우 생산적일 수도 있다는 것을 증명하는 사례다. 앨 고어는 그를 동정하는 지지세력에 힘입어 한 때 2004년 대선의 유력한 민주당 후보로 거

---

[3] 그러나 9·11 테러 이후 미국의 당시 분위기를 고려하면 앨 고어가 대통령이 되었다 하더라도 상황이 아주 다른 방향으로 전개되었으리라고 생각되지는 않는다.

앨 고어 전 부통령. 대통령 선거 패배 후에도 생산적인 삶을 살 수 있다는 사실을 몸소 증명했다.
Photo credit : Carol Highsmith

론되기도 했지만 당내 경선에 불참을 발표하며 사실상 정계를 은퇴했다. 부통령 시절부터 환경 문제에 많은 관심을 보였던 고어는 이후 지구 온난화 문제에 깊이 매진하여 환경 문제에 있어서는 현실 정치권력에 못지않은 영향력을 행사하는 유명 인사로 거듭났다. 스스로 제작하고 해설까지 맡은 지구 온난화의 실태를 다룬 다큐멘터리 영화 〈불편한 진실An Inconvenient Truth〉이 아카데미상을 받으며 세계적인 반향을 일으킨 여세를 몰아 2007년 고어는 환경 문제에 대한 공헌으로 노벨 평화상을 수상하기에 이른다. 그가 설립한 재단은 현재도 환경 문제와 관련한 정부 정책과 기업 활동 등에 많은 영향력을 발휘하고 있으며 고어는 개인적으로도 태양열, 풍력 등을 이용한 친환경 대체 연료 개발 기업체에 대한 자문과 투자를 통해 상당한 부를 축적한 것으로 알려졌다.

2000년 대통령 선거의 승자와 패자를 가른 연방대법원 판결은 발표 직후부터 학계, 정치권, 언론의 거센 비판에 직면했는데, 극단적으로는 이 판결을 19세기 노예제 지지 결정으로 악명 높은 드레드 스콧 대 샌포드 판결만큼 악질적인 역사상 최악의 결정 가운데 하나라고 비난한 학자도 있었다. 부시 대 고어 판결에서는 국가적 중대사의 경우 만장일치 의견으로 단결된 모습을 과시하던 연방대법원의 전통도 온데간데없이 대법관들의 성향에 따라 찬반이 뚜렷하게 갈렸다. 이런 분열상과 갈등은 다수 판결을 내린 대법관들의 동기와 진정성에 근본적 의문을 제시한 스티븐슨 대법관의 매우 직설적인 반대의견에서도 잘 드러나 있다.[4]

부시 대 고어 판결과 관련하여 주목할 만한 사실은 판결이 내려진 이후 지금(2011년 현재)까지 이 판결문이 다른 연방대법원 판결문 속에서 단 한 차례도 인용되거나 언급된 적이 없다는 것이다. 같은 기간 인종에 따른 분리 교육에 관한 브라운 대 교육위원회 Brown vs Board of Education 판결이 25번, 낙태 문제를 다룬 로우 대 웨이드 Roe vs Wade 판결이 65번씩이나 연방대법원 판결에서 인용된 것을 생각하면 부시 대 고어 판결이 대법관들에게 얼마나 부담을 안겼는지, 그리고 대법관들 스스로도 부시 대 고어 판결을 돌이키고 싶지 않은 기억으로 생각한다는 간접적 증거라고도 할 수 있다.

---

[4] Michael G Trachman, 『The Supreme Courts Greatest Hits, Revised and Updated Edition』, Sterling 2009, p.83

05 연방대법원,
총사령관을 밀어주다

● 독일 특수부대 요원 퀴린 외 7명 vs 헌병감 콕스 준장 :
Quirin vs Cox (1942)

지난 밤 꿈속에서
나는 먼저 이승을 떠난 친구들이 내게 하는 말을 들었다.
"강한 자는 살아남는다"
그러자 나는 자신이 미워졌다.
_베르톨트 브레히트Bertolt Brecht, 「살아남은 자의 슬픔」 전문

파스토리우스 작전 – 음모와 배신의 소극笑劇

제2차 세계대전이 한창이던 1942년 6월의 어느 날 새벽, 독일 잠수함 한 척이 미국 롱아일랜드주 해안에 숨어들어 4명의 독일군을 내려 놓고 사라졌다. 이어서 며칠 뒤 플로리다주의 잭슨빌에서도 같은 방식으로 4명의 독일군이 미국 땅을 밟았다. 이들은 암호명 파스토리우스 작전Operation Pastorius 으로 불린 독일군 첩보부의 비밀 임무를 위해 파견된 특수부대 요원들로 모두 전쟁 전 미국에서 오랫동안 산 경험이 있어 영어에 능숙하고 미국 생활에도 밝은 인물들이었다.[1] 17세기 미 대륙에 처음 정착한 독일 이민 사회의 지도자였던 프란시스 파스토리우스의 이름을 딴 이 작전은 일반 미국인과 잘 구분이 가지 않는 특수부대 요원을 미국 본토에 연달아 파견하여 후방을 교란하는 목적이었으

---

1 윌리엄 홀든William Holden이 주연한 전쟁 영화의 고전 〈제17 포로수용소Stalag 17〉는 2차 세계대전 당시 독일의 미군 포로수용소에서 독일군 출신이면서 미군 포로 행세를 하는 변절자를 색출하는 내용이다. 실제로 2차 세계대전 당시 나치에 협력한 독일 태생의 미국인, 독일계 미국인이 적지 않았다.

경례하는 나치 당원들. 일본의 진주만 습격 이후 독일과 미국은 공식적으로 전쟁 상태에 돌입했다.
Photo credit : Library of Congress

며 1942년 6월, 1차로 잠입한 선발대 8명의 임무는 뉴욕으로 이동해서 철도, 기차역, 수도 설비, 군수 공장 등 주요 기간 시설을 파괴하는 것이었다. 물론 나치의 음모답게 유태인이 소유한 상점 및 기업체들에 테러를 가한다는 목표도 포함되었음은 물론이다.

그러나 이 야심만만한 작전은 대원 가운데 두 명이 딴 마음을 품으면서 급격하게 와해되었다. 작전의 성격상 무엇보다도 영어 실력과 미국에 대한 지식이 가장 중요한 선발 기준이 되자 오히려 나치 당원으로서의 정신 무장이 철저하지 않은 약골들이 대원 가운데 섞이게 되었고 결국 그 일부가 사단을 낸 것이다. 대원 가운데 줄곧 작전이 실패할 것을 우려하던 조지 대쉬 George Dasch 와 언스트 버거 Ernst Burger 는 서로 비슷한 생각을 하고 있음을 눈치채자 함께 미국 수사 당국에 자수하게 되었고, 이들의 협력으로 공작조는 일망타진 되었다. 이렇게 작전은 세계 최강의 독일군 특수 요원의 이미지와는 어울리지 않는 허무한 종말을 고했지만 진짜 드라마는 여기서부터였다.

사건의 전말을 보고 받은 루스벨트 대통령 President Roosevelt 은 미국의 안마당에 독일군이 최초로 발을 들여 놓았다는 사실과 이들이 미국 시민권자를 포함해서 미국에 거주한 경험이 있는 자들로 조직된 특수 부대라는 사실, 그리고 일당 중 일부가 자수를 해 올 때까지 연방 수사 당국이 상황을 전혀 파악하지 못했던 것 등 이런저런 이유로 바짝 약이

오른 상태였다. 루스벨트는 군복을 입고 치르는 전투 중 붙잡힌 적군의 경우는 전쟁 포로의 대접을 받지만 민간인으로 변장을 하고 후방 교란을 목적으로 잠입했다가 붙잡힌 경우는 간첩과 마찬가지로 취급한다는 국제법상의 전통을 적용하여 비밀 군사 법정secret military commission을 세워 체포된 일당에 대해 일사천리로 재판 절차가 진행되도록 독려했다.

대통령의 의도대로 신속하게 진행된 비밀 군사 법정은 곧 이들을 불법 전투요원으로 규정하여 사형선고를 내렸는데, 변호를 맡은 군법무관들이 피고들도 연방헌법이 보장하는 배심원 입회하의 재판을 받을 권리가 있다고 주장하면서 속전속결로 이들을 처형하려는 움직임에 제동을 걸고 나섰다. 변호인들은 비록 비밀 임무 수행 중 체포된 적의 불법 전투요원이라고 해도 연방헌법 제3조, 수정헌법 제5조 및 제6조에 따라 배심원이 참석하는 정식 재판을 받을 권리가 있으며 따라서 비밀 군사 법정을 조직하도록 지시한 대통령의 권한은 사실상 위헌이라고 주장했다.

변호인들은 워싱턴 D.C. 지방 법원 District Court에 낸 청원이 거절당하자 연방대법원에 재청원을 냈다. 제출된 서류상으로는 독일 특수부대 요원 퀴린 외 7명이 그들을 수감 중인 미 육군 헌병감 콕스 준장을 고발하는 형식이었으나, 그 저변에 깔린 질문은 전시에 군 통수권자로서 대통령의 갖는 권한의 한계를 묻는 대담한 것이었다. 8명의 독일군과 그들을 위해 워싱턴 군사 교도소 2층에 마련된 전기의자 사

17세기 독일 출신 미 대륙 정착자들의 지도자였던 프란시스 파스토리우스Francis Daniel Pastorius의 상. 나치는 2차 세계대전 당시 미국의 후방을 교란할 군사 작전에 그의 이름을 붙였다.
Photo credit : Library of Congress

이에는 오직 연방대법원의 최종 결정만이 남아 있었다. 대법관들은 변호인 측과 정부 측의 구두변론을 들은 이틀 만인 1942년 7월 31일, 만장일치의 판결을 내렸다.

비밀 군법 회의는 총사령관의 권한이다
할런 F. 스톤 대법원장Chief Justice Harlan F. Stone 외 8명

연방헌법은 대통령에게 최고 사령관Commander in Chief으로서 의회가 선언하는 전쟁을 진두지휘하고, 전쟁 수행과 군대의 운영 및 통솔을 위해 의회가 통과시킨 법률을 실행에 옮길 권한을 부여한다. 전쟁의 승리를 위해서는 통상적인 전투에서 적을 물리치고 패퇴敗退시키는 것뿐 아니라 아군의 군사 행동을 지연, 좌절시키기 위해 후방에서 교란책을 시도하는 적의 세력을 붙잡아 처벌하기 위한 각종 정책을 채택하여 시행에 옮기는 것 역시 중요하다. 미 의회가 통과시킨 미군 전시 군법전Articles of War은 군대의 정규 구성원 및 관련자들이 군법을 위반할 시 군사 법원에 의해 재판과 처벌을 받도록 규정하고 있다. 뿐만 아니라 군법전은 일반 군법 회의에서 다루기 힘든 특수한 전시 법규 위반 행위를 심판하기 위해 군 통수권자에게 특별 군법 회의를 조직할 권한을 부여한다.

전시 국제법international law of war은 교전국 군대와 평화로운 일반 국민을 구분할 뿐 아니라 합법적 전투원과 불법적 전투원도 구분한다. 합법적 전투원은 적군에 의해 붙잡힐 경우 전쟁 포로로서 구금 상태에 놓

이게 된다. 불법적 전투원 역시 붙잡힐 경우 구금되는 것은 마찬가지이지만, 불법적 교전 행위에 대해 군사 법원에 의한 재판 및 처벌의 대상이 된다는 점이 합법적 전투원과는 다르다. 구체적인 예를 들면 군사정보를 수집하려고 전시에 군복을 착용하지 않고 교전국의 전선을 몰래 넘은 스파이나 전투원의 경우라도 인명 살상 및 재산 파괴를 목적으로 역시 군복을 착용하지 않고 몰래 경계선을 넘는다면 일반적으로 전쟁 포로의 지위가 보장되지 않으며, 오히려 전시 국제법 위반으로 군사 법정 회부감이 된다.

퀴린과 7명의 청원인들은 비록 전시 국제법 위반의 혐의라 하더라도 법정 최고형이나 기타 중대범죄에 해당되는 혐의의 경우 대배심grand jury의 소환에 의하지 않고는 심문 받지 않는다고 규정한 수정헌법 제5조, 형사 재판에 대한 배심원 판결을 규정한 연방헌법 제3조 제2절 및 수정헌법 제6조에 따라 군사 법정이 아닌 민간 법정에서 진행되어야 한다고 주장한다. 그러나 이들 헌법 조항의 목적은 관습법에 의해 인정된 사건에 대해서만 배심원에 의한 재판을 보장하려는 것이지 전쟁 중의 군사 법정을 고려하고 있지는 않다. 우리는 배심원 재판이 정상적인 권리로서 보장될 수 없는 특수한 상황이 존재하며 그러한 경우 연방헌법에 보장된 피의자로서의 권리가 항상 적용될 수 없다는 현실을 헌법의 입안자들이 분명히 인지하고 있었을 것이라고 결론짓는다.

적국의 스파이에 대한 군사 재판을 규정하는 미 군법전에 따르면, 범법자들이 배심원 재판의 헌법적 보장의 울타리 밖에 놓이는 것은 그들이 외국인이기 때문이 아니라 국제법을 위반하고 연방헌법이 인정하는 군사 법정에 회부될 만한 범죄를 저질렀기 때문이다. 청원인 중 한 명이 미국 시민권자라는 사실 역시 그에게 다른 피고인들과는 다른 어떤 특별대우도 보장하지 않는다.

  청원인들은 끝으로 군사 재판이 미 군법전 상의 특정한 절차적 의무 사항을 위반했으며 비공개 재판을 명령한 대통령의 결정과 재판과정 전체를 지배한 비밀주의는 청원인들의 구금에 대한 합법성 여부를 차후 검증할 기회마저 원천봉쇄하는 행위라고 주장한다. 우리는 의회가 군법전을 제정하면서 대통령이 군사 재판과 관련된 여러 세부 절차를 지시하는 문제까지 꼬치꼬치 참견하여 최고 사령관의 손발을 묶으려는 의도가 있었다고 보지 않는다. 설령 의회가 군사 재판의 구성에 관한 대통령의 행보를 제한할 장치를 마련하려는 의도가 있었다고 하더라도 그것이 적국의 침입자들을 보호하는 구실로 사용되어서는 안된다고 본다. 따라서 우리는 군 통수권자로서 군사 법정을 열도록 지시한 대통령의 명령은 정당했고, 비밀 군사 법정도 합법적으로 구성되었으며, 청원인들은 합법적으로 구금되었기 때문에 이 시점에서 방면되어야 할 근거는 전혀 없다고 결론짓는다.

  지방 법원의 결정은 올바르며 따라서 연방대법원에 접수된 인신 보호 영장habeas corpus의 청구는 기각되어야 한다.

워싱턴 – 관타나모 – 아보타바드

  연방대법원 판결이 나오자마자 소송에 이름을 올린 퀴린을 비롯한 6명의 독일 요원들은 처형되었다. 한편 수사 당국에 협력해서 동료들을 넘긴 대쉬와 버거는 그 대가로 무기 징역으로 감형을 받았다가

1945년 독일로 추방되었다. 이들은 평생 미국으로 돌아가기 위해 백방으로 노력했지만 결국 뜻을 이루지 못하고 독일땅에서 생을 마쳤다.[2] 나치라고는 해도 함께 훈련 받은 동료들을 팔아 목숨을 부지한 이 두 배신자를 대하는 독일인들의 감정은 복잡했을 것이 분명하다.

  2차 세계대전 때 벌어졌던 이 사건이 지금까지도 기억되는 이유는 비단 사건 자체의 흥미로운 전말 때문만은 아니다. 당시 루스벨트 대통령의 군 최고 사령관으로서의 권위를 인정하고 그가 내린 결정을 만장일치로 밀어준 연방대법원의 판결은 2001년 9월 11일의 세계 무역센터 참사 이후 테러와의 전쟁을 선포한 조지 부시 George W. Bush 대통령이 테러범 및 테러 용의자들을 민간 법정이 아닌 관타나모 수용소에 마련된 군사 법정에 회부할 수 있는 법적 근거 역할을 했다. 부시 행정부는 미국의 인권 단체, 민주당 진보 세력 등의 문제 제기에도 불구하고 퀴린 대 콕스 사건과 아주 비슷한 논리를 내세워 아프가니스탄, 이라크를 비롯, 세계 각지에서 체포한 테러범 및 테러 용의자들을 미 해군 관타나모 기지 내의 수용소에 억류시키는 정책을 고수했다. 부시 행정부의 입장은 테러범들은 비정규, 불법전투원에 해당하기 때문에 국제법에 따른 전쟁 포로의 예우도, 연방헌법이 보장하는 배심원 재판 및 기타 피의자로서의 권리를 누릴 자격이 없으며 수용소에 가두었다가 때가 되면 군사 재판을 통해 처리한다는 것이었다.[3]

  2009년 집권한 오바마 대통령은 테러에 대해 부시와 현격하게 다른 시각을 가지고 있었다. 부시가 대테러전을 전쟁으로 선언한 반면, 오바

---

[2] 버거는 1975년, 대쉬는 1992년 각각 사망했다.

[3] 그러나 실제로는 관타나모 수용소로 들어간 테러 용의자들에 대한 군사 재판 역시 수년 간 열리지 않았기 때문에 이들의 어정쩡한 지위는 두고두고 비판 세력의 빌미가 되었다.

마 행정부는 과격 이슬람 세력의 테러 행위를 군사력보다는 경찰력으로 처리해야 하는 일종의 범죄 행위로 봤으며, 따라서 체포한 테러범이나 용의자들 역시 군사법이 아닌 민간 형사법으로 처리하는 방침을 세움과 동시에 관타나모 수용소의 폐쇄를 추진했다. 오바마 행정부의 검찰 총장 에릭 홀더Eric Holder는 2009년 11월 9·11 테러의 행동대장으로 알려진 칼리드 셰이크 모하메드Khalid Sheikh Mohammed를 비롯한 4명의 테러 용의자들을 관타나모 수용소에서 뉴욕으로 옮겨 맨하탄에 있는 뉴욕 연방 지방 법원에서 재판을 연다고 발표했다.[4] 이 말은 곧 테러 용의자들이 묵비권, 변호사 없이 심문을 받지 않을 권리, 배심원이 참석하는 재판을 받을 권리 등 연방헌법이 형사 피의자에게 제공하는 온갖 보호 장치로 무장할 수 있으며, 혹시 이들 가운데 누군가가 수용소 생활 당시 군 수사관들에게 어떤 자백을 했다고 해도 그것은 변호사의 입회하에 이루어지지 않았기 때문에 법정에서 증거로 채택될 수 있을지 조차 불투명해진다는 것을 의미했다. 이러한 결정에 공화당을 비롯한 보수 세력이 거세게 반발했음은 물론이다.[5]

그러나 관타나모 수용소의 가치는 2011년 더 이상 극적일 수 없는 방식으로 실현되었다. 2011년 5월, 미국은 특공대를 파견하여 9·11 테러의 배후인 오사마 빈 라덴Osama Bin Laden을 파키스탄의 아보타바드Abbottabad에서 암살하는데 성공한다. 그런데 당시 빈 라덴의 소재를

---

[4] 2010년 연방 검찰은 케냐의 수도 나이로비의 미국 대사관에 폭탄을 설치한 혐의로 붙잡혀 관타나모 기지에 수용 중이던 아흐메드 가일라니Ahmed Ghailani라는 인물을 민간 법정에 세웠는데, 결과는 재앙에 가까웠다. 무려 280개의 죄목으로 기소됐던 가일라니가 정작 법정에서 그 중 279개가 증거 불충분, 고문에 의해 얻은 자백에 대한 증거 채택 불가 등 여러 이유로 무혐의 판결을 받기에 이르렀던 것이다. 불행 중 다행으로 가일라니는 미국 정부 건물과 재산을 파괴하려는 음모를 세운 혐의가 인정되어 무기 징역을 받기는 했지만 하마터면 확실한 테러범을 눈앞에서 풀어줄 뻔한 셈이 된 것이었다.

[5] 2012년 6월 현재 칼리드 셰이크 모하메드와 4명의 다른 9·11 테러 용의자들에 대한 군사 재판(민간 재판이 아닌)이 진행 중이다.

파악하는 데 결정적 역할을 한 정보가 관타나모 수용소에 억류된 칼리드 셰이크 모하메드를 비롯한 여러 포로를 심문하는 가운데 얻어졌다는 사실은 테러 용의자에 대한 취급이나 관타나모 수용소의 운영에 반대하는 여론을 다소 머쓱하게 했다. 취임하자마자 테러와의 전쟁을 국가 규모의 전쟁이 아닌 일개 범죄 수사 작전 정도로 격하시키려 했던 오바마가 그의 전임자인 부시 행정부가 세운 테러리스트 강경책의 덕으로 빈 라덴의 소재 파악에 성공한 것은 물론이요 재판조차 거치지 않고 특공대를 통해 처단하는 전과를 올린 것이다.

연방대법원은 루스벨트 대통령이 미국에 잠입한 독일군 공작대를 처단하기 위해 세운 특별 군사 법정을 승인했을 때 반세기 이상 시간이 지난 후 그러한 권한을 행사하기를 가장 꺼려한 대통령 가운데 한 명인 오바마에 의해 미국 역사상 가장 중요한 대테러 작전 중 하나인 빈 라덴 암살을 위한 기틀을 마련했던 셈이다. 이러한 역사의 공교로움을 오바마는 대통령 선서를 하던 날 짐작이나 했을까?

Part 5

비즈니스의 규칙

01 자본가로부터 자본주의를 구하라

● **스탠더드 오일 vs 미합중국 정부** : Standard Oil vs United States (1911)

돈을 버는 것은 내 천부적인 재능이었다. 부는 마치 공기나 음식 혹은 다른 어떤 것처럼 그냥 자연스럽게 내게 다가왔던 셈이다. 유일한 문제는 그 획득한 부로 무엇을 하느냐는 것뿐이었다.

_존 D. 록펠러John D. Rockefeller (미국 기업인)

천재적인 기업가, 자본주의를 위협하다

엑슨 모빌 Exxon Mobile, 쉐브론 Chevron, 코노코필립스 ConocoPhillips 등은 미국인들에게 매우 친숙한 석유 회사 이름이다. 실제로 이 3사는 미국 국내에서 소비되는 가솔린 생산의 약 70%를 담당하고 있으며 이들의 상장주식 총액은 2010년 600억 달러를 넘어선다. 더 놀라운 사실은 이 회사들이 한때는 존 록펠러 John D. Rockefeller 1839~1937가 세운 스탠더드 오일 Standard Oil Company이라는 거대 기업의 지역 사업부에 불과했다는 것이다.

18세 때 뉴욕에서 작은 기업의 경리로 시작하여 몇 년 지나지 않아 자기 사업을 시작한 록펠러는 스스로도 돈 버는 재주를 타고 났다고 말할 만큼 천재적인 경영 감각을 발휘하여 벌이는 사업마다 큰 성공을 거두었다. 다양한 사업을 벌이던 록펠러는 몇몇 동업자들과 함께 1866년 오하이오주 클리블랜드에 원유를 화학적으로 정제하여 산업 기기에 사용되는 가솔린, 디젤 등으로 가공시키는 정유공장을 건설하면서 석유

존 D. 록펠러. 천재적인 기업가였으나 너무나 성공적이다 못해 자본주의의 생태계를 위협하는 존재로까지 성장했다.
Photo credit : Library of Congress

사업에 본격적으로 뛰어들게 되었다. 록펠러는 철도 회사 연맹을 조직하여 스탠더드 오일의 정유에는 낮은 운임을, 타사의 정유에는 높은 운임을 부과하도록 하는 수법 등으로 타 업체들을 앞서 갔고, 특히 1870년 공급과잉으로 미국에서 석유 가격이 폭락하는 사태가 일어나면서 경영 악화에 허덕이게 된 경쟁 업체들을 혁신적인 금융 기법 등을 동원하여 차례로 인수하면서 빠르게 회사의 몸집을 키워갔다. 실제로 스탠더드 오일의 성장속도는 놀라울 정도여서 1872년 한 해에만 20여 개의 경쟁사를 집어 삼키기도 했으며, 1900년 무렵에는 이미 미국 정제유 시장의 90% 이상을 장악하기에 이른다.

그러나 이와 같이 승승장구하며 성공가도를 달리던 록펠러의 상황이 급변한 것은 그가 파이프 라인 건설에 착수하면서부터이다. 이유는 유전 지대에서 정유 시설까지 직접 석유를 끌어 오는 파이프 라인이 그때까지 석유 운송을 전담하던 철도 회사들의 사업 모델을 위협하게 되었기 때문이다. 이러한 스탠더드 오일의 행보에 어제의 사업 동지였던 펜실베니아 철도 Pennsylvania Railway를 시작으로 해서 여러 기업들이 법적 대응을 모색하기 시작했고, 결국에는 미국 정부가 직접 나서서 스탠더드 오일에 대해 소송을 진행하는 상황으로까지 번졌다.

미국 정부가 소송의 법적 근거로 삼은 것은 1890년 제정된 셔먼 반트러스트법 the Sherman Antitrust Act으로 상원의원 존 셔먼 John Sherman의 이름을 딴 이 법령은 특정 산업이나 상거래에서 기업들이 독점적 기업 결합인 트러스트를 결탁하여 재화나 서비스의 가격을 담합하거나 거대 공룡 기업이 등장하여 규모의 경제를 이용해서 같은 분야의 군소 기업들을 경쟁에서 도태시키면서 계속 몸집을 불려 결국 독점에 이르는 행위 등을 불법으로 규정하고 있었다.

법정에서 미국 정부는 스탠더드 오일이 석유 거래를 독점하여 자본주의 경제의 근간인 자유 상거래와 관련한 공정한 게임의 룰을 파괴하는 위협으로 떠올랐다고 주장한 반면, 스탠더드 오일 측은 자신들이 현재 누리는 업계에서의 지위는 사업 환경에 대한 통찰력과 과감한 경영 방식의 도입을 통한 합법적인 경쟁의 결과일 뿐이며 여기서 얻은 규모의 경제를 통해 소비자들에게 대량의 정제유를 저렴한 가격에 제공함으로써 공공의 이익에도 봉사하고 있다고 반박했다. 1909년 연방 순회법정은 스탠더드 오일 및 관련 기업들에 대해 유죄를 선고했고 스탠더드 오일 측은 즉각 연방대법원에 항소했다.

무한 경쟁의 결과로부터 얻어진 과실이 극소수의 손에 집중되는 현상은 부당한 것일까 아니면 오히려 경쟁과 승자 독식이라는 자본주의 고유의 룰이 제대로 작동한다는 증거일까? 스탠더드 오일의 기업 관행을 부당하다고 판결하는 것은 자칫 미국 사회의 번영을 가져 온 자본주의의 근간을 흔드는 위험한 사회적 실험이 되는 것은 아닌가?

　사건의 무게를 반증하듯 1910년, 1911년 두 차례에 걸쳐 관계자들의 토론과 심의가 연방대법원에서 이어진 끝에 1911년 5월에 판결이 나왔다. 결과는 사실상의 만장일치였다.[1]

분할 결정은 재산권의 침해가 아니라 보호를 위한 것이다

에드워드 D. 화이트 대법원장 Chief Justice Edward D. White

　본 법정에서 검토하고자 하는 혐의 사항은 스탠더드 오일이 일련의 권모술수를 통해 달성한 사업모델이 셔먼 반트러스트법이 보호하는 타 기업 및 개인들의 헌법적 권리를 위반했는가 하는 점이다. 스탠더드 오일은 원유를 정제하는 다수의 정유업체를 인수하고, 유전에서 정유시설로 직접 석유를 운송하는 파이프 라인을 장악하여 석유 산업에 대한 완벽한 통제권을 획득, 원유 및 정제유의 가격을 좌우하며 이들 제품의 지역간 상거래를 억압하는 독점의 지위를 누리게 되었다.

　셔먼 반트러스트법은 지역 간 상거래를 부당하게 억압하는 모든 계약관계를 금지하고 있다. 법령은 그 목적을 불법적인 제한 및 독점으로부터 교역과 상거래를 보호하는 것으로 규정한다. 원래 고전적인 의미

---

[1] 9명의 대법관 가운데 할란 대법관 Justice Harlan은 찬성과 함께 부분적 반대 의사를 함께 표명했다. 그러나 그의 찬성과 부분적 반대의견은 유죄 여부가 아니라 유죄에 이르는데 사용된 논리의 매우 기술적인 측면에 집중되어 있으므로 본 장에서 그의 의견은 생략하기로 한다.

의 독점은 국왕이 특정 개인이나 집단에게 어떤 물품에 대한 구입, 판매, 제조, 작업 및 사용의 권리를 허락하는 동시에 일반 백성들은 그러한 활동을 제한시키는 것으로 정의될 수 있다. 비록 현대 사회에서 국왕의 시혜란 존재하지 않지만 이 정의 속에 독점의 성격과 관련된 요소는 여전히 유효하다고 하겠다. 셔먼 반트러스트법이 지칭하는 독점의 해악은 첫째 가격을 보다 높게 책정하여 대중에게 피해를 입히는 것, 둘째 생산 활동의 통제로부터 비롯되는 생산물의 감소, 셋째 생산과 판매에 대한 독점에 따른 독점화된 품목의 품질이 악화되는 위험성 등으로 요약될 수 있을 것이다.

하급 법원은 스탠더드 오일의 거래 활동은 잠재적인 경쟁의 싹을 파괴하고 결과적으로 독점을 창조하여 교역을 억제함으로써 셔먼 반트러스트법을 항구적으로 위반했다고 판결했다. 원고와 피고 양측이 제공한 광범위한 자료와 주장을 면밀히 검토한 결과, 우리는 하급 법원의 결론의 타당성을 의심할 만한 어떤 이유도 발견하지 못했다. 본 법정의 판단으로도 스탠더드 오일은 기업 통폐합이라는 방식을 통해 결코 정상적인 사업 방식으로는 도달할 수 없었을 강력한 통제권을 정제유 및 관련 상품에 대해 획득했으며, 스탠더드 오일의 기업적 권력의 확대에 주역을 담당한 한 개인들이나 계열 기업체들의 행태를 보면 분명 거래를 억제하고 독점을 성취하려는 의도가 있었다고 보이기 때문이다. 이성적인 사람이라면 누구라도 스탠더드 오일의 사실 관계 및 사업 전개 과정을 검토해 본다면 관계자들이 공정한 경쟁으로부터 다른 기업들을 제외시키려는 의도를 품었음을 즉시 알아차릴 것이다.

보통이라면 특정 법령을 위반한 행위가 발각됐을 경우 그러한 행위를 향후에는 하지 못하도록 금지하는 것이 적절한 해결책이라 할 수 있다. 그러나 본 사건처럼 독점과 관련된 상황에서는 법령을 강제하여야 할 의무가 있는 정부로서는 보다 광범위하고 강압적인 해결방식을 적용하지 않을 수 없다. 우리가 현재 직면한 상황에서는 기본적으로 다음과 같은 2단계의 해결책을 적용하는 것이 필수적이라고 본다. 첫째, 스탠더드 오일이 과거에 저지른 셔먼 반트러스트법 위반 행동을 향후 금지시키는 것과, 둘째로 셔먼 반트러스트법 위반의 결과로 존재하고 있는 현재의 기업 구성체를 사실상 해체하여 더 이상의 확장을 막고 불법적으로 획득한 해당 산업 분야의 통제력을 무력화시키는 것이다. 이 해결책을 적용함으로써 재산권을 파괴하기보다는 보호하는 것을 목적으로 하는 셔먼 반트러스법의 정신이 정의롭게 구현되리라 믿는 바이다.

　하급 법원의 판결이 옳았으며 따라서 그 결정을 대체로 추인한다는 것이 우리의 결론이다. 관계자들이 판결사항을 준수하도록 강제하기 위하여 하급법원이 사법권을 행사하도록 명한다.

스탠더드 오일, 벨, 마이크로소프트

　연방대법원 판결 후 스탠더드 오일은 34개의 개별 기업으로 해체되었다.[2] 이에 따라 원래 스탠더드 오일 전체 지분의 25%를 소유

---

[2] 이렇게 나누어진 기업들 가운데 컨티넨탈 오일Continental Oil은 이후에 코노코필립스ConocoPhillip, 스탠더드 오브 캘리포니아Standard of California는 현재의 쉐브론Chevron, 스탠더드 오브 뉴저지Standard of New Jersey 와 스탠더드 오브 뉴욕Standard of New York은 각각 엑슨Exxon과 모빌Mobil 사가 되었다가 후에 엑슨 모빌Exxon Mobil로 통합되었으며 스탠더드 오브 오하이오Standard of Ohio는 후에 영국 석유 회사인 브리티시 페트롤리엄British Petroleum에 흡수되었다.

하고 있었던 록펠러는 새로 탄생한 34개 사의 지분을 골고루 소유하게 되었고, 결과적으로는 스탠더드 오일이 존속했을 경우보다 더 엄청난 부를 축적하게 되었다. 록펠러의 재산이 정확히 어느 정도였는지는 전문가들마다 의견이 분분하지만, 일부 학자들은 분할 결정이 있고 나서 10년 뒤에 그의 개인 재산은 무려 9억 달러에 달했다고 주장한다. 만약 그 주장이 맞다면 록펠러의 재산을 현재의 가치로 환산했을 때 100억 달러에 가까운 엄청난

록펠러 센터Rockefeller Center 앞에서 스케이트를 타는 뉴욕 시민들. 전설적인 기업가 존 록펠러John D. Rockefeller가 세운 록펠러 센터는 모두 19개의 건물로 이루어져 있는 뉴욕 맨하탄의 대표적 건축물이다.
Photo credit : Carol M. Highsmith

금액이 된다. 록펠러는 1937년 사망할 때까지 교육 사업과 자선 사업에만 전념했고 그의 사후 록펠러라는 이름은 엄청난 부와 그에 따르는 책임을 상징하는 아이콘으로 자리 잡았다. 록펠러 가문은 뛰어난 정치인과 사회사업가들을 계속 배출하여 미국 사회에 뚜렷한 족적을 남기게 된다.

한편 "역사는 되풀이되지는 않지만 종종 운을 맞춘다"는 마크 트웨인Mark Twain의 말처럼 셔먼 반트러스트법 아래서 스탠더드 오일의 운명과 각운을 맞추며 비슷한 길을 밟은 기업들은 계속 나타났는데, 알렉산더 그레이엄 벨Alexander Graham Bell이 전화 기술 특허를 바탕으로 1885년 설립한 벨 시스템Bell System도 그런 경우였다. 자회사인 미국 전화 전신 회사 AT&TAmerican Telephone and Telegraph Company를 통

해 미 전역의 전화 서비스를 장악한 벨 시스템은 20세기 내내 독점 문제를 둘러싸고 정부와 소송과 합의를 오가는 줄다리기를 벌이다 결국 1984년 총 22개의 지역 전화 회사, 제조업체, 연구 개발 업체로 분산되게 된다.

클린턴 행정부가 들어선 1990년대 미국 정부의 기업 반독점 소송 건수는 급증했는데, 그 가운데서도 가장 두드러진 사건은 마이크로소프트Microsoft와 정부의 공방전이었다. 마이크로소프트는 이미 그 이전부터 간판 제품인 윈도우즈Windows를 통한 개인 컴퓨터 운영 체제 시장에서의 압도적인 우세 때문에 독점의 혐의에서 자유롭지 못했음에도 불구하고 1990년대 인터넷 웹 브라우저 시장이 태동하자 그 마저 장악하려는 의도를 감추지 않았다. 인터넷 사업에서는 후발주자였던 마이크로소프트는 윈도우 운영체제에 자체 웹 브라우저 인터넷 익스플로러Internet Explorer를 끼워 넣는 방식으로 빠르게 브라우저 시장을 잠식하기 시작했고, 결국 1998년 반독점법 위반 혐의로 법정에 서게 된다. 마이크로소프트는 소프트웨어 산업처럼 다이나믹하고 예측불허인 분야에 구시대적인 반독점법을 적용하는 것은 적절하지 않다고 주장했으나 워싱턴 지방 법원은 1998년 마이크로소프트를 운영체제 개발업체와 어플리케이션 개발업체의 두 회사로 분할하라는 판결을 내렸다. 비록 이 판결은 항소 법정에서 번복되었지만 마이크로소프트는 이 사건으로 기업 이미지에 심각한 타격을 입고 결국 설립자 빌 게이츠Bill Gates가 경영에서 손을 떼는 계기가 되었다.[3]

---

[3] 2010년 현재 빌 게이츠는 공식적으로는 마이크로소프트와 관련된 업무에서 완전히 손을 떼고 자신의 자선 재단의 운영에 집중하고 있다. 이런 빌 게이츠 행적은 록펠러와도 많은 유사점이 있다. 역사가 똑같이 반복되지는 않지만 각운이 맞는 경우는 있다는 마크 트웨인의 명언이 실감나는 대목이다.

셔먼 반트러스트법은 21세기에도 20세기와 같이 자본주의를 독과점으로부터 보호하는 파수꾼 역할을 계속할 수 있을까 아니면 마이크로소프트의 주장처럼 이제는 변화무쌍한 시장의 현실을 반영하지 못하는, 구시대에서 넘어 온 법률적 애물단지일 뿐일까? 그러나 적어도 100년 전인 1911년의 관점에서 보면 단지 록펠러와 그의 친구들의 재산권 보호라는 국지적 시각이 아니라 공정한 자본주의 경쟁을 통해 모든 기업과 국민들의 재산권을 보호한다는 명분으로 스탠더드 오일의 해체를 결정한 연방대법원의 결정은 그에 합당한 평가를 받기에 충분하다. 이 판결을 통해 연방대법원은 그때까지 자본주의가 배출한 가장 위대한 기업가로부터 자본주의를 구출하는 역설적인 역할을 큰 과오없이 수행해 냈다고 봐도 좋을 것이다.

02 초과 근무는 개인의 선택인가, 고용주의 횡포인가?

● 제과점 주인 로크너 vs 뉴욕주 당국 : Lochner vs New York (1905)

노동의 목적은 여가를 얻는 것이다.
_아리스토텔레스Aristotle

노동시간의 역사

알고 보면 우리가 지금 당연하게 생각하는 하루 8시간, 주 당 40시간 노동의 역사는 별로 길지 않다. 영국에서 제정된 공장 법규 Factory Act에서 9세에서 13세까지의 아동인 경우에 한해서 하루 8시간으로 노동시간을 제한한 것은 1833년이었다. 19세기 유럽의 자본가들은 성인 노동자들을 하루 12~16시간, 주 당 90~100시간씩 생산 현장에 투입시키는 것을 당연하게 생각했다. 하루의 휴식도 없이 일주일 내내 작업을 강요하는 공장과 기업도 드물지 않았다. 오죽했으면 1848년 프랑스 노동자들이 2월 혁명의 부산물로 하루 12시간 노동을 쟁취한 뒤 열광했을까?

미국에서도 산업 혁명 초기 장시간 노동은 당연하게 생각되었고 19세기 말에 들어서서야 광산, 철도, 건설 등 개별 산업계에서 노동 운동가들과 정치권을 중심으로 점차 노동 시간의 제한을 요구하는 움직임이 힘을 얻기 시작했다. 1895년 미국 뉴욕주 의회가 통과시킨 제과점 노동자의 작업시간을 하루 10시간, 주당 60시간으로 제한하는 이른바 제과점 법령Bakeshop Act[1] 역시 그러한 사회적 분위기와 무관하지 않았다.

이 법령은 공식적으로는 제과점 노동자들의 건강 및 작업장에서 생산되는 빵의 위생을 고려한 결과라고 발표되었지만, 실제로는 보다 복잡한 이해관계가 깔려 있었다. 우선 제과점 법령은 대규모 기업형 제과점 소속 노동자들과 소유주들의 이익을 대변하는 성격이 강했다. 당시 기업형 제과점은 이미 노동자의 조직화, 작업 교대 제도, 설비의 현대화 등이 상당 수준까지 이루어진 반면, 소규모 영세 제과점들은 아무래도 노동자들의 장시간 근무에 생산을 의존할 수 밖에 없었고, 작업 환경도 기업형 제과점에 비해 열악한 것이 사실이었다. 따라서 기업형 제과점들은 노동 시간의 제한을 통해 직간접적으로 영세 제과점의 경영을 압박할 수 있는 여력이 있었던 것이다. 또한 당시 영세 제과점들은 장시간 저임금 노동을 꺼리지 않는 유럽 출신의 이민자들을 선호했는데, 이 역시 기업형 제과점주들과 노조화된 기존 제빵 노동자들에게는 달갑지 않은 일이었다. 결국 제과점 노동자의 노동 시간을 제한하는 제과점 법령은 기업형 제과점 소유주들과 노조가 담합하여 주 의회를 움직인 결과물인 셈이었고, 영세 제과업자들이 이에 불만을 품었음은 물론이다.

법령이 발효된 뒤 한동안 수면 아래에 가라 앉아 있던 갈등은 1905년 뉴욕주의 유티카에서 작은 제과점을 운영하던 조셉 로크너Joseph Lochner라는 인물이 등장하면서 새로운 국면을 맞았다. 로크너는 자신의 제과점에서 노동자가 일주일에 60시간 이상 작업하도록 했다는 이

---

[1] 이 법률은 한편으로는 10시간 근무법Ten Hour Law, 혹은 일주일 동안의 근무 제한 시간을 지칭하는 60시간 근무법 Sixty Hour Law이라고도 불렸다.

유로 당국으로부터 벌금형을 선고 받자 제빵 작업이 노동자의 건강을 해칠 만한 독소적 요소가 없으며, 제과점 법령은 수정헌법 제14조가 포괄하는 자유로운 계약의 권리를 침해한다고 주장하며 뉴욕주를 상대로 소송을 제기했

1910년대 식품 공장의 풍경. 식품 공장에서의 장시간 노동에 대해서는 많은 논란이 있었다.
Photo credit : National Archives

던 것이다. 정부는 시민의 특권과 면책권을 박탈하는 어떤 법률도 제정하거나 강제할 수 없으며, 적법한 절차에 의하지 않고는 개인의 생명, 자유, 재산을 박탈할 수 없다고 명시하고 있는 미국 수정헌법 제14조는 전통적으로 적법한 절차 없이는 박탈될 수 없는 개인의 자유에 자유롭게 자신의 노동력을 제공하고, 노동력을 자유롭게 구매할 권리가 포함되는 것으로 이해되어 왔다. 하지만 만약 고용주가 노동자에게 장시간의 노동을 강요하는 상황이 일어나거나, 장시간의 노동 환경과 조건이 노동자의 건강과 정신 상태에 부정적인 영향을 미치게 되서 결과적으로 노동의 결과물인 제품과 소비자에게까지 피해가 갈 가능성이 있다면? 그런 경우를 방지하기 위해 정부는 법으로 노동 시간을 제한해야 하지 않을까?

　로크너는 주 법원 및 연방 법원에서 차례로 패소했지만 여기에 굴하지 않고 결국 연방대법원까지 사건을 끌고 가는데 성공한다. 연방대법원의 판결은 1905년 2월에 5 대 4로 자유로운 계약의 권리를 주장한 로크너를 지지했다.

계약의 자유를 존중하라
루퍼스 팩컴 대법관 Justice Rufus Peckham

문제가 되고 있는 뉴욕주의 이른바 제과점 법령은 피고용인이 하루 10시간 이상 일하도록 요구받거나 그러한 요구를 승낙할 수 없도록 하고 있으며, 고용주 역시 피고용인에게 작업장에서 10시간 이상 노동하는 것을 허락할 수 없도록 금지하고 있다.

개인의 사업과 관련하여 계약을 맺을 수 있는 포괄적인 권리는 연방 수정헌법 제14조에 의해 보호 받는 개인의 자유의 일부다. 해당 조항에 따르면 정부는 적법한 절차 없이 개인의 생명, 자유, 재산을 강탈할 수 없다. 노동을 하고 임금을 받는 근로계약도 수정 조항에 의해 보호 받는 권리이다. 물론 우리는 일반 대중의 안전, 건강, 도덕, 복지 등을 위해 개인의 기본 권리가 제한될 수밖에 없는 특별한 상황이 존재하고 그렇기 때문에 연방 내의 각 주가 그러한 상황을 규정할 독자적인 권한을 가졌다는 점을 인정한다. 그러나 모든 사정을 고려해 봤을 때 지금 문제가 되는 법령은 앞에서 언급한 그러한 특별 상황, 즉 공공의 이익에 영향을 미치는 상황과는 별 상관이 없는 개인간의 계약 문제에 국한된 경우로 보인다.

제빵사가 수행하는 업무가 법률에 의하여 노동의 권리 및 고용인과 피고용인이 상호간에 자유롭게 계약을 체결할 권리를 간섭해야 할 정도로 건강에 해로운 일이 아님은 의문의 여지가 없다. 그러한 법률이 타당하다고 판단된다면 이런 저런 이유로 변호사, 은행원, 그 밖의 기타 노동자들이 8시간 이상 근무하는 계약을 맺는 것을 금지하는 법률도 정당할 것이다. 뿐만 아니라 업무 시간 중 자연광이 아닌 인공조명 속에서 몇 시간씩 근무하는 것이 건강에 해롭다고 주장할 수도 있을 것이다. 그래서 정부가 마치 부모와 같은 자상함으로 햇볕이 들지 않는 건물에 날마다 갇혀서 일해야 하는 시민들의 건강을 위해 모든 업무 시간을 규제할 권리를 가진다고 하고, 이를 공공의 건강과 관련된 문제로 정당화시키게 된다면 법원이 관여할 여지도 없게 될 것이다.

똑같은 논리로 튼튼하고 건실한 시민을 육성하는 것이 국가적 관심사이기 때문에 시민들을 건강하게 만드는 법률을 건강법이라는 이름으로 제정하는 것도 생각해 볼 수 있다. 피고용인뿐 아니라 고용주의 업무 시간도 규정하고, 의사, 변호사, 과학자 등 모든 전문 직종뿐 아니라 운동선수들과 예술가들이 장시간의 훈련이나 예술 활동으로 두뇌와 신체를 혹사하는 것을 금지함으로써 국가 경쟁력을 보존하도록 할 수도 있을 것이다. 재판부가 이러한 일련의 극단적인 예를 거론하는 것은 물론 본 안건에 대한 뉴욕주 당국의 주장이 극단적임을 예시하려는 것이다.

주 정부 측은 노동 시간을 제한하는 것이 제빵사의 경우 정당한 이유로, 사람은 과로하지 않았을 때 청결함을 유지할 가능성이 높고 따라서 노동의 결과물인 빵도 그 혜택을 받을 것이라는 논리를 들었다. 즉 장시간의 노동을 통해 만들어진 빵은 위생도가 떨어질 수 있다는 것이다. 하지만 본 법정의 판단으로는 제빵사가 제과점에서 근무하는 시간과 그가 만드는 빵의 청결도 사이의 연관관계를 찾는 것은 불가능한 것으로 보인다. 백 번을 양보해서 어떤 연관관계가 존재한다고 하더라도 그것은 정부가 관여하기에는 너무도 모호하고 빈약할 뿐이다.

본 법정의 의견으로는 제빵사라는 직업에 노동 시간을 규정하여 개인의 자유와 자유롭게 계약을 맺을 권리를 간섭하기에 충분한 근거란 존재하지 않는다. 하급 법원의 판결을 뒤집는다.

계약의 자유는 항상 제약되어 왔다.[2]
올리버 웬델 홈즈 대법관Justice Oliver Wendell Holmes, Jr.

본 사건의 판결에 동의할 수 없어 진심으로 유감이며 나의 반대의견을 설명하는 것이 의무라고 생각한다.

본 판결은 대다수의 국민이 달가워하지 않는 경제 이론에 근거하여 결정되었다. 만약 내가 그 경제 이론에 개인적으로 동의하는지의 여부가 쟁점이라면 최종 결정을 내리기 전에 그 이론을 더 연구해봐야 할 것이다. 그러나 내가 그 이론에 동의하는지의 여부는 다수가 자신들의 견해를 법률 속에 반영시킬 권리와 아무 상관도 없기 때문에 나는 그것이 내 의무라고 보지 않는다. 본 법정은 주 헌법과 주 법률이 주민들의 생활을 여러 방면에서 규제할 수 있다는 관점을 보여 왔다. 이는 입법자의 관점에서 보았을 때 부적절하게 보일 수도 있으며, 본 건에서와 같이 계약의 자유마저 간섭하는 태도로 독재적으로까지 생각될 정도이지만 과거의 다양한 판결을 통해 인정되어 온 바이다. 일요일 준수법Sunday Law[3]이나 고리대금 규제법usury law[4]이 그 고전적인 예라 할 수 있다. 보다 근대적인 예로는 복권 사업 금지가 있다. 일부 유명한 저술가들 사이에서는 일종의 주문 비슷하게 되어버린, 타인이 똑같은 행위를 할 권리를 방해하지 않는 한 어떤 행위를 해도 좋은 것으로 정의되는 시민 개인의 자유란 실제로는 학교 법, 우체국 법, 그리고 시민 개인의 선호와는 상관없이 필요하다고 생각되는 목적을 위해 세금을 거

---

2 홈즈 대법관의 반대의견은 워낙 짧은 관계로 여기서는 전문 그대로 직역해서 소개한다.
3 Sunday Law(s) 는 미국에서 유태교, 기독교가 안식일로 삼는 일요일을 기업, 관공서가 휴일로 삼는 것을 의무화하고 총기류, 알콜 등 특정 상품의 판매를 규제하는 법률을 통틀어서 일컫는다.
4 서민들을 보호하기 위해 고리대금업자들이 채무자에게 지울 수 있는 이자율을 제한하는 법률

뒤 들이는 모든 주나 시 정부 기관들의 행보에 의해 간섭 받기 마련이다. 수정헌법 제14조는 허버트 스펜서 Herbert Spencer의 사회정학 Social Statics[5]을 따르지 않는다. 연방 정부 및 주 정부의 법령을 요리조리 모아 계약의 자유를 제약하는 결정을 내리는 일은 낯선 것도 아니다. 최근 우리 대법관들은 매사추세츠 주의 예방접종법을 승인했으며, 2년 전에는 주식의 신용 매입이나 선물 거래를 금지하는 캘리포니아주 헌법을 승인했다. 광부들의 작

홈즈 대법관 Justice Oliver Wendell Holmes, Jr. 그가 남긴 의견서에는 뛰어난 문장이 많다.
Photo credit : Library of Congress

업 시간을 하루 8시간으로 제한하는 법률을 인정한 것도 불과 얼마 전의 일이다. 이 가운데 어떤 법률은 판사들도 공유할 만한 확신이나 편견을 구현한 것이지만 그렇지 않은 경우도 있다. 그러나 헌법은 가부장적 국가주의에 기초하건, 시민과 국가의 유기적 관계에 기반하건, 혹은 자유방임이건 관계없이 어떤 특정한 경제 이론도 구현하려 의도하지는 않는다. 헌법은 근본적으로 견해를 달리하는 모든 사람들을 위해 만들어졌다. 따라서 우리 법관들이 어떠한 법률의 내용에 대하여 자연스럽고 친숙하다고 생각했거나, 새롭고 참신하다고 느꼈거나, 혹은 다소 충격적으로 받아 들였다고 해서 해당 법률이 미합중국의 헌법과 상충하는가의 여부를 판단할 때 그러한 개인적 견해의 영향을 받아서는 안될 것이다.

---

[5] 허버트 스펜서 Herbert Spencer, 1820~1903는 사회 진화론으로 유명한 영국의 사회학자로 1853년 출판된 『사회정학 Social Statics』에서 모든 사람은 타인이 그렇게 할 동등한 권리를 침해하지 않는 한 무슨 짓이든 할 권리가 있다고 밝힌 바 있다. 홈즈 대법관은 그러한 절대적 자유가 공동체에서 현실적으로 존재할 수 없다고 믿은 것으로 보인다.

구체적인 상황은 보편적인 명제에 따라 결정되지 않는다. 사건의 결정에 영향을 미치는 것은 어떤 공들인 대전제라기보다는 미묘한 판단력과 직관이다. 그러나 나는 막 언급한 명제가 받아들여진다면 우리를 결론까지 이끌어 주리라 생각한다. 모든 의견은 법률이 되는 경향이 있다. 나는 수정헌법 제14조의 자유라는 단어가 절대다수 의견의 자연스런 결과물인 어떤 법안을 막아서는 수단으로 이용된다면 그 의미가 왜곡되는 것이라고 생각한다. 다만, 이성적이고 공정한 개인이 보았을 때 제안된 법안이 우리 국민정서와 법률적 전통에서 이해된 기본 원칙들을 훼손할 것으로 믿어지지 않는다면 말이다. 우리 앞에 놓인 뉴욕주의 제과점 법령이 심하게 규탄 받을 만큼 나쁘지 않음을 증명하는 데는 많은 노력이 필요치 않다. 이성적인 사람이라면 건강의 측면에서 적절한 조처라고 생각할 것이다. 다만, 내가 감히 비이성적이라고 단정할 수 없는 사람들이 그 법안을 노동 시간의 전반적인 규제의 출발점으로 판단할 지도 모른다. 그러나 후자의 측면이 불평등의 요소가 있는지의 여부를 논의하는 것은 불필요하다는 것이 내 생각이다.

 ## 노동 시간의 축소와 자유를 둘러싼 논쟁

뉴욕의 영세 제빵업자들은 로크너 사건에서 승리를 거둔지 불과 7년 뒤인 1912년, 주 정부 관리들의 중재로 제빵 노동자의 근무시간을 하루 10시간으로 제한하는데 동의했다. 19세기 말에서 20세기 초 시작된 노동 시간의 감축이라는 대세를 영세 제과점이라고 해서 완전히 피해갈 수는 없었던 것이다. 20세기 초 미국에서 노동 시간의 감축은 아이라 스튜어드Ira Steward[6]를 비롯한 노동 운동가들과 정치인들의 투쟁의 산물이기도 했지만, 그와 동시에 노동자들이 실제로 자신들이 생산한 제품의 소비자이기도 한 자본주의 순환구조 자체와도 관련이 있었다. 이론적으로 봐도 일만 하는 노동자는 자신의 임금을 소비할 시간과 마음의 여유가 없으므로 결국 전체 자본주의에도 이롭지 않았다. 실제로 헨리 포드Henry Ford가 자신이 운영하던 포드 모터스 노동자들의 임금을 파격적으로 올리고 작업 시간을 단축하자 노동자들이 맨 처음 취한 경제적 행동은 바로 포드 자동차를 구입하는 것이었다.

미국에서 초과 근무의 개념 및 하루 8시간, 주40시간 근무를 표준으로 인정한 법률은 결국 1938년 연방법으로 도입된 공정 노동 기준령the Fair Labor Standards Act을 통해 전국적으로 확대 시행되었다. 한때 미국보다 노동자 복지에 뒤떨어져 있던 독일과 프랑스의 경우는 2차 세계 대전 이후 경제 부흥과 더불어 발빠른 제도 개선을 이루었고, 1980년대에 들어 법정 근로 시간을 주 35시간까지 줄여 오히려 미국보다 한 발 앞서 나가기 시작했다. 실제로 현대 미국의 평균 노동 시간은 유럽 국가들이나 캐나다 등 다른 국가들과 비교했을 때 결코 짧은 편이 아니다.

로크너 대 뉴욕주 판결에서 다수 연방 대법관들의 입장은 자유방임, 즉 가능한 한 정부의 간섭 없이 개인들의 자유 의지에 기초한 경제 활동에 대한 지지라고 할 수 있다. 연방대법원의 이러한 관점은 실제로 미국이 대공황에 들어서고 사회보장의 문제가 전면에 대두된 1930년대

---

[6] 아이라 스튜어드Ira Steward는 1860년대 미국 보스턴에서 8시간 연맹Eight Hour League을 조직하여 근로자 노동 시간 단축에 앞장 선 노동운동가다. 8시간 노동에 대한 집착으로 8시간 편집광Eight Hour Monomaniac이라는 별명까지 얻었다. Phillip Dray, 『There is Power in a Union』 Doubleday, 2010

포드 자동차의 창업자 헨리 포드Henry Ford. 자사 근로자들의 급료와 노동 조건 등을 획기적으로 개선했다.
Photo credit : Library of Congress

까지 일관성 있게 계속되었다. 그러나 판결 이후 지금까지도 법학자, 역사가, 작가들이 한결같이 역사적 명문으로 높이 평가하며 종종 인용해 마지않는 것은 팩컴 대법관이 대표로 발표한 판결문이 아니라 홈즈 대법관이 쓴 반대의견이다. 그의 의견서는 단 3개의 단락과 600여 개의 어휘로 이루어진 연방대법원 역사상 가장 짧은 의견서 가운데 한 편이면서도 명쾌한 논리와 필체로 다수 의견의 맹점을 예리하게 공격하고 있다.[7]

홈즈 대법관은 대법원 판결문 속의 계약 행위를 개인의 자유의사에 맡겨 두어야 한다는 전제 자체를 문제 삼는다. 현실적으로 사회의 공익을 위해 계약의 자유를 제한하는 사례가 너무도 많을 뿐 아니라 더 나아가 개인의 천부적 권리라는 것이 공동체 속에서 절대적으로 구현될 수 있는지 의문스럽다는 것이다. "나는 한 평생 개인의 천부적 권리라는 걸 비웃어왔다네" - 홈즈 대법관이 언젠가 친구에게 했다는 이 말은 천부의 권리, 절대적 자유 등 구체적 현실에 근거하지 않은 추상적 개념에 대한 그의 의구심을 대변한다고 하겠다.[8] 법철학자 리처드 포스너 Richard Posner는 홈즈 대법관을 역대 재판관 중 가장 뛰어난 철학적 사

---

7 Thomas Bowdan, "*Justice Holmes and the Empty Constitution*" The Objective Standard, Summer 2009

8 홈즈 대법관은 "친애하는 시민들이 지옥으로 가려한다면 돕겠다. 그게 내 일이니까"라는 말도 했다. 즉 대중의 의견을 바꾸려는 것이 아니라, 그 의견에 차라리 동조하고 정당성을 부여하는 것이 법관의 역할이라는 것이다.

고의 소유자라고 칭하기도 했다.

  홈즈 대법관의 본명은 올리버 웬델 홈즈 2세Oliver Wendell Holmes Jr.로 19세기 미국에서 의사, 시인, 문필가로 다양한 재능을 떨쳤던 올리버 웬델 홈즈Oliver Wendell Holmes의 장남이기도 하다. "말을 하기로 했으면 분명하게 말할 것, 사용하기 전 모든 어휘에 공을 들일 것"이라고 했던 부친의 충고를 그는 잘 귀담아 들었음이 분명하다.

03 직장 성희롱의 재구성

● **벌링턴 산업 vs 전 직원 엘러스** : Burlington Industries, Inc. vs Ellerth (1998)

성희롱은 섹스가 아니라 권력의 문제죠.
_영화 〈폭로Disclosure〉의 대사

직장 내 성희롱 – 권력과 욕망의 뒤틀린 시너지

　　　　직장 상사와 부하 직원의 로맨스만큼 모든 엔터테인먼트 장르에서 재활용에 재활용을 거듭한 소재도 드물다. 그러나 현실에서는 이같은 설정을 구성하는 톱니바퀴들이 조금만 틀어져 버리면 로맨스는 연기처럼 사라지고 그 자리에는 직장 성희롱이라는 문제가 고개를 쳐든다.

　직장 상사가 부하 직원에게 가하는 성희롱은 연애라는 가장 개인적이자 수평적이어야 할 관계가 위계질서라는 제3의 요소에 의해 왜곡 당한다는데 문제의 심각성이 있다. 상사는 권한과 통제력을 가지고 직장에서 막대한 영향력을 행사할 수 있기 때문에 상사로부터의 성적 요구를 거절하는 것은 개인적으로 마음에 들지 않는 구애 상대를 거절하는 것과는 전혀 다른 차원의 결과를 초래할 수 있다.

　그렇다면 직장 성희롱이 발생할 경우 해당 기업은 언제, 얼마만큼

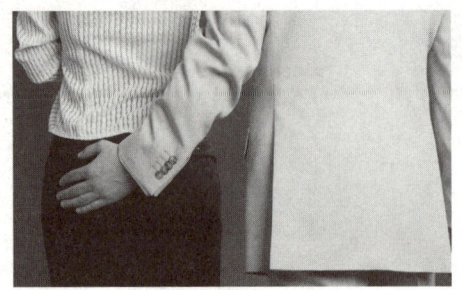
직장에서의 남녀 관계는 성희롱의 화약고일까?
Photo credit : Andrii Lychak

의 책임을 져야 할까? 미국 기업들의 전통적인 시각은 성희롱의 피해자가 문제를 제기하면 기업은 정해진 절차를 거쳐 상황을 검토한 뒤 가해자에 대한 징계, 인사 조치, 형사 고발까지를 포함하는 적절한 조처를 취한다는 것이었다. 다시 말해 피해자가 회사에 상황을 알리고 시정을 요청하지 않는 한 성희롱에 대한 회사의 책임은 지극히 제한적일 수밖에 없다는 논리가 된다. 상식선에서 타당해 보이는 이러한 기업 측의 시각은 1998년 연방대법원에 올라온 벌링턴 산업 대 엘러스 사건을 통해 근본적인 재검토의 도마에 올랐다.

킴벌리 엘러스Kimberly Ellerth는 1993년 의류 회사 벌링턴 산업 주식회사Burlington Industries, Inc.의 시카고 지사 영업 부서에 입사했다. 당시 엘러스의 직속 상사는 부사장 직책을 가진 시어도어 슬로윅Theodore Slowik이었는데, 공소장에 따르면 그는 채용 면접 때부터 엘러스의 특정 신체 부위를 뚫어지게 바라보면서 성적인 발언을 했다고 한다. 뿐만 아니라 채용이 결정된 뒤 슬로윅의 엘러스에 대한 성희롱의 강도는 갈수록 높아져 급기야는 원하지 않는 신체 접촉을 시도하는가 하면 원만한 직장 생활을 위해서는 자신에게 성적 봉사를 해야 한다는 노골적인 발언조차 서슴치 않았다는 것이다.[1] 당시 슬로윅은 주로 뉴욕 사무실에

---

[1] 공소장에 따르면 슬로윅은 어느 날 전화 통화 도중 "킴벌리, 난 지금 좀 바쁘지만 네가 뭘 입고 있는지 알려 주면 회의를 계속할 수도 있다구. 미니 스커트를 입고 있다면 더 좋고"라고 말하는가 하면 그의 시카고 출장 중에는 엘러스의 무릎을 만지더니 자기를 위해 "무릎을 열 준비가 되지 않았다"고 발언하기도 했다.

있었기 때문에 엘러스와 매일 얼굴을 맞대는 상황은 아니었지만 성희롱은 일주일에 한 번씩 있는 전화 회의 때나 한 달에 두 번씩 있는 슬로윅의 시카고 지사 출장 때마다 어김없이 벌어졌다. 이러한 생활을 견디다 못한 엘러스는 결국 1994년 5월 회사에 사표를 제출했으며, 얼마 뒤 벌링턴 경영진을 상대로 슬로윅이 저지른 성희롱 행위의 책임을 묻는 소송을 시작하게 된다. 이때 엘러스와 그의 변호인단이 법적 근거로 삼은 것은 1964년에 제정된 인권법 7제 Title VII of the Civil Rights Act of 1964 였다. 이 법조문에 따르면 성희롱 희생자가 비록 상사로부터의 원치 않은 성적 접근을 거부한데 대해 가시적인 보복을 당하지 않은 경우에도 해당 기업은 성희롱을 가능케 한 적대적인 환경이 이루어진데 대한 책임을 질 수 있다는 것이었다. 이 경우 기업의 법적 책임은 흔히 고용주 연대 책임 vicarious liability 이라는 법률 용어로 표현되는데, 특정인의 행위에 대해 당사자가 아니라 그 자와 특별한 관계를 가진 자가 지는 책임을 말하는 것으로 기업이 고용한 고용인이나 대리인이 직무상 제3자에게 입힌 손해에 대해 고용주(기업)가 책임을 지는 경우를 말한다. 예를 들어 회사에 소속된 운전사가 회사의 화물을 운송하는 도중 교통사고를 일으켰다면 그 피해에 대한 법적 책임을 회사가 지는 것이 여기에 해당한다.

소송을 접한 벌링턴 측은 엘러스로부터 고용 기간 중 슬로윅의 행위에 대해 공식적으로 통보받은 적이 없을 뿐 아니라 엘러스가 성적 욕구를 거절했다고 해서 슬로윅이 인사상의 불이익을 내린 증거도 없기 때문에 회사의 책임은 없다고 항변했다.

일리노이 지방 법원이 벌링턴 측의 주장을 받아들인 반면, 항소 법원은 엘러스의 손을 들어 주었으나, 항소 법원은 벌링턴 측이 책임이 있다는 데에만 의견의 일치를 보았을 뿐 그 책임이 무엇이냐에 대해서는 합의에 이르지 못하고 재판관들이 각자의 의견을 내기에 이르렀다. 사건을 접한 연방대법원은 관련 법규의 해석에 대한 교통정리가 필요하다는데 동의하고 사건을 검토하기로 결정했다. 연방대법원의 판결은 5 대 4로 직장내 성희롱에 대한 책임은 회사에도 있음을 밝혔다.

불량한 업무 환경, 회사도 책임 있다
안소니 케네디 대법관 Justice Anthony Kennedy

　　우리가 오늘 논의할 문제는 1964년 인권법 7제 Title VII of the Civil Rights Act of 1964에 따라 상사로부터의 원치 않는 위협적인 성적 접근을 거절한 부하 직원이 비록 직장에서 가시적인 불이익을 받지 않았다고 해도 상사의 행동에 대해 회사를 상대로 피해 보상을 요구할 수 있느냐는 것이다.

　인권법 7제의 정의에 따르면 고용주에는 고용주가 채용한 대리인도 포함되기 때문에 이와 관련된 대리인법 agency law을 먼저 살펴보기로 한다. 대리인법의 중심 원칙은 고용주는 피고용인이 고용의 범위 내에서 행동할 때 저지른 불법행위에 대해 법적 책임을 진다는 것이다. 그러나 대리인법은 특수한 상황에서는 고용주에게 피고용인이 고용 범위 밖에서 저지른 불법 행위에 대해서도 법적 책임을 묻도록 하고 있다. 이와 관련한 대리인법 제219절 제2항의 내용은 다음과 같다.

　(a) 고용주는 피고용인이 고용 범위 밖에서 저지른 불법 행위에 대해

서는 법적 책임을 지지 않지만, (b) 고용주가 고용주로서의 의무를 등한히 했거나 심각하게 부주의했을 경우 (c) 고용주가 타인에게 위임해서는 안 될 고유의 의무 사항을 피고용인이 대신 수행하는 과정에서 사고를 저지른 경우 (d) 피고용인이 고용주를 대신해서 행동하고 말할 때 외견상의 권한을 행사하거나 대리인 관계가 존재함으로써 그 덕분에 불법 행위의 성립이 가능한 경우는 예외로 한다.

본 사건의 당사자들은 슬로윅의 지위가 위에서 말한 법적 책임을 물을 수 있는 근거라고 주장하지는 않았다. 더 나아가 이 사건은 고용주가 타인에게 위임해서는 안되는 직무 사항과도 관련이 없다. 따라서 조항의 (a)와 (c)는 해당되지 않는다. 그렇다면 이제 (b)와 (d)가 직장 상사의 불미스런 행동에 대한 고용주의 연대 책임을 물을 근거가 될 가능성으로 남는다. 그런데 일반적으로 외견상의 권한은 대리인이 실제로 가지지 않은 권한을 가졌다고 주장하는 경우와 관련이 있으며, 대리인이 실제적으로 주어진 권한을 남용하여 협박하는 상황과는 구별된다. 보통 직장 상사의 희롱은 실제로는 존재하지 않는 권한에 대한 그릇된 인상에 근거한다기보다는 실제적 권한의 남용과 관련이 있다. 따라서 외견상의 권한에 대한 분석은 본 사건에는 적합하지 않다.

어떻게 보면 대리인 관계가 존재함으로 인해서 가해자가 잠재적인 피해자들 근처에서 계속 추근거릴 수 있기 때문에 직장 내 불법행위 가해자의 대다수가 대리인 관계로부터 이득을 본다고도 할 수 있다. 이러한 전제 자체가 대리인 관계로부터 이득을 보았는가 하는 기준을 충족시킨다고 하면 고용주는 직장 상사에 의한 희롱 일체에 책임이 있을 뿐 아니라 직장 동료에 의한 희롱까지도 책임을 져야 할 것이지만 이러한 주장은 항소 법원에서도 검토된 바가 없다. 이와 같은 기준을 충족했다고 하기 위해서는 단순한 고용 관계 자체 이상의 어떤 조건이 전제되어야 함은 물론이다.

성희롱과 같은 불상사를 막기 위한 기업의 선제적 조처와 피고용인의 항의 행위를 보장하는 인권법 7제의 기본 원칙 그리고 감독 권한 남용의 폐해에 대한 책임과 관련된 대리인 기준 등을 고려하여 본 법정은 다음과 같이 결정한다.

기업은 기업의 대리인으로서 권위를 행사하는 관리자가 하급자에 대해 성적 희롱을 가능하게 한 적대적 환경에 대해 피해 당사자에게 책임을 져야 한다. 그러나 이 경우 성희롱 대상자가 직장에서 가시적인 불이익을 당하지 않았다면 고용주는 법원에서 그러한 정황에 근거한 변론affirmative defense[2]을 펼칠 수는 있다. 따라서 본 사건의 경우 비록 엘러스가 슬로윅의 손에 의해 가시적인 인사상의 불이익을 당한 것은 아니지만 그것으로 회사 측의 혐의가 완전히 벗겨지는 것은 아니며 회사는 슬로윅의 행동에 대해 여전히 사용자 책임을 질 수 있다. 그러나 그와 동시에 전후 상황에 대한 변론을 펼칠 기회 또한 부여 받아야 마땅하다.

이러한 이유로 우리는 엘러스의 주장에 반하는 판결을 뒤집은 항소 법원의 판단을 확인한다. 하급 법원은 본 법정의 결정과 일치하는 방향으로 엘러스가 자신의 주장을 보강해서 다시 소송을 진행할 기회를 부여해야 할 것이다.

---

2 affirmative defense는 고발당한 혐의사실 자체보다 혐의사실을 둘러싼 정황 관계 등에 근거한 변호를 말한다.

회사더러 도대체 뭘 더 하라는 건지?

클래런스 토마스 대법관 Justice Clarence Thomas

본 법정은 오늘 만약 직장 상사가 성적으로 적대적인 환경을 조성한다면 그를 고용한 기업은 전후 상황에 대한 적절한 변론을 펼치지 못할 경우 법적 책임을 져야 한다는 규칙을 만들어냈다. 이러한 규칙은 설령 기업이 성희롱에 반대하는 사규를 가지고 있고, 성희롱 피해 당사자가 해당 사규를 숙지하고 있으면서도 상사로부터의 성희롱을 경영진에 통보하지 않은 경우에도 적용된다는 것이다.

본 법정이 인정하듯이 직장 상사가 적대적인 업무 환경을 조성하는 것은 그의 고용 범위에 포함되지 않으며 외견상의 권한apparent authority 의 일부도 아니다. 실제로 적대적 업무 환경은 고용주의 이해관계와 절대적으로 상충하는 것이다. 상황이 그러하다면 고용주의 책임이 거론되는 것은 오직 태만의 경우뿐이다. 다시 말해, 고용주가 법적 책임을 져야 하는 경우란 고용주가 적대적 업무 환경의 존재를 무시했거나 여러 정황 증거를 통해 그 존재를 알아차렸어야 마땅했음에도 후속 조치를 취하는데 실패한 경우에 한한다고 하겠다.

성희롱은 고용주가 사무실 내부에 카메라와 음향 탐지기를 설치하는 등 자유사회에서는 용납되기 힘든 방식으로 직장 생활을 근본적으로 바꿔버릴 극단적인 조치를 취하지 않는 한 사전 예방이 가능한 문제가 아니다. 사무실에 그러한 장비를 설치한다고 해도 슬로윅이 엘러스에게 저질렀다고 전해지는 것처럼 외부의 어느 호텔 바에서 던진 성희롱 발언 등을 탐지해낼 도리가 없음은 물론이다.[3]

이러한 상식적 기준을 내던져 버린 법정은 그 대신 고용주의 의지와는 상관없이 자신의 임의대로 적대적 업무 환경을 만들어 낸 관리자의 행위에 대해 정의조차 모호한 정황에 근거한 변론권만을 달랑 남겨 주면서 고용주에게 연대 책임을 묻는 새로운 규칙을 강제하려 든다. 이 규칙이란 다수의 대법관들이 참고했다고 주장하는 법률적 원칙으로부터 전혀 논리적 지원조차 끌어 내지 못하는 터무니없는 작품이다. 거기에 한 술 더 떠서 본 법정은 기업이 어떻게 정황 변론을 펼칠 수 있는지에 대한 지침을 제시하는데도 실패했기 때문에 이토록 중대한 법률 영역에 향후 지속적인 혼란이 이어질 것이 명백해 보인다.

법정은 대리인 원칙이라는 용어가 1957년도 대리인법을 의미한다고 해석했다. 고용주는 피고용인이 불법 행위를 성취하는데 있어 대리인 관계로 인하여 이득을 보는 경우 피고용인의 불법행위에 법적 책임을 진다고 언급한 대리인 법 제219조제2항(d)에 근거하여 본 법정은 직장 상사가 그의 고용주와 맺는 대리인 관계를 통해 지니게 되는 고유의 권력과 권위가 적대적인 업무 환경을 이루는데 지대한 영향을 미친다고 생각한 듯하다.

그러나 대리인법 제219조제2항(d)는 관리자가 만든 적대적 업무 환경에 대해 고용주에게 책임을 부과할 수 있는 어떤 법적 근거도 제공하지 않는다. 본 법정의 주장과는 반대로 법 제219조제2항(d)로 구체화된 원칙은 피고용인의 권력과 권위나 위협적인 행동과는 아무 상관도 없다. 법 제219조제2항(d)에 따른 법적 책임이라는 것은 피해자가 가해자인 기업의 대리인(상사)이 그의 외견상의 권위의 범위 안에서 행동하거나 정상적인 업무 활동을 수행하는 과정에서 성희롱을 저질렀다고 믿

---

3 공소장에 따르면 슬로웍은 엘러스가 뉴욕을 방문했을 때 어느 호텔 라운지에서 다음과 같은 발언을 했다. "이보라구 킴벌리, 난 벌링턴에서의 네 생활을 아주 힘들게 혹은 아주 쉽게 만들 수 있지"

을 경우에만 적용될 수 있는 것이다. 그러나 오늘날 직장 상사가 공식적인 기업의 업무 활동의 일환으로 또는 기업의 이익을 대변해서 성희롱을 저지른다고 생각할 성희롱 피해자는 아무도 없다. 실제로 본 법정은 판결문을 통해 성희롱이 직장 상사의 공식적 권한 내에 있지는 않으며 외관상의 권위의 일부가 아님을 인정한 것으로 보인다. 따라서 비록 본 법정이 기존의 판례와 기존 법규에서 조언을 얻었다고 주장하고 있기는 하지만, 오늘의 판결을 통해 연방대법원이 임의로 정책을 입안하려고 시도하고 있음은 명백하다.

널리 퍼진 잘못된 인식과는 달리 성희롱이란 연방 정부가 규정하는 별도의 불법 행위가 아니라 고용 차별의 한 형태에 불과하다. 따라서 성희롱은 더도 덜도 말고 인권법 7제가 규정하는 기타 불법 학대행위와 똑같이 취급되어야 한다. 고용주가 명백한 잘못을 저질렀을 경우에 한해 적대적 업무 환경 조성의 책임을 물어야 한다고 생각한다.

성희롱과 21세기 기업 환경

1991년 10월, 당시 조지 H. W. 부시 대통령이 지명한 연방대법관 후보자에 대한 자격 심사를 진행 중이던 미 상원 법사위원회 Senate Judiciary Committee에 아니타 힐 Anita Hill이라는 35세의 미모의 여성이 모습을 나타냈다. 법사위원회에 참고인 자격으로 소환된 힐이 몇 시간에 걸친 상원의원들의 날카로운 질문에 차분하게 대답하는 모습은 전국에 생방송되면서 엄청난 반향을 일으켰다. 힐의 증언은 바로 연방 대법관 후보자인 클래런스 토마스 Clarence Thomas가 연방 정부에서 힐의 직장 상사로 있을 당시 행한 각종 성희롱 발언에 대한 것이었다. 이에 대해 토마스 후보자는 힐의 충격적인 증언을 전면 부정하면서 20세기 초 미국 일부 지역에서 인종주의자들이 흑인들에게 가했던 물리적 테러에 빗대어 자신과 같은 성공한 흑인에 대한 보다 교묘한 형태의 린치라고 주장하며 정면 돌파를 시도했다. 결국 미국 상원은 52 대 48이라는 간발의 차이로 토마스의 지명을 승인했지만 힐의 증언은 서굿 마셜Thurgood Marshall에 이어 미국 역사상 2번째 흑인 연방 대법관 후보였던 토마스의 지명을 침몰 직전까지 몰고 가는 위력을 발휘했다. 지금까지도 이 사건을 두고 보수 진영은 흑인이면서도 보수적인 색깔을 지닌 토마스 대법관을 인격 살해하려는 미국 진보 진영의 음모에 힐이 넘어갔다고 보는 반면, 진보 진영과 여권단체들은 힐을 고질적인 직장 성희롱 문제에 대해 용기있게 발언한 영웅으로 생각한다.

인권법 7제의 적대적인 환경과 고용법상의 대리인에 대한 고용주의 책임 사이의 연결을 시도한 연방대법원의 벌링턴 산업 대 엘러스 판결은 직장 성희롱 문제에 대해 그때까지만 해도 피해자가 상황을 보고하면 적절한 후속 조치를 취한다고 하는 기본 입장을 취했던 미국 기업들의 태도를 근본적으로 바꿔놓았다.

현재 미국의 대기업들이 관리자 및 일반 직원들에게 정기적으로 제공하는 직장 성희롱 관련 트레이닝, 성희롱 피해자가 신변의 위협을 느끼지 않고 피해 상황을 털어 놓을 수 있도록 한 핫라인 설치, 사내 법무팀의 관련 활동 강화 등은 직간접적으로 연방대법원의 벌링턴 산업 대 엘러스 판결의 영향을 받은 것이라고 할 수 있다.

실제로 벌링턴 산업 대 엘러스 판결은 성희롱 피해자들이 기업에 대해 소송을 진행할 수 있는 보다 용이한 법률적 근거가 된 것 또한 사실이다. 연방 정부 통계에 따르면 판결 이전과 비교할 때 벌링턴 산업 대 엘러스 판결 이후 5년 간 기업이 성희롱 피해 당사자들과 소송 철회의 대가로 지불한 합의금은 건당 약 40% 가량 뛰어 올랐는데[4], 이는 그만큼 성희롱 관련자들과 이들의 변호사들이 해당 기업에 대해 보다 공격적인 자세를 취했다는 반증이라고 할 수 있다. 2010년 한 해에만 미국에서는 약 11,000건의 성희롱 고발이 법원에 접수된 것으로 알려졌다. 성희롱은 법률 산업이 된지 오래라고 선언한 월스트리트 저널 Wall Street Journal의 사설은 정곡을 찌른 것이다.[5]

역사적으로 직장 성희롱이란 거의 예외 없이 남성 상사와 여성 부하 직원 사이의 관계라는 남성 중심 사회의 틀 속에서 지금까지 다루어진 이슈이다. 그러나 기업에서 여성의 성공과 승진이 빈번해지다 못해 이제는 대세로 자리 잡아 가는 21세기 미국 기업 환경에서 성희롱이란 전통적으로 남성을 가해자로 전제해왔던 문제가 표출되는 방식에 어떤 변화가 올 것인지 또 그에 대한 기업과 사회의 대응은 어떻게 전개될지는 두고 볼 일이다.

2011년 7월 미국 언론은 일제히 미국 성인 잡지 허슬러 Hustler의 고위 간부이자 창업주 래리 플린트 Larry Flynt 의 딸인 테레사 플린트 Theresa Flynt가 전 부하 직원인 남성에게 성희롱 혐의로 고소를 당했다고 보도했다. 이는 금전적 이득을 노린 어느 남성의 치사한 술수일까 아니면 21세기 직장 성희롱 프로필의 변화를 알리는 신호일까?[6]

---

4 http://www.eeoc.gov/eeoc/statistics/enforcement/sexual_harassment.cfm

5 "...But you would have to be born yesterday in the American workplace not also to know that sexual harassment has become a legal industry..." Editorial "The Cain Bonfire" Wall Street Journal 11/4/2011

6 표제에서 소개했던 영화 〈폭로Disclosure〉에서 성희롱의 가해자 역시 데미 무어Demi Moore가 분한 여성 상사였다.

04 내일의 뉴스를 오늘 아는 것은 불법인가?

● 주식 부당 거래자 오 헤이건 vs 미합중국 정부 :
O'Hagan vs United States (1997)

특히 미래에 관한 예측은 어렵다
_닐스 보어 Niels Bohr (덴마크 물리학자)

주식시장의 암적 존재 - 내부자 거래

주식시장은 능력 있는 투자자라면 누구나 돈을 벌 수 있는 기회의 땅인가, 아니면 거대 자본과 첨단 금융 기술로 무장한 전문가들이 자기들만의 정보망과 연줄을 통해 판돈을 놓고 다시 따먹는 도박판일까? 주식시장은 일반 투자자들에게 얼마나 공정할까?

미국에서 주식 거래의 투명성과 공정성을 확보하기 위한 노력은 20세기 전반에 이미 시작되었다. 대공황이 한창이던 1934년 제정된 증권거래법 Securities Act of 1934은 증권 시장의 투명성을 확립하고 개인 투자자들의 권익 보호가 목적이었다. 증권거래법은 보통 SEC라고 불리는 증권거래위원회 Security & Exchange Commission를 증권 시장을 감독하는 최고 기관으로 정하고, 제10항 Section 10을 통해 증권거래위원회가 공공의 이익이나 투자자의 보호를 위해 정하는 규칙과 규정을 위반하려는 어떤 교활하고, 기만적인 술책이나 재주도 불법으로 간주하며, 이와 관련된 증권거래위원회의 자체 규정 10(b) - 5는 어떤 방법을 이용해서 건

증권의 매수 및 매도와 관련하여 누군가에게 사기를 치거나 속이는 행위를 저지를 경우 법률 위반으로 다스린다고 명시하고 있다.

유령 회사를 세워 투자자를 모은 뒤 자금을 갖고 내뺀다거나 증권 중개인이 고객에게 고의로 잘못된 정보를 흘려 엄청난 피해를 입게 하는 등의 명백한 위법 이외에, 미국 정부가 10(b)-5의 위반으로 간주하는 또 다른 대표적인 행위가 내부자 거래다. 전형적인 내부자 거래의 시나리오는 어느 기업의 내부 인사가 아직 일반에 공개되지 않은 기밀 정보를 이용해서 주식 거래를 하여 이익을 챙기는 것을 말한다. 이 경우 기밀 정보는 기업의 경쟁사 인수 합병 계획일 수도 있고 신제품 개발에 관한 것일 수도 있으며, 향후 공개될 회사의 경영 실적에 관한 것일 수도 있다. 어떠한 방식으로건 조직의 내부자가 그러한 소식이 회사 외부의 투자자들이나 언론에 알려지기 전에 미리 자신의 증권 거래에 해당 정보를 이용하는 것이다. 미국 정부는 이 내부자 거래를 자본주의의 공인된 게임판인 증권시장에서 모든 참가자들이 동등한 선상에서 경쟁할 기회를 박탈하는 중대한 반칙으로 간주하고 단속의 고삐를 늦춘 적이 없었다.

하지만 현실에서 내부자 거래를 발각하고 법의 심판을 내리려면 많은 도전이 따른다. 수많은 기업들의 내부 사정을 당국이 모조리 파악하고 있을 수도 없을 뿐더러 고전적 의미의 내부자 거래가 아닌 보다 복잡한 상황, 가령 기밀 정보를 손에 넣은 내부자가

뉴욕 증권 거래소. 미국 정부는 내부자 거래를 공정한 주식 시장의 적으로 간주하고 엄격히 처벌한다.
Photo credit : Carol M. Highsmith

스스로 주식 거래를 하지 않고 그 정보를 사돈의 팔촌의 친구에게로 넘긴 뒤 아주 비밀스런 방식으로 대가를 받는다면 그러한 행위를 증명하는 데에는 난관이 있을 수밖에 없다. 뿐만 아니라 해당 기업과 직접적 관련이 없는 개인이 우연한 기회에 기업의 기밀 정보를 획득한 경우는 또 어떨까? 이 역시 증권거래법 위반에 해당될까 아니면 그저 억세게 운이 좋은 경우일까? 내부자의 정확한 정의는 무엇일까?

1990년, 증권거래위원회는 미네소타주에 소재한 로펌 도시 앤 휘트니 Dorsey & Whitney 소속 변호사 제임스 오 헤이건 James O'Hagan을 내부자 거래를 통해 부당 이득을 취한 혐의로 검찰에 고소했다. 증권거래위원회에 따르면 1988년 도시 앤 휘트니는 영국계 다국적 기업 그랜드 메트로폴리탄 Grand Metropolitan PLC과 제과업체 필즈베리 Pillsbury 간의 인수 합병 계획에 법률 자문역을 맡고 있었고, 이 사실을 알게 된 오 헤이건이 필즈베리의 주식을 구입한 뒤 나중에 매도하는 방식으로 4백만 달러의 부당 이득을 챙겼다는 것이었다. 이에 대해 오 헤이건은 비록 인수 관련 정보를 우연히 알게 된 것은 사실이지만 자신은 1988년 당시 그랜드 메트로폴리탄 사의 직원도 아니었으며, 도시 앤 휘트니에서 그랜드 메트로폴리탄 업무에 직접 관여하고 있지도 않았기 때문에 고전적인 의미의 내부자일 수 없을 뿐더러, 증권거래위원회가 내부자 거래 색출의 근거로 삼는 증권거래법 제10항과 규정 10(b)-5의 내용 역시 너무 모호하고 광범위하다고 주장했다.

미네소타 항소 순회 법원이 예상을 깨고 오 헤이건의 주장에 타당성이 있다고 판결하자, 1997년 사건은 마침내 연방대법원을 향하게 되었다. 연방대법원에서는 증권거래법과 증권거래위원회의 관련 법규 속에 등장하는 용어와 조건들이 오 헤이건 사건의 구성 요소들과 일치하느냐를 두고 열띤 논쟁이 벌어졌다. 최종 판결은 6 대 3으로 내부자 거래를 통한 부당 이득을 취하지 않았다는 오 헤이건의 주장은 받아들여지지 않았다.

 ## 고양이에게 생선을 맡긴 격이다
루스 베이더 긴즈버그 대법관Justice Ruth Bader Ginsburg

 기밀 정보의 제공자에 대한 신탁의 의무를 저버리고 도리어 그 정보를 이용해 사익을 취할 목적으로 주식을 거래한 자는 증권거래법 제10항(b)및 규정(b)-5를 위반했는가? 우리의 대답은 **그렇다**이다.
 비록 주식시장에서 당사자들 간에 어느 정도의 정보 격차가 불가피하다고는 해도 일반 투자자들은 법률의 통제 없이 선택된 소수들 사이에서만 오고 가는 비밀 정보에 따른 거래가 판치는 주식시장에 대한 투자는 주저하게 된다. 빈곤한 정보력을 지닌 일반 투자자와 중대한 기업 정보를 독점한 인물 사이의 격차는 단순한 행운의 결과가 아니라 인위적인 것이며, 리서치나 기타 투자 테크닉으로 좁혀질 수 있는 성질의 문제가 아니다.
 전통적, 고전적 맥락에서 보면 기업의 내부 인사가 중대한 기업 기밀을 이용하여 해당 기업의 주식을 거래하는 것이 증권거래법 제10항(b) 및 규정(b)-5의 위반에 해당한다. 이러한 원칙은 회사의 경영진, 이사진, 기타 정규 직원들에게 적용될 뿐 아니라 한시적으로 해당 기업의 수탁자가 된 변호사, 회계사, 컨설턴트 등에게도 해당된다. 거기에 더

하여 증권거래위원회는 본 사건과 같이 정보의 소유자에 대한 의무를 저버리고 증권 거래의 목적으로 기밀 정보를 유용하는 경우 역시 증권거래법 제10항(b) 및 규정(b)-5의 위반에 해당한다고 주장하는데, 이를 흔히 유용 이론misappropriation theory이라고 한다. 이 이론은 거래 상대가 아닌 정보의 원천 제공자에게 진 의무를 어기고 누군가가 기밀 정보에 의거하여 주식을 거래하는 상황에 적용된다.

기소장에 따르면 오 헤이건은 자신이 근무하는 로펌과 의뢰인 사이의 신뢰 의무를 저버리고 의뢰인의 필즈베리 주식 공개 매입 계획과 관련한 기밀 정보에 근거하여 주식을 거래했다. 정부 당국에 따르면 이러한 행위는 유가 증권의 구매 및 판매와 관련한 부정한 수단에 해당한다는 것이다. 본 법정은 그러한 정보의 유용 행위가 유가 증권의 구입 및 판매와 관련하여 기만적 수단 혹은 술책이 사용되어야 문책이 가능하도록 규정한 제10항(b)의 요건을 충족시킨다는 정부 의견에 동의한다. 은폐를 통한 기만행위야말로 당국이 소송의 근거로 삼은 법률적 책임 이론의 핵심인 것이다.

이어서 제10항(b)의 요건 속에서 기만적 수단이 유가 증권의 구입 및 판매와 관련해서 사용되었는지를 살펴보기로 한다. 본 사건에서는 이 관련성 요소 역시 신탁자가 기밀 정보를 획득한 시점이 아니라 그 획득한 정보를 정보의 소유자에게 알리지 않은 채 유가 증권 거래에 사용한 시점에서 신탁자의 부정행위가 성립하기 때문에 충족된다고 하겠다. 따라서 주식의 매매와 의무의 위반이 동시에 발생한 것이다. 중대한 기밀 정보에 의거하여 주식을 거래하는 자는 기만을 통해 시장에서의 우위를 획득하게 됨으로써 정보 제공자를 기만하는데 그치지 않고 동시에 일반 투자자들에게도 피해를 끼치게 된다.

요약하면 유용 이론은 해당 법률 및 본 법정의 기존 판례와 일치한다고 하겠다. 유용 이론이 제10항(b)의 맥락과 일치하지 않는다는 제8순회 항소 법원 판결에는 문제가 있다. 항소 법원의 판단을 뒤집으며 본 법정의 판결과 일치하는 방향으로 논의를 진전시키기 위해 사건을 돌려보낸다.

유용 이론을 적용하는 논리가 불충분하다

클래런스 토마스 대법관Justice Clarence Thomas

다수 의견과는 달리 기만적 술책이 증권 매매와 관련되어 사용되었다는 증권거래위원회의 해석을 받아들일 수 없다. 증권거래위원회는 기만적 행동과 유가 증권의 매매 사이에는 근본적인 연관성이 있기 때문에 유용 이론이 해당 규정의 관련성 기준을 충족시킨다고 주장한다. 그러나 증권 매매 만이 기밀 정보의 은밀한 유용 행위에 해당되는 것은 아니라고 본다. 예를 들면, 본 사건에서 오 헤이건이 그랜드 메트로의 비밀 계획을 알게 된 뒤 그 정보를 이용해서 저지를 수 있었던 행위에는 여러 가지가 있다. 그는 해당 정보를 언론에 제공할 수도 있고 그 정보를 필즈베리에 팔아넘길 수도 있었다. 혹은 상상 속에서 주식 거래 게임fantasy stock trading game 같은 것을 하며 혼자서 정보를 갖고 놀 수도 있었다. 이런 행위들은 어느 경우라도 똑같이 그랜드 메트로부터 정보의 독점적 이용권을 앗아가는 결과를 초래했을 것이며, 발각되었더라면 그랜드 메트로의 정보 자산을 횡령하는 행위에 해당되었을 것이다.

그러나 이러한 행위들이 증권거래법 제10항(b)의 위반에 해당하는 것은 결코 아니며, 이들 시나리오는 설령 정보 자산이 증권 거래에 사용된 경우라도 유용 이론에서의 법률 위반 가능성을 배제하기에 충분한 근거가 된다. 오 헤이건이 실제로 해당 정보를 주식 구매에 사용했다는 사실이 회사 자금을 빼돌려 증권 거래를 하는 경우보다 더 나쁜 상황이라고 여길 필요는 없다. 하지만 두 경우 모두 횡령범은 빼돌린 자산을 가지고 주식 매매가 아닌 뭔가 다른 짓을 할 수도 있었던 것이다. 따라서 증권거래법상의 관련성 기준은 충족되지 않는 것이다.

다수 의견은 공정하고 투명한 주식시장의 유지, 투자자의 신뢰 촉진, 증권 시장의 정직성 보호 등 증권거래법에 반영된 여러 정책적 고려사항을 지적하고 있다. 그러나 그처럼 광범위하고 야심찬 입법 취지에 자꾸 편승하려 드는 것은 유용 이론의 맥락에서 보더라도 상당한 논리의 비약이자 왜곡이라고 하겠다. 왜냐하면 그러한 주장은 본 사건의 경우 이른바 위험이라는 것이 부정행위로부터 비롯된 것이 아니라 오 헤이건이 사용한 정보가 기밀 정보였다는 단순한 사실에서 비롯되었음을 간과하고 있기 때문이다.

유용 이론의 핵심 요소인 기만은 다시 말해 정보 소유자에 대한 신의를 저버리는 것인데 만약 신탁자가 정보 소유자에게 해당 정보에 의거하여 주식 거래를 할 계획이라고 공개해 버린다면, 기만적인 술책은 더 이상 존재하지 않으며 따라서 제10항(b)의 위반도 성립하지 않는다. 사실 정보의 제공인이 대리인에게 일종의 혜택이나 보너스의 의미로 관련 정보에 의거에서 주식을 매매할 것을 명백히 허락할 경우에도 마찬가지로 제10항(b)의 위반은 성립하지 않는다. 하지만 정보를 공개적으로 남용하는 것이나 허락 받고 사용하는 것이나 어느 쪽이라도 이론적으로 시장에 미치는 영향은 동일하다.

다수 의견에 따르면 중대한 기밀 정보에 의거하여 주식을 거래하는 자는 말하자면 기만을 통해 시장에서의 우위를 획득하게 된다. 그는 정보 제공자를 기만하는 동시에 일반 투자자들에게도 피해를 끼치는 것이다. 그러나 기밀 정보를 이용한 주식 거래가 일반 투자자들의 이익을 해치는 것이 사실이라고 하더라도 정보의 원래 소유주를 속이는 것과는 상관없는 일이다. 공개나 승인을 통해서 정보사용의 부당함이 제거될 수 있다는 주장은 논점을 벗어난 것이다. 정보 유용의 부정한 측면이란 신탁인과 본인 사이에 존재하는 문제이지 정보를 유용한 자와 시장 사이는 관계가 없다. 시장 전체에 정보를 공개하지 않는 한, 정보의 원래 소유주에게 정보사용의 의도를 공개한다고 해도 해당 주식 거래가 더욱 정직해지는 것은 아니다. 주식시장으로 말하면 기밀 정보에 의거한 주식의 매매는 단순히 그 사실을 제3자가 알고 있다고 해도 주식 거래의 상대가 상황에 대해 전혀 모르고 있는 한 더 이상 투명해질 여지가 없다. 게다가 주식 거래에 기밀 정보를 사용하는 것 자체가 제10항(b) 의 위반인 것도 아니다. 금지 사항은 오히려 증권 거래와 관련된 술책의 사용 쪽이다. 기밀의 비공개정보에 근거한 주식 매매가 발생하는 한 그 정보의 획득 과정의 정당성 여부에 상관없이 시장에 대한 영향은 동일하다고 하겠다.

피해자가 없는 범죄 – 내부자 거래의 패러독스

미국에서 내부자 거래와 관련된 뉴스는 심심치 않게 언론의 헤드라인을 장식한다. 2003년 의료 벤처 기업 임클론 ImClone의 회장 샘 왁셀 Sam Waksal은 임클론의 항암 치료제 어비턱스 Erbitux가 미국 식품의약국 Food & Drug Administration : FDA에서 일반 판매를 위한 승인이 나지 않을 것이라는 정보를 입수한 뒤 자신의 임클론 주식 250만 달러 어치를 매각했다 발각되어 7년 징역형을 선고 받았다. 이 사건은 왁셀의 친구이자 미국 생활용품 업계의 거물이었던 마사 스튜어트 Martha Stewart가 연루된 것으로 더욱 유명하다. 왁셀처럼 FDA의 발표 하루 전 자신의 임클론 주식을 대량 매도한 스튜어트는 특정 주식이 일정 가격 이하로 하락하면 곧장 매각하도록 하는 투자 원칙을 행동에 옮긴 것일 뿐이라며 결백을 주장했지만 결국 징역형을 선고 받았다.

2005년에는 인터넷 및 전화 서비스 업체인 퀘스트 Qwest의 CEO인 조셉 나치오 Joseph Nacchio가 퀘스트의 경영 악화 소식이 시장에 알려지기 전 5,000만 달러 어치의 주식을 미리 팔아치운 혐의로 고발당한 끝에 유죄 판결을 받았다. 그런가 하면 2007년에는 UBS, 모건 스탠리 Morgan Stanley, 베어 스턴스 Bear Sterns 등 유수의 투자 회사 소속 애널리스트 십여 명이 무더기로 구속되었는데, 이들은 평가 기관의 개별 주식 평가 내용을 발표 전에 미리 빼내어 투자에 이용하는 방식으로 1,500만 달러 상당의 부당 이익을 취한 혐의를 받았다.[1] 2011년에는 공격적인 투

---

[1] 이 사건은 정보가 최초로 새어나갔던 뉴욕의 식당 이름을 따 오이스터스 바 Oyster's Bar 사건이라고 불리기도 했다.

마사 스튜어트Martha Stewart. 미국 생활용품 업계의 디바로 불렸으나 친구가 운영하던 회사 주식의 내부자 거래에 연루되어 곤욕을 치렀다. © Laurence Agron

자 스타일로 이름을 떨치던 헤지 펀드 갈레온 그룹Galleon Group의 총수 라즈 라자라트남Raj Rajaratnam이 Intel, IBM 등 대기업 간부들로부터 입수한 기밀 정보를 주식 거래에 이용하여 4,500만 달러의 이득을 취한 죄로 징역 11년이라는, 내부자 거래 재판 사상 최고형을 받기도 했다.[2]

이렇게 내부자 거래 사건은 대개 금융가, 기업가, 유명 인사 등 자본주의의 승자로서 성공 가도를 달리던 인물이 법률을 어기고 하루아침에 나락으로 떨어진다는 극적 요소를 가진다. 실제로 증권거래위원회와 검찰이 내부자 거래 관련 범죄를 열심히 파헤치는 것 역시 시장의 정의를 세운다는 명분과 전시 효과를 동시에 노린 것이라 해도 지나친 논리의 비약은 아니다.

그런데 어느 범죄 사건에나 있게 마련이면서 유독 내부자 거래에서만 보이지 않는 것은 피해자다. 오 헤이건의 경우만 해도 도대체 그가 누구에게 피해를 입힌 것인지 분명치가 않다. 엄밀히 말해 그의 주식 거래가 그랜드 메트로의 필즈베리 인수 계획을 저지한 것은 아니며 그의 로펌이(적어도 검찰이 수사에 착수하기까지는) 의뢰인을 잃은 것도 아니다. 그가 주식을 팔아 금전적 이득을 취한 것은 확실하지만, 그 이득이 그랜드 메트로나 필즈베리 주주들의 이익을 희생한 뒤 얻어진 것 역시

---

2 미국뿐 아니라 내부자 거래는 많은 서구 국가에서 범죄로 취급된다. 2001년 오스트레일리아에서 가장 영향력 있는 투자 은행가로 불린 르네 리브킨Rene Rivkin은 콴타스 항공Qantas과 관련한 정보를 이용해 내부자 거래를 했다는 혐의로 재판을 받았는데, 실제로 이 거래의 결과 그가 얻은 이득이란 불과 346달러에 불과했다. 결국 유죄 판결로 징역형과 함께 증권 거래를 평생 동안 금지당하게 된 리브킨은 실의에 빠져 2005년 자살했다.
Kate McClymont and Jordan Baker, "*Sad End for Rene Rivkin*" Sydney Morning Herald, May 2, 2005

아니다. 이런 역설적인 상황 때문에 내부자 거래는 종종 피해자 없는 범죄라고 불린다.[3]

　내부자 거래의 또 다른 역설은 당국이 증권의 거래 행위를 추적하여 죄를 물을 수는 있지만, 비행위를 단죄할 방도는 없다는 것이다. 우리의 주인공 오 헤이건이 오래전부터 필즈베리 주식을 소유하고 있었으며, 어떤 이유로 그 주식을 모두 매각할 것을 고려하고 있었다고 가정해 보자. 이런 상태에서 그가 그랜드 메트로의 필즈베리 인수 계획을 알게 되었다면 무슨 일이 벌어졌을까? 그는 분명 주식을 내다 파는 대신 당분간 보유하기로 마음을 바꿨을 것이다. 이 경우 그는 물론 입수한 기밀 정보에 따라 행동을 하지 않기로 결정한 것이다. 그러나 이런 상황은 당국이 사건의 전말을 파악하더라도 오 헤이건에게 내부자 거래의 죄를 묻는 것을 불가능하게 한다. 반대의견을 통해 토마스 대법관이 제시한, 도대체 무엇이 오 헤이건의 행위를 범죄로 만드는가에 대한 논의는 바로 이러한 공교로움을 지적하고 있는 것이다.

　내부자 거래의 역설은 어떤 이유가 됐건 주식시장에서 성공하는 투자자와 실패하는 투자자를 가르는 기준은 결국 정보력이라는 것, 그리고 기업의 경영 활동과 관련된 가장 확실한 정보는 결국 그 기업의 내부인사, 즉 내부자들로부터 얻어질 수 밖에 없다는 상황일 것이다. 내부자 거래의 범죄화는 딜레마의 현실적 구현이라고 할 수 있을지 모르겠다.

---

3 실제로 내부자 거래가 허용된다면 오히려 주식시장에 순작용을 할 것이라고 보는 증권 전문가들도 상당수 있다. 이들의 주장에 따르면 기업 내부자들이 자신들이 알고 있는 기업 사정에 따라 투자를 하게 되면 그 움직임은 일반 투자자들에게 조만간 알려지게 되며, 기업의 상황에 대한 어떤 전문가의 분석보다도 가장 정확한 풍향계 역할을 할 수 있다는 것이다. 심지어는 그러한 내부자 거래가 합법화되면 그에 대한 두려움 때문에 일반 투자자들이 자신의 투자 포트폴리오를 더욱 다각화하여 위험 분산을 노리는 효과도 거둘 수 있다는 주장도 가능하다.

05 정보 기술의 발전과 저작권의 보호는 공존할 수 있을까?

● 엠지엠 스튜디오 vs 그록스터 : MGM Studios, Inc. vs Grokster, Ltd. (2005)

불법복제와 싸우십시오. 하지만 기술 혁신을 짓밟지는 마십시오.
_조 크라우스Joe Karuss (인터넷 벤처 사업가)

엔터테인먼트와 테크놀로지, 그 애증의 관계

　　미국에서 1930년대 라디오를 통한 음악 방송이 인기를 끌기 시작하자 음반 회사들은 법적 대응을 강구했다. 사람들이 라디오를 통해 음악을 듣는데 익숙해지면 음반을 구매하지 않을 것이라고 우려한 때문이었다. 그러나 실제로는 라디오의 인기가 높아질수록 음반 판매도 함께 증가했다. TV가 미국 가정에 급속히 보급되던 1950년대 헐리우드Hollywood의 메이저 스튜디오들은 한동안 TV방송국에 영화 필름을 공급하지 않았다. TV로 영화를 보는데 사람들이 익숙해지면 극장 관객이 줄어들 것을 염려한 탓이었다. 하지만 라디오의 경우와 비슷하게 TV는 극장에서 관객들을 빼앗지 않았을 뿐 아니라, 극장에서 간판이 내려간지 오래된 영화를 방송하는 대가로 영화사에 돈까지 벌어다 주는 고마운 존재였다.

　　1980년대 일본 소니Sony에서 개발한 비디오 녹화기Video Cassette

Recorder : VCR가 세계적인 인기를 끌자 미국의 유니버셜 스튜디오 Universal Studio는 비디오 녹화기가 영화의 불법 복제를 조장한다는 이유로 소니에 소송을 걸었고 이 사건은 결국 연방대법원까지 올라가게 된다. 그러나 연방대법원은 소니가 소비자들이 비디오 녹화기를 불법적으로 사용하는 것까지 책임질 필요는 없다고 판결했다. 이후 비디오의 경우 역시 영화사가 극장 대신 집에서 조용히 영화를 즐기고 싶은 소비자들에게 컨텐츠를 팔고 매출을 올릴 수 있는 또 다른 수익원으로 판명되었고, 영화사가 비디오 테이프 판매로 벌어들인 수익은 극장 상영으로 거두는 수익과 거의 맞먹는 수준까지 올라갔다.

1999년 냅스터Napster가 인터넷 사용자들이 P2PPeer-to-Peer 방식으로 MP3 파일을 쉽게 공유하는 서비스를 소개하자 미국의 레코드 업계는 거의 패닉 상태에 빠졌다. MP3 방식으로 사람들이 음악 컨텐츠를 손쉽게 공유하게 되면 음반 판매가 폭락할 것이라고 예상됐기 때문이다. 결국 미국 레코드 업계는 힘을 합쳐 냅스터에 대해 저작권 침해를 이유로 소송을 걸어 승리했고, 그 후유증으로 2001년 냅스터는 파산했다.

냅스터의 퇴장 이후 얼마 지나지 않아 이번에는 그록스터Grokster라

로스앤젤레스의 유명한 헐리우드 사인. 헐리우드의 영화 스튜디오들은 신기술의 등장에 항상 민감해 한다.
Photo credit : Dan Breckwoldt

는 소프트웨어 업체가 냅스터보다 한층 진일보한 새로운 방식의 서비스를 제공하며 등장했다. 그록스터의 비즈니스 모델은 파일 공유용 소프트웨어를 인터넷상에서 누구나 다운로드 받을 수 있게 하고 소프트웨어 사용시 화면에 뜨는 광고를 통해 매출을 올리는 것으로 냅스터의 서비스가 음악, 음성 정보를 다루는 MP3 파일에 한정된 반면 그록스터의 소프트웨어를 이용하면 점점 빨라지는 인터넷 속도에 발맞춰 음악뿐 아니라 영화, 비디오, 서류, 책 등 다양한 컨텐츠를 교환할 수 있었다. MGM 스튜디오를 대표로 한 미국의 영화업계는 2003년 그록스터에 소프트웨어 사용자들이 저작권 콘텐츠를 불법 다운로드하는 행태에 대한 책임을 물어 캘리포니아주 지방 법원에 소송을 냈는데, 냅스터의 경우와는 달리 법원의 판결은 그록스터에 유리하게 내려졌고, 항소법원 역시 그록스터의 손을 들어 주었다.

냅스터가 회사의 중앙 서버를 통해 사용자들 사이를 연결하는 이른바 중앙집중형 P2P 방식을 채택한 반면, 그록스터의 경우는 자체 개발한 소프트웨어와 그 사용법을 인터넷상에 공개한 뒤 사용자들끼리 개인 컴퓨터를 통해 서로 파일을 교환하도록 내버려 두는 이른바 분산형 P2P 방식을 채택했다. 따라서 냅스터가 중앙 서버를 통해 사용자들 간의 불법 복제에 직접 관여했다는 혐의를 벗지 못하고 유죄 판결을 받은 반면, 그록스터는 파일을 공유하는 소프트웨어만 배급할 뿐 사용자들이 소프트웨어를 어떤 용도로 사용하는지에 대해서는 일체 관여하지 않았기 때문에 이들의 사업 모델이 저작권법에 저촉되는지를 증명하는 것이 쉽지 않았던 것이다.

그록스터의 방어 논리는 기본적으로 소니가 VCR소송에서 펼쳤던 것으로, 총기제조업체들도 즐겨 사용하는 이른바 가치중립의 논리에 근거하고 있었다. 즉 자신들이 시장에 제공하는 제품 자체는 선과 악의 개념을 모르는 가치중립적인 도구이며, 사용자가 그 도구를 불법적인 목적으로 사용하도록 결정하는 것까지 제조업체나 판매사가 책임질 수는 없다는 것이었다. 반면 MGM 스튜디오의 주장은 그록스터가 자사 소프트웨어 사용자들의 불법복제를 대놓고 조장했으며, 인터넷의 경우 콘텐츠의 불법 복제 규모나 속도가 과거와는 비교할 수 없이 빨라졌기 때문에 1980년대에 내려진 소니의 판례는 더 이상 적용될 수 없다는 것이었다.

지방 법원과 항소 법원이 연달아 그록스터의 손을 들어주었기 때문에 최고 법원의 결정 또한 그 흐름을 벗어나지 않을 것이라는 것이 일반적인 예상이었다. 그러나 연방대법원의 판결은 예상을 깨고 만장일치로 MGM 스튜디오의 손을 들어주었다.

불법복제를 장려하려는 의도가 빤히 보인다

데이비드 수터 대법관 Justice David Souter

합법적으로도 불법적으로도 사용이 가능한 제품을 유통시킨 기업이 제3자가 해당 제품을 사용하여 저지른 저작권물의 불법복제 행위에 대해 책임을 져야 할 경우가 있을까? 우리는 제품을 저작권법에 어긋나는 용도로 사용하도록 권장한 기업은 그 결과로 벌어진 불법복제 행위에 책임이 있다고 판결한다.

저작권물을 디지털 방식으로 유통하는 방식은 전례 없이 저작권 소유자들을 위협하고 있다. 왜냐하면 실물과 복제물이 구분이 안 될 정도로 똑같으며, 복제가 쉬운데다가 많은 사람들(특히 젊은이들)이 파일 공유 소프트웨어를 사용해 저작권물을 다운로드 받기 때문이다. 본 사건 피고의 주장처럼 불법복제에 대한 우려 때문에 불법복제를 저지른 위법자들뿐 아니라 불법적인 용도에 사용될 가능성이 있는 소프트웨어를 생산, 유포한 기업에까지 책임을 묻게 되면 사회에 혜택을 주는 기술의 발전에 악영향을 미친다는 염려가 존재하는 것도 사실이다.

그러나 그록스터[1]의 소프트웨어를 이용해 매일 벌어지는 불법 다운로드의 횟수를 생각해 보면 본 사건에서 소프트웨어 제조업체에 간접적 책임을 물으려는 측의 주장 또한 설득력이 있기는 마찬가지다. 제출된 자료에 따르면 가공할 규모의 불법복제 행위가 벌어지고 있다고 믿을 명백한 증거가 있다. 피고 측은 자사의 프로그램은 합법적인 정보 및 자료의 교환을 위한 것이라고 주장한다. 물론 해당 소프트웨어를 통해 셰익스피어Shakespeare 작품을 돌려 보려는 수요가 존재하는 것은 사실이다. 그러나 증거에 따르면 해당 소프트웨어에 대한 수요는 상당 부분 저작물을 공짜로 획득하려는 욕구에 기반하고 있다. 예를 들어 톱 40 팝송 차트나 모디스트 마우스Modest Mouse[2]의 최신곡을 찾는 사용자 수는 『데카메론Decameron』[3] 원고를 다운 받으려는 사용자들보다 압도적으로 많으며, 그록스터는 이러한 수요를 수익으로 연결시키는데 주저함이 없었다. MGM 스튜디오에 따르면 그록스터의 소프트웨어를

---

[1] 실제 재판에서는 그록스터와 함께 스트림캐스트Streamcast라는 또 다른 파일 공유 소프트웨어 개발업체가 피고로 기소되었으며, 연방대법원 판결문에서도 두 회사는 계속 함께 언급되고 있다. 그록스터와 스트림캐스트의 비즈니스 모델, 기술, 범죄 혐의 등이 같기 때문에 여기서는 편의상 그록스터 만을 언급하기로 한다.

[2] 미국에서 인기 높은 인디 밴드의 이름이다.

[3] 14세기 이탈리아의 작가 지오반니 보카치오Giovanni Boccaccio가 쓴 우화집으로 최신 팝송과는 달리 앞서 언급한 셰익스피어 작품과 마찬가지로 저작권 시효가 지난 콘텐츠다.

소니 대 유니버설 스튜디오의 법정 다툼의 발단이 된 비디오 녹화기(VCR : 1980년대 소니에서 개발)에 사용된 테이프.
Photo credit : Tomasz Sienicki(tsca)

사용해 획득할 수 있는 저작권물 파일은 수백만 종에 달한다. 증거에 따르면 그록스터는 무료 소프트웨어의 배급을 시작하면서 소프트웨어 사용자들이 저작권 작품을 다운로드 받도록 할 목적임을 분명히 밝혔고, 불법복제를 적극적으로 장려하기까지 하는 것처럼 보였다. 예를 들어 그록스터 관계자가 사용자들로부터 불법으로 다운로드 받은 영화를 보려면 어떻게 해야 하는지에 대한 질문에 이메일로 상세하게 대답해 주기도 했다. 그록스터의 내부 문건은 법원의 명령으로 운영을 멈춘 악명 높은 냅스터의 사용자들을 대량으로 끌어들여 제2의 냅스터가 될 속셈이었음을 드러낸다. 그록스터는 스왑터Swaptor라고 불리는 자체 오픈냅 시스템OpenNap System을 발족시켜 웹사이트에 코드를 입력, 컴퓨터 사용자들이 웹 검색 엔진에 냅스터나 무료 파일 공유 등의 키워드를 두드리면 그록스터 웹사이트로 안내되어 소프트웨어를 다운 받을 수 있도록 했다.

홍보 및 마케팅 전략과 관련한 증거뿐 아니라 그록스터의 비즈니스 모델 역시 사람들이 소프트웨어를 사용하여 저작물을 다운로드 받도록 하는 것이 주된 목표임을 확인시킨다. 그록스터는 소프트웨어 사용자들로부터 거두어들이는 매출이 없는 대신 사용자들이 프로그램을 이용하는 동안 화면에 나타나는 광고 지면을 판매하여 수입을 창출했다. 그리고 그록스터가 다운로드 할 때 저작권물을 걸러낼 수 있는 장치를 마련했다던가 또는 다른 방법으로 사용자들이 저작권법으로 보호되는 파일을 공유하는 것을 제지하려 시도했음을 보여주는 증거는 전혀 없다. 오히려 그록스터는 불법복제를 모니터해 주겠다는 타 회사의 제안을 거부하기까지 했다.

요컨대 본 사건은 소니 대 유니버셜 스튜디오 Sony vs Universal Studio 사건과는 성격이 상당히 다르다. 소니 사건은 기업이 일부 소비자들의 불법 행위를 어느 정도 예상하면서도 합법적, 불법적 용도 양쪽으로 사용가능한 제품을 판매한 것에 대한 책임을 묻는 주장을 다뤘다. 그 사건에서 본 법정은 비디오 녹화기가 합법적인 용도로 사용될 가능성이 월등히 높은 점을 들어 소니에게 죄를 덮어씌우거나, 일부 사용자들의 불법 행위에 대한 2차적 책임을 추궁하는 것을 금지함으로써 지적 재산권의 보호와 기술 혁신 사이의 균형을 이루어낸 바 있다. 반면 본 사건에서 MGM 스튜디오가 제출한 증거들은 불법적 사용의 가능성을 열어 둔 제품을 유통시키는 행위에 대한 책임 소재를 전혀 다른 각도에서 바라보게 한다. 본 사건에서는 단순히 제품의 유통에 그치는 것이 아니라 저작물 불법복제 행위를 조장하고 그로부터 이윤을 취하려는 목적을 노골적으로 드러내고 있는 것이다.

피고가 불법 복제를 유도하려 했다는 상당한 증거가 있으므로 판결은 MGM 스튜디오에 유리하게 내려져야 옳다. 사건을 항소 법원으로 파기 환송할 것을 명한다.

파괴적 기술과 법률의 역할

경영학, 특히 기술 경영 분야에서는 파괴적 기술Disruptive technology[4]이라는 개념이 종종 언급된다. 파괴적 기술이란 기존 시장이나 산업 구조의 틀을 완전히 바꿀만한 잠재력을 가진 신기술을 일컫는데, 복사기, 개인 컴퓨터, 디지털 카메라, 전기 자동차 등을 예로 들 수 있다. 복사기는 문서 관리 분야를, 개인 컴퓨터는 정보 저장 및 처리 방식을, 디지털 카메라는 영상 산업을 근본적으로 변화시켰으며, 전기 자동차 기술 역시 에너지 산업과 자동차 산업에 지대한 영향을 끼칠 기술임에 분명하다. 파괴적 기술은 역설적으로 바로 그 잠재력 때문에 초기에는 오히려 기존 기술과 사업 모델을 고수하려는 기업 및 조직으로부터 저항과 견제를 받기 쉽다. 기존 세력의 견제가 심해지면 파괴적 기술은 미처 그 가능성을 다 꽃피우지 못하고 사라질 가능성도 있다. 인터넷 역시 산업 사회에서 정보 사회로 이동하는 세계사적 흐름을 타고 인류 사회에 혁명적 변화를 몰고 온 진정한 파괴적 기술이다. 더구나 인터넷 자체가 지금도 계속 기술의 진화가 일어나고 있고 새로운 비즈니스 모델을 꾸준히 생산하고 있다. 어떤 방향으로 튈지 예측조차도 힘들다.[5]

미국의 법률제도는 인터넷과 같은 파괴적 기술의 잠재력을 극대화시키면서도 엔터테인먼트 산업처럼 인터넷의 특성에 특히 취약한 기

---

[4] 파괴적 기술의 반대 개념은 현상 유지 기술sustaining technology로 기존의 시장이나 산업 구조, 비즈니스 모델을 유지하고 강화시키는데 공헌하는 기술을 뜻한다.
[5] 현재로는 3차원 영상 기술 및 인공 지능과 결합하여 가상현실 쪽으로 인터넷이 발전해 간다는 시나리오가 가장 확률이 높은 것으로 보인다.

존 비즈니스의 권익 역시 보호하는 행복한 접점을 도출할 능력이 있는 가? MGM 스튜디오 대 그록스터 사건은 이와 같은 가능성을 측정하는 리트머스 테스트 같은 역할을 한 재판이었다. 현재 미국의 헌법을 저술한 18세기의 인물들은 인터넷과 같은 신기술의 등장은 꿈에도 상상하지 못했을 것이다. 그런 법률의 틀로 무장한 연방대법원이 21세기 첨단 기술을 둘러싸고 그물처럼 얽힌 당사자들의 이해관계를 헤집고 공정한 판결을 내릴 수 있을 것인가? 제품 자체가 가치중립적일 경우라도 제조업체나 유통업체의 의도가 불순하다면 사용자들의 불법행위에 대해서도 책임을 져야 한다는 판결은 기술 상품의 개발 자체를 문제 삼지 않으면서도 지적 재산권자의 이익을 보호하는 균형잡힌 결정이었다고 볼 수 있다.

MGM 스튜디오 대 그록스터 판결 직후 그 결정이 인터넷 기업들의 기술 혁신에 악영향을 끼칠 것을 우려하는 목소리도 적지 않았다. 그러나 결정이 내려진 이후의 전개과정을 보면 파일 공유 소프트웨어 기술 개발과 그 사용자 사회가 판결의 영향으로 위축되었다는 증거는 별로 없다. 연방대법원 결정으로 사건이 하급 법원에 환송된 약 4개월 뒤인 2005년 11월, 그록스터는 P2P 파일 공유 소프트웨어의 배포 및 모든 지원 활동을 중단하며, 직간접적으로 저작물을 도용할 소지가 있는 일체의 행위를 중지할 뿐 아니라 MGM 스튜디오 및 기타 엔터테인먼트 산업 대표들에게 손해 배상금으로 5천만 달러를 지불한다는 내용의 합의 사항을 발표했다.

그러나 이후에도 미국 엔터테인먼트 업계는 오스트레일리아, 한국, 중국 등 전 세계에서 활동 중인 다양한 파일 공유 네트워크 및 기업들을 상대로 저작권 관련 법정 투쟁을 계속해 나가야 했다. 이들의 법정 투쟁은 마치 머리를 자르면 거기서 두 개의 새로운 머리가 자라나는 그리스 신화의 괴물 히드라처럼 기업이나 네트워크 하나를 폐쇄시키자마자 전혀 다른 형태의 파일 공유 시스템이 인터넷에 퍼져 가는 것을 지켜봐야 하는 힘든 싸움이 될 수밖에 없었다.[6]

사실 엔터테인먼트 업계가 은근히 기대하는 최종 해결책은 개인 컴퓨터마다 저작권 콘텐츠의 불법이용을 감시하는 감시 소프트웨어를 부착하는 것이다. 하지만 이 방식은 기술적 어려움과 함께 개인의 프라이버시를 침해하는 빅 브라더 Big Brother[7]와 같은 전체주의적 발상이라는 비난을 피하기 어려우며, 현실적으로 그러한 해법을 지지하는 법률이 미국 의회를 통과할 가능성도 거의 없다.[8]

그록스터의 몰락 이후, 인터넷 콘텐츠 공유 서비스의 종결자라고 할 유튜브 YouTube가 등장하면서 저작권 공방은 새로운 국면을 맞게 되었다. 결국 유튜브를 인수한 구글 Google이 엔터테인먼트 업계와 저작권 위반 콘텐츠 처리 및 사업 제휴에 대한 합의를 하면서 상황이 수습되기는 했지만 어디서 어떤 경로로 갈등이 다시 불거질지는 누구도 예측할 수 없는 형편이다.

지금도 미국 뿐 아니라 전 세계에서는 기업들이 단순히 제품과 서비스를 통한 시장에서의 경쟁 뿐 아니라 지적 재산권을 둘러싼 법정 투쟁

---

[6] 미국 국제 무역 위원회 International Trade Commission에 따르면 2009년 한 해에만 중국이 저작권 콘텐츠 불법 복제를 포함, 지적 재산권을 무시함으로써 미국 기업들에 끼친 피해는 900억 달러에 달한다.
Matthew J. Slaughter, "China, Patents, and U.S. Jobs" Wall Street Journal, 6/6/2011

[7] 영국의 소설가 조지 오웰 George orwell, 1903~1950의 소설 『1984년』에서 독재 권력의 상징으로 표현한 말

[8] 이와 같은 저작권 논쟁에서 모두가 알고는 있으면서도 그 규모와 심각성이 너무나 큰 나머지 감히 손 댈 엄두조차 못 내고 있는 문제는 미국 밖에서 만연하는 저작물 불법복제 현상이다. 미국을 제외한 제3세계 국가에서 기업이나 개인에 의해 벌어지는 방대한 규모의 저작물 불법복제는 설령 현지 행정 당국의 협조를 받는다고 해도 수사와 처벌이 사실상 거의 불가능에 가깝다.

역시 치열하게 벌여가고 있다. 하지만 그러한 물고 물리는 관계가 역설적으로 새로운 첨단 기술이 탄생하는 토양일 수 있으며, 적절한 시기에 적절한 논리로 어느 한 쪽의 손을 번갈아 들어주며 최종 승자가 없는 기술 혁신 게임의 구도가 계속 유지되도록 하는 것이 법원의 역할인지도 모른다.

긴급판결

국가는 시민에게 의료보험 구입을 강제할 수 있을까?

● **전국 자영업 연합 vs 보건부 장관 시벨리어스 :**
National Federation of Independent Business(NFIB) vs Sebelius (2012)

나는 의료 서비스healthcare를 받는 것은 국민의 권리라고 생각합니다.
_버락 오바마Barack Obama (미국 44대 대통령)

오바마케어에 이르기까지

　　마이클 무어Michael Moore의 다큐멘터리 영화 〈식코Sicko〉[1]에서 보여지는 충격적 내용이 100% 정확하다고는 할 수 없지만, 미국의 의료 제도는 실제로 복잡하고 불합리하다 못해 때로는 기괴하기까지 한 시스템이다. 미국 의료 제도는 세계 최고 수준의 병원과 연구 기관, 뛰어난 의료진, 첨단 의료 설비 등으로 대표되는 최상급의 의료 서비스를 자랑한다. 그러나 전 국민이 그러한 혜택을 골고루 누리지 못하는 것 또한 엄연한 현실이다. 미국은 선진국 가운데 드물게 정부가 운영하는 국민 의료보험 제도가 없으며, 대기업이나 공무원 조합 등 거대 조직에 속하지 않고 개인 자격으로 의료보험에 가입하는 것이 매우 까다로운 반면 보험에 들지 않은 상태에서 큰 병에라도 걸리게 되면 엄청난 의료비 지출 때문에 경제적 곤란을 겪다 못해 파산까지 몰리는 상황이 드물

---

[1] 미국의 영화 작가이자 사회 운동가인 마이클 무어가 2007년에 발표한 다큐멘터리 영화. 미국 의료 제도의 문제점을 신랄하게 비판하는 내용을 담고 있으며, 흥행에서도 큰 성공을 거뒀다.

지 않다.² 노년층과 저소득층을 위해서 정부가 운영하는 무상의료 프로그램인 메디케어Medicare와 메디케이드Medicaid가 있지만 낭비와 방만한 운영으로 악명 높다. 게다가 보험 회사, 대형 병원 체인, 제약 업체 등은 각자의 이익을 위해 정부에 영향력을 행사하려 드는 가운데 의료 사고만 전문으로 다루는 변호사들은 의사들과 병원의 주머니를 노린다.

이런 상황을 생각하면 버락 오바마Barack Obama 대통령과 민주당이 집권 초기부터 그들의 정치적 역량을 의료 제도 개혁에 쏟아 붓기로 결정한 것은 어찌보면 당연한 일이었다. 이라크 전쟁에 대한 피로와 경제 위기에 불안을 느낀 유권자들의 압도적 지지를 받으며 2009년 대통령직 뿐 아니라 상원과 하원에서까지 안정적인 다수 의석을 확보하는, 미국 정치사에서 보기 힘든 쓰리런 홈런을 쳐낸 민주당은 선거 직후부터 전 국민에게 의료 서비스를 제공하는 것을 목표로 하는 개혁 법안을 준비하고 의회의 승인을 추진했다. 하지만 야당인 공화당과 시민 단체들은 총 38만여 어휘로 이루어진 방대한 분량의 개혁 법안이 의료 제도를 개선하기는커녕 오히려 정부의 간섭을 늘리고 관료주의의 팽배를 부추기며 의료 소비자들의 서비스 선택의 폭을 제한할 뿐 아니라 가뜩이나 재정이 바닥난 기존 의료 복지 프로그램들의 상황마저 더 악화시킬 것이라고 주장했다. 심지어는 민주당 내부에서조차 반발의 목소리가 커지는 가운데, 오바마 대통령과 민주당 지도부는 결국 2010년 3월, 오바마케어Obamacare로 알려져 더 유명해진 환자 보호 및 적정 가격의 의료 서

---

2 미국에서 개인 파산의 62%가 의료비용과 관련이 있다는 최근의 연구 결과도 있다. David U. Himmelstein, MD et al ; *Medical Bankruptcy in the United States, 2007 : Results of a National Study The American Journal of Medicine* ; June 2009

비스를 위한 법령 Patient Protection and Affordable Care Act을 발효시켰다.

그러나 오바마케어에 대한 논란은 법안이 통과된 후에도 그칠 줄 몰랐다. 법령에서 가장 문제가 된 부분은 공동책임 의무 shared responsibility requirement 라고 불리는, 전 국민이 의료보험에 가입할 것을 의무화하고 이를 위반할 경우 벌금을 내도록 한 조항이었다. 해당 조항은 가능한 한 많은 수의 사람들을 의료보험에 가입하도록 유도하기 위해 만들었는데, 법안을 비판하는 쪽에서는 이 조항의 위헌성에 주목했다. 오바마케어의 지지자들은 보험 의무 가입과 벌금 조항의 법적 근거로 의회가 연방의 여러 주 사이에 행해지는 상거래에 관한 법률을 정할 수 있다고 한 연방헌법의 이른바 통상 조항 Commerce Clause을 들었다. 의료보험을 사고 파는 것은 상거래 행위에 해당하기 때문에 의회가 통상 조항을 근거로 규제할 수 있다는 것이었다. 그러나 비판 진영은 연방헌법의 통상 조항이란 이미 일어났거나 현재 진행되고 있는 상거래 행위를 규제하기 위한 조항일 뿐이라고 반박했다. 다시 말해 만약 누군가가 의료보험을 구입하지 않기로 결정한다면 그것은 개인의 자유에 속하는 문제이며, 이 경우 규제할 상행위는 존재하지도 않는다. 따라서 정부가 국민에게 의료보험을 구매하도록 강제하고 그렇지 않을 경우 벌금까지 물리는 것은 상행위 규제와 아무런 상관이 없을 뿐 아니라 오히려 개인의 자유와 선택권에 지나치게 간섭하는 위헌 행위라는 것이 반대파의 주장이었다. 이에 대해 오바마케어 지지자들은 누구나 언젠가는 의료 서비스를 이용해야 할 일이 생길 것이기 때문에 의료보험은 반드시 구매해야 하는 특수한 성격의 서비스 상품이며, 따라서 이를 구매 하지 않을 경우 정부가 개인의 무책임한 행동에 대한 징벌의 성격으로 벌금을 부과할 수 있는 근거가 있다고 반박했다.

오바마케어의 시행이 몰고 올 재정 부담 등에 대해 우려하는 일반 국민들의 정서를 타고 2010년 선거에서 공화당은 민주당을 몰아내고 연방 하원 다수당이 되었을 뿐 아니라 26개 주의 행정 및 입법 부처까지 장악하는 대승을 올렸다. 선거 직후 공화당이 집권한 26개 주의 검찰총장들을 비롯하여 각종 민간단체와 몇몇 개인들까지 오바마케어에 대한 위헌 소송을 각자 제기하면서 상황은 새로운 국면을 맞았다. 결국 일부 주의 지방 법원 및 순회 항소 법원을 거친 뒤 2012년 관련 소송들은 중소기업들의 권익을 대변하는 로비 단체인 전국 자영업 연합(NFIB)이 의료 개혁의 실무 지휘자 격인 보건부 장관 캐서린 시벨리어스Katherine Sebelius에게 소송을 제기하는 형식의 NFIB 대 시벨리어스라는 이름으로 통합되어 연방대법원의 문을 두드리게 되었다.

연방대법원의 심사가 한창 진행 중이던 때 실시된 여론 조사에 따르면 다수의 미국 국민들은 오바마케어의 관련 조항을 개인에 대한 정부의 과도한 간섭이라는 관점에서 위헌으로 생각하는 것으로 나타났으며, 전문가들 역시 존 로버츠 대법원장Chief Justice John Roberts을 비롯하여 보수 성향의 대법관이 5명으로 다수인 현 연방대법원이 결국 간발의 차이로 오바마케어의 핵심 조항인 보험의 의무 가입과 이를 위반할 경우의 벌금 조항을 위헌으로 판결할 것으로 예측했다. 일부에서는 의무 가입과 벌금 조항 없이는 오바마케어 자체가 사실상 존립할 수 없다는 이유를 들어 법령 전체가 위헌으로 판결될 가능성까지 거론했으며, 합헌으로 판결이 나올 것이라는 예상은 민주당 및 진보 진영에서도 소수에 불과했다.

2012년 6월 28일 나온 판결의 스코어는 5 대 4였으나 그 내용은 일반의 예상을 완전히 뒤엎는 것이었다.

벌금이 아니라 세금으로 보면 된다[3]

존 로버츠 대법원장 Chief Justice John Roberts

2010년 연방 의회가 발효시킨 환자 보호 및 적정 가격의 의료 서비스를 위한 법령 Patient Protection and Affordable Care Act (이하 적정가 의료 서비스 법령)의 핵심 조항은 전 국민이 기본적으로 의료보험에 가입하도록 의무화하는 것이다. 이는 고용주나 정부 프로그램을 통해 의료 보험이 적용되지 않는 국민들의 경우 의무적으로 민간 보험 회사로부터 의료보험을 구입해야 하는 것을 의미하며, 2014년부터 이 의무 조항을 위반하는 개인들은 공동 책임을 위한 지불금의 명목으로 연방 정부에 일정 금액을 납입해야 한다.

연방헌법 제1조는 의회에 통상commerce을 규제할 권한을 부여하고 있지만, 이 권한이란 규제할 상업 활동이 존재한다는 것을 전제로 한다. 본 법정의 과거 판례들은 국가가 어떠한 사안을 규제하려면 규제의 대상이 되는 활동이 먼저 존재해야 한다고 인식해왔다. 그러나 오늘 문제가 된 법령의 보험 가입 의무 조항은 이미 이루어진 통상행위를 규제하는 것이 아니라 반대로 개인들에게 보험이라는 서비스 상품을 구입함으로써 새로운 통상행위를 할 것을 강요하고 있는데, 그 이유는 보험에 들지 않으면 각 주들 사이의 통상행위에 부정적 영향을 미치기 때문이라는 것이다.

아무것도 하지 않는다는 이유로도 의회가 국민을 규제할 수 있다고

---

[3] 실제판결문에서 대법관들도 연방 정부가 각 주에 메디케이드Medicaid를 확대 적용하도록 강제하는 조항에 대해서는 위헌으로 판결했으며 이는 지방자치의 문제 및 오바마케어의 재정문제와 깊게 연관되어 매우 의의가 있다. 하지만 여기서는 의무 조항의 위헌성 여부를 묻는 부분을 집중적으로 다루기로 한다.

미국 국회 의사당. 흔히 오바마케어로 불리는 민주당의 적정가 의료 서비스 법안은 2010년 3월 찬성 219대 반대 212라는 간발의 차이로 의회를 통과했다.
Photo credit : Carol Highsmith

헌법의 통상 조항을 이해하는 것은 의회에게 엄청난 권한을 새로 부여하는 것이다. 연방 의회는 이미 국민들의 행동을 규제할 폭넓은 권한을 소유하고 있다. 통상 조항에 의거하여 적정가 의료 서비스 법령을 합헌으로 판결하는 것은 기존에 연방 의회가 갖고 있던 권한에 덧붙여 국민들이 아무것도 하지 않고 있을 때조차도 국민들을 규제할 수 있는 권한을 의회에게 부여하는 셈이 된다. 분명 헌법의 입안자들은 무언가를 하는 것과 아무것도 하지 않는 것 사이의 차이점을 인지하고 있었다. 그들은 의회에 통상행위를 규제할 권한을 주었을 뿐 통상을 강요할 권한을 주지는 않았다. 그러한 차이점을 무시하는 것은 연방 정부가 법률이 정한, 제한된 권한만을 행사해야 한다는 법치의 기본 원칙을 훼손하는 행위이다. 따라서 보험 의무 가입 조항은 의회의 통상 규제 권한에 의거해서는 유지될 수 없다.

그러나 의회는 세금을 부과하고 징수하는 권한이 있다. 이 권한에 의해서 해당 조항이 유지될 수 있지 않을까? 물론 법령은 공동 책임을 위한 지불금을 세금이 아닌 벌금으로 표현하고 있다. 그러나 헌법적인 문제를 검토할 때 본 법정은 의회가 특정 용어를 어떻게 정의했느냐보다는 그러한 용어가 지칭하는 대상의 실제성과 적용 범위를 통찰하는 방식을 따르는 것이 상식이다.

본 법정의 분석에 따르면 이른바 공동 책임을 위한 지불금은 헌법적 관점에서 세금으로 간주될 수 있다. 지불금은 적용 대상인 개인들이 보험에 가입하지 않고는 배기지 못할 만큼 액수가 높지 않기 때문에 징벌적인 성격이 뚜렷하지 않다. 뿐만 아니라 통상 벌금이란 고의적으로 일으킨 위법 행위에 한해서 부과되는 것인데 지금 문제가 되는 지불금은 오히려 보험 상품을 구매하는 행위를 하지 않는 경우에 부과되며, 그 수금방법에 있어서도 국세청을 통한 정상적인 징세 방식의 일부로 납입된다. 물론 지불금은 국민들의 의료보험 상품 구매를 유도하도록 기획된 것이다. 하지만 보험을 구매하지 않는 것이 곧 위법을 뜻한다는 식으로 의무 조항을 읽을 필요는 없다고 본다. 의료보험에 가입하지 않을 경우 국세청에 지불금을 내야 하겠지만 적정가 의료 서비스 법령을 비롯해서 그 어떤 법령도 지불금을 내는 이외에 어떠한 부당한 법적 결과도 부여하지 않는다. 또한 의회가 법령에서 개인들은 보험을 구매하든지 아니면 벌금을 내야 한다고 표현했지만 이것이 반드시 불법적인 행위를 징벌하는 것으로 해석될 필요는 없다. 보험을 들지 않는데 따른 세금이라고 말할 수 있다.

헌법의 입안자들은 연방 정부에 제한된 권한 만을 부여하고, 본 법정에 헌법에 의거하여 그러한 정부 권한의 한계를 확인할 임무를 맡겼다. 오늘의 판결로 본 법정은 그러한 임무를 수행했다. 그러나 본 법정은 논란이 되고 있는 적정 가격 의료 서비스 법령의 효용 및 타당성에 대해서는 어떤 의견도 표명하지 않겠다. 헌법에 따르면 그러한 판단은 국민의 몫이다. 본 법정은 법률을 해석할 뿐 법률에 관련한 정책적 판단을 내릴 전문성이나 권한을 가지고 있지는 않다. 그러한 결정은 이 나라의 선출직 지도자들에게 위임되어 있으며, 만약 다수의 국민들이 거기에 동의하지 않을 경우 그들은 다음 선거에서 퇴출당하게 된다. 다시 말해서 국민들 스스로 내린 정치적 선택으로부터 국민들을 보호하는 것은 본 법정의 임무가 아니다.

  요약하면, 우리는 보험 의무 가입과 벌금 조항이 의회의 통상 관련 권한의 적법한 역할이라고는 보지 않지만 헌법이 인정한 의회의 징세 권한 내에 있는 것이라고 결론짓는다.

의회를 대신해서 새로운 법률을 만들어내서야…

안토닌 스칼리아 대법관Justice Antonin Scalia 외 3명

  연방헌법 제1조제8절은 의회에게 여러 주들 간의 통상을 규제할 수 있는 권한을 부여하고 있다. 의료보험 계약을 사고파는 행위가 연방 정부의 규제를 받는 통상행위라는 데는 의심의 여지가 없다. 그러나 정부가 의료보험을 구입하지 않기로 한 개인의 결정을 번복하도록 강제하는 것, 즉 존재하지 않는 상행위를 억지로 존재하도록 강요하여 규제할 수는 없는 노릇이다. 본 법정은 1942년의 위카드 대 필번Wickard vs Filburn 사건[4]에서 비록 경작자 자신이 소비하기 위해서라 하더라도 밀을 기르는 경제 행위는 통상에 영향을 미치기 때문에 규제의 대상이 될 수 있다고 판결한 바 있으나, 그 판례는 헌법의 통상 조항

이 확대 적용될 수 있는 한계점으로 인식되어 왔다. 즉 그 이상으로 의회의 권한을 인정하는 것, 다시 말해 밀을 아예 경작하지 않는 것마저 통상에 영향을 미치기 때문에 규제되어야 한다고 주장하는 것은 단순한 숨쉬기 운동조차 연방 정부의 규제에 둘 수 있다는 말과 다르지 않다. 그렇다면 연방 정부의 권한은 개인의 모든 행위를 좌우할 수 있을 정도까지 커지게 될 것이다. 따라서 통상 조항에 근거해서 국민들에게 의료보험 구입을 강제하고 이를 위반했을 때 벌금을 부과하는 것이 위법하다는 본 법정의 의견은 기본적으로 올바른 방향인 것으로 보인다.

그러나 다수 대법관들은 의회가 만든 법령을 왜곡해서라도 그 법령을 구제하기로 결정한 것 같다. 다수 대법관들은 오늘 의회가 제정한 적정 가격 의료 서비스 법령에서 벌금을 동반하는 의무 조항이라고 명시한 것을 벌금이 아니라 세금에 해당하기 때문에 합헌이라고 판결했다. 이는 헌법적으로 벌금에 해당하는 것이 동시에 세금일 수도 있다는 전대미문의 해석이 아닐 수 없다. 이제까지 본 법정에서 다루었던 과거 모든 사건에서 세금과 벌금은 전혀 다른 개념으로 뚜렷이 구별되어 왔으며 이번 사건에서도 역시 그래야만 한다. 물론 부과된 지불금의 내용이 실질적으로는 벌금이지만 공식적으로는 세금의 형태로 부과될 수도 있고 그 반대의 경우도 있을 수 있을 것이다. 그러나 벌금이면서 동시에 세금인 경우에 대해서는 금시초문이다. 이론적으로 의회는 법률적 목적에 따라 무엇이 세금이고 무엇이 벌금이라고 원하는 대로 정의

---

4 위카드 대 필번 사건Wickard vs Filburn 1942은 대공황 당시 곡물 가격 통제를 목적으로 농부 개인이 에이커 당 수확할 수 있는 곡물의 양을 규제하기 위해 도입된 법률을 둘러싼 사건이다. 소송에서 농부 로스코 필번Roscoe Filburn은 자신의 농지에서 규제량 이상으로 생산한 밀은 순전히 자신과 가족들이 소비하기 위한 용도이므로 상거래 행위와는 관련이 없다고 주장했으나 연방대법원은 경작자 자신의 소비용으로 밀을 길러 먹는 것 또한 그냥 시장에서 구매했을 밀의 양만큼 상거래에 영향을 끼친다는 이유로 정부의 규제가 통상 조항에 의거해 합헌이라고 판결했다.

를 내릴 수는 있다. 그러나 그것은 법을 제정하는 의회의 역할일 뿐 본 법정이 어떤 법률을 그 법률이 아닌 다른 무엇으로 둔갑시킬 수는 없는 노릇이다.

본 법정의 과거 판례들은 세금과 벌금 사이에 분명한 선을 긋고 있다. 세금이란 정부의 활동을 지원하기 위해 국민에게 부과되는 강제적인 공헌인 반면 벌금은 불법적인 행위에 대한 벌칙으로 부과되는 징수금이다. 과거 몇몇 판결에서 본 법정이 개별적 행위에 부과된 특정 세금이 너무나 부담스러워 사실상 벌금이나 마찬가지라는 의견을 피력한 적은 있다. 하지만 법률을 위반해서 부과된 벌금의 액수가 너무나 적어서 사실상 세금에 해당한다고 판결한 적은 결단코 없었다.

우리는 이제까지 법률의 위반에 부과된 과징금을 의회에 부여된 징세 권한의 행사에 해당한다고 판결한 전례가 없다. 그러한 지불금을 현재 문제가 되는 적정가 의료 서비스 법령에서처럼 벌금이라고 대놓고 부른 경우는 고사하고, 세금이라고 주장했을 경우라도 마찬가지였다. 본 법정의 임무란 헌법적 문제를 해결하는 것인데, 오늘의 결정은 도리어 벌금이 세금이라는 논리를 도입함으로써 새로운 헌법적 문제를 만들어 낸 셈이 되었다.

헌법은 이 나라의 역사만큼 오래된 것이기는 하나 여전히 우리들이 살고 있는 지금의 시대를 아우르는 강력한 의의를 지닌다. 본 사건과 연관된 헌법적 문제는 근본적으로 헌법의 구조가 보호하고자 하는 바가 무엇이냐는 것이다. 헌법에 나타나 있는 여러 가지 구조적 보호 장치 중 연방 주의와 권력의 분산을 통한 정부 권한의 통제라는 부분은 헌법의 권리 장전 Bill of Rights 조항과 비교하면 별로 낭만적이지도 않고 개인의 자유와는 명백한 연관성도 없는 듯이 보인다. 따라서 일반 시민들은 헌법에서 이 부분을 과소평가하거나 심지어 그런 내용이 있는지조차 잊어버리기도 한다. 그러나 헌법의 입안자들이 정부 구성을 통한 자유의 수호를 헌법의 가장 중요한 요소로 생각했다는 것, 바로 그 이유 때문에 그 관련 조항이 이후의 개헌을 통해 추가되기보다 오히려 원래의 연방헌법 조문 작성 시에 가장 먼저 포함되었다는 사실을 본 법정은 국민들에게 상기시킬 의무가 있다. 정부의 구조적 권력 분산은 우리가 누리는 자유를 위한 핵심적인 요소이며, 우리가 그러한 구조를 파괴할 때 자유는 위기를 맞게 된다. 오늘의 사건은 그러한 진리를 입증하고 계몽하는 기회여야 했건만 본 법정은 오늘 이를 묵살하는 쪽을 택하고 말았다.

이런 이유들로 인해서, 우리는 해당 법령 전체가 타당성을 결여했다고 본다. 삼가 반대하는 바이다.

오바마케어와 미국의 미래

법령의 합헌 결정에 필요한 마지막 다섯 번째 표가 바로 존 로버츠 대법원장으로부터 나왔다는 사실은 보수진영을 거의 패닉 직전으로 몰아갔다. 2005년 취임한 이래 줄곧 보수 성향 대법관들의 리더 역할을 충실히 담당해 온 인물이 가장 결정적인 순간에 보수 진영의 뒤통수를 친 모양이 되었기 때문이다. 실제로 오바마케어와 관련해서 그동안 언론과 정가의 관심은 로버츠 대법원장이 아니라 보수적 시각과 진보적 성향을 함께 보여 온 케네디 대법관 Justice Kennedy이 어느 편에 설

대통령 당선 뒤 인사차 연방대법원에 들른 오바마 당선자를 바라보는 로버츠 대법원장. 두 사람은 하버드 로스쿨 동문이기도 하지만 여러 안건에서 사사건건 부딪혀 악연으로 불렸다. 오바마케어 판결은 두 사람 간 새로운 관계의 시작을 의미할까?
Photo credit : Pete Souza

까에 맞춰져 있었다. 그러나 보도에 의하면 케네디 대법관은 일찌감치 의무 조항이 위헌이라고 판단했으며, 오히려 중간에 입장을 바꾼 로버츠 대법원장의 마음을 다시 돌리려 판결문 발표 직전까지도 부단히 노력했다고 한다.

로버츠 대법원장의 변절에 대해서는 세금 논리를 도입하여 정부가 더욱 개인의 삶에 간섭할 빌미를 제공했다는 비판부터 지난 수년 간 보수적 판결 일변이었던 연방대법원의 균형추를 바로 세운 탁월한 선택이었다는 찬사까지 다양하다. 뿐만 아니라 지불금 조항을 벌금 보다는 미국인들이 체질적으로 탐탁치 않아하는 세금으로 낙인찍어 보수 진영에 오바마 대통령과 민주당을 공격할 호재를 제공할 의도였다는 설, 꼬일 대로 꼬인 오바마 대통령과의 관계 개선을 위한 불가피한 결정이었다는 설, 중요한 판결을 앞두고 항상 언론의 주목이 중도 성향의 케네디 대법관에게로 쏠리는 것에 대한 불편한 심기의 표출이었다는 일종의 음모설까지 다양한 해석이 나오고 있다. 앞으로도 많은 법률가들과 역사가들이 오랜 시간을 두고 로버츠 대법원장의 진의를 추측, 분석할 것이다.

로버츠 대법원장의 행보가 지니는 정치적 함의는 차치하고, 그가 발표한 판결문은 얼마나 설득력을 지니는가? 의료보험이 없다는 이유로

내는 벌금이 동시에 세금일 수 있을까? 벌금적인 성격의 세금은 분명 존재한다. 담배나 주류에 매기는 세금이 그러하며 부가가치세 역시 사치품 구입 욕구에 대한 응징의 성격이 없지 않다. 그러나 정부가 담배나 술, 사치품을 사라고 국민에게 강요한 뒤 사지 않을 경우 세금을 부과하지는 않는다. 뿐만 아니라 세금은 기본적으로 돈을 거둬들여 국고를 채우는 것이 목적이다. 하지만 오바마케어 의무 조항의 지불금은 의료보험 확대에 동참하지 않는 일부 국민들이 내는 돈이다. 즉 이론적으로는 법령의 의도대로 의료보험이 전 국민에게 100% 확대되면 벌금 총액은 0이 된다.[5] 세수를 늘리기는커녕 수입이 0이 되는 것을 궁극적인 목표로 삼는 세금이 존재할 수 있을까?

그보다 더 근본적인 문제는 정부가 개인에게 의료보험 가입을 강제할 수 있는지의 여부다. 의료보험이 일종의 생필품적 성격을 띤 매우 중요한 서비스인 것은 확실하다. 정부는 의료보험이 누구나 결국에는 구입해야 하는 특수한 성격의 서비스이며 구입하지 않을 경우 사회에 부담을 떠안길 수 있기 때문에 구입을 강제할 수 있다고 주장한다. 하지만 그 말은 결국 누구에게나 칫솔과 치약은 필요할테니 칫솔과 치약의 구매를 정부가 강제해야 한다는, 혹은 결국 누구나 죽게 될 테니 정부가 개인의 묘자리 구입을 강제해야 한다는 말과 무엇이 다를까? 이러한 논리를 따라가다 보면 정부가 규제하고 강제하지 못할 행위는 아무것도 없게 된다.

지난 수십여 년 간 의료 제도의 개혁은 유럽식 복지 국가 모델을 지향하는 미국 진보주의 정치인들에게는 마치 성배 Holy Grail와도 같은

---

[5] "*A Vast New Taxing Power*" Wall Street Journal Editorial ; July 2, 2012

과제였다. 그렇다면 의료 개혁 법안을 의회 통과에 이어 연방대법원의 합헌 판결까지 받아 낸 오바마 대통령은 드디어 성배를 차지한 영웅이 된 것일까? 비록 중대한 고비를 넘어서기는 했지만 오바마케어의 앞날이 탄탄대로인 것만은 아니다. 실제로 오바마케어 법안은 개혁의 대상인 미국의 의료 제도 자체를 반영하듯 부조리한 요소가 적지 않다. 무엇보다도 법안이 만들어지는 과정에서 개혁의 영향을 가장 많이 받을 두 주체인 환자와 의사들의 목소리는 거의 반영이 되지 않은 대신 보험회사와 제약회사의 로비스트, 정부 관료, 입법 의원, 그들의 보좌관들의 설익은 제안들이 법안 속에 다수 끼여 들어간 것은 심각한 문제가 아닐 수 없다. 게다가 진보파가 의료 개혁을 통해서 이루고자 했던 궁극적 목표인, 민간 의료보험 회사들과 경쟁할 정부 의료보험 프로그램의 도입 또한 실현되지 못했을 뿐 아니라 오바마케어를 도입하고 운영하는 데 소요될 전체 비용도 처음의 예상보다 훨씬 높아질 것으로 보인다.

한편 미국인들은 대체로 오바마케어를 개인의 선택을 제한하고 정부의 지출을 늘린다는 이유로 관념적으로는 반대하면서도 오바마케어가 제공할 각종 혜택에 대해서는 환영하는 이율배반적인 모습을 보이고 있다. 예를 들어 자녀를 26세까지 부모의 의료보험 아래 둘 수 있게 한다던가 보험 가입자의 건강 상태에 따른 차등적인 보험료 부과를 금지하는 조항 등은 인기가 높다. 공화당이 다음 선거에서 압도적 승리를 거둬 법령 자체를 무효로 만들지 않는 한, 향후 수년 간 오바마케어의 여러 조항들이 실행에 들어가게 되면 국민들은 그로부터 나오는 혜택에 점점 익숙해 질 것이다. 그리고 세계의 역사가 증명하듯 정부가 한 번 실행에 들어간 복지 프로그램을 다시 거두어들이는 것은 정권을 잃을 각오를 하지 않는 한 거의 불가능에 가깝다.

오바마케어는 오바마 대통령과 민주당의 주장처럼 치솟는 의료 비용을 낮추고 중산층 가정과 중소기업들을 위해 보다 저렴한 의료 혜택을 제공하는 순기능만을 담당할까, 아니면 보수주의자들의 우려처럼 "미합중국은 의회가 대중을 대중의 돈으로 매수할 수 있다는 사실을 발견할 때까지만 지속될 것이다"라는 과거 어느 현자의 불길한 예언[6] 이 현실이 되는, 즉 정부가 연방대법원의 동의하에 국민의 혈세로 지탱되는 무상 의료와 복지의 달콤한 덫 속으로 미국인들을 끌어들인 전환점으로 기록될까? 확실히 공화당과 보수파가 자신들이 원하는 방향으로 상황을 반전시킬 시간은 그리 많이 남아 있어 보이지 않는다.

---

[6] 원문은 "The American Republic will endure until the day Congress discovers that it can bribe the public with the public's money." 프랑스의 정치학자 알렉시스 토크빌Alexis Tocqueville부터 영국의 역사가 토마스 맥컬레이Thomas B. Macaulay까지 그 출처를 두고 논란이 끊이지 않는 문장이다. 지금도 미국에서는 종종 보수 성향의 시사 평론가들이 언론에 나와 이 문장을 토크빌의 것이라며 인용하는 것을 볼 수 있다. 심지어는 토크빌의 역작 『미국의 민주주의American Democracy』에 등장하는 문장이라고 '구체적으로' 잘못 설명하는 경우도 없지 않다.

찾아보기

찾아보기

가너 대 로스앤젤레스 공공사업 위원회 Garner vs Board of Public Works 170
갈레온 그룹 Galleon Group 394
고리대금 규제법 usury law 366
고용주(사용자)연대 책임 vicarious liability 375
곤잘레스 대 오리건주 당국 Gonzales vs Oregon 97
공공 시설법 public accommodation law 281
공공사업 진흥국 Work Projects Administration : WPA 313
공동책임 의무 shared responsibility requirement 413
공장 법규 Factory Act 361
공정 노동 기준령 the Fair Labor Standards Act 369
과달루페 이달고 조약 Treaty of Guadalupe Hidalgo 222
관습법적 권리 common law right 69
구속 심문 custodial interrogation 205-208, 211
국교 금지 조항 Establishment Clause 104, 105, 107, 115-121, 123, 124
국기 보호법 Flag Protection Act of 1989 47
권리장전 Bill of Rights 24, 194, 420
귀스타프 플로베르 Gustave Flaubert 75
귀화법 Naturalization Act of 1906 156, 158, 159
그레고리 존슨 Gregory Johnson 39, 41
그록스터 Grockster, Ltd. 396, 398-403, 405, 406
기틀로우 대 뉴욕주 당국 Gitlow vs New York 183
긴즈버그 대 미합중국 정부 Ginzburg vs United States 77

남북 전쟁 American Civil War 23, 24, 44, 141, 177, 224, 225, 227, 228
내부자 거래 385-388, 393-395
냅스터 Napster 398, 399, 402
노마 매코비 Norma McCorvey 59
노먼 록웰 Norman Rockwell 234, 235, 280
노사관계법 National Labor Relations Act 313
노토 대 미합중국 정부 Noto vs United States 181
뉴딜 New Deal 303-305, 312-314
뉴욕 트러스트 대 아이즈너 New York Trust vs Eisner 44
뉴트 깅리치 Newt Gingrich 136

대공황 the Great Depression 178, 304, 305, 313, 314, 324, 369, 385, 419
대리인법 agency law 376, 380
대연방기 Grand Union Flag 38
대통령 선거인단 Electoral College 327
더글러스 매킨토시 Douglas Mackintosh 152, 154, 157-159
데니스 대 미합중국 정부 Dennis vs United States 171
데이비드 수터 David Souter 22, 271, 400
데카메론 Decameron 401
델라웨어 강을 건너는 조지 워싱턴 Washington Crossing the Delaware 38, 39
도덕 기준 contemporary community standards 79
독립선언서 Declaration of Independence 218, 219
독수리 형제단 THE FRATERNAL ORDER OF EAGLES 114, 115
돈 아길라드 Don Aguillard 104
드레드 스콧 Dred Scott 23, 214, 216, 217, 219, 220, 221, 223, 224, 336
드와이트 아이젠하워 Dwight Eisenhower 21, 174, 233
디커슨 대 미합중국 정부 Dickerson vs United States 212
딕 헬러 Dick Heller 23, 62, 65, 71, 73

라즈 라자라트남 Raj Rajaratnam 394
레몬 대 커츠먼 Lemon vs Kurtzman 104
레오 알렉산더 존스 Leo Alexander Jones 201
레온 자워스키 Leon Jaworski 316, 319
레온 프랭크 니먼 Leon Frank Nieman 199
렌퀴스트 William Rehnquist 28, 44, 56, 92, 116, 212, 254, 282, 330
로널드 레이건 Ronald Reagan 39, 41, 114
로스 대 미합중국 정부 Roth vs United States 77
로자 파크스 Rosa Parks 176, 234
로저 태니 Roger Taney 218, 224
로젠버그 부부 the Rosenbergs 199
로지카 쉬머 Rosika Schwimmer 152-155, 157-159
루스 베이더 긴즈버그 Ruth Bader Ginsburg 29, 271, 275, 388
루스 스나이더 Ruth Snyder 199
루이스 브랜다이스 Louis Brandeis 287, 304
루퍼스 팩컴 Rufus Peckham 364, 370

리처드 닉슨 Richard Nixon 317
릭 페리 Rick Perry 115, 124
린든 존슨 Lyndon Johnson 186, 234

마사 스튜어트 Martha Stewart 393, 394
마셜 John Marshall 31, 294-296, 299, 300
마쉬 대 챔버스 Marsh vs Chambers 117
마이크로소프트 Microsoft 356, 358
마이클 무어 Michael Moore 411
마틴 루터 킹 Martin Luther King Jr. 234
마흐무드 카사스 Mahmoud Kassas 161
매들린 머레이 Madelyn Murray 129, 135
맥구완 대 메릴랜드주 당국 McGowan vs Maryland 117
맥헨리 요새 Fort McHenry 43, 48, 49
메디케어 Medicare 412
메디케이드 Medicaid 412, 415
메이플라워호 합의문 the Mayflower Compact 130
명예혁명 Glorious Revolution 67
모디스트 마우스 Modest Mouse 401
모르몬교 Mormonism 121, 123, 138-141, 143, 146-148
모리슨 웨이트 Morrison Waite 142
모릴 중혼 금지법 Morrill Anti-Bigamy Act 141, 146
문자주의 textualism 27, 29
묻지도 말고 말하지도 마라 Don't ask, don't tell 정책 289
물러 대 오리건주 당국 Muller vs Oregon 308
미국 보이스카우트 연맹 Boy Scout of America : BSA 278, 279, 283, 285, 286
미란다 경고 Miranda Warning 202-204, 211-213
미주리 타협 Missouri Compromise 216, 222
미주리주 당국 대 사이버트 Missouri vs Seibert 212
미합중국 정부 대 쉬머 United States vs Schwimmer 155
민병대 militia 64-71

바바라 그루터 Barbara Grutter 253
바이런 레이먼드 화이트 Byron Raymond White 208
밥 우드워드 Bob Woodward 85, 318

버거 Warren E. Burger   78, 319, 320
버락 오바마 Barack Obama   51, 262, 410, 412
버트란드 드블랑 Bertrand DeBlanc   193
벌링턴 산업 Burlington Industries, Inc.   372, 374, 382, 383
범죄 조직 법규 Ohio Criminal Syndicalism statute   179-181
베런블렛 대 미합중국 정부 Barenblatt vs United States   184
베일런 대 교육위원회 Beilan vs Board of Education   171
벤저민 프랭클린 Benjamin Franklin   24
보바리 부인 Madame Bovary   75
불편한 진실 An Inconvenient Truth   336
브레넌 William J. Brennan, Jr.   41, 104, 168
브리검 영 Brigham Young   139-141, 143, 144
비밀 군사 법정 secret military commission   341, 344
빌 게이츠 Bill Gates   358

사법부 법령 Judiciary Act   298
사법적 참여주의 judicial activism   27-29
사회보장법 Social Security Act   313
산드라 D. 오코너 Sandra D. O'Connor   254
샘 왁셀 Sam Waksal   393
서굿 마셜 Thurgood Marshall   85, 260
선거 조사 위원회 county canvassing boards   331
성조기 The stars and stripes   37-40, 43, 45, 46, 48, 49
세속주의 secularism   132, 134
세실 B. 데밀 Cecil B. DeMille   112, 114
세일럼 Salem   129
셔먼 반트러스트법 the Sherman Antitrust Act   353-358
소니 대 유니버설 스튜디오 Sony vs Universal Studio   403
솔로몬의 아가 Song of Solomon   83
수검표 manual count   329
수정헌법   24-26, 57, 63-72, 123
순회 판사 circuit judge   294
쉥크 대 미합중국 정부 Schenck vs United States   182
스왑터 Swaptor   402
스탠더드 오일 Standard Oil Company   23, 350-357, 359
스탠리 리드 Stanley Forman Reed   194

스톤 대 그레이엄 Stone vs Graham 118
스티븐 레빗 Steven Levitt 60
스티븐 브레이어 Stephen Breyer 29, 271
시스티나 성당 Sistine Chapel 75
식코 Sicko 411
십계명 Ten Commandments 112-120, 124, 125, 149

아니타 힐 Anita Hill 381
아이라 스튜어드 Ira Steward 369
안락사 euthanasia 88-90, 94-96
안소니 케네디 Anthony Kennedy 268, 376, 421, 422
안토닌 스칼리아 Antonin Scalia 28, 31, 66, 107, 270, 274, 41
알렉산더 해밀턴 Alexander Hamilton 24
알빈 무어 Alvin Moore 204, 205
애들러 대 교육위원회 Adler vs Board of Education 167
앨 고어 Al Gore 326-329, 335-337
앵그르 Jean Auguste Dominique Ingres 76
어윈 체메린스키 Erwin Chemerinsky 116
얼 워렌 Earl Warren 21, 174, 206, 230
에드워드 보드레 Edward Boudreaux 105
에드워드 솀프 Edward Schempp 126, 128, 129, 135
에드워드 D. 화이트 Edward D. White 354
에드윈 에드워즈 Edwin Edwards 104
에르네스토 미란다 Ernesto Miranda 203-205, 210-213
에이브러햄 링컨 Abraham Lincoln 214, 223, 224
에퍼슨 대 아칸소주 당국 Epperson vs Arkansas 103
엘시 패리시 Elsie Parrish 302, 303
MGM 스튜디오 MGM Studios, Inc. 396, 399, 400, 401, 403, 405
여성을 위한 최저 임금법 Minimum Wages for Women 303
연방 법전 United States Code 331, 334
예수 그리스도 후기 성도 교회 Church of Jesus Christ of Latter Day Saint 139
오바마케어 Obamacare 411, 413-416, 421-425
오사마 빈 라덴 Osama Bin Laden 346-347
오하이오 범죄 조직 법규 Ohio Criminal Syndicalism statute 179-181
워렌 제프스 Warren Jeffs 148
워터게이트 스캔들 Watergate Scandal 317

원숭이 재판 The Monkey Trial 102, 103
월터 먼데일 Walter Mondale 39, 40
위대한 반대자들 great dissenter 31
위카드 대 필번 Wickard vs Filburn 418, 419
윌리 프란시스 Willie Francis 190, 192-196, 198-201
윌리엄 마버리 William Marbury 292, 294-297, 299-301
윌리엄 맥킨리 William McKinley Jr. 199
윌리엄 블랙스톤 경 Sir William Blackstone 92
윌리엄 케믈러 William Kemmler 192
윌리엄 O. 더글러스 William O. Douglas 31, 82, 85, 155, 179, 182, 185, 243
유용 이론 misappropriation theory 389-391
유튜브 YouTube 406
율리시즈 Ulysses 75
E. J. 뤼지머 E. J. Ruegemer 114
인권 운동 civil rights movement 252, 288
인권법 7제 Title VII of the Civil Rights Act of 1964 267-274, 375, 376, 378, 381, 382
인신 보호 영장 habeas corpus 344
인종 편견 racial prejudice 242
일요일 준수법 Sunday Law 366
임종 결정 end of life decision making 93
임클론 ImClone 393

자살 방조 assisted suicide 89-94, 96, 97
자연사법 Natural Death Act of 1979 91
재코벨리스 대 오하이오주 Jacobellis vs Ohio 77
잭 케보키언 Jack Kevorkian 89-91, 95-97
전기처형(전기의자형) electrocution 191, 192, 196, 197
제7일 안식일 예수 재림교 Seventh Day Adventist 151, 153
제과점 법령 Bakeshop Act 362, 364, 368
제럴드 포드 Gerald Ford 278, 324, 325
제인 로우 Jane Roe 23, 50, 53, 54, 56, 59-61
제임스 기로워드 James Girouard 150, 153, 154, 156, 160
제임스 데일 James Dale 278, 279, 281-288
제임스 매디슨 James Madison 24, 131, 132, 292-294, 296, 299-301
제임스 오 헤이건 James O'Hagan 384, 387, 388-391, 394, 395
제임스 조이스 James Joyce 75

제정일치 사회 theocracy   127
제헌 회의 Constitutional Convention   24
조셉 로크너 Joseph Lochner   31, 306, 360, 362, 363
조셉 매카시 Joseph McCarthy   164, 165, 171
조셉 스미스 Joseph Smith   121, 139, 140
조지 레이놀즈 George Reynolds   138, 141, 142, 146
조지 서덜랜드 George Sutherland   304, 309, 314
조지 오웰 George Orwell   173, 406
조지 워싱턴 George Washington   24, 38, 39, 117, 323, 324
조지 웨스팅하우스 George Westinghouse   191
조지 H. W. 부시 George H. W. Bush   22, 47, 381
조지 W. 부시 George W. Bush   23, 327-329, 333, 335, 345
존 로버츠 John Roberts   414, 415, 421, 422
존 록펠러 John D. Rockefeller   350-352, 356, 357, 359
존 마셜 할런 John Marshall Harlan   31, 85, 142, 226
존 매케인 John McCain   51, 52
존 맥린 John McLean   220
존 스코프스 John Scopes   102, 103
존 애덤스 John Adams   293-295, 300, 301, 323
존 케리 John Kerry   335
존 폴 스티븐스 John Paul Stevens   68, 119, 123, 271, 285, 332
존엄사 법령 Death with Dignity Act   97
존엄사 death with dignity   89, 95, 97
증권거래법 Securities Act of 1934   385, 387, 388, 391
증권거래위원회 Security & Exchange Commission   385, 387, 389, 390, 394
지적 설계 Intelligent Design   110, 111
직무 집행 영장 writ of mandamus   295
직장 성희롱 workplace sexual harassment   372, 373, 382, 383
진화론 theory of evolution   100-106, 108-111

차량 분리 법령 Separate Car Act 1890   228, 229
찰스 에반스 휴즈 Charles Evans Hughes   225, 305, 307, 312
창조과학 creation science   101-105, 107-109
창조과학과 진화 과학의 균형된 취급을 위한 법령(균형 법령) the Balanced Treatment for Creation-Science and Evolution-Science Act   103-106, 108
창조론 creationism   100-103, 105, 107-111

충성 서약 Loyalty Oath 166-168
충성 서약 Oath of Allegiance 151-154, 156, 158-160, 162
치안 판사 justice of peace 294, 297, 300

캐서린 시벨리어스 Katherine Sebelius 410, 414
쿠 클럭스 클랜 Ku Klux Klan 177
클래런스 다로우 Clarence Seward Darrow 103
클래런스 브랜든버그 Clarence Brandenburg 176, 178-181, 185-187
클래런스 토마스 Clarence Thomas 31, 257, 259-261
킴벌리 엘러스 Kimberly Ellerth 372, 374, 375, 378-380

타나트론 Thanathron 90, 91, 96
태프트 William Taft 19, 28
테드 번디 Ted Bundy 199
토마스 반 오든 Thomas Van Orden 112, 115, 116, 118, 124
토마스 제퍼슨 Thomas Jefferson 80, 119, 120, 136, 292-296, 299-301, 323
토머스 에디슨 Thomas Edison 191
토요일 밤의 대학살 the Saturday Night Massacre 317, 319
톰 C. 클라크 Tom C. Clark 130, 170
통상 조항 Commerce Clause 413, 416, 418, 419

파괴적 기술 Disruptive technology 404
파스토리우스 작전 Operation Pastorius 339
파이잘 샤자드 Faisal Shahzad 162
펠릭스 프랑크퍼터 Felix Frankfurter 200
포터 스튜어트 Potter Stewart 77, 132, 134, 136
프란시스 스콧 키 Francis Scott Key 43, 48, 49
프랭크 리치 Frank Ricci 264, 267, 268
프랭클린 루스벨트 Franklin Roosevelt 21, 236, 238, 302, 304, 305, 312-314, 324, 340, 341
프레드릭 더글러스 Frederick Douglass 257, 258
플레시 대 퍼거슨 Plessy vs Ferguson 226, 228-232, 234
P2P Peer-to-Peer 398, 399, 405

ㅎ

할런 F. 스톤 Harlan F. Stone   158, 160, 162, 304, 342
해롤드 글럭스비그 Harold Glucksberg   88, 91, 95
해롤드 버튼 Harold Burton   171, 196
해리 블랙먼 Harry Blackmun   29, 54
해리 케이시안 Harry Keyishian   164, 166, 167, 173-175
행정 명령 9066호 Executive Order 9066   238
허버트 스펜서 Herbert Spencer   367
헨리 웨이드 Henry Wade   53
혈통 오손 corruption of blood   243, 247
형제들 The Brethren   85
호머 플레시 Homer Plessy   228
홈즈 Oliver Wendell Holmes   28, 31, 44, 47, 155, 157, 182, 366, 367, 370, 371
환자 보호 및 적정 가격의 의료 서비스를 위한 법령 Patient Protection and Affordable Care Act   412, 415
황금률   86
휘트니 대 캘리포니아주 당국 Whitney vs California   180, 182
휴고 블랙 Hugo Black   28, 85, 186, 240
히라바야시 대 미합중국 정부 Hirabayashi vs United States   239, 240

판결번호
찾아보기

판결번호 찾아보기

Part1

- 텍사스주 당국 vs 공산주의자 존슨 : Texas vs Johnson (1989) 491 U.S. 397
- 뉴욕 트러스트 vs 아이즈너 : New York Trust vs Eisner(1921) 256 U.S. 345
- 제인 로우 vs 댈러스 지방 검사 웨이드 : Roe vs Wade(1973) 410 U.S. 113
- 워싱턴 특별구 vs 시민 헬러 : District of Columbia vs Heller(2008) 554 U.S. 570
- 캘리포니아주 당국 vs 성인물 판매업자 밀러 : California vs Miller(1973) 413 U.S. 15
- 재코벨리스 vs 오하이오주 당국 : Jacobellis vs Ohio(1964) 378 U.S. 184
- 로스 vs 미합중국 정부 : Roth vs United States(1957) 354 U.S. 476
- 긴즈버그 vs 미합중국 정부 : Ginzburg vs United States(1968) 383 U.S. 463
- 워싱턴주 당국 vs 의사 글럭스버그 : Washington vs Glucksberg(1997) 521 U.S. 702
- 곤잘레스 vs 오리건주 당국 : Gonzales vs Oregon(2006) 546 U.S. 243

Part2

- 루이지애나 주지사 에드워즈 vs 생물 교사 아길라드 : Edwards vs Aguillard(1987) 482 U.S. 578
- 에퍼슨 vs 아칸소주 당국 : Epperson vs Arkansas(1968) 393 U.S. 97
- 레몬 vs 커츠먼 : Lemon vs Kurtzman(1971) 403 U.S. 602
- 시민 반 오든 vs 텍사스 주지사 페리 : Van Orden vs Perry(2005) 545 U.S. 677
- 마쉬 vs 챔버스 : Marsh vs Chambers(1983) 463 U.S. 783
- 맥구완 vs 메릴랜드주 당국 : McGowan vs Maryland(1961) 366 U.S. 420
- 스톤 vs 그레이엄 : Stone vs Graham(1980) 449 U.S. 39
- 아빙턴 학군 vs 시민 쉠프 : Abington School District vs Edward Schempp(1963) 374 U.S. 203
- 모르몬교 신자 레이놀즈 vs 미합중국 정부 : Reynolds vs United States(1878) 98 U.S. 145
- 시민권 신청자 기로워드 vs 미합중국 정부 : Girouard vs United States(1946) 328 U.S. 61
- 미합중국 정부 vs 쉬머 : United States vs Schwimmer(1929) 279 U.S. 644
- 대학 강사 케이시안 vs 뉴욕 주립대 이사회 : Keyishian vs Board of Regents of the State University of New York(1967) 385 U.S. 589
- 애들러 vs 교육위원회 : Adler vs Board of Education(1952) 342 U.S. 485
- 가너 vs 로스앤젤레스 공공사업 위원회 : Garner vs Board of Public Works(1951) 341 U.S. 716
- 베일런 vs 교육위원회 : Beilan vs Board of Education(1958) 357 U.S. 399
- 데니스 vs 미합중국 정부 : Dennis vs United States(1951) 341 U.S. 494
- KKK단 지도자 브랜든버그 vs 오하이오주 당국 : Brandenburg vs Ohio(1969) 395 U.S. 444
- 휘트니 vs 캘리포니아주 당국 : Whitney vs California(1927) 274 U.S. 357
- 노토 vs 미합중국 정부 : Noto vs United States(1961) 367 U.S. 290

- 쉔크 vs 미합중국 정부 : Schenck vs United States(1919) 249 U.S. 47
- 기틀로우 vs 뉴욕주 당국 : Gitlow vs New York(1925) 268 U.S. 652
- 베런블렛 vs 미합중국 정부 : Barenblatt vs United States(1959) 360 U.S. 109

Part3
- 사형수 프란시스 vs 사형 집행인 레스웨버 : Francis vs Resweber(1947) 329 U.S. 459
- 범죄 용의자 미란다 vs 애리조나주 당국 : Miranda vs Arizona(1966) 384 U.S. 436
- 미주리주 당국 vs 사이버트 : Missouri vs Seibert(2004) 542 U.S. 600
- 디커슨 vs 미합중국 정부 : Dickerson vs United States(2000) 530 U.S. 428
- 노예 드레드 스콧 vs 주인 샌포드 : Dred Scott vs Sanford(1856) 60 U.S. 393
- 학부모 브라운 vs 토피카시 교육위원회 : Brown vs Board of Education of Topeka(1954) 347 U.S. 483
- 플레시 vs 퍼거슨 : Plessy vs Ferguson(1896) 163 U.S. 537
- 시민 코레마츠 vs 미합중국 정부 : Korematsu vs United States(1944) 323 U.S. 214
- 히라바야시 vs 미합중국 정부 : Hirabayashi vs United States(1943) 320 U.S. 81
- 로스쿨 지원자 그루터 vs 미시간 대학 총장 볼린저 : Grutter vs Bollinger(2003) 539 U.S. 306
- 소방대원 프랭크 리치 vs 뉴해븐 시장 존 드스테파노 : Ricci vs DeStefano(2009) 557 U.S. 557
- 미국 보이스카우트 연맹 vs 동성애자 데일 : Boy Scouts of America(BSA) vs Dale(2000) 530 U.S. 640

Part4
- 판사 지명자 마버리 vs 국무장관 매디슨 : Marbury vs Madison(1803) 5 U.S. 137
- 웨스트 코스트 호텔 vs 룸메이드 패리시 : West Coast Hotel Co. vs Parrish(1937) 300 U.S. 379
- 뮬러 vs 오리건주 당국 : Muller vs Oregon(1908) 208 U.S. 412
- 미합중국 정부 vs 대통령 닉슨 : United States vs Nixon(1974) 418 U.S. 683
- 공화당 대통령 후보 부시 vs 민주당 대통령 후보 고어 : Bush vs Gore(2000) 531 U.S. 98
- 독일 특수부대 요원 퀴린 외 7명 vs 헌병감 콕스 준장 : Quirin vs Cox(1942) 317 U.S. 1

Part5
- 스탠더드 오일 vs 미합중국 정부 : Standard Oil vs United States(1911) 221 U.S. 1
- 제과점 주인 로크너 vs 뉴욕주 당국 : Lochner vs New York(1905) 198 U.S. 45
- 벌링턴 산업 vs 전 직원 엘러스 : Burlington Industries, Inc. vs Ellerth(1998) 524 U.S. 742

- 주식 부당 거래자 오 헤이건 vs 미합중국 정부 : O'agan vs United States(1997) 521 U.S. 642
- 엠지엠 스튜디오 vs 그록스터 : MGM Studios, Inc. vs Grokster, Ltd.(2005) 545 U.S. 913
- 소니 vs 유니버설 스튜디오 : Sony vs Universal Studio(1904) 464 U.S. 417

긴급판결

- 전국 자영업체 연합 vs 보건부 장관 시벨리어스 :
  National Federation of Independent Business(NFIB) vs Sebelius(2012) 567 U.S. ___, 132 S. Ct. 1958
- 위카드 vs 필번 : Wickard vs Filburn(1942) 317 U.S. 111